TOINOU

TERRE HUMAINE

CIVILISATIONS ET SOCIÉTÉS

COLLECTION D'ÉTUDES ET DE TÉMOIGNAGES DIRIGÉE PAR JEAN MALAURIE

TOINOU

LE CRI D'UN ENFANT AUVERGNAT

pays d'Ambert

PAR

Antoine SYLVÈRE

Préface de Pierre Jakez Hélias

*Avec 3 cartes, 31 illustrations
hors texte et un index*

PLON

© Librairie Plon, 1980.

ISBN 2-259-00587-X

PRÉFACE

Voici un livre qui est exceptionnel à plus d'un titre. Et d'abord à cause de la personnalité de son auteur. Ce fut un autodidacte affamé de savoir, ayant accédé par ses propres moyens à un degré d'instruction et de culture que peu de favorisés du sort sont capables d'atteindre avec tous les secours possibles. Ce fut un être de faim et de misère, né dans le plus dénué des milieux, ne parlant même pas le français, enfant paysan, adolescent ouvrier, et qui s'est fait, par étapes successives, instituteur, ingénieur, directeur d'usine, fondateur d'une coopérative, quoi encore, mais tout cela n'est pas raconté dans le livre qui s'arrête vers ses vingt ans, quand il s'estime « accompli », ses apprentissages faits, sa carrure d'homme au point. Ce fut un souffre-douleur, victime de toutes les violences, spectateur et objet de toutes les injustices, et qui, ayant passé par la Légion à la suite d'un vol et peut-être d'un meurtre involontaire, après son acquittement est devenu le plus opiniâtre défenseur des opprimés et un héros de la Résistance pour faire pleine mesure. Ce fut enfin, et peut-être surtout, quelqu'un qui a su accumuler en lui l'énorme puissance qu'il fallait à son époque pour ne pas se dévoyer de lui-même, pour faire table rase de tous ses griefs, pour n'avoir d'autre ambition que la connaissance et le dévouement, le tout en fidélité essentielle aux déterminations de sa jeunesse. Qui dit mieux ?

Quant au livre lui-même, il n'appartient à la littérature que parce qu'il est écrit. C'est déjà beaucoup. L'homme vieillissant et cultivé qui en est l'auteur ressuscite à pleine mémoire ses premières années misérables dans un style à la fois simple, juste et efficace, mais dont aucun lecteur averti ne saurait ignorer qu'il est celui d'un écrivain maître de sa plume et habile à doser la part de l'humour sans attenter le moindrement à la véracité ni détourner un instant l'attention du témoignage qui seul importe. L'art du récit est tel qu'il passerait volontiers pour le fruit d'une longue élaboration si l'ordonnance des épisodes et la stricte économie de ceux-ci n'étaient pas à mettre, d'abord, au compte d'une impulsion naturelle. Et puis cet homme qui fut un militant social et politique n'utilise jamais le vocabulaire stéréotypé ni les formes de discours de tel ou tel parti, cet indigène qui fait œuvre d'ethnographe sans y prétendre n'a jamais recours au jargon pseudo-scientifique ou philosophique qui est trop souvent la plaie du genre. Et il trouve le moyen, cependant, d'échapper aux reproches habituellement adressés aux autodidactes qui se hasardent à témoigner par écrit de leur destinée paysanne et qui sont impuissants — il faut les comprendre — à éviter les platitudes, les poncifs, les vérités premières et les revenez-y de lectures mal digérées. Telle est la grâce patiemment acquise par un dévoreur de livres sans rapport avec les feuilletons populaires, un garçon dont le but était de savoir pour savoir. C'est ainsi que, pour supplément de science, il a su écrire pour écrire. Voilà pour l'écrivain qui, à l'âge de cinq ans, déchiffrait, pour sa mère illettrée, La Closerie des Genêts.

Avant d'aller plus loin, et puisqu'il est question de littérature, il faut rappeler que le paysan y a toujours occupé la plus mauvaise place et la plus étroite. Encore n'y figure-t-il que parce qu'on a besoin de l'évoquer par contraste avec la courtoisie de la noblesse ou la civilité de la bourgeoisie, d'en faire par moments un épouvantail redoutable pour les possédants ou, à l'inverse, d'en présenter un portrait idyllique et rassurant lorsque de nouvelles forces menacent les pouvoirs établis. Révolutionnaire en puissance ou alibi des conservateurs. Mais on ne se préoccupe guère de savoir ce qui se passe dans sa tête, non plus que de l'observer de près dans sa vie quotidienne. Les meilleurs écrivains ne l'ont vu qu'en fond de tableau ou de profil et en passant. Les élites successives s'accordent pour maintenir Jacques Bonhomme à

VIII

l'état de mythe[1]. Du noir au rose ou le contraire, et pendant des siècles, il s'avance en foule anonyme et masquée. On se sert de lui sans le servir jamais.

Car depuis toujours, le paysan, le travailleur de la terre qui est aussi l'homme de pays, a été vilipendé de toutes les façons par les autres classes sociales. Par les nobles d'abord, ensuite par les bourgeois et, pour finir, par les ouvriers des villes. Par tout le monde, en somme. Quoi d'étonnant s'il a cherché à s'évader de sa condition! Et quand il lui arrivait d'y parvenir, il ne manquait pas de mépriser, comme les autres, la classe dont il était issu. Le temps de la fidélité à soi-même s'est fait attendre à l'horizon des siècles pour les seuls culs-terreux.

Au Moyen Age, le paysan apparaît accidentellement au détour des Chansons de Geste. C'est pour servir de repoussoir au gentilhomme doué de toutes les vertus, car le bonhomme est toujours laid de visage, noir de teint, grossier de corps, pataud et presque bestial d'apparence. Il est sale, il sent le fumier. Stupide au surplus, à moins qu'il ne soit rusé, ce qui ne vaut pas mieux pour ses juges. Il parle un jargon bizarre (voyez le breton macaronique de la Farce de Pathelin) qui lui vaudra d'entrer dans le théâtre classique comme l'idiot de village, avec sa gueule de fabliau, pour dilater la rate des spectateurs de la Cour et de la Ville. Et cependant, aucun de ces messieurs-dames ne le connaît. Les dramaturges non plus, qui sont bourgeois. Le George Dandin de Molière peut difficilement passer pour un campagnard du bas de l'échelle.

Aux époques où la misère du rustre devient si évidente qu'on ne peut plus l'ignorer, on se met la conscience en règle en feignant de croire qu'il est malheureux par sa seule faute. Ou bien on laisse entendre qu'il a des biens et des provisions cachées — c'est quelquefois possible et de bonne guerre — alors qu'il crie famine pour apitoyer les âmes sensibles. Ou bien on assure froidement qu'il est fait pour la misère, mis au monde pour souffrir et que personne n'y peut rien. Lui-même n'est pas loin d'y croire. Mais il aura sa revanche au Paradis, ce qui déculpabilise

---

1. Voir : *Le paysan dans la littérature française, réalité ou mythe.* Dossier C.I.E.P., Sèvres, par Bruno Hongre et Paul Lidsky.

les Pharisiens de tout poil et de toute plume. *Écoutez cette complainte bretonne du dix-septième siècle, recueillie par La Villemarqué dans le* Barzaz Breiz :

Telle est notre vie, hélas, notre très dure vie.
Notre sort est misérable, notre étoile funeste.
Notre état bien pénible, repos ni jour ni nuit.
Prenons-le en patience pour mériter le Paradis.

Il s'est trouvé un La Bruyère et un Vauban pour plaindre sincèrement le paysan. Mais ils prêchaient à des sourds et ce n'est certes pas madame de Sévigné qui aurait pu les entendre. En réalité, les paysans faisaient peur. Quand ils en étaient rendus au plus bas, et malgré la complainte bretonne, ils ne se résignaient plus. Ils entraient en révolte sauvage. Ils tuaient, ils brûlaient tout en attendant un châtiment impitoyable, mais plus facile à supporter que l'existence quotidienne. Les seigneurs et les possédants ont toujours vécu dans la crainte des Jacqueries. Les Jacqueries ne finiront que par l'extinction des Jacques.

Au dix-huitième siècle encore, les philosophes ne sont pas tendres pour les laboureurs de terre. Diderot fait la satire du « paysan misérable de nos contrées qui excède sa femme pour soulager son cheval, laisse périr son enfant sans secours et appelle le médecin pour son bœuf » [1]. *Il ne se demande pas pourquoi. Mais déjà l'exode rural a commencé. Les paysans vont grossir la « populace » des villes, danger permanent pour les bourgeois. Pendant la Révolution et l'Empire, ils vont jouer fatalement un rôle considérable dans toute la France. La vente des biens nationaux va redistribuer les terres, faire accéder de pauvres bougres à la petite propriété. Dès lors, ce sera la lutte entre le château, la résidence bourgeoise d'une part et la chaumière de l'autre. Lutte confuse, à vrai dire, encore compliquée par la politique agricole des gouvernements. Mais, pour beaucoup d'écrivains parmi les plus connus, le paysan restera l'ennemi redoutable, bête, laid et méchant. Quand il témoigne d'une intelligence qu'on ne saurait nier, il ne sera pas reconnu fin, mais finaud, c'est-à-dire fourbe et dissimulé. Il suffit, pour s'en*

---

1. Restif de la Bretonne aurait pu entrer plus profondément dans la psychologie du rustre. Mais il avait, apparemment, autre chose à faire.

X

convaincre, de lire Les Paysans *de Balzac. Si Flaubert et Maupassant se contentent d'en faire des êtres lourds et stupides, Zola, dans son roman* La Terre, *va les charger de toutes les tares, de tous les vices sans en excepter aucun.*

Mais le même Zola, quand il écrira La Débâcle, *peindra les mêmes paysans comme des gens raisonnables, calmes et de bon sens, amis de l'ordre, courageux, propres à constituer un rempart contre le déchaînement politique des citadins et leur corruption. Ainsi va le monde. Le paysan noir laisse circonstanciellement la place au paysan rose dont le mythe a déjà été entretenu depuis longtemps pour les besoins de certaines causes. En attendant les tracteurs.*

C'est lorsque les mœurs de la société au pouvoir se dégradent — et le raffinement est le début d'un processus de dépravation — que l'on voit apparaître dans la littérature le portrait rose du paysan. On oppose la vie saine et morale des campagnes à la corruption des villes. Une très vieille habitude. Mais le portrait rose n'est pas moins simpliste que le portrait noir. Il est seulement plus rassurant. Il n'est pas plus vrai parce que le paysan que l'on présente est un berger qui n'a d'autre souci quotidien que de jouer de la flûte pour bercer ses peines de cœur. O, fortunatos nimium... Et vivent les bucoliques! L'amour fait oublier le pain. Il est plus rassurant parce qu'il évite soigneusement les problèmes qui pourraient faire craindre une révolte. Enfin, en présentant le paysan comme un homme heureux, il donne prétexte aux classes favorisées de vivre satisfaites et sans remords.

De là procède ce divertissement de lettrés qui a pour nom pastourelle. On en retrouve l'écho dans beaucoup de nos chansons qualifiées de folkloriques qui ont emprunté une part de son vocabulaire, même pour le transporter en breton. Ce ne sont que « serviteurs » et « bergères » plus courtois et galants les uns que les autres. Et des chevaliers sans Table Ronde en quête de jupons. Or, nos gardeuses de moutons n'espéraient pas beaucoup épouser des seigneurs ou des capitaines parmi lesquels il y avait de bien tristes sires. Mais on ne sait jamais. La pastourelle a eu la vie dure. Il pleut, il pleut, bergère, *chantait Fabre d'Églantine, pourvoyeur d'échafaud.*

Le paysan rose, celui de la pastorale ou de l'idylle, n'est en fait qu'un citadin transporté à la campagne et pour qui la fenaison, comme pour madame de Sévigné, est un divertissement agréable : c'est retourner du foin en batifolant dans une prairie. De même Jean-Jacques Rousseau nous montre les maîtres d'un grand domaine qui font semblant de vivre avec leurs domestiques sans faire de manières. Mais ce n'est qu'un jeu sentimental et peut-être intéressé puisque les paysans en question, l'auteur l'avoue naïvement, se tiennent d'autant plus volontiers à leur place que les seigneurs condescendent à les traiter en égaux. La reine Marie-Antoinette a beau jeu de faire la fausse fermière à Trianon. Quel rapport avec les vrais paysans, à part les moutons de la figuration ! Encore sont-ils enrubannés. Remarquons, en passant, que le mouton, qui symbolise la vie pastorale, est un animal soumis et bêlant comme les hautes classes aimeraient que soit toujours Jacques Bonhomme.

Là-dessus arrive George Sand. Que fait la dame de Nohant sinon continuer la pastorale et Jean-Jacques en y ajoutant un brin de socialisme dans le goût romantique ! Certes, il y a chez elle un aspect ethnographique qui n'est pas négligeable et la véritable langue des paysans transparaît de temps en temps à travers sa transcription littéraire. Mais sa campagne est un cadre pour des aventures sentimentales tandis que les travaux pénibles, les dénuements de toute sorte, sont gommés au profit de tableaux rebutants à force de fadeur. On sent qu'elle oppose déjà le bon paysan au mauvais ouvrier des villes, comme elle le fera plus tard quand éclatera la Commune. Il est facile de remarquer, d'ailleurs, que les écrivains les plus conservateurs annexent le monde paysan et le proposent comme modèle à suivre chaque fois que le monde ouvrier s'agite. Pour eux, le paysan, habitué au retour immuable des saisons et des travaux, ne peut être qu'un homme d'ordre. L'organisation même de la communauté paysanne, dirigée par des patriarches comme on n'en voit que dans la Bible, est la démonstration même de la hiérarchie nécessaire. En outre, alors que l'athéisme gagne dans les villes, Jacques Bonhomme donne l'impression de conserver la foi du charbonnier qu'on ne se prive pas d'ailleurs, sans s'aviser du paradoxe, de tourner en ridicule sous le nom de superstition. On se servira donc de son image idéalisée — et malgré lui, le

XII

pauvre — pour essayer d'endiguer la marée des revendications populaires.

Cela est si vrai que Napoléon III et sa femme Eugénie chercheront systématiquement à promouvoir et à faire exalter par les écrivains ce que l'on appelle déjà le folklore, *d'un mot qui est encore aujourd'hui propice à tous les malentendus. Leur voyage en Bretagne est une belle illustration de cette politique. Elle a porté ses fruits pendant longtemps et d'autant mieux que le monde ouvrier, à mesure que s'avançait le siècle, voyait transférer sur lui les caractères de la noirceur assumés jusque-là par les paysans. On vit alors foisonner toute une littérature régionaliste dont le moins qu'on puisse dire est que les bons sentiments et l'idéalisme incorrigible de la vision l'empêchaient d'y aller voir de plus près. Et ce courant devait déborder largement sur le premier quart du siècle vingtième.*

Enfin parut Jacquou le Croquant. *Cette période de notre histoire que l'on s'obstine à nommer la Belle Époque était presque là quand Eugène Le Roy écrivit son livre (1890). Cette fois, il s'agissait d'un roman dû à un homme du Périgord et qui connaissait parfaitement sa matière. Bien qu'il ne traite pas de l'actualité, mais d'une situation qui remonte à près d'un demi-siècle en arrière et présentée comme assez largement révolue, l'ouvrage amorçait une destruction du mythe qui allait se précipiter à mesure que paraîtraient de véritables témoignages rédigés par des gens ayant vécu la condition paysanne autrement qu'en spectateurs ou observateurs intéressés. Car le tiers-monde ne pouvait témoigner valablement de lui-même à l'intention des classes dirigeantes avant d'avoir eu accès à l'écriture. Jusque-là il en était réduit à l'expression orale dans les patois ou les langues d'ethnies qui souffraient d'un implacable discrédit et n'étaient d'ailleurs pas accessibles à la bourgeoisie triomphante. La masse énorme de contes, d'histoires, de chansons satiriques, de complaintes, de proverbes et de dictons de son propre cru ne valait guère que pour l'usage interne. Et quant aux chansonniers qui lui voulaient du bien en langue française, ils n'allaient jamais au-delà des lieux communs dont la répétition même achevait de compromettre l'éventuelle efficacité.*

C'est alors que, deux ans avant la parution de Jacquou le Croquant — *et l'année même de la naissance de mon propre père* — *naquit à Ambert, Puy-de-Dôme, Antoine Sylvère, dit Toinou et qui porta un temps le sobriquet de Jésus-Christ. Il devait son nom au bisaïeul paternel, abandonné dès sa naissance et recueilli par la religieuse de service au « tour » de l'hospice des enfants trouvés, un jour de Saint Sylvère au calendrier. Il était le fils de très pauvres métayers. Sa mère ne savait pas ses lettres. Son père pouvait lire, dans des livraisons de colportage horriblement chères pour sa bourse de vent,* Les Misérables *d'un nommé Vitorigo (sic) lequel après tout, et un certain génie aidant, n'avait pas si mal soupçonné la vérité des campagnes obscures.*

Et c'est bien de misère qu'il va être question, pas seulement de pauvreté. La misère, sans aucun doute, est la condition de vie la plus difficile à analyser du dehors. C'est au point que ceux qui ne l'ont pas connue devraient bien s'interdire d'y toucher, même avec la plus entière commisération, tant la pitié peut être quelquefois déformante. « Nous sommes quelques-uns, écrit Albert Camus, à ne pas supporter qu'on parle de la misère autrement qu'en connaissance de cause. » Il a raison parce que la misère est insondable. La richesse, il est possible d'en faire le tour, même quand elle désire se cacher ou donner le change. Les riches sont relativement faciles à connaître, les traits de caractères et les modalités de comportement qui tiennent à la prospérité sont simples et peu nombreux. Ils suscitent l'admiration, l'envie ou la révolte, tous sentiments assez élémentaires. Et ils sont un spectacle que l'on regarde sans aucune gêne quand on n'est pas des leurs. C'est le chien et l'évêque.

Quant aux pauvres, beaucoup d'entre eux ne se distinguent des riches que par l'absence de biens et par des soucis de petite monnaie. Pour le reste, ce sont des riches d'intention ou de capacité, en tout cas, ils peuvent déjà nourrir quelques ambitions puisqu'ils n'ont plus à user leurs forces pour la simple survie. Ils sont le plus grand nombre et s'ils vivent certains drames, ce n'est pas en raison de leur pauvreté. Ils joignent les deux bouts, comme on dit, ils ne sont pas tenus de courber l'échine trop bas. Ils tirent d'autant mieux leur épingle du jeu qu'ils sont couleur de muraille. C'est sur eux, en vérité, que la littérature a fondé le mythe du paysan rose, le sage et le vertueux, qui n'est pas sans avoir quelque fondement dans la réalité. Il s'en faudrait de peu, par exemple, pour que les échappées du petit Toinou chez ses grands-parents de Montsimon ou ses écoles buissonnières ne tournent à la pastorale revue par Jean-Jacques Rousseau.

Mais gare à ceux qui tombent au-dessous de la ligne de pauvreté ! La misère est le fond de l'abîme. Et les misérables, on les méprise, on se détourne d'eux comme font les rejetons bourgeois à cols blancs et ceintures de cuir dans les beaux quartiers d'Ambert. Les bien-pourvus en ont si peur qu'ils leur imputent la totalité des vices connus. Ou bien ils profitent de leur extrême dénuement pour tenter de les récupérer, de les mettre sous leur coupe et de tirer d'une pierre plusieurs buts. Ainsi font ces dames patronesses encore plus sèches de cœur que de tibias et qui attendent leur salut des placements de charité qu'elles font en payant l'École des Frères quatre-bras aux enfants des sous-prolétaires avec l'espoir de recruter parmi eux d'autres frères à leur dévotion. Quel profit si l'on pouvait faire passer les meilleurs des misérables à l'état de pauvres ! Le noir, enfin, tournerait au rose et les nantis pourraient soupirer d'aise dans leurs salons malgré ces autres pauvres moins démunis qui osent mettre leurs enfants à l'école de la République encore plus gueuse qu'ils ne sont gueux. Heureusement, hormis les marginaux du Pont des Feignants, il reste assez de mendiants dûment estampillés, d'infirmes, de vieillards sans ressources et de mutilés du travail sans pension que l'on peut tenir en obéissance et respect au prix de quelques croûtons chichement mesurés et de quelques liards dispensés à jour fixe. La misère ! En ce temps-là, dans mon pays, on en faisait une bête, la Chienne du Monde, et la plus grande crainte des pauvres était de tomber sur elle en chemin. Le petit Toinou l'a eue continuellement à ses chausses pendant une quinzaine d'années. Mais il a fini par en avoir la peau.

Ce tiers-monde paysan et ouvrier, Antoine Sylvère le décrit comme il l'a connu, comme il a vécu dans son sein. Aucune thèse ne sous-tend son récit, aucun message n'y est explicitement contenu et s'il lui arrive de porter un jugement sur les faits et les événements qu'il rapporte, il se garde bien d'y mettre une passion qui affaiblirait la portée de son témoignage. Et cette distance qu'il prend le plus souvent avec un récit qui suffit à lui-même, doublée d'un humour lentement corrosif par lequel l'auteur se met sous les armes sans vouloir se libérer par des imprécations, est peut-être ce qu'il y a de plus impressionnant dans le livre. C'est elle aussi qui assure la valeur du document. Toinou ne cesse de parler de lui que pour raconter l'histoire, les histoires de son entourage à lui-même pareil ou à lui-même ennemi. Et on éprouve la curieuse impression qu'en écrivant il cherche à se désengager pour mieux cerner la vérité qui fut la sienne tout en animant chacune de ses phrases d'un souffle personnel et d'une étrange force de conviction sans laquelle on pourrait croire à un roman dont il aurait inventé le « je ». Mais c'est Toinou tout entier, réincarné de pied en cap dans ses jeunes années et suscitant autour de lui, dans les moindres détails signifiants, la quotidienne humanité qui fit son éducation sentimentale. Qu'on ne compte surtout pas sur lui pour pécher par omission quand certaines choses ne seraient pas bonnes à dire. Il sait trop bien que ce que l'on tait nuit toujours à ce que l'on dit. Le mythe noir et le mythe rose lui sont également étrangers, encore qu'ils affleurent par moments lorsque certains de leurs éléments coïncident avec les excès ou les exceptions du réel. Toinou le démythificateur. Tel est son rôle et son vrai nom.

A chacun sa part, qui est mélangée. Il n'y a pas les bons d'un côté, les mauvais de l'autre et lui entre les deux, rendant la justice. Pas de quartier pour lui non plus. Il déclare tranquillement qu'il n'a jamais nourri la moindre affection pour ses parents, qu'il a séparé très tôt son destin du leur, qu'il s'est fait délibérément étranger. Mais il ne manque jamais de rapporter, dans leur comportement à son égard, tout ce qui prouve qu'ils faisaient pour lui ce qu'il leur était possible de faire dans la situation qui leur était faite. Il est jaloux de son petit frère, mais il en fait l'éloge sans restriction. Il ne voudrait pas de la chance d'être orphelin et le famille, je vous hais le surprendrait dans une autre bouche que bourgeoise, donc suspecte. Tout simplement, sa famille commence et finit à son grand-père, le Grand, à sa grand-mère, la Grande, et à son oncle Charles, quinze ans. Et il regrette de ne connaître que très peu, par la faute de ses parents, son autre grand-père, un vieillard d'une miraculeuse pauvreté. Il reporte sur eux, en la multipliant, une affection que son père et sa mère, trop misérables, ne peuvent pas s'offrir. Mais leur village de Montsimon, cette oasis, est loin. Alors il s'attache d'abord au petit pâtre le Duret, plus tard à d'autres amis de son âge ou plus vieux que lui, et enfin au Puissant et au Pudorgne, les plus misérables et les meilleurs. Il y a les amours enfantines avec la petite Marinou. Il se fait presque le fils des Baudouin, le disciple respectueux et parfois effaré du Pantomin, le bienveillant, l'ami des faibles, des deshérités, des enfants, le cauchemar des nantis, le justicier. Voleur par nécessité, peut-être assassin, Toinou légionnaire trouvera, pour terminer sa formation, deux soldats perdus dont la qualité est telle que la société des gens réputés honnêtes n'en recèle pas beaucoup. Malheureux, Toinou? La misère mise à part, aucune chance ne lui a été refusée. Il est vrai qu'il n'était pas n'importe qui. Combien d'autres, du même état que lui, sont partis à la dérive quand ils n'ont pas dit adieu au monde à l'âge de la robe! Noir, ce livre? Presque à chaque page, il y a des éclats de lumière.

La meilleure défense des enfants misérables, quand leurs parents sont hors d'état de les aider, quand les riches et les puissants les guettent comme des proies, c'est d'abord de faire alliance avec les petits gueux de leur âge et avec quelques vieillards émérites. D'aller, en somme, vers leurs égaux d'une part et, de l'autre, vers ceux dont la misère n'a pas pu avoir raison. Plus tard seulement, ils se cherchent des mentors parmi les adultes, ils en trouvent ou n'en trouvent pas, mais il est rare qu'ils se trompent. Sur un fond de cour des miracles, un sûr instinct leur désigne celui dont ils peuvent attendre quelque secours contre les mille agressions de la misère. Certes, la société des misérables n'est pas belle à voir de l'extérieur avec sa crasse, son ivrognerie, son langage ordurier [1], ses querelles, ses flambées de violence, ses retours de sauvagerie qui font que d'un seul coup le Baudouin, le meilleur des hommes, se laisse aller à tuer et à dépecer son voisin pour un litige d'eau. Mais quand on vit dedans, on s'aperçoit que tous les degrés d'humanité y sont représentés avec des

---

1. « L'immondice tenait une place essentielle dans notre monde. »

variantes que ne connaissent pas ceux qui vivent à leur aise. Toinou ne nous fait grâce d'aucun aspect de son milieu, se gardant bien de tout manichéisme. A cet égard, il faut lire de près le chapitre du Pont des Feignants et singulièrement le portrait du Pas-Pressé, complété par celui de la Crymosane et de ses trois fils. Il y a là, en quelques pages, une complète comédie humaine. Toinou n'a pas son pareil pour esquiver l'émotion par le rire et pour faire passer la satire à la faveur d'une apparente farce. Marionnettes, dira-t-on. Mais ces marionnettes-là ont vécu en croyant qu'elles étaient des hommes et des femmes à part entière. Les bourgeois d'Ambert avaient pourtant tout fait pour leur donner à croire qu'ils n'en étaient pas.

Et nous voilà au cœur du problème qui est la lutte des misérables contre « la triple alliance de l'Argent, de la Religion et de la Loi ». Là encore on est surpris de la complexité des points de vue des gueux, et de Toinou lui-même, au sujet de ces trois puissances dont ils savent pourtant bien qu'ils sont tenus par elles en dure sujétion.

L'argent, ils n'en voient que fugitivement la couleur. Mais, quand ils en tiennent un peu, c'est pour le porter au propriétaire terrien, pour rembourser leurs dettes et emprunts avec des intérêts parfois inattendus, pour se mettre la conscience à l'aise en payant le percepteur, ce à quoi ils ne voudraient pas faillir sous peine de se déconsidérer à leurs propres yeux. Ils respectent l'argent mieux que ceux qui en ont plein leurs coffres. Et ils se le prêtent sur parole, certains du remboursement dans un an, ou dix, ou plus. Dans d'autres milieux on appelle cela l'honneur et on n'y croit pas beaucoup.

La religion, ou plutôt ses ministres, ils n'ont à en attendre que des exhortations à demeurer dans leur état moyennant quelque charité qu'on leur fait. Ils voient que leurs enfants reçoivent un traitement différent, fort différent de celui réservé aux gosses de riches, ces petits anges qui échappent aux coups, sont chéris par les chers frères et se voient toujours classés en tête selon un barème calculé d'après le rang social de leurs parents et leur munificence à l'égard du clergé. Et il ne leur viendrait pas à l'idée de contester un tel état de choses. Nous dirions aujourd'hui qu'ils étaient conditionnés, prêts à donner leur adhésion

XVIII

à leur propre mythe élaboré par leurs maîtres. Toinou a bien du mal à se défaire de sa morale chrétienne revue et corrigée pour que les pauvres restent pauvres et que les riches continuent à s'enrichir. Il est même décidé, un temps, à régler plus tard son compte à cette gueuse de République[1]. Il a fallu le Pantomin pour lui ouvrir les yeux, encore ne les a-t-il ouverts qu'à moitié. Malgré les injustices, les brimades, les coups, les duretés des Sœurs fesseuses et des Frères fouettards, eux-mêmes les minables serviteurs d'un enseignement de classe et presque de régime, on le sent reconnaissant à quelques-uns d'entre eux pour ne pas trop lui avoir coupé l'appétit de savoir ni trop marchandé les moyens. Et s'il fait justice des autres, c'est sans hargne rétrospective et même avec un humour presque joyeux et un sens de la caricature qui sont une forme du désarmement à l'égard du passé, sinon de l'avenir. Pour solde de tout compte.

Pour la Loi et ses représentants, c'est encore plus net. Toinou considère que les gendarmes et les juges protègent efficacement les « gens d'en bas », qu'ils sont là pour empêcher ceux « d'en haut » de dépasser les bornes de leur pouvoir. Si cela n'est pas toujours ni tout à fait vrai, les exemples qu'il donne prouvent au moins que les misérables se sentaient défendus par la Loi et lui faisaient confiance. De déni officiel de justice, il n'y en a pas. A peine quelque complaisance à faire passer un accident pour un suicide ou le viol d'une pauvresse par de jeunes garnements riches pour l'égarement passager d'un soir de beuverie. Mais quand le Louis et le Rollin tranchent proprement la gorge de l'infâme Bouradagné qui a livré à la prostitution citadine leur sœur et fiancée, lorsqu'ils sont acquittés tous les deux, l'opinion du Pont des Feignants, y compris celle de Toinou, de Pudorgne et du Puissant, celle même du Pantomin, est qu'il aurait quand même fallu infliger aux meurtriers un châtiment, à défaut du talion. D'ailleurs, « dans la région d'Ambert, il était courant d'expédier chaque trimestre un ou deux criminels aux assises départementales ». Sans compter que, de l'avis même du Louis et du Rollin, « la guillotine n'était pas, pour un bon chrétien,

1. « Je condamnais la malice de ''l'exécrable'' Voltaire et celle du ''trop fameux'' Renan. »

une mort plus désagréable qu'une autre ». Enfin, quand fut pro-mulguée la loi de 1898 sur la responsabilité patronale en cas d'accident du travail, le monde ouvrier d'Ambert la trouva injuste, propre à donner du « bon temps aux feignants ».

Mais ce serait une erreur totale de croire, à la lumière de ce qui précède, que notre Toinou est un résigné, un ami de l'ordre, un conservateur. Il se doit seulement de faire strictement le point sur le contenu de sa tête et les réactions du sous-prolétariat d'Ambert en ce temps-là, quand parvenaient à peine, en ce ghetto d'une province plus perdue que certaines autres, quelques échos affaiblis et déformés du bouillonnement social de Paris où se font les révolutions officielles. Qu'on ne s'imagine pas qu'il était facile de secouer les forces d'oppression, d'autant plus maî-tresses du destin des pauvres bougres que leurs représentants vivaient parmi eux et, les connaissant bien, savaient s'y prendre pour les dominer mieux que n'aurait pu le faire, de loin, n'importe quel pouvoir central. Ajoutez à cela que l'effet de la misère est tel que les excès dont sont victimes les misérables leur paraissent tolérables à force d'habitude, outre qu'il leur en faut beaucoup pour s'émouvoir. Mais, à lire Toinou entre les lignes — la fameuse lecture plurielle —, à digérer son humour comme il faut, on s'aperçoit que pour lui la mesure est comble, que l'énormité même du bilan de misère le porte naturellement, et sans autre réflexion, à tout faire pour échapper à la fonderie où l'on meurt à dix-huit ans. S'il rapporte tant de suicides, d'assassinats, de vols, de viols, de prostitution, d'exploitations diverses, tant d'injustices et de duretés des misérables eux-mêmes à l'égard de leurs pareils, ce n'est pas pour nous émouvoir, ni pour se complaire dans le misérabilisme, ni pour clamer son désir de changer la vie. C'est parce que la somme de tout cela, en attisant cet instinct de liberté qu'il cultivait par l'école buissonnière dans ses premières années, lui a fait amasser en lui un potentiel extraordinaire dont il se servira pour sortir de cette géhenne, « la paille au cul » s'il le faut. Et cela bien avant de penser aux autres misérables pour lesquels il ne saurait faire grand-chose en se bornant à partager leur condition. S'évader d'abord. Et la meilleure façon qu'il a trouvée pour dire adieu à la chienlit,

XX

qu'il a trouvée très tôt avec le secours de son Grand, c'est d'acquérir du savoir, encore du savoir et toujours du savoir. L'avenir
se chargerait de lui en trouver l'emploi. Il avait confiance. De
cette volonté et de cette règle il ne démordra jamais puisqu'à
soixante-trois ans, il décidera d'apprendre le latin. N'avait-il
pas dû s'entraîner, très jeune, à l'acquisition de ce français qui
était l'apanage, à l'école et au catéchisme, du « groupe des chaussures », alors que les petits paysans du « groupe des sabots »,
après avoir pensé chaque phrase d'une composition dans le patois
originel, devaient suer sang et eau pour la faire passer dans la
langue des maîtres! Et Toinou, parlant du bilinguisme d'Ambert,
le déclare « analogue à celui de l'époque gallo-romaine, alors
que ceux qui commandaient parlaient le latin et ceux qui obéissaient, le patois ». La première barrière, et la plus dure que
doivent franchir les misérables qui ambitionnent de savoir lire
et écrire, ou qui y sont contraints, est celle du langage. Les maîtres
en ont toujours un autre.

L'histoire de la paysannerie est à marquer d'un jalon majus-
cule avec ces mémoires inachevés d'Antoine Sylvère. Les
mémoires, fatalement, se trouvent toujours en retard sur le temps
qu'ils rapportent et qui aurait dû, dans le cas présent, être rap-
porté par des contemporains qui ne s'en sont pas assez souciés.
L'époque est pourtant d'une considérable importance pour la
compréhension du destin paysan avant le crépuscule et la mutation du coupeur de vers. Et l'exemple de Toinou illustre parfaitement cette promotion extraordinaire que les forçats de la terre
et de la faim allaient chercher par l'instruction. Il serait intéressant de savoir combien d'entre eux ont réussi, par ce moyen, à
entrer dans le train du monde et même à infléchir sa direction en
lui insufflant un dynamisme nouveau. Il faudrait citer l'exemple
du grand-père de Toinou et de son jeune oncle Charles, qui
n'étaient ni Bouvard ni Pécuchet, et qui s'attelèrent à construire
une batteuse révolutionnaire sans autres moyens de calculs que
ceux qu'ils inventaient. Il serait temps, enfin, d'évacuer le mythe
noir qui obsède toujours nos hommes d'état, quoi qu'ils en disent,
et le mythe rose dont la vie est si dure qu'il ne peut arriver de
haut personnage pour inaugurer des chrysanthèmes en province

sans qu'on lui fasse embrasser une fillette en costume de terroir pendant qu'un groupe folklorique le régale d'une gavotte ou d'une bourrée. A chaque fois que les hommes de la terre se dressent contre les pouvoirs, c'est le mythe noir que l'on met en cause. Et le mythe rose alimente toujours de déplorables illusions, poussant vers les campagnes abandonnées des jeunes gens de bonne volonté qui brûlent de filer la laine et de vivre de leurs moutons. Il est plus tard qu'ils ne pensent, mais le mythe n'a pas d'âge, il trouve désormais son aliment en lui-même depuis que s'est terminé, du moins dans notre pays, le grand bal de la misère du monde.

On dira, bien entendu, qu'Antoine Sylvère, écrivant après tant d'années, n'a pas pu faire autrement que de changer quelque peu les couleurs de l'enfance de Toinou. Ce n'est pas sûr. Si cela est, la différence au plus n'est pas aussi grande que celle qui affecte un même paysage entre le lever et le coucher du soleil. Et, en tout état de cause, il faudrait créditer l'auteur du bénéfice du recul. On dira aussi qu'étant lui-même l'objet de son livre, placé au centre du phénomène qu'il décrit, Antoine Sylvère ne peut avoir la rigueur de méthode d'un chercheur scientifique qui ferait la même étude de l'extérieur. C'est oublier que l'homme de science doit aussi compter avec lui-même et généralement, hélas, avec les théories du moment.

Depuis la naissance d'Antoine Sylvère, d'Émile Guillaumin à Grenadou en passant et en continuant par beaucoup d'autres, bien des ouvrages écrits par des pratiquants ou recueillis auprès d'eux ont facilité notre approche de l'ancienne paysannerie, porté sur elle des éclairages parfois inattendus. Pendant ce temps, le roman rustique poursuivait de nombreux avatars pour aboutir, avec Giono et Ramuz, à de séduisantes sublimations où Jacques Bonhomme entreprend, au compte de l'auteur, de nouvelles aventures de la Table Ronde. Quel avancement! Et qui ne manque pas d'être justifié à quelques égards. Mais le paysan paysannant en paysannerie non-lyrique, c'est quand même Toinou.

Pierre Jakez Hélias

I

JOURS D'INSOUCIANCE

Dès qu'elle m'eut mis au monde, ma mère se trouva pourvue d'une source temporaire de profits dont elle avait grand besoin. Devenue laitière sans perdre ses qualités de bête de somme, cette paysanne de vingt ans représentait une richesse que des informateurs bénévoles signalèrent sans délai. Après quelques marchandages, des bourgeois lyonnais s'en attribuèrent l'usufruit moyennant quelques écus par mois, et les seins maternels partirent vers la grande ville faire la joie d'une prétendue petite sœur dont je ne puis me rappeler le nom.

Pendant que ma mère nourrissait à Lyon, mon père faisait une campagne de scieur de long en Normandie, dans la forêt de Brotone, avec une équipe de gars comme lui, solides, sans exigences et capables de travailler quinze heures par jour pour établir qu'ils n'étaient pas « feignants ». L'entrepreneur y trouvait largement son compte et les grands hêtres s'abattaient, ouvrant des clairières plus ou moins meublées par les tas de rondins et les stères de bois de brûle. Pluie et neige n'arrêtaient point nos bûcherons dont les membres ne craignaient pas la rouille. Mon père y gagna toutefois une pleurésie qui lui fournit par la suite de bons sujets de conversation...

Ma mère, sans histoire, accomplit sa double mission et toucha des gages dont le montant paya la maladie de son seigneur et maître et assura le retour au pays. Comme dans toute équation bien posée, un zéro fut le terme de cette double spéculation, étant tenus pour négligeables l'engorgement chronique des poumons paternels et quarante années de petites misères, séquelles d'une maladie soignée une fois pour toutes et pour laquelle il ne serait plus question d'engager de nouveaux frais.

Voilà pourquoi je restai à Montsimon, chez mes grands-parents maternels, laissé aux soins de la Grande. Ainsi fut toujours appelée ma grand-mère, car notre famille s'embarrassait peu de mots inutiles. Le Grand, c'était le Galibardi[1]. Il avait gagné ce surnom en affichant une admiration marquée pour le commandant des Chemises Rouges, à l'issue de la guerre de 70 à laquelle il avait participé en qualité de franc-tireur. Avec la Grande, ils avaient eu quatre enfants qui auraient à se partager, plus tard, un bien constitué par deux vaches dont la vente ne produirait pas plus de dix-huit cents francs.

Selon divers témoignages, j'avais été un beau bébé, crasseux mais satisfait et pétant de santé grâce à la Jasse, la plus vieille des deux vaches promue nourrice, qui m'avait donné son lait.

La pièce où j'étais né s'appelait le Cabinet. Elle était juste assez grande pour contenir deux lits, à l'exclusion de tout autre meuble. Un passage de la largeur d'une coudée constituait au centre le seul espace disponible. Larges caisses de bois brut, bourrées de paille, ces couches rustiques étaient l'œuvre d'ancêtres depuis longtemps oubliés. Le jour pénétrait par une fenêtre carrée si étroite que je ne réussis jamais à la franchir. La vitre, chargée d'ans et de crasse, ne connaissait que le lavage des pluies chassées par la bise, si bien qu'on discernait à peine l'unique richesse artistique de ce réduit : l'image de première communion du Charles. Ce n'est qu'aux grands jours et après de longues instances que j'étais admis à la contemplation de cette bondieuserie, qui me présentait une théorie de communiants des deux

---

1. Déformation, propre au langage populaire, de Garibaldi.

sexes, pieusement séparés, encadrés par un portique orne-
menté de volutes. Le Charles me lisait les caractères impri-
més en arc de cercle :

Précieux souvenir, si vous êtes fidèle.

Le Grand était né là et, soixante ans plus tôt, son
propre Grand, le vieux Vincent, si fin braconnier qu'après
sa mort on ne devait plus voir, de longtemps, un seul lièvre
dans le pays. C'est lui qui avait transmis le plus ancien
souvenir de l'histoire régionale, celui du pauvre Damien
Mouhet, roué vif sur la place du Pontel, tandis que la
foule à genoux récitait le chapelet.

J'ai souvent revu le vieux berceau aux parois trouées de
losanges ; son poids interdisait de le libérer des deux crochets
de fer qui le fixaient au plafond, au-dessus du lit de la
Grande. On l'y trouverait sans doute encore, pourrissant
sous les décombres de la chaumière si pauvre que nul amateur n'en offrit le moindre sou après l'abandon des
propriétaires, déserteurs forcés d'un sol qui ne les nourrissait
plus.

Il ressemblait, ce berceau, à un cercueil d'enfant, par la
dureté de ses contours. Des générations successives y avaient
goûté leurs premiers sommeils. Des gaillards de haute taille
y avaient commencé leur vie qui, pour certains, s'était
achevée sur les champs de bataille de la République et de
l'Empire ou dans les rizières du Tonkin. Des femmes vail-
lantes en étaient sorties pour travailler tôt et devenir mères
de bonne heure. C'est tout ce que mes descendants auront
à apprendre de cette lignée dont ne se détache que le nom
du vieux Vincent, ancêtre glorieux, sabreur de Prussiens,
tueur de lièvres et dépisteur de gendarmes.

Lorsque le berceau contenait un nourrisson, il arrivait
qu'une digestion dramatique se terminât en sonorités
bruyantes qui réveillaient le Grand dont le sommeil fragile
fuyait à la moindre alerte. Tout de suite, il secouait sa
vieille et lui criait dans notre patois aux voyelles inexpri-
mables [1] :

1. Voir Annexe VI, p. 370.

3

— *Audjà, Marietà, lä triffä cuélhon * !*

C'était l'annonce du branle-bas : la Grande sautait hors du lit pour courir chercher les langes qui séchaient devant l'âtre, le vieux descendait le bébé et s'appliquait à l'extraire du paquet préparé par des mains pieuses, dans lequel, étroitement ligoté, bandé comme une momie, il semblait en parfaite condition pour entreprendre l'éternel repos. Sur le bord de la lucarne, la lampe jetait une faible lueur. Elle était remarquable, cette lampe, faite d'une simple pomme de terre excavée, à laquelle une section plane avait donné de l'assise. Dans la cavité, on mettait un peu d'huile de noix ; quelques fils de coton, extraits du pan d'une vieille chemise, complétaient l'appareil.

Le tonton Charles apportait sa collaboration ; le poupon, mécontent et rageur, était caressé, nettoyé, ficelé, puis replacé dans le vieux berceau, non sans témoigner par ses cris d'une volonté déjà vigoureuse. La lumière éteinte, le calme se rétablissait. Pendant quelques instants, l'oscillation que la pesante chaîne de fer, maniée par le Grand, imprimait au berceau provoquait le grincement des œilletons sur les crochets centenaires. Puis le couinement finissait aussi par s'arrêter et un même sommeil unissait ces simples vies.

Je suis seul à prolonger le souvenir des hommes qui dormirent dans le berceau de hêtre. Le tonton Charles et mon frère Damien eurent à s'occuper sur les frontières de questions qu'ils ne cherchèrent pas à comprendre. Ils en moururent si complètement que jamais on ne put même récupérer leurs cadavres.

Quand ma mère quitta le service des bourgeois de Lyon et revint au pays, mon père, libéré à la fois de sa pleurésie et de son engagement dans la forêt de Brotone, la rejoignit. La double entreprise n'avait pas laissé un sou vaillant de cet argent sur lequel on avait tant compté pour organiser

* Ecoute, Mariette, les pommes de terre cuisent !

le foyer. Le tonton Liaude prêta deux cents francs et l'oncle Jean du Couderchou en fit autant. Nantis de ce capital, mes parents prirent en métayage la ferme de la Masse, tout là-bas, dans la plaine, du côté de la ville.

Elle ressemblait à n'importe quelle chaumière paysanne de la région. Bêtes et gens, fourrage et matériel agricole s'abritaient dans un même corps de bâtiment, couvert d'un toit de tuiles ou de chaume dont les versants descendaient jusqu'à terre. Des portes basses et des lucarnes. Point de fenêtres. Le terme de « maison » avait un sens particulier. Il désignait plus spécialement la pièce carrée cantonnée dans un coin de l'ensemble, réduit collectif contenant la grande table rectangulaire autour de laquelle douze personnes pouvaient prendre leurs aises et manger en s'appuyant sur leurs coudes. Dans le coin le plus obscur, sous le manteau d'une haute cheminée, se situaient, près du foyer aux chenêts en fer forgé, la grosse chaudière en fonte et la provision de bois répondant aux besoins du jour. Près de la table, un grand placard pouvait abriter un matériel de cuisine bien supérieur à celui que nécessitait la composition de nos repas familiaux. Enfin, un rideau rouge fermait l'alcôve encastrée sous l'escalier qui menait au premier : la couchette de l'Anna, la jeune domestique venue du village, personnage important de notre monde.

Au-dessus de la « maison », dans une pièce semblable de formes et de dimensions, il y avait deux lits et l'armoire où ma mère rangeait les vêtements des dimanches. Dans le tiroir fermé à clé, elle gardait ses souvenirs les plus précieux : une boîte en carton contenant quelques rubans moirés aux couleurs assorties, témoins de sa jeunesse, quand elle était la « belle » ourdisseuse, à vingt francs par mois, du tissage de M. Villadères.

Sauf la grosse chaudière en fonte, tous les biens mobiliers appartenaient au propriétaire de la métairie. La dot de ma mère avait été fixée, par acte notarié, à la fourniture d'un lit et d'une armoire. Grand-père s'était chargé de leur construction, le noyer du fond du pré avait été abattu et la bille mise à sécher. Puis, le temps et les moyens ayant fait défaut, les choses en étaient restées là. Ce fut seulement au bout de six ans que le Vieux réussit enfin à remplir ses engagements et à livrer ces meubles dont une feuille de papier timbré arrêtait la valeur à cent cinquante francs.

C'est vers l'âge de deux ans et demi que se fixent mes premiers souvenirs. Ce fut un brusque réveil, à l'issue d'une nuit sans origine.

Ce jour-là, je me traînais sous la grande table en poussant des clameurs désespérées. J'avais un immense besoin de consolation et ma mère, très absorbée par un épluchage de légumes, affectait une coupable indifférence. Je considérais cette attitude comme une violation de mes droits. J'en déduisis que, si mes pleurs ne servaient à rien, je n'avais aucun moyen d'obtenir justice. Enfin, puisque ma mère s'entêtait à ne pas vouloir me consoler, je pris mon parti de me tirer d'affaire par mes propres moyens, de me consoler tout seul et je me formai l'opinion que les grandes personnes sont des utilités, intervenant quand il leur plaît, sans qu'on puisse les contraindre si elles se dérobent à leurs devoirs. Les pleurs cessèrent donc et l'exercice de la pensée fut dès lors pratiqué comme un jeu plein d'intérêt, le remède efficace contre tous les maux. A midi, ce même jour, je fis la connaissance de mon père qui me souleva pour m'embrasser, sans s'apercevoir que je le considérais avec un regard très différent, sans doute, de celui qu'il pouvait connaître. Je notai que sa barbe piquait douloureusement.

A partir de là, les jours se lièrent aux veilles et aux lendemains en une suite ininterrompue dont je n'avais encore jamais eu conscience... Plus tard, à cent reprises, je tentai d'extraire de ma mémoire quelque fait antérieur. Je me heurtais toujours à cet instant précis où je m'éveillai, criant mon chagrin sous la grande table. Je fis des efforts inouïs pour franchir ce mur de l'oubli total et remonter le cours du temps. J'attaquai l'obstacle avec opiniâtreté, sans autre résultat que de fixer d'une manière profonde et définitive la scène de mon plus ancien souvenir.

Dès mes premières pensées, je séparai donc complètement mes affaires de celles de mes parents. La règle ne connut que peu d'exceptions. Elle fut appliquée avec une rigueur absolue. J'avoue avec tristesse que les sentiments éprouvés pour mon père et ma mère, tant que dura mon enfance, ne méritent pas le terme, cependant très large, d'affection. Ils restèrent pour moi des personnages nécessaires, redoutables, et je n'ai pas d'explication valable à donner à cette brisure qui me sépara de ces braves gens ; ils aimaient leur petit comme ils le pouvaient, avec une tendresse malhabile constamment refoulée par le travail et les peines.

Notre vie familiale n'admettait pas d'effusions. Sur ce point, mes parents se montrèrent d'une pudeur rigoureuse et je ne me souviens pas de les avoir vus échanger un simple baiser au cours des années que je vécus près d'eux. Pour moi, la pratique du baiser tant maternel que paternel cessa bien avant l'époque fameuse de ma première culotte, non parce que je n'avais pas de goût à la chose, mais parce qu'on me déclarait trop grand. Je ne puis situer ni l'instant précis, ni les circonstances qui m'imposèrent cette notion. Elle fut, en tout cas, une des premières que je devais acquérir.

Pourtant, dans le fond de mon cœur d'enfant, le besoin d'aimer se fit jour immédiatement et trouva ses objets. Grand-mère obtint d'emblée mon affection totale et ma confiance illimitée, débarrassées de tout mélange de crainte ou de simple intérêt. Tous les jeudis, quand elle venait nous voir avec son châle noir croisé sur la poitrine, son tablier de paysanne, ses rides et sa bouche édentée, je l'embrassais et lui marquais ma sympathie sans le moindre refoulement.

Et puis, surtout, il y eut le Duret, le petit domestique qui aidait mon père dans les travaux de la ferme. C'était un garçon de treize ou quatorze ans, hilare et plein de résolution. A mes yeux, il apparaissait comme un hercule bienveillant ayant pour mission de me protéger et de m'instruire de mille choses toutes plus amusantes les unes que les autres.

Quand il partait garder les vaches, sous les chênes, dans les prairies bordant la rivière, il m'emmenait avec lui et je vivais des heures de bonheur, ma petite main serrée dans la grosse patte de mon ami. Il me soulevait pour franchir des fossés profonds. Nous mettions en fuite des bêtes redoutables et, s'il n'y avait rien de mieux à faire, nous prenions du poisson. Insensible aux ronces qui me griffaient au passage, je furetais le long des haies à la recherche d'une brèche. J'apercevais parfois alors la grande tache lumineuse d'un champ de colza : quand les tiges ondulaient sous le vent, on aurait dit une rivière de pièces d'or.

Le jour où je fus lancé en l'air par un coup de corne de la génisse l'Etoile qui était très méchante, le Duret la roua de coups un long après-midi. Il lui donna, avec son bâton, une chasse furieuse qu'il interrompit juste un instant pour me rassurer :

— *Adjà pa peùr, Toinou* * !

Dans un tas de fagots, nous dénichâmes un putois : la bête fila vers la rivière, poursuivie par la Mourette, la chienne noire. Une bataille violente s'engagea, rougissant les eaux. Le Duret sauta tout habillé dans la rivière pour prêter main-forte. Il revint, tenant dans sa main une longue bête grise à l'odeur forte et dont il souleva les lèvres pour me faire tâter les dents.

Certes non, je n'avais pas peur avec le Duret...

Un jour, le garçon vint m'embrasser en pleurant pendant que ma mère me portait au lit. Il ne me répondit pas quand je lui demandai :

— *Perque tü puris, Duré* ** ?

Les travaux saisonniers de la métairie avaient pris fin. Pendant l'hiver, mes parents ne pouvaient s'embarrasser d'un aide qu'ils ne payaient qu'avec bien des difficultés tant que durait le travail productif. Son temps fini, vers la Saint-Martin, le Duret regagnait son village.

Dès mon réveil, je cherchai mon ami :

— Il est parti, le Duret, dit ma mère, il est allé avec son père et il ne reviendra plus dans la maison...

Je ne répondis rien et ne laissai point voir ma conviction que, si la maison n'était pas celle du Duret, il n'y avait pas de raison qui pût m'y garder plus longtemps. Je ne concevais pas la vie sans le Duret, je n'avais qu'à me mettre à

---

* Aie pas peur, Toinou.
** Pourquoi tu pleures, Duret ?

sa recherche pour aller vivre avec lui. Très certainement il m'attendait quelque part.

Le soir même, je partis à l'aventure et pris le premier chemin venu qui, par hasard, conduisait vers la ville. Je marchai tant que mes jambes voulurent me porter. J'errai jusqu'à la nuit close dans les rues, sans répondre aux gens surpris de voir un bambin en robe qui semblait parfaitement savoir où il allait et ne donnait pas le moindre signe d'indécision ou d'inquiétude. Enfin, épuisé, gêné par l'obscurité, j'avisai les marches d'un perron. Je vins m'y asseoir en pensant au Duret que je retrouverais sûrement — il n'y en avait pas deux comme lui ! Là-dessus, je m'endormis.

Je fus réveillé par mon père qui, d'une main, me secouait, cependant que de l'autre il me fouettait. Autour de nous, se tenait un grand nombre de voisins porteurs de lanternes. Je fus ramené à la maison où ma mère, pendant ce temps, connaissait mille transes. Lorsqu'on me mit au lit, il y avait longtemps que je ne souffrais plus de la fessée qu'on m'avait donnée mais la perte de mon ami, le Duret, fut une plaie vive qui saigna longtemps.

Des jours s'écoulèrent, attristés. Je venais quand ma mère m'appelait pour me donner mon lait ou me coucher. Sur ces points, je n'élevais pas de réclamation. Quand, par hasard, elle voulait me débarbouiller, je poussais des clameurs violentes et sincères. Ce désagrément, je dois le reconnaître, m'arrivait sans régularité et trop rarement pour être considéré comme une véritable persécution.

La Mourette fit des petits. On lui en laissa un gros noir avec qui je m'efforçai de nouer de bonnes relations. Nous ne nous accordions pas toujours et souvent ses dents aiguës et ses griffes m'ensanglantaient les doigts...

Il tomba de la neige, beaucoup de neige. Lorsque je voulais sortir, elle dépassait le niveau de mon derrière et, montant sous mes robes qui s'étalaient par-dessus en éventail, elle me gelait les fesses. Vers cette époque, on fit courir dans la maison le bruit que le Petit Jésus allait venir.

Le Petit Jésus était au courant de mille choses. Il savait comment j'avais cassé la cruche en voulant boire un coup ; déchiré ma robe, en me laissant glisser sur une planche

9

abandonnée dans l'escalier. Il pouvait dire combien de fois
j'avais pissé au lit — et c'était un grand nombre de fois,
bien plus grand que les doigts de la main.

Une nuit prochaine, le Petit Jésus passerait dans la maison
pendant que je dormirais... Il serait excessivement pressé et
descendrait dans la cheminée pour mettre dans mon sabot la
juste récompense de mes actions. Les enfants sages recevaient quelque chose de bon à manger, les autres seulement
un bâton. Le Petit Jésus faisait à son idée, sans avertir
personne. On ne m'avait pas encore dit une seule fois que
j'étais un enfant sage ; très souvent même, on m'avait déclaré
le contraire. Les enfants, en général, étaient absolument
remarquables ; mes parents l'affirmaient. Eux-mêmes avaient
été des enfants parfaits. En garçon averti, je comptais donc
sur le bâton.

Certain soir, je fus mis au lit après avoir placé mon
sabot dans l'âtre. Cette même nuit, le jugement serait
exécuté ; je n'aurais plus qu'à me lever de bonne heure, le
lendemain matin, pour faire disparaître le fameux bâton...
Comment serait-il ce bâton ? En noisetier ? Ou bien comme
celui que le Duret avait coupé dans le clos, en cerisier ?... Il
avait pris, avec le temps, une belle couleur rouge.

Je fus réveillé par mon père qui me cria de son lit :

— *E ! Toinou ! Che n'avis vïr dien là cheminéià, se
que le petit Jésu à portâd dien ton iclhô* * ?

Je compris que je n'échapperais pas à la honte. Je sautai
de mon lit sans enthousiasme et, claquant des dents, je
descendis en chemise. Mon père n'avait pas l'air en colère
du tout, ce qui était plutôt rassurant... et puis il ne se
servirait certainement pas du bâton : quand il me donnait
une correction, c'était avec son chapeau.

En débouchant de l'escalier, j'aperçus le sabot duquel
débordait un petit objet rouge... Il n'y avait pas de bâton.
Mieux, il y avait une superbe pipe en sucre, comme celles
qu'on pouvait voir chez la Cane, la marchande en face
de chez nous.

* Hé, Toinou ! si tu allais voir dans la cheminée ce que le Petit
Jésus a mis dans ton sabot ?

Je remontai l'escalier à quatre pattes et me présentai, triomphant, sans trouver un mot à dire.

— Té, dit mon père, je parierais que le Petit Jésus s'est trompé ou p't'être bien qu'il ne lui restait plus que des pipes !

Tous les matins, ma mère partait à pied vers la ville, avec les deux grandes *buges* * pleines de lait. Ma mère était menue et les buges énormes, si bien que la pauvre femme transportait à peu près son poids de lait. Chacun de ses retours se terminait par la même formule qui combinait la plainte et la prière :

— *Dieu seladje ! Sei randüdà* ** *!*

Le lait se vendait quatre sous à l'état pur. Il portait alors le nom de « lait chaud » pour le distinguer du « lait froid » qui avait subi un écrémage et ne se vendait que deux sous. Ainsi, chacune des buges correspondait aux besoins d'une classe déterminée : celle du lait froid à la population ouvrière qui payait irrégulièrement et toujours en retard ; celle du lait chaud à la Cure et au grand commerce. Le sérieux de cette clientèle qui payait comptant lui valait le dévouement aveugle des métayers producteurs de lait. Mes parents lui témoignèrent une belle fidélité qui dura au-delà des quelques années de fourniture de lait chaud.

Le chiffre des ventes variait de cinq à six francs [1] par jour. On partageait toutes les sommes qui rentraient en deux parts égales : celle de la maison et celle du Patron. La métairie avait trois maîtres : le Patron, le Félix et le petit Félix. Le Patron était l'éminence supérieure ; les deux autres, le gendre et le petit-fils, ses adjoints. La seule fonction du Patron, dans la métairie, était de partager. Tous les ans, vers la Saint-Martin, il venait s'installer à la grande table pour procéder au partage.

Pendant toute l'année, mes parents devaient travailler du petit jour jusqu'à la nuit tombée. Ils devaient embaucher et régler, sur leur part, le salaire de nombreux ouvriers

* Récipient en grès ou en bois.
** Dieu soulage, je suis rendue !
1. Francs, valeur 1890-1900 comme dans tout le livre.

employés pour la fenaison et les moissons. Ils tiraient de ce travail du lait, des pommes de terre et beaucoup d'autres produits. Quand tout était rentré ou vendu, on partageait avec le Patron.

La nécessité d'acheter du pain et de se vêtir tant bien que mal empoisonna leur existence jusqu'à leur mort. Il fallait payer de grandes quantités de nourriture, de bois, acquitter les impôts : une véritable ruine ! Quand venait la Saint-Martin, il n'y avait jamais assez d'argent dans la boîte pour la part du Patron.

Ce dernier faisait mine de se montrer accommodant.

— Bon, observait-il, bienveillant ; ça fait quatre-vingts francs qui manquent sur ma part. Ce sera vite arrangé. Qu'est-ce qui te reste encore sur ta part de pommes de terre, Jean ?

— Peut-être une cinquantaine de quintaux.

— Ben, t'auras qu'à tuer ton cochon un peu plus tôt, c'est pas une affaire, hein ? Ça se vend pas, les pommes de terre, en ce moment ; je t'en prendrai tout de même trente quintaux à trente sous. Ça va ?

— Allons, Patron, vous voulez pas que je tue une bête qui fera vers les deux cent cinquante livres, juste au moment qu'elle profite... et puis il y a les jeunes... et puis les veaux... et quand je prendrai du monde pour les foins comment je ferai mon compte, si j'ai pas mon lard ?

Le Patron se tapait sur les cuisses, s'esclaffant :

— Ce sacré Jean, un vaillant comme toi... et si bien accompagné... t'auras toujours deux cent cinquante livres de cochon à manger, s'pas... après, tu verras. Alors, on est d'accord pour ça, je ferai prendre les trente quintaux, tu peux les ensacher tout de suite. Mais faut encore trouver trente-cinq francs. Bon... je prendrai deux *montres* * de foin sur ta part, et on sera en règle.

Puis, se tournant vers son gendre, le Félix :

— Ça sera pour tes moutons.

En partant, il tapait familièrement sur l'épaule de mon

* 1 montre = 12 quintaux, soit 600 kgs.

père et lui prodiguait des témoignages de considération et nombre d'encouragements :

— Vois-tu, mon homme, entre braves gens, on finit toujours par s'entendre. Nous, on traîne pas pour se mettre d'accord. Nous, on travaille ensemble, s'pas ? Quand les années sont mauvaises pour toi, c'est pareil pour moi. C'est pas comme si t'avais un loyer à payer. S'il en faudrait, hein, du blé vendu à huit francs ! Mais qu'y vienne seulement un temps comme après soixante-dix où qu'on vendait trente francs du sac, tu verras si rien qu'avec ta part ça te fait pas un joli sou à mettre de côté !

En attendant le joli sou à mettre de côté, ma mère pleurait avec abondance et esquissait pour mon père le tableau des misères à venir. Lui, bredouillait n'importe quoi, ne sachant que répondre. Il s'ensuivait une dispute au cours de laquelle les tares des ascendants et collatéraux étaient sévèrement appréciées et rappelées de part et d'autre.

Le Félix élevait un troupeau de moutons sur les pâtures de la métairie. C'était là une affaire qui ne regardait pas mon père, une sorte de privilège supplémentaire que le Patron avait astucieusement assuré à son gendre, lors de la signature du bail de six ans.

Tous nos parents, proches ou éloignés, avaient dû se mettre en branle pour la signature de ce bail et fournir caution. Le Grand et la Grande, l'autre Grand, celui de Germanangues, le Joseph de Thiolières, le Jean de la Favérie, tous les tontons du Grand Cheix qui étaient propriétaires, le Liaude, le Liaudou et le Liaudounet... et même le plus riche de tous, l'oncle Jean du Couderchou. Le Patron n'avait plus qu'à dormir en paix pendant six ans, il ne perdrait rien dans l'affaire, quoi qu'il arrive.

L'oncle Jean, qui n'était pas bête, et qui savait gagner de l'argent, avait lu le bail et se reprochait de s'être laissé rouler comme un apprenti avec cette histoire de moutons.

— Bah ! avait dit le Patron, c'est pas quèques moutons qui nous empêcheront de nous entendre !

Et de fait, on s'entendit. Seulement, par la suite, les moutons du Félix s'étaient montrés prolifiques : la première douzaine se décupla, si bien qu'à partir de l'époque où je fus en âge de réclamer ma soupe, il n'y en eut jamais moins d'une centaine à prélever sur les herbages un profit non partagé dont l'importance ulcéra définitivement le cœur de ma pauvre mère. Mais la chose ne pouvait être remise en question, le bail était signé, et les cautions valables... Le nombre de moutons, hélas, n'avait pas été limité.

Dès le printemps, mon horizon s'élargit et j'étendis mes relations. Pendant que ma mère portait son lait en ville, chez les pratiques, mon père était aux champs, l'Anna s'occupait des vaches et de ses plaisirs. Je goûtais le bénéfice d'une agréable liberté, accrue par l'extension très nette de mes moyens de locomotion.

L'Anna restait des heures dans le foin avec le Joseph, notre voisin, qui venait de faire son service dans les Zouaves en « Tunésie » ; je prenais alors un bâton et j'allais battre l'Etoile, la vache qui m'avait jeté en l'air d'un coup de corne, jadis, quand j'avais le Duret. C'était amusant : attachée à sa mangeoire, la bête donnait des signes de terrible affolement dès qu'elle devinait ma présence dans l'étable. Le bâton bien en main, je cognais de toute la force de mes petits bras, très amusé de voir l'Etoile trépigner des quatre pieds, lever le cul sans pouvoir m'atteindre, jusqu'au moment où le pauvre animal, désespérant de mettre fin à son tourment, restait passif, la tête levée, bramant de désespoir. C'était si impressionnant que je perdais immédiatement mon beau courage, lâchais mon bâton et prenais la fuite.

C'est à cette époque que je me souviens d'avoir beaucoup réfléchi sur les avantages du mensonge qui m'apparut comme un moyen de défense infiniment supérieur à tout plaidoyer, supérieur surtout à la fuite, déjà expérimentée, dont les résultats m'avaient découragé. Lorsque les faits n'étaient pas soupçonnés, le mensonge était sans conteste la meilleure formule. Dans le cas contraire, j'étais, pour mon malheur, trop malhabile : ma mère lisait la vérité dans mes yeux. Moi, je ne lisais rien dans les yeux d'autrui.

Après quelques enquêtes à l'intérieur de la métairie,

j'abordai l'extérieur. L'auberge de la Cane, en face, me fut accueillante. Un dimanche après-midi, j'entrai dans la salle du cabaret pleine d'hommes qui jouaient aux cartes en buvant du vin rouge. Je fis l'expérience que les buveurs ont, en général, le cœur sur la main.

— Es-tu un garçon ou une fille ? demanda le premier qui s'aperçut de ma présence.

Il releva ma robe jusque sous les bras et conclut gravement :

— Pisque t'es un mâle, t'as le droit de boire un coup.

Et il me tendit son verre.

Le public s'amusa fort de me voir téter avec application sur le bord de l'énorme récipient, si gros et si lourd que je ne pouvais le manœuvrer qu'à deux mains.

— En v'là une manière de boire du vin, observa un autre ; pour du lait, ça pourrait encore passer de téter comme ça. Pour le vin, ça se fait pas.

M'enlevant sur ses genoux, il voulut m'apprendre à boire. Je m'y prêtai avec la meilleure volonté du monde. Ils me plaisaient ces gens-là, joyeux et si contents d'eux-mêmes. Dans cette salle, je trouvais un accueil bienveillant, une sorte de communauté fraternelle qui réchauffaient le cœur. J'aurais fait n'importe quoi pour leur plaire.

Je m'emparai d'un second verre avec beaucoup de résolution, bien décidé à le vider comme un homme au lieu de le pomper en utilisant ma langue entre mes lèvres serrées, à la façon d'un piston, ainsi que j'y étais habitué.

On ne s'imagine pas combien le simple geste qui consiste à lever le fond d'un verre exige de précision et de mesure ; du premier coup, je réalisai l'immersion complète de mes orifices respiratoires, cependant qu'un flot supplémentaire s'engouffrait dans l'encolure de ma robe, m'inondait la poitrine, le ventre, ruisselant jusqu'à mes genoux. Menacé d'étouffement, je rejetai d'un hoquet, tant par les narines que par la bouche, ce flot qui n'avait pu trouver son chemin. L'enthousiasme de mon public devint du délire et ce me fut un bel encouragement pour de nouvelles tentatives qui obtinrent des résultats satisfaisants.

J'étais content de l'aventure, plein de gratitude pour ces

15

hommes qui ne menaçaient pas de se fâcher et qui me témoignaient beaucoup de considération. J'en avais grand besoin en ce temps-là et c'était la première fois qu'on m'en accordait tant, avec une si parfaite unanimité.

Je restai là une partie de l'après-midi, allant de l'un à l'autre, buvant tant qu'il me plaisait dans le premier verre à portée de ma main... Enfin, pris d'une angoisse subite, je compris que les choses tournaient mal.

J'éprouvai les symptômes d'un malaise inconnu, mes jambes fléchirent et je roulai sur le parquet parmi les mégots et les crachats. L'épouvante qui m'étreignit alors me donne à penser que je fus vraiment en danger et, de fait, j'étais dans un triste état lorsque la Cane vint me relever pour me conduire chez ma mère.

La suite fut atroce. Je me vidai par le nez et par la bouche en vomissements convulsifs qui firent craindre pour ma vie et je fus gravement malade pendant une bonne semaine. Je me rétablis enfin sans garder de traces apparentes de cette aventure. Mais il en résulta une horreur des boissons alcoolisées telle que, pendant les vingt-cinq années suivantes, leur odeur m'inspira un dégoût que nul raisonnement ne pouvait vaincre, une répulsion que je crus longtemps définitive. Plus tard, la guerre survint et me prouva le contraire : le caractère provisoire de ce qui paraît le plus solidement établi...

Si les démonstrations affectueuses étaient bannies de notre maison, les querelles y étaient fréquentes et les reproches mutuels s'échangeaient sans réserve. Pour être exact, je dois avouer que ma mère tenait le rôle prépondérant dans ce duo où s'affrontaient les griefs de l'une et de l'autre partie.

Il y eut d'interminables disputes au sujet de l'Anna, la domestique, pour qui mon père aurait eu des attentions coupables. Le délit s'établissait par le moyen d'observations, de recoupements subtils que l'incriminé réfutait mal. Il arrivait que l'Anna disparût en même temps que mon père ; c'était chose courante quand le Joseph d'en face, qui avait servi dans les Zouaves, attendait derrière la haie du grand pré. Ma mère ne connaissait pas ce détail et d'ailleurs s'intéressait peu au Joseph qui avait servi dans les Zouaves.

La défense des intérêts communs entraînait de dramatiques discussions. L'homme se voyait reprocher ses faiblesses, ses impardonnables capitulations. Il se perdait en de confus bredouillements qui s'achevaient en menaces. La femme se déclarait alors gravement outragée et portait le défi mille fois répété :

— *Ai pa peùr que tü me bätïs, entendïs tü, jamai tü aùzaräs me ressä * !*

Et de fait, il n'osa jamais : le défi se répéta souvent sans résultat, établissant à mes yeux la supériorité manifeste d'une femme petite sur un homme fort, pourvu d'un caractère pacifique. Sans doute aussi mon père se méfiait-il de sa taille et de sa robustesse. Un moulinet de son bras, habitué à manier la cognée et la lourde scie, eût été redoutable.

Quelquefois, je vis régner dans la maison un calme relatif. Le Jean parlait de ses campagnes en Normandie, du premier voyage qu'il fit à neuf ans, déjà séparé des siens et gagnant son pain. Il décrivait par le menu la longue maladie qu'il prit là-bas. Il fut soigné pendant trois jours par les brebis dans l'étable où on l'avait abandonné... Il s'étonnait encore du prix extraordinairement bas des poissons dans ce pays : il avait pu en effet acheter un plein chapeau de harengs frais pour trois sous.

La Marie lui donnait la réplique en évoquant ses belles années, au tissage de M. Villadères à Olliergues. Il y avait là deux ourdisseuses, la *gente* et la laide. C'était elle ma mère, la gente ourdisseuse. Elle évoquait l'époque où elle avait été *cambusière* **, quand on faisait le chemin de fer, et son petit frère Charles qui lui avait fait si peur, le jour où il avait failli se noyer... Mais déjà, je n'écoutais plus que d'une oreille : une profonde séparation d'avec ma famille s'était accomplie. Je me sentais de plus en plus attiré vers l'extérieur et bien décidé à mener ma vie personnelle en dépit des déboires que j'aurais à subir.

---

* J'ai pas peur que tu me battes, t'entends, jamais t'oseras me battre !
** Cantinière.

Pourtant ces heures calmes étaient exceptionnelles chez nous. Elles l'étaient tout autant d'ailleurs chez n'importe lequel de nos voisins, avec la circonstance aggravante que les maris ne se privaient pas de battre leur femme. Les querelles de ménage étaient le triste lot quotidien des familles pauvres. Dans les cas d'excitation particulièrement graves, le voisinage devait accourir pour limiter les dégâts, mais chez nous l'intervention extérieure ne fut jamais nécessaire : nous étions un foyer très convenable.

Cependant, mon père fut de plus en plus attiré par le débit de boissons de la Cane où son talent à jouer de l'accordéon pour faire danser le public lui conférait le droit de consommer gratis. Il prit la fâcheuse habitude de s'enivrer une fois par semaine, ne trouvant sans doute de meilleur palliatif pour améliorer une vie sans joie. Il devait conserver fidèlement cette habitude, non sans accroître d'une manière regrettable la nomenclature déjà très complète de ses défauts, donnant ainsi à ma pauvre mère de nouveaux arguments pour les discussions à venir.

Bien qu'il y eût à l'époque un miroir dans notre maison, je n'ai pas le souvenir d'avoir pris le moindre goût à la contemplation de ma négligeable personne. Ce n'est que par un acte d'imagination rétrospective que je puis reconstituer mon aspect d'alors, celui d'un marmot de trois ans et demi, vêtu d'une robe, que l'on changeait chaque fin de semaine pour un lavage nécessaire, et de dessous simplifiés qui permettaient de satisfaire, sans concours extérieurs, n'importe quel besoin naturel.

Je pouvais circuler dans la rue, dans les granges et dans les cours, patauger dans le fumier, m'asseoir et me rouler n'importe où selon le jeu d'une libre fantaisie que ne venait contrarier nulle répugnance, fouiller dans n'importe quel détritus et me souiller le visage et les mains, sans autre inconvénient que de risquer un débarbouillage ennuyeux, mais sommaire. Les soucis de la vie courante absorbaient ma mère. Comme les pauvres de notre époque, trop humbles pour se défendre, elle n'avait pratiquement pas de temps à consacrer à son petit. Je pouvais disparaître pour de longues heures, vaquer sur n'importe quel terrain sans que l'on prît souci de moi.

Quelquefois, j'avais la visite du Grand. Je le revois avec sa barbe en broussailles, sa calotte couverte de poils posée sur une crinière hirsute comme celle d'un moujik. Il me prenait sur ses genoux et bâtissait mon avenir... Il fut bientôt convenu qu'il me confectionnerait un char véritable, avec quatre roues, timons et ridelles. Un char haut comme ça, à ma mesure, que je pourrais garer sous mon lit. Nous fûmes d'accord pour différer l'exécution de cet important travail jusqu'à ce que les caractéristiques en soient si heureusement déterminées qu'il devienne inévitablement le plus beau des chars. Il y aurait un avant-train, avec la cheville ouvrière, des ridelles amovibles, des roues cerclées... Bref, nous aurions soin de le pourvoir de tout ce que la science avait inventé de plus moderne dans la construction des chars.

Le bon vieux, qui ne manquait pourtant pas de travail, s'entendait admirablement à prolonger à l'infini les discussions techniques :

— Tu comprends, Toinou, disait-il souvent, je ne suis pas assez riche pour perdre du bois. Quand ça sera commencé et qu'il y aura du travail de fait, comme ça sera, ça sera, il y aura plus moyen d'y revenir. Il n'est donc pas question de commencer à la légère...

Il s'ensuivait de longues réflexions sur les avantages respectifs des roues à rayons et des roues pleines. Celles-ci étaient plus solides, et celles-là plus légères, et je voyais là les meilleures raisons de ne pas commencer trop tôt l'exécution de ce véhicule qui se devait d'être résolument d'avant-garde.

Chaque semaine, je lui faisais signifier par la Grande mon désir de le voir pour l'entretenir d'un perfectionnement nouveau. Le démon de l'invention me posséda si bien que j'en vins à modérer mon associé qui voulait à tout prix se mettre au travail.

Il avait su me persuader que, lorsque sa tâche commencerait, la mienne prendrait fin. L'œuvre s'accomplirait alors sans que j'eusse à intervenir... et je trouvais dans l'élaboration du projet des sujets de méditation sans fin, des discussions techniques soutenues avec une ardeur passionnée — mille satisfactions raffinées.

Le Grand accueillait mes idées avec une réserve prudente de vieil ingénieur devant son jeune patron.

— Bien sûr, disait-il, les roues seront plus légères avec des rayons, mais si elles se déchâtrent, c'est bien ennuyeux ; le char sera complètement foutu. Faudrait que tu viennes à Montsimon, voir dans le livre du Charles. Dans les temps, y avait des rois si tellement feignants qu'ils faisaient tout dans leur lit. Tu comprends qu'il fallait pas leur demander de marcher, même quand c'était pour se promener. Ils avaient des chars qu'étaient faits comme un lit qu'on aurait monté sur des roues. J'ai remarqué qu'y leur faisaient des roues pleines à ces chars. Faudrait tout de même que tu voies ça. Moi, bien sûr, je ferai comme tu voudras, une fois que tu seras décidé...

Les visites du Grand et de la Grande se détachent sur le fond de cette époque ; elles marquent les beaux jours. Quand ils venaient à la maison, le monde changeait d'aspect, la vie perdait sa dureté, toute la lumière alentour devenait différente. Hors d'eux, je ne trouvais ni espérance, ni joie de vivre.

L'accident survint un soir de mai, après la soupe du soir. Je rêvais devant l'âtre, les yeux fixés sur les braises qui jetaient leurs dernières lueurs. A mon côté, le feu était allumé sous la grande chaudière où cuisait la lessive pour le lendemain. Des bulles de vapeur soulevaient le couvercle métallique et chassaient sur la plaque de fonte de petites vagues cerclées d'une mince collerette.

La veillée s'achevait dans le silence. Mon père, fatigué par le rude travail de la journée, feuilletait un de ces fascicules des *Misérables* qu'il recevait chaque mois contre remboursement de trente sous, excessive prodigalité qui lui était bien amèrement reprochée. Installées près de nous, ma mère et l'Anna, sous le manteau de la cheminée, s'occupaient à quelques travaux de couture. Ainsi, nous aurions fourni le sujet d'une excellente gravure illustrant le bonheur dans la médiocrité.

Tout à coup, sans le moindre avertissement, la bonde, formée d'un rondin de bois entouré de chiffons qui fermait la tubulure de vidange de la chaudière, céda. Un brûlant jet de lessive fumante vint me frapper le côté gauche et mon père m'enleva d'une main avant que retentisse mon premier hurlement. Si, au lieu de l'ample robe à pans flottants que des plaques glaiseuses raidissaient à la manière d'une crinoline, j'avais porté la culotte seyante qui moulait si parfaitement les cuisses des enfants de la ville, c'est ici que s'arrêterait l'histoire de Toinou. Le ventre ébouillanté, il eût clos la suite de ses jours après une courte et horrible agonie.

Grâce à ma robe, la jambe gauche seule fut sérieusement atteinte ; mon père me déshabilla prestement avec des précautions dont ses grosses mains n'avaient guère l'habitude. Puis, sur le lit de l'Anna où, nu comme un ver, je clamais ma souffrance, mes parents en larmes purent examiner les dégâts. Quelques rougeurs sur les flancs et les cuisses indiquaient des brûlures sans gravité, mais la jambe gauche était couverte de cloques et ma peau avait cédé malgré les précautions prises pour retirer mon bas. L'affaire était grave. L'Anna courut chercher le médecin et mon père partit à travers champs demander secours et conseils à l'oncle Jean du Couderchou, éminence indiscutable de notre famille. Pendant ce temps, ma mère, aidée de quelques voisines de bonne volonté, s'employait à faire de vains efforts pour me distraire de ma douleur.

Je ne sais quels furent les avis du médecin. On ne les écouta pas. L'oncle Jean vint avec sa voiture, traînée par la jument Bichette ; je fus roulé dans des couvertures et nous partîmes aussitôt dans la nuit. Je ne tardai pas à m'endormir.

Au petit jour, je m'éveillai dans un site complètement inconnu. La Bichette montait à petits pas un étroit chemin qui rampait dans un vallon boisé dominé par un château en ruine à l'aspect impressionnant. Le fond du vallon s'achevait en ravin au fond duquel coulait une rivière ; mon père me dit que c'était la Dore. Nous étions pour le moment à Saint-Sauveur et nous allions à Saint-Alyre consulter un saint homme, guérisseur fameux. Les pentes couvertes de bois de pins donnaient à ces lieux un aspect sauvage que j'observais avec curiosité. Puis, sans doute, la fièvre me prit et je perdis conscience pour un bon nombre de jours.

Je repris connaissance dans mon petit lit. Nous étions revenus à la métairie de la Masse et je m'inquiétai de n'avoir vu que peu de choses au cours de ce long voyage à travers d'étonnants pays. Ma mère me consola en me disant que, lorsque je serais guéri, nous ferions encore un voyage à Saint-Alyre, avec l'oncle Jean et la tante Marie, pour aller remercier sainte Elidie.

En attendant, on me pansait plusieurs fois par jour. La souffrance était supportable, mais la vue de ma jambe transformée en large plaie suppurante me faisait pleurer. Des oncles et des tantes m'apportaient des friandises que j'avais éperdument désirées avant d'être malade : du chocolat, des gâteaux dont je ne savais pas le nom, qui, sous un couvercle de pâtisserie, laissaient apercevoir une belle crème blanche... Mais je n'avais que faire de ces richesses. Ce que l'on m'offrait me donnait la nausée. Je ne voulais rien que la paix : dormir encore et toujours.

Enfin je repris quelque appétit : j'étais sauf. Alors les tantes ne vinrent plus me voir. Las ! plus de gâteaux à la crème blanche maintenant que je me sentais si parfaitement disposé à y faire honneur. Je constatai la chose avec un réel chagrin. Cette situation ne se maintint pas longtemps. Je pris la fièvre scarlatine sans sortir de mon lit et ce nouveau mal fut suivi de tant de complications que je dus garder la chambre jusqu'à l'automne.

J'occupai ma longue convalescence à classer des souvenirs et à faire des tentatives pour me rappeler la succession de faits qui étaient ma vie. D'autres pensées, courantes chez un enfant, tenaient leur place : j'estimais la quantité de bonbons anglais que je pourrais me payer avec les cinq ou six francs que ma mère rapportait de la ville. Comme je ne savais pas le moins du monde compter, ces supputations m'entraînaient fort loin. En conclusion, je déplorais l'usage que les grandes personnes faisaient de l'argent, en général.

Pendant cette convalescence, mon oncle Charles vint passer quelques jours à la maison. C'était un grand garçon de bientôt quinze ans : il me conquit du premier coup. Il savait de très belles histoires, celle de Jean de l'Ours et de Pousse-Montagne. Il me racontait, d'une voix qu'il rendait chevrotante et caverneuse, des exploits qui me faisaient trembler. Justement, le Charles avait toujours des rêves étonnants. Il me les rapportait sans lacune et m'expliqua plus tard qu'il les faisait tout éveillé.

Il me fournit des précisions sur les *galipotes* qui étaient des êtres diaboliques, velus comme des animaux et parlant comme des humains. Ces créatures enlevaient les femmes et les enfants, quelquefois même elles s'attaquaient aux hommes. Il convient de dire que, dans ces cas-là, ça tournait parfois très mal pour les galipotes ! Il y avait de fausses galipotes et on ne pouvait pas toujours savoir, à première vue, à qui on avait affaire. Pour régler la question, rien de tel que de lui « foutre » un coup de fusil. Si c'était une fausse, son compte était bon, comme le fut celui du Pierre de Bunangues, qui s'était habillé en galipote pour faire peur au Chiveyrant. Il reçut dans le ventre une si belle charge de plomb qu'il en creva.

Sur une vraie galipote, au contraire, il n'y avait rien à faire avec un fusil. Quand on tirait dessus, ça ne lui faisait rien. Elle disparaissait sans laisser de trace... à moins de charger le fusil avec une balle d'argent, comme le fit le Merle, de Chantaduc, qui avait chargé le sien avec une pièce de dix sous. Il est vrai que le problème d'atteindre une galipote peut se résoudre à moins de frais. Le cousin Jean-Marie, de Boisserolles, avait fait, lui, bénir en contrebande une poignée de plombs de chasse, un dimanche matin à la messe de neuf heures et demie ; et voyez-vous, même quand elle est obtenue en fraude, la bénédiction, c'est toujours bon ! Quand le Jean-Marie lâcha son coup sur la galipote, elle poussa un grand cri et le lendemain on trouva plein de sang sur les lieux. Ce qui établit absolument cette vérité que nous connaissons tous : la vertu d'une chose tient à la chose elle-même et non à la manière dont elle est acquise.

Ceci ne veut pas dire qu'on puisse tuer une galipote. Les galipotes ne sont pas des êtres naturels. On peut juste les blesser. Les galipotes sont plus nombreuses qu'on ne le suppose. Il y en avait eu, à Montsimon, peu de temps avant que je vienne au monde.

Un jour, la Génie d'En-Bas s'aperçut que sa chèvre n'avait jamais de lait le matin. C'était tout de même drôle. Elle mangeait bien et tous les soirs, elle donnait son compte comme d'habitude. L'Eugène, l'aîné des garçons, s'installa dans l'écurie. Eh bien, c'était du pareil au même : la chèvre avait du lait le soir, et le matin la bête n'en avait pas plus que la Goton de Germanangues, âgée alors de plus de cent ans. C'était tout de même pas naturel. On ne pensait pas à la galipote, bien sûr. Ce fut le Bourdane, le mendiant, qui comprit cette diablerie. C'était bien une galipote. On reconnaît justement les vraies par la capacité qu'elles ont de se rendre invisibles. La Génie ne savait plus comment faire et c'est encore le Bourdane qui lui vint en aide.

Il suggéra qu'il serait bon de baptiser la chèvre : n'importe qui peut le faire. Au nom du Père, du Fils et du Saint-Esprit, je te baptise... Faut simplement de l'eau naturelle.

Et hardi petit, mon ami, voilà la Génie qui baptise sa chèvre. Ça n'a pas traîné : devenue bonne chrétienne, la chèvre a retrouvé son lait. Elle en avait même le matin plus que le soir, ce qui ne s'était encore jamais vu.

Le Charles me parla des animaux féroces qui hantaient les grands bois autour de Montsimon. Le plus inquiétant de tous, c'était le *tchavagneu** qui appelait toute la nuit : ho-hou-ho-hou, tel un homme en colère. Il y avait aussi des renards.

* Chat-huant.

Mon père me corrigeait rarement et c'est peut-être pour cette raison que je le craignais beaucoup plus que ma mère. Celle-ci avait en effet la main leste et me calottait avec une telle fréquence que le fait était considéré comme habituel et indigne de souvenir. Seuls ces mots vengeurs qu'elle prononçait parfois : « Je le dirai à ton père, tu peux y compter » me plongeaient dans une inquiétude paralysante.

Mon père, pour ne pas risquer de m'abîmer d'un simple coup de sa lourde main, me fessait avec son chapeau de feutre, immense béret informe qu'il portait depuis d'innombrables années par tous les temps et le long des chemins les moins praticables. Mais l'importance morale des fessées paternelles était considérable. Je me souviens encore, comme si c'était hier, d'un de ces jours néfastes. C'était après le départ du Charles. Le livre de mon cousin Eugène, de la Favérie : *Tu seras agriculteur,* livre de lecture de l'école primaire que je devais souvent reprendre par la suite, fut la cause du drame. Mon père, qui aimait à lire et n'avait guère de moyens, l'avait emprunté, puis me l'avait confié afin que je puisse tout mon saoul en examiner les images.

Je trouvais celles-ci à mon goût, mais le texte m'apparut parfaitement inutile. En conséquence, je m'emparai d'une paire de ciseaux et procédai à une épuration complète du précieux ouvrage : j'en découpai les gravures. A mon sens, c'était bien tout ce qui valait la peine d'être conservé. Enfin, je les rangeai dans une boîte, conscient d'avoir accompli un travail digne de récompense.

Mon père ne fut pas de cet avis et je fus passé au chapeau, sans le moindre avertissement, ce qui était une circonstance aggravante pour ce châtiment redoutable entre tous.

Mes premières sorties me plongèrent au sein d'un monde éblouissant. Il me semblait apercevoir pour la première fois la longue croupe pelée aux coloris violents dont je n'apprendrais le nom que plus tard, les sombres bois de pins garnissant de tous côtés les pentes des monts, les sommets, tantôt chauves, tantôt couverts de pâturages verdoyants ou de bois épais. Et l'automne se plaisait à donner à ces paysages une parure de fête. Je m'amusais à suivre le trajet capricieux des taillis de noisetiers d'un roux léger ; les lignes d'or sinueuses des saules formaient des dessins compliqués qui me brouillaient les yeux.

Après avoir contemplé les lointains pour la première fois, je visitai les deux étables et constatai qu'il y avait plus de vaches dans chacune d'elles que je n'avais de doigts à une main. Le soir, j'allais dans l'enclos et j'écoutais les cloches des villages dont le son m'apparut d'une sonorité irréelle.

Plus petit, je ne pouvais voir qu'à mes pieds ; maintenant je portais mes yeux vers l'horizon. La ville m'apparaissait immense avec son église si haute par-dessus les maisons. Autour d'elle s'allongeaient à l'infini de grands bois mystérieux où grouillaient sans nul doute des légions de bêtes inconnues, de renards et de tchavagneux.

... Quand je serai grand, je ne manquerai pas de me lancer sur les crêtes les plus élevées, de fouiller ces profonds ravins entre les pentes noires. Je débusquerai des galipotes qui saigneront en criant quand je les criblerai de mes balles d'argent...

La Jeanne, la femme du maçon, venait nous voir tous les jours, à la veillée. Des relations s'étaient nouées avec elle depuis que mon père, attiré par ses cris, était accouru à son secours pour lui extraire un crochet à bottines qu'elle s'était enfoncé dans le derrière en s'asseyant dessus par mégarde.

Sa petite fille, la Marinou, l'accompagnait. Elle était mon aînée d'un an. C'était une jeune personne sérieuse, proprette et résolue, qui avait une conscience précise de ce qui devait ou ne devait pas se faire. Elle fut toujours pour moi tendre et maternelle. Dès qu'il se faisait tard, on nous couchait, nous les petits, dans l'alcôve du rez-de-chaussée, sur le lit de l'Anna. J'y dormais dans les bras de la Marinou. Parfois nous ne nous endormions pas aussitôt et j'écoutais la Marinou parler du ciel :

— La lune, c'est pas une tête, comme celles qu'il y a dans l'almanach. C'est pas, comme y en a qui disent, un homme qui porte son fardeau de buissons. C'est une fenêtre qui laisse voir le jour qu'il y a derrière. Seulement elle est pas en vrai verre cette fenêtre, elle est en verre de toile. Et la preuve que c'est de la toile, concluait la Marinou, c'est qu'y aurait jamais de carreaux assez grands pour ça. C'est des immenses morceaux qu'on a cousus ensemble pour faire cette fenêtre-là. La nuit, on voit le jour à travers, mais ça n'éclaire pas si bien que si c'était du vrai verre.

Pour la Marinou, la question des étoiles s'expliquait d'elle-même : c'étaient de simples lampions qu'on allumait au plafond, comme les bougies dans l'église.

Sous le hangar, il y avait un vieux tonneau vide, notre jouet préféré. Nous y passions des après-midi entiers, tantôt nichés à l'intérieur, tantôt l'un roulant l'autre. Nous nous en donnions à cœur joie.

La Marinou m'inculqua les premiers éléments d'une pudeur dont le besoin ne s'était encore jamais fait sentir. S'il arrivait qu'il tombât quelques gouttes d'eau, je relevais ma robe jusque sous mes bras pour me couvrir la tête sans m'inquiéter de dénuder le reste, et l'on me témoignait dans le pays une admiration goguenarde en laquelle je voyais une approbation manifeste. Lorsqu'il me plaisait d'étudier mon anatomie, je le faisais au grand jour et l'on me vit souvent, en pleine rue, accroupi, la tête baissée, examiner avec une scrupuleuse attention les menus détails de mon sexe.

La Marinou s'en indigna :

— Oh ! l'affreux ! C'est très laid de faire voir son cul ! Le diable viendra t'emporter dans la nuit !

Comme je l'ignorais, elle se détourna, rouge de confusion...

— Et puis, renchérit-elle, tu dois pas savoir non plus que regarder le cul des autres, c'est encore pire que de montrer le sien ? Alors si tu continues, je ne viendrai plus te voir...

C'eût été la fin de tout. En une séance, j'acquis une très bonne pratique de la décence.

Je passai avec la Marinou mes derniers jours de liberté totale, de très heureux jours. Tendrement, elle s'employa à m'éviter toute aventure justiciable de sanctions humaines ou célestes.

II

LE MONSTRE A LUNETTES

Un beau matin, je fus réveillé de bonne heure ; ma mère qui avait disposé près de mon lit le grand saladier de terre brune, plein d'eau tiède, entreprit de me débarbouiller dans le moindre détail. Les oreilles, le cou, tout y passa, à l'exclusion seulement des quelques endroits que la décence ordonne à l'Auvergnat de la montagne de protéger contre toute ablution jusqu'à la fin de ses jours. Je protestai par des cris aigus contre ce traitement inusité, mais quelques calottes lestement appliquées surent me convaincre qu'une passivité absolue restait l'attitude la plus avantageuse à tous égards. Une noire mélancolie se substitua à mes tendances combatives et je me perdis dans la considération d'un redoutable avenir.

Mes parents voulaient se défaire de moi, c'était certain. Tout comme les veaux pomponnés qu'on menait à la foire et qui ne revenaient plus, j'étais sûrement décrassé pour avoir meilleure mine et trouver plus facilement preneur. Et, pour cette même raison, cela ne faisait aucun doute, ma mère me mettait une robe propre et me coiffait de ma toque des dimanches...

Après la soupe mangée sans appétit, nous allâmes chercher la Marinou qui devait être de la partie et qui, justement, passait par les mêmes épreuves. Mon seul soulagement fut de penser que nous serions ensemble pour affronter des dangers inconnus. Nous la trouvâmes en train de subir un

vigoureux peignage que sa mère menait à grands coups de
« râteau », comme l'oncle Jean maniait l'étrille au pansage
de la Bichette, sa vieille jument. Le peigne impitoyable
passait et repassait, tirant de ma pauvre petite amie des
cris de douleur et des flots de larmes...

Peu à peu, une nappe blonde à peine ondulée, sagement
posée sur son tablier noir, remplaçait le désordre de boucles
folles de ses cheveux.

Je voulus m'asseoir sur le plancher pour appuyer ma
tête sur les genoux de la Marinou mais ma mère me releva
lestement :

— *E be co i be là pênà que t'ai boutàd propre, che
cou i pê te nä setä le tieu per tiar* * !

C'était la fin de tout ! Jusqu'alors le droit de m'asseoir
partout où il me plaisait ne m'avait jamais été contesté.
Maintenant, tout était changé, je perdais mes dernières
libertés. J'entrevis un avenir chargé de tribulations dans un
monde barricadé de défenses sur lesquelles je me verrais
projeté sans possibilité de manœuvre.

Partis vers la ville dans un brouillard piquant, nous
prîmes à droite dès le ruisseau, avant d'arriver au pont,
par le petit chemin longeant le cours d'eau. Au passage,
les laveuses matinales qui faisaient déjà grand tapage inter-
pellèrent ma mère :

— Alors, Marie, tu le mènes à l'école, ton petit ?... Tu
perds pas de temps !

— Eh oui, répondit ma mère, Dieu soulage : comme ça
j'en serai tout de même bien débarrassée.

Je ne pleurai pas d'entendre ces paroles. Cela confirmait
ce que je savais déjà. Nous étions traités, moi et la Marinou,
un peu à la manière de ce petit Poucet dont mon oncle, le
Charles, m'avait raconté l'histoire ; seulement, au lieu de
nous perdre dans les bois, on nous emmenait dans une autre
maison, très loin, d'où nous ne pourrions plus revenir.

Elles étaient effrayantes, ces maisons. Si différentes des
nôtres où il n'y avait qu'à soulever un loquet pour entrer

---

* Alors, c'est bien la peine que je t'aye fait propre, si c'est pour
t'asseoir le cul par terre !

30

ou sortir sans rien demander à personne. En ville, les portes étaient toujours fermées. Il fallait tirer une machine suspendue ou cogner à grands coups de sabot pour savoir s'il y avait quelqu'un. La porte, même ouverte, ne laissait guère voir ce qui se passait à l'intérieur.

Traversant le ruisseau sur une planche, nous passâmes sur l'autre rive. La Jeanne fit des recommandations à sa fille sur les précautions qu'elle aurait à prendre, chaque fois qu'elle aborderait ce passage ; plus loin, elle les renouvela avec insistance en lui montrant une autre planche qui franchissait, en amont d'un barrage, un affluent aux eaux noires et profondes. Il me vint alors le sentiment bien net que j'étais entraîné dans un piège. La Marinou ne serait pas perdue avec moi, elle reviendrait toute seule. Elle était là pour atténuer ma résistance, tout le confirmait : son manque de frayeur, ces recommandations qui s'adressaient à elle seule... C'était certain... ces planches, moi, je ne les reverrais plus... on allait m'abandonner !

Je me laissai tomber en poussant des clameurs désespérées. Ma mère pinça les lèvres et s'avança avec une telle résolution que je retrouvai instantanément mon courage, non sans encaisser en un minimum de temps une rafale de calottes.

Nous passâmes près de grandes maisons d'où s'échappaient des bruits effrayants, des coups sourds et répétés, des grondements qui m'eussent fait pâlir encore davantage si ma pâleur, à ce moment-là, eût été capable de croître. Nous grimpâmes une côte et, après avoir passé un tournant, je vis une infinité de maisons collées les unes aux autres et se succédant sans fin, une porte, une fenêtre, une porte, une fenêtre...

Enfin, nous vînmes déboucher sur une place grande comme le communal, pareillement accidentée, avec des coins pleins d'orties et de hautes herbes. Au milieu, il y avait une fontaine. En face de nous s'ouvrait une grande porte surmontée d'une statue et, derrière elle, des arbres qui commençaient à perdre leurs feuilles cachaient à peine un long bâtiment : je sus un peu plus tard que c'était le collège.

Tournant à droite vers une petite église, ma mère s'arrêta devant une porte surmontée d'une croix. Elle tira la sonnette et une Sœur nous fit entrer ; nous étions dans le couvent des Sœurs Blanches. C'est alors que, coupant court à toute effusion, nos mères disparurent et que l'aventure se transforma en cauchemar.

Je fus séparé de la Marinou par une Sœur à lunettes, énorme et barbue, qui me traîna par le bras le long d'un couloir, dans une salle éclairée de deux fenêtres où des gamins psalmodiaient des phrases sans fin que je ne comprenais pas.

Tous portaient des culottes, mais, leur taille ne dépassant guère la mienne, je pouvais cependant les tenir pour mes semblables. C'est toujours une consolation de ne pas être seul de son espèce dans les situations dangereuses.

Accoudé au bout d'une longue table, sur le banc où m'avait déposé la forte poigne de la Sœur, j'observai ce monde qui allait être le mien. Dans cet enfer, on pleurait beaucoup. Des gamins avaient encore la larme à l'œil. D'autres avaient pleuré un instant auparavant comme on pouvait le voir à leur visage barbouillé, à leurs paupières enflées. La nonne barbue, maîtresse de ces lieux, siégeait sur une sorte de caisse, assez large pour contenir une table et une chaise de paille d'où débordaient de part et d'autre ses fesses démesurées.

Mais dans un coin, près du tableau, se tenait une petite Sœur, toute jeune, gracieuse et menue, que je me mis à dévorer des yeux et qui devint aussitôt mon unique espoir.

— Sœur Marie, amenez le nouveau.

Sur cet ordre de la vieille, la petite Sœur vint me prendre par l'épaule et me conduisit près de la table. D'une main, la grosse femme m'empoigna, de l'autre, elle prit la baguette :

— Ecoute bien, dit-elle en me jetant un regard terrible ; je n'aime pas répéter longtemps la même chose. Nous allons apprendre nos lettres.

Et, du bout de sa baguette, elle m'indiqua le premier des dessins informes que je voyais dans le livre :

— Ça, c'est un A, regarde bien comment c'est fait : ça a

deux jambes qui vont en pointe vers le haut, avec une traverse dans le milieu. L'autre, qui vient après, c'est un B. Tu vois, il a deux ventres. L'un en haut et l'autre en bas. Il est facile à distinguer à cause de ses deux ventres. Ensuite ce qui vient avant la croix, c'est un C : le C n'a pas de ventre, ni de jambes, c'est seulement un dos, mais regarde-le bien ce dos, il est facile de s'en souvenir, je pense ? Maintenant, ces trois lettres, tu dois les reconnaître partout où tu les rencontreras. Compris ?

Elle ouvrit une page à la fin du livre. Je regardais cette page avec le même intérêt que si elle eût été imprimée en caractères chinois.

— Allons, montre avec ton doigt : trouve-moi là-dedans les trois lettres que tu connais.

Je n'en reconnaissais aucune ; ni le A avec ses deux jambes, ni le B avec ses deux ventres, ni le C avec son gros dos n'avaient retenu mon attention. Je ne voyais que deux énormes carreaux : les lunettes de la vieille.

Un cinglant déluge de coups de baguette sur le bout de mes doigts vint m'arracher à ma contemplation. C'était plus douloureux que tous les châtiments connus. Je sombrai dans une terreur sans nom et toutes les écluses de mon corps s'ouvrirent en même temps. Un flot s'échappa de ma robe comme d'une gouttière et remplit la galoche de la vieille qui me gardait emprisonné dans l'étau de ses cuisses.

— Oh ! le petit sale ! glapit-elle. Sœur Marie, prenez du papier et menez-le « aux lieux ».

La Sœur Marie m'entraîna dans un coin de la cour, vers un réduit en planches vermoulues, clos de trois côtés seulement. Là, sur une grille en fer, des monceaux d'ordures se liquéfiaient lentement avant de filtrer à travers les barreaux, sur un talus en pente douce situé au-dessous. J'eus le temps d'apercevoir d'énormes rats gris en quête de pâture.

En un tournemain, je fus retroussé et torché par la petite Sœur Marie qui me mena ensuite à la fontaine pour un nettoyage plus complet.

— Voilà, dit-elle enfin, c'est aux lieux qu'on vient faire ses besoins. C'est sale de faire ça sur ses bas.

Je m'en doutais bien et j'étais confus du mal que je venais de donner à la gentille Sœur, mais le choc avait été tel qu'il ne m'avait laissé nul moyen de me contenir.

Je fus ramené à ma place, au bout de la table. De là, j'assistai à quelques exécutions sommaires accompagnées de hurlements, puis la vieille appela :

— Le nouveau !

Je me présentai tout tremblant.

— Tu sens mauvais ! grogna le bourreau.

Et la séance recommença. Cette fois, j'observai avec un soin extrême les deux jambes de l'A, le double ventre du B, et le dos du C... Je les examinais comme si, de leur connaissance, devait dépendre la conservation de mes jours. Sur la page d'épreuve, je les distinguais sans hésitation, mon doigt bondissait vers eux, comme à la rencontre de vieilles connaissances. Sans insister davantage, la religieuse constata :

— Tu vois, ce n'est pas difficile, quand on veut.

Je fus ensuite confronté avec les lettres qui s'alignaient de l'autre côté de la croix : le D, qui n'avait qu'un ventre, mais très gros... le E, qui avait trois bras, le plus petit dans le milieu... le F, qui n'en avait que deux, un grand tout en haut et un plus petit vers le milieu. Je les reconnus aisément et me réjouis de constater que ce n'était pas trop difficile.

Par malheur, la vieille voulut me faire renouer connaissance avec le premier « ami » rencontré ; celui à deux jambes et une barre au milieu. Je restai coi... j'avais oublié son nom.

La baguette vint cingler mes ongles encore douloureux de la frappe précédente. Je criai comme un porc sous le couteau, tout en pressentant que cela ne servirait à rien.

— Emportez-le, Sœur Marie, ordonna mon bourreau à lunettes.

Avec la Sœur Marie, je me sentis moins épouvanté pour partir à la recherche des premières lettres de l'alphabet, distribuées en désordre sur les pages d'un gros volume qui ressemblait à un énorme livre de messe.

Enfin la cloche sonna et, peu après, la Marinou apparut.

Elle venait me chercher. Je me jetai dans ses bras en pleurant ; j'avais tant craint de ne plus la revoir.

— Viens, Toinou, dit-elle avec autorité, je t'emmène, nous allons manger.

Le cœur un peu plus léger, je refis en sens inverse le chemin du matin, la main dans la main de ma petite amie. Je tentai de lui expliquer de mon mieux les particularités de la lettre A, de la lettre B et de mes autres nouvelles connaissances. Mais cela dépassait la Marinou qui n'avait pas été à l'école de la Sœur Saint-Vincent.

Les Dominicaines du couvent des Sœurs Blanches, ainsi appelées par opposition à celles du couvent des Ursulines ou Sœurs Noires, tenaient, à l'époque, deux classes enfantines pour garçonnets de quatre à sept ans. L'ensemble ne formait pas, comme on pourrait le croire, un premier et un second degré ; l'enseignement donné dans les deux classes était le même, à un détail près. La classe de la Sœur Saint-Vincent recevait les enfants qui pouvaient être battus, l'autre, celle de la Sœur Saint-Joseph, était réservée aux enfants qui, par la position sociale de leurs parents, devaient être respectés à tout prix.

La qualité supérieure de l'enseignement dispensé dans la première classe était manifeste ; le marmot qui, à sept ans, sortait des mains du monstre à lunettes savait lire, écrire, compter et résoudre, sans faute, sur demande, une multiplication ou une division à quatorze chiffres, avec ou sans décimales. L'année suivante, il pouvait entrer dans la classe du certificat d'études et, sans effort, s'y maintenir au premier rang.

La redoutable nonne « faisait apprendre », comme on le répétait partout dans le pays. En quelques jours, l'enfant le plus borné devenait capable de charbonner d'honorables majuscules sur tous les murs du voisinage ; en un minimum de temps, il s'affirmait apte à déchiffrer un article de journal ou une page de catéchisme.

Dans l'enseignement confessionnel où l'on témoignait d'un mépris formel de la raison enfantine, où tout ce qui est savoir était fourni sous une forme impérative, où la crainte était le mobile essentiel de toute action ou abstention, Sœur Saint-Vincent était sans rivale.

Les notions enseignées étaient soigneusement débarrassées de ce qui en eût fait l'intérêt ; les livres ne contenaient pas de gravures pour faciliter l'intelligence du texte. Enfin, les mots employés n'étaient jamais expliqués et gardaient une signification hermétique pour des enfants qui parlaient patois dans leur famille, ne pensaient jamais en français et dont l'expression, en cette dernière langue, restait le résultat d'une traduction laborieuse. D'autre part, faute d'équivalence dans notre dialecte, le plus grand nombre des mots employés à l'école restait intraduisible, même lorsque, d'aventure, nous pouvions leur attribuer un sens.

En fait, il n'y avait pas à proprement parler d' « enseignement ». Les formules étaient lues ou affirmées verbalement, sans autre commentaire, sauf s'il y avait lieu de les distinguer de formules approchantes. Sans les coups qui venaient, de temps à autre, animer la séance, la classe eût été une simple audition dont le profit était analogue à celui tiré des vêpres que je finis par réciter par cœur, sans pour cela comprendre le sens d'un seul mot de latin.

La classe de la Sœur Saint-Vincent était payante et ne s'intéressait nullement aux enfants abandonnés. Elle prétendait former les futures élites, les futurs premiers numéros des classes primaires ou secondaires. Sa méthode avait des conséquences remarquables : la somme des connaissances acquises était indépendante de l'intelligence ou de la précocité de l'élève. Elle était simple fonction du temps que l'on avait vécu sous la férule de la matrone barbue.

L'atmosphère de terreur ne vous lâchait pas une minute, tant que durait la classe. Il fallait à tout prix savoir, savoir sans erreurs, c'était pour nous un principe essentiel de conservation. La terrible vieille maniait les verges mieux qu'un sergent du grand Frédéric. Elle châtiait sans faiblesse, durement, impitoyable aux cris. Ainsi, nous nous appliquions sans cesse, avec une ardeur angoissée, à capter les indications qu'elle nous donnait, à les reconnaître ensuite exactement et à ne pas les confondre avec des notions approximatives, un peu comme les hommes du premier âge durent apprendre à distinguer les nourritures assimilables de celles qui étaient dangereuses. La Sœur Saint-Vincent avait simplement accru la valeur éducative de cette notion primordiale — fuir ce qui fait mal — en rapprochant le plus possible le fait de sa sanction. Sa parole signifiait : danger ; elle fournissait, dans une mesure qu'elle jugeait suffisante, le moyen de le fuir ; si vous aviez négligé d'ouvrir suffisamment l'œil ou l'oreille, la sanction suivait quelques secondes après. Elle était fatale. En peu de temps, vous preniez l'habitude de faire des prévisions toujours exactes dans un monde dont l'indulgence était rigoureusement exclue. Tel était le secret de la Sœur Saint-Vincent, terrible experte en l'art de « faire apprendre ».

Sa juridiction s'exerçait sans nulle considération de vêture, de richesse ou d'importance familiale. Ceux qui apprenaient moins vite, soit parce que moins précoces ou moins attentifs, soit parce qu'ils avaient une peur moindre des coups, étaient battus plus souvent et plus fort. A coups de verges donnés à cadence accélérée, les retardataires étaient amenés en ligne et suivaient le mouvement selon le programme de la Sœur implacable, signifié aux parents dès l'ouverture des pourparlers :

— A sept ans, le petit saura lire, écrire et compter, il saura toutes ses tables et ses quatre règles sans hésitation et sans faire de fautes. Seulement pas d'histoires ; je n'ai encore tué personne, mais je corrige ferme. Si vous craignez que le petit soit trop battu, vous n'avez qu'à le garder.

Les succès de ses élèves lui avaient assuré une telle célébrité que mes parents n'hésitèrent pas à se saigner aux quatre veines et à payer trois francs par mois pour m'assurer, en ma qualité provisoire de fils unique, une éducation brillante.

Notre classe n'admettait pas le repos hebdomadaire du jeudi. Par semaine, il y avait six jours de plein travail. Cette classe du jeudi m'était particulièrement douloureuse car je faisais le voyage, ce jour-là, sans être accompagné de la Marinou. Chez les Dominicaines, les filles n'obéissaient nullement au règlement sévère institué par la Sœur Saint-Vincent. Elles recevaient un enseignement sans vio-

lence et l'on pouvait passer chez elles un certain nombre
d'années sans éprouver le moindre besoin d'apprendre à
lire. Il en fut ainsi pour ma grand-mère, ma mère et ma
cadette, la Marguerite. La Sœur Agnès, comme toutes les
autres Dominicaines, se fatiguait peu. Elle réussit à enseigner trois générations de notre famille sans le moindre
résultat.

Peu après mon entrée chez la Sœur Saint-Vincent, la
Marianne de la Masse, éblouie par mes progrès rapides, en
rêva de semblables pour son petits-fils, le Jean-Marie, qui
avait mon âge. C'était un bonhomme de ma taille, aux yeux
à fleur de tête, à l'air incurablement ahuri. Lorsque ces
intentions me furent notifiées, je les reçus sans joie. Je
formais, avec Marinou, un monde à ma convenance. Je
tenais à être son seul compagnon, le seul bénéficiaire de
ses attentions.

Par un triste lundi de novembre, la Marianne et le Jean-
Marie firent avec nous le voyage. Notre ami était sans
inquiétude et ne perdait rien de son air ordinairement réjoui.
Sa grand-mère le traitait avec une douceur que j'enviais.

L'entrée de Jean-Marie dans la classe de la Sœur Saint-
Vincent ne fut pas dramatique. Il suivit la vieille sans se
faire traîner dans le couloir, ce qui était contraire à tous
les usages. Il s'installa, sans objection, au bout de la table
réservée au nouveau et se perdit dans la contemplation de
la Sœur Marie. En nous se forma l'opinion mal fondée que
l'école venait de s'enrichir d'un élève remarquablement
docile.

Selon l'usage, au commandement, Sœur Marie amena le
petit près de la caisse que Sœur Saint-Vincent appelait : le
trône. La vieille prit la main du Jean-Marie et, désignant
les caractères du bout de la verge de noisetier, commença
son explication.

Il est temps de préciser que la redoutable religieuse avait
à sa disposition plusieurs séries de baguettes qui fixaient
promptement les élèves, tant sur la résistance que sur la
densité de certaines essences. Les verges de noisetier étaient
utilisées pour un entraînement préliminaire. De là, on

passait aux verges de genévrier qui étaient plus cinglantes ; enfin, la verge de buis était réservée aux doigts particulièrement insensibles et pouvait développer les esprits les plus obtus.

Sœur Saint-Vincent ne manquait pas de matériel. Ses élèves de la campagne battaient les fourrés et dévalisaient les jardins pour lui procurer des verges de bonne longueur, parfaitement droites et calibrées. C'était une excellente manière de lui faire la cour. Toutefois cela n'empêchait pas les fournisseurs d'être les premières victimes de leurs fournitures mais leur zèle ne s'en trouvait point refroidi pour autant. Voilà qui, hélas, confirme bien que les coups sont le meilleur moyen d'amener les petits d'homme au degré d'abjection et de bassesse souhaitable chez les enfants du peuple.

Le petit bonhomme n'avait point la larme facile ; les et fixant avec obstination les lunettes de la vieille, la baguette se mit allégrement au travail.

Le petit bonhomme n'avait point la larme facile ; les yeux secs, sans un cri, il se mit à sucer ses doigts avec une profonde application, sans paraître se rendre compte que la nonne lui prenait l'autre main. Sur celle-ci commencèrent alors à pleuvoir des coups redoublés mais le Jean-Marie ne parut pas s'en émouvoir davantage, comme s'il eût été parfaitement naturel que la main droite jouisse des privilèges dont avait déjà bénéficié la main gauche. La Sœur se mit alors à tourmenter de nouveau, mais plus durement encore, la première main déjà très éprouvée. Soudain les choses se gâtèrent.

D'un furieux coup de reins, le Jean-Marie se dégagea, prit du champ, se baissa pour empoigner l'un de ses sabots de frêne et, à toute volée, le flanqua dans les lunettes de la vieille qui s'abattit, culbuta chaise et table, puis, criant et gigotant, déplaça le trône d'une bonne toise. A ses cris, Sœur Marie s'empressa et vint s'agenouiller près d'elle, essuyant avec son mouchoir, qui s'imbiba de sang, l'affreux visage barbu ; pendant ce temps le coupable, abandonnant ses sabots, gagnait la porte et s'enfuyait comme si le diable l'eût porté.

Incapable de s'orienter, le Jean-Marie erra dans la ville, circulant pieds déchaussés, au grand ébahissement des populations paisibles. La Marianne, prévenue par mes soins, partit à sa recherche et ne put le découvrir qu'à la nuit tombante, par là-bas, du côté des Croves du Mas, sur le terrain de décharge des ordures municipales. En chaussettes définitivement hors d'usage, il apparut à sa grand-mère parfaitement réjoui car il avait découvert autant de choses qu'il en fallait pour s'amuser et se remplir le ventre. Notre Jean-Marie n'en demandait pas davantage.

La Sœur Saint-Vincent refusa les excuses et l'enfant fut à jamais privé de l'intérêt de son enseignement. Le seul fruit du voyage que s'imposa la Marianne pour arranger les choses fut la récupération des sabots de son petit-fils, qui étaient neufs et valaient neuf sous...

Pour moi le déroulement de cette affaire avait été très satisfaisant et les coups donnés à la Sœur Vincent, d'un plaisir inestimable — celui d'un condamné assistant au martyre de son bourreau.

A quatre ans, un petit garçon n'est jamais tout à fait malheureux. Etre battu dix fois par jour et six jours par semaine n'est certes pas un traitement enviable, mais cela ne parvient pas à éteindre tous les soleils... Il y a une limite dans les tortures qui, un moment ou l'autre, finissent par s'interrompre, soit par la fatigue du tortionnaire, soit par la résistance de la victime... Celle-ci peut avoir la chance de recevoir un coup trop fort suivi de quelque lésion grave ayant au moins cet avantage : les sévices sont alors suspendus pour un temps plus ou moins long.

Notez bien que la Sœur Saint-Vincent connaissait tout cela et ce n'était pas d'elle qu'il fallait attendre une oreille décollée ou un membre cassé qui eût placé son jeune élève dans la situation avantageuse d'enfant martyr, tel le Poyet, de la Masse, qui resta des semaines à lézarder sur le communal, avec son bras droit en écharpe, pendant que j'allais matin et soir me faire passer à la baguette. La méchante vieille fouettait avec mesure. Elle tirait de nous le maximum de douleur, créant la souffrance comme un bon ouvrier crée du travail, en ménageant la machine productive. Elle évitait habilement l'excès, cause possible d'inactivité, plus grave encore que le rendement imparfait. Jamais le bout de sa baguette ne manqua le point sensible ou le faisceau nerveux qui, partant du bout des doigts ou de la paume de la main, suscitait, dès le premier coup, le flux douloureux qui rompait le bras et en un éclair montait au cerveau.

A heures fixes, le cauchemar prenait fin. La cloche sonnait, les filles avançaient dans le couloir dans un grand bruit de sabots. Du rang, je voyais jaillir la Marinou :

— *Ane ! Toinou, partem* * !

Et nous partions, la main dans la main. Les soirs d'hiver, nous marchions vite pour échapper aux fantômes de la nuit, mais à midi nous prenions notre temps pour faire la route. En passant, nous rendions visite à la grosse roue hydraulique de la fabrique de chapelets dont la vue nous fascinait.

En un quart d'heure la soupe était mangée et, si la Marinou tardait à venir me chercher, je courais vers le communal, sous les fenêtres du premier étage où la famille du maçon vivait dans deux pièces. Je criais le plus fort que je pouvais, pour bien marquer mon importance :

— O... Marinou !

Et les sabots de ma petite amie ne tardaient pas à se faire entendre, dégringolant l'escalier de bois, raide comme une échelle de meunier, qui descendait directement sur le communal.

— On n'est pas en retard, constatait la fillette.

Quand vint la Noël, je savais lire et ma mère put me faire déchiffrer le feuilleton du *Moniteur du Dimanche* qu'elle suivait depuis longtemps. C'était son unique récréation. La pauvre femme n'entendait rien aux écritures, tant imprimées que manuscrites mais, comme elle était bien au courant de l'intrigue, nous arrivions à nous en tirer, l'un aidant l'autre.

Le dimanche, pendant que mon père, installé chez la Cane, jouait de l'accordéon pour faire danser les chalands,

* Eh ! Toinou, on s'en va !

nous nous perdions dans la lecture de *La Closerie des Genêts*. Il y était question d'une femme perverse dont les faits et gestes ne rimaient pas à grand-chose et d'une jeune fille qui, sur le point d'être mère, prenait très mal l'événement. Elle pleurait sans cesse et faisait des tas de manières.

Cette lecture prenait longtemps, mais je n'avais rien de mieux à faire. Mon auditrice n'était pas pressée non plus : elle tricotait ou parfois encore, se guidant sur un canevas, elle assemblait des perles et des paillettes sur de la mousseline, travail qui lui rapportait six sous par dimanche. En même temps, elle tâchait de suivre le fil de l'histoire, me faisant préciser certains mots qui, interprétés plutôt que déchiffrés, introduisaient souvent d'extravagantes péripéties.

Mon père, victime résignée de ma croissance intellectuelle, perdit son poste de lecteur exclusif, grâce auquel il avait pu exercer quelques menus chantages. Auparavant, quand il y avait malaise dans la maison, ma mère devenait conciliante le dimanche matin et accordait ce qu'on voulait pourvu que la lecture dominicale n'en fût pas trop longtemps différée. Dès que je sus lire, ces avantages disparurent et l'épouse ne vit plus la nécessité d'être coulante le jour du feuilleton. Quant à moi, j'y gagnais de m'entendre répéter que j'étais remarquablement intelligent et capable d'apprendre ce que je voulais, mais trop feignant pour que l'on puisse fonder quelque espérance sur mon avenir.

Le Petit Jésus fut encore bienveillant cette année-là. Il m'accorda une pipe en sucre, pareille à celle de l'année précédente et une orange, fruit extraordinaire que je n'avais jamais vu aux arbres. Cette remarque est d'importance, elle renforça singulièrement ma foi sincère que la chose venait en ligne droite du jardin du Petit Jésus. A vrai dire, le premier coup de dent que je lui donnai me déconcerta. Ma mère prit un couteau, enleva l'écorce et le fruit se démonta curieusement en quartiers.

La saveur acide me tira des larmes ; les fruits du Paradis ne valaient pas, à beaucoup près, les pommes de grand-mère. J'en vins difficilement à bout, mais sans en perdre un seul pépin.

Il restait la magnifique pipe en sucre rouge dont je

connaissais tout le prix. Elle était digne de la Marinou. A elle, le Petit Jésus avait fait don d'une superbe poupée et d'un paquet de bonbons de formes et de couleurs tellement variées qu'il était à peu près impossible d'en trouver deux semblables. Je n'étais pas le seul à reconnaître les mérites de la Marinou...

Avec son autorité coutumière, ma petite amie décida que nos richesses seraient mises en commun, en attendant que nous soyons assez grands pour nous unir en légitime mariage. Tout était déjà réglé dans son esprit. La noce aurait lieu dans la maison de mes parents car chez elle, il n'y avait pas de table assez grande pour les deux familles.

— Le lendemain, conclut-elle gravement, on achètera des enfants. J'ai mis de côté toutes les affaires de quand j'étais petite ; toi aussi tu chercheras dans ta maison, et tâche au moins de ne pas abîmer ta robe de maintenant, on en aura besoin quand on les aura.

La poupée fut classée comme bien indivis, premier acquêt de la communauté. La pipe en sucre et les bonbons furent déclarés de consommation immédiate. Nous nous réfugiâmes sur les marches de l'escalier pour en régler l'emploi.

La haute idée que la Marinou avait d'un partage équitable ne pouvait s'accommoder de la répartition en deux lots d'unités dissemblables.

Elle résolut d'abord le problème en décidant que le même bonbon serait sucé à tour de rôle, le temps de compter jusqu'à dix. Passé ce délai, il changerait de bouche.

Satisfaisant dans le principe, ce procédé laissait à désirer dans l'application. Il entraînait une perte de temps, puisqu'il y avait toujours une bouche sur deux inoccupée. En outre, le plaisir évident que l'on peut trouver à sucer un bonbon s'altérait à la pensée de l'abandonner bientôt, et semblait très inférieur en qualité au plaisir partagé, sans lequel il n'est pas de vrai bonheur. La seconde solution imaginée par la Marinou résolut le problème de nous faire connaître une joie non seulement identique mais encore simultanée.

Il suffisait, pour cela, de concasser chaque bonbon entre deux pierres. Le matériel fut promptement trouvé. Le communal nous fournit sans retard une pierre plate très convenable en guise d'enclume ; une pierre ronde en guise de marteau.

Concassage et dégustation furent, dès lors, menés de front : il y eut bien des éclats perdus mais notre satisfaction fut immense. Les vieilles marches de l'escalier du maçon ne virent jamais plus aimable spectacle que le nôtre : deux enfants trépignant d'enthousiasme et roses de plaisir.

Après les bonbons vint le tour de la pipe en sucre, puis tout fut consommé. La Marinou, qui aimait les situations nettes, me prit par la main et m'emmena vers ses parents :

— Voilà, dit-elle avec résolution, c'est avec le Toinou que je me marie... Il faut que j'apprenne à « tirer » les vaches.

— Si vite que ça ? questionna le maçon. Tu crois pas que c'est un peu tôt ?

— C'est dans cinq ans, lui fut-il répondu d'un ton sans réplique. Le Toinou veut, et moi aussi, alors c'est pas la peine d'attendre.

— Si c'est dans cinq ans, ça va, concéda le père. J'ai eu peur. Je me demandais si j'aurais le temps de faire assez de journées pour gagner un paletot pour la noce. Tu sais que j'en ai pas ?

En commun, nous fîmes les commissions chez la Cane qui fut mise au courant des fiançailles en pesant une livre de gros sel. De là, ma future épouse, respectueuse des convenances, en vint aux démarches d'usage.

— Marie, se vit signifier ma mère sans préambule, on a décidé avec le Toinou qu'on se marierait dans cinq ans. Il faudra mettre de côté ce qu'il y a, par là, pour nos enfants. Nous, on en achètera tout de suite.

Ma mère considéra la petite fille avec une admiration et une tendresse non dissimulées :

— Tu es bravounette, dit-elle enfin... Va, ma mie, j'en suis bien contente.

Toutes choses étaient maintenant réglées à notre entière et commune satisfaction. Nous ne négligeâmes pas d'informer de nos accordailles tous les voisins. Pendant les vacances, nous menâmes une vie commune qui, par la grâce des longues veillées d'hiver, ne subissait que de courtes interruptions. J'oubliai complètement la Sœur Saint-Vincent et ses verges.

Les nuits, je rêvais que j'étais grand et fort... tenais ferme le manche de la charrue, poussant à grands coups d'aiguillon, suivant une ligne bien droite, mes deux paires de vaches que je stimulais aussi de la voix, tout heureux de m'entendre :

— Ho ! Carétà ! Hola ! Bardèlà ! Péità un pau bougrà de garsà * !

Le versoir de fer laissait une allée étroite et nette où mes sabots se chargeaient d'épaisses semelles de terre molle. Près de là, la Marinou tricotait, gardant le bétail inoccupé. Devant elle, la chienne Mourette, assise sur son derrière, se tenait dans une attitude contemplative. J'avais un peu grandi, mais ma femme était restée la même. Elle avait toujours cinq ans, sa longue natte, ses cheveux tirés sur le front, son tablier noir et sa ceinture de cuir.

Après les vacances du Premier de l'An, ma mère prit la résolution, devenue nécessaire, de me pourvoir de vêtements plus conformes à mon sexe. Depuis longtemps, j'étais profondément vexé des doutes que tout étranger pouvait émettre sur ma qualité de garçon. On imagine avec quelle joie je revêtis les courtes culottes qui remplaçaient la robe que j'abandonnais pour toujours, l'étroit paletot et le flottant tablier noir qui complétaient ma nouvelle tenue.

Les séances chez la Sœur Saint-Vincent reprirent avec régularité. Les grands froids qu'il fit alors me donnèrent des engelures que les coups de verges faisaient vibrer douloureusement.

Mes progrès intellectuels s'affirmèrent par l'acquisition du " Notre Père ", du " Je vous salue Marie " et du " Je crois en Dieu ". Le " Je vous salue " me plongea dans la stupéfaction et l'on comprendra ce que je pus déduire du « fruit de vos entrailles est béni » par la comparaison automatique qui s'imposait avec le fruit de mes propres entrailles.

* Ho, Carrette ! Ho, Bardelle !... Attends un peu, bougre de garce !...

Je fus informé de l'existence d'un ange gardien qui me défendait contre les malices de diablotins cornus et s'inquiétait de me maintenir en état de constante perfection. Ce fut la Sœur Saint-Vincent qui daigna nous en instruire au cours d'un sermon qu'elle nous fit, un jour où elle était sans doute fatiguée de nous battre. Le fait est mémorable. En temps ordinaire, la vieille était infatigable. Elle ne faisait jamais de sermons.

La notion d'ange gardien me fixa du premier coup sur l'essence de la Marinou à qui ne pouvait convenir aucun des rôles successifs que je m'attribuais dans ce monde, selon mes états divers d'enthousiasme, d'inquiétude ou de désespoir. Ainsi, lorsque tout allait mal, je m'assimilais à une quille, placée pour l'amusement des joueurs. Chacun pouvait me faire tomber, au gré de son bon plaisir. Celui qui y réussissait le plus souvent était le meilleur joueur et gagnait la partie. Sans aucun doute, c'était la Sœur Saint-Vincent. Je me demandais souvent pourquoi mes parents, qui avaient dû débourser une bonne somme d'argent pour m'acquérir, ne faisaient rien pour m'assurer une situation plus honorable et ne pensaient qu'à se débarrasser de moi d'une façon aussi cruelle en me faisant battre six jours par semaine. D'abord, sous prétexte d'apprendre à lire. J'avais appris et cela ne m'avançait à rien : j'étais battu plus que jamais. Ma mère et ma grand-mère n'avaient nullement appris à lire et personne ne les battait. Il est vrai qu'il y avait, chez la Sœur Saint-Vincent, des enfants qui n'étaient pas mieux traités, mais je ne les connaissais pas. L'atmosphère de terreur régnant dans la classe ne me permit jamais de lier connaissance avec l'un ou l'autre de mes petits camarades. Parmi tant de souvenirs, je ne puis en situer un seul commun avec l'un d'eux. Rien ne saurait mieux exprimer la vie d'épouvante que je menai tant que je restai sous la férule de cette sinistre religieuse.

Quant à la Marinou, son rôle se trouva nettement défini, sans aucune des contradictions que je rencontrais pour situer le mien.

La Marinou *était* mon ange gardien.

Le restant de l'hiver fut, de temps à autre, égayé par de lointaines *frairies* * qui élargirent considérablement mon horizon terrestre.

Cela débuta un dimanche. Ma mère vint m'habiller avant le jour. Nous allions à Montsimon, chez grand-père. Le cochon qu'il avait élevé atteignait maintenant un poids convenable et il y avait, ce jour même, rassemblement pour la mise à mort.

Nous descendîmes à travers l'enclos et, à l'autre bout, il nous fallut escalader le mur de pierres sèches qui le fermait sur le chemin d'en-bas. De là, dans le petit jour, sur un sol givré, nous allâmes vers la rivière où mon père se déchaussa pour nous passer à gué, moi et ma mère. Atterrissant sur l'autre rive, nous gagnâmes une grande route après un long parcours à travers les prairies gelées.

Le froid se mit à me mordre cruellement les orteils et le bout des doigts. Je ne pleurai pas quoique cela me fît très mal, presque autant que les verges de la Sœur Saint-Vincent.

— *Boufà dien tä mo* **, ordonna ma mère.

Mon père me fit connaître le nom de tous les villages traversés.

— C'est Saint-Pierre que nous venons de passer. Maintenant, devant nous, c'est le Cros.

Plus loin, j'aperçus un autre village situé sur une croupe ; nous le dominions nettement de la hauteur à laquelle nous étions déjà parvenus. Les maisons présentaient leurs façades de notre côté ; elles se pressaient les unes contre les autres, comme pour se réchauffer. Je voyais parmi les toitures rouges quelques toits de chaume. C'était encore pour moi une nouveauté.

— Pourquoi c'est qu'ils ont des toits en paille, là-bas, demandai-je à mon père, y sont pas si riches que nous qu'on en a des en tuiles ?

* Fêtes.
** Souffle dans tes mains.

— Ça veut rien dire, me fut-il répondu, un bon paillis c'est plus chaud qu'un toit de tuiles et y a jamais de gouttières. Puis, c'est pas la toiture qui fait la richesse : tiens, regarde celle du fond, la plus longue, avec son toit de paille. C'est là que demeure le Jean-Marie, de Pommeyrolles. Eh bien, le Jean-Marie a plus de quarante mille francs en argent, en bêtes et en terres. Nous, on n'a rien, pas même notre chemise !

Au-dessus de Pommeyrolles, nous quittâmes la route pour prendre un étroit chemin qui montait vers un bois de pins, semé de bouleaux argentés, aux longs fûts blancs. Après les avoir traversés, nous aperçûmes, face à nous, très serrées, les maisons d'un village en amphithéâtre. C'était un peu comme à Pommeyrolles, mais les toits de chaume étaient plus nombreux. Le paillis souvent rapiécé s'ornait de rectangles jaunes plus ou moins clairs selon l'ancienneté du ravaudage.

— C'est Germanangues, dit mon père, devançant ma question. C'est là que je suis né. Nous allons voir le vieux Toinou en passant : c'est ton grand-père et, qui plus est, ton parrain.

Je me rappelais ce grand-père-là, très différent de celui de Montsimon. Il était venu nous voir une fois, à la fin de l'été. Il nous avait apporté, dans son cabas, du raisin et du fromage de chèvre. Je ne devais pas avoir souvent l'occasion de lui rendre visite. Pourtant son village était proche de Montsimon qui deviendrait mon vrai foyer. Mais telle était la faiblesse des liens familiaux que ni mon père ni ma mère ne m'incitèrent jamais à témoigner quelque tendresse au vieux solitaire. Ceux de Montsimon l'affublaient du surnom de « t...'foutrr' », mérité sans doute par une répétition excessive de son juron familier. Le Grand de Germanangues ne put jamais dire plus de trois mots sans placer « nom de foutre ». On s'en égayait sans plus, car on n'avait pas de griefs à élever contre lui.

Le chemin montait le long du pignon d'une petite maison. Nous nous arrêtâmes devant une porte, juste sous le toit. Grand-père vint nous ouvrir.

Nous étions dans un grenier. En nous glissant le long d'une haute muraille de foin, nous atteignîmes une petite porte et fûmes introduits dans la maison où le vieux nous fit boire des grands bols de lait caillé.

L'étage était complètement occupé par le grenier, une seule pièce constituait le logement. Le rez-de-chaussée servait d'écurie pour les deux chèvres et d'abri pour le matériel. Avec un jardin, un peu de bois, de terre et une prairie, grand-père réussit à vivre jusqu'à l'âge de soixante-dix ans sur ce petit bien, sans quémander le secours d'autrui, sans mendier ni travail ni pain.

Pour le peu de labours qu'il avait à faire, son voisin, le Barthaud, lui prêtait son unique paire de vaches. Quand il fallait ramasser le foin sur ces pentes où un faux pas vous envoyait d'une glissade jusqu'en bas, dans le ruisseau, le Barthaud avait bien besoin du grand-père. Ainsi les pauvres gens s'arrangeaient-ils sans qu'il fût jamais question de salaire.

Je n'ai pas d'autre exemple d'un homme ayant pu, comme le vieux Toinou, vivre sur un bien si pauvre. Ses chèvres lui donnaient un peu de lait. Il en fabriquait des fromages qu'il vendait au marché. C'était là son seul moyen de se faire quelque argent liquide : jamais plus de trente sous par semaine. Cela lui permettait d'acquérir avec parcimonie les produits indispensables qu'il ne tirait pas de son propre fonds. Ses chaussures — simples sabots de frêne — étaient si bien entretenues, si savamment cloutées, qu'il parvenait à les faire durer des années.

Après une longue existence remarquablement sobre, le grand-père Toinou, qui avait élevé deux enfants, fit le bilan de ses économies : soit six cents francs... moins d'un sou par jour. L'éducation de mon père et celle de ma tante, la Génie, avaient été pourtant peu coûteuses. Le garçon fut accordé pour sa nourriture et trois francs par mois, à une équipe de scieurs de long qui partait en Normandie ; la Génie entra en service plus jeune encore. Selon la règle de vie qu'il s'était fixée de ne rien devoir à personne, le pauvre homme ne pouvait certes faire mieux.

Sommairement restaurés, nous reprîmes la route par un petit chemin pierreux qui s'élevait le long du pignon.

Après Germanangues, le paysage devint sévère. A notre droite s'ouvrait un ravin sombre, profond, froid, au-delà duquel s'étendait une série de croupes boisées. A notre gauche, des pins serraient si étroitement leurs fûts que, tout près de la lisière, l'œil se perdait dans des profondeurs obscures ; je devinais que là se tenaient les fameuses galipotes qui hantaient les récits de l'oncle Charles. Je m'éloignai de ces parages et ne me trouvai un peu rassuré qu'après avoir placé mon père et ma mère du côté du danger. Je ne doutais pas qu'une de ces méchantes bêtes pût m'emporter d'un coup de griffe, sous les yeux de mes parents, comme je vis un jour la chatte enlever une souris morte entre les pattes mêmes de la Mourette.

Un peu plus loin, le ravin s'élargissait en vallon. Les flancs s'arrondissaient vers les sommets que des bois couronnaient de toutes parts. Dans le fond des prairies couraient de larges bandes glacées ; plus haut, les terres nues dessinaient, ton sur ton, des figures géométriques aux limites rectilignes. Juste entre ces prairies et ces terres nues, sur le flanc droit, les six maisons du village se dispersaient sans ordre.

Elles ne se pressaient pas les unes contre les autres, pour s'étayer et se réchauffer mutuellement à la manière de celles du Cros, de Pommeyrolles et de Germanangues, qui présentaient au passant un front commun de portes et de fenêtres observant le même horizon, comme pour se défendre ensemble contre quelque ennemi, ou saluer, d'un même cœur, une visite familière. A Montsimon, les maisons avaient des attitudes inamicales. Elles affectaient d'obéir à une force répulsive et de se tourner le dos le plus qu'elles pouvaient. Elles s'orientaient dans tous les sens, au détriment des plus élémentaires commodités : chacune d'elles semblant refuser d'accepter le secteur d'horizon souillé par le regard de sa voisine.

Sur le chemin couvert de grosses pierres et rongé par les éboulis, je me tordais la cheville et maugréais.

— Te plains pas, ironisa mon père, s'il ne gelait pas, tu resterais collé au sol.

J'appris ainsi que, les jours de grosse pluie, les *barcelles* * restaient embourbées et les fermes isolées. Le désaccord farouche des six familles de Montsimon n'avait jamais permis l'entretien du chemin que les intempéries transformaient en cloaque.

A notre approche, les chiens du village coururent à notre rencontre. Ils aboyaient avec vigueur, leurs mufles poilus ouvrant d'énormes gueules sur des babines rouges aux crocs brillants. De temps en temps, l'un d'eux me flairait les mollets ; je me cambrais, en arc-de-cercle, en poussant de grands cris.

Nous défilâmes dans le village, devant deux maisons dont les habitants nous regardèrent de travers. J'eus le pressentiment qu'ils nous tenaient pour ennemis. Cet instinct n'avait rien de trompeur. Ici, le froissement de susceptibilités inquiètes, l'opposition de menus intérêts avaient fait de chaque famille l'adversaire des autres ; on aurait dit que les hommes ne pouvaient échapper à une force malsaine, comme une émanation de leur terre, pesant sur eux depuis un très lointain passé.

La maison du grand-père ressemblait à toutes les masures des villages de la montagne. On pouvait même y découvrir des pauvretés accessoires qui présentaient à l'observateur des particularités inédites. Sur le sol de terre foulée, rien n'indiquait une tentative de nivellement : trous et bosses parsemaient un espace mamelonné. Le souci de placer le mobilier sur une surface à peu près plane ne se fit jamais sentir.

C'est dans cette maison que j'étais né. Je m'y retrouvai avec une joie spontanée que je n'avais pas à contenir. Là, on ne parlait pas d'autre langage que celui par lequel s'exprimaient mes pensées : ce rude patois au vocabulaire si court, avec ses consonnes en « tch » qui figuraient dans la majorité des mots, ses voyelles qu'on retrouverait dans

---

* Petits tombereaux à deux roues.

maintes langues européennes et qu'on déclarerait intolérables dans une bouche française[1].

Grand-père m'accorda juste le temps d'embrasser la compagnie réunie pour la fête : ma tante la Nanette, son homme le Pierre, leur fille la Jeanne, qui avait tout juste deux ans et qui avait hérité de mon berceau... et surtout grand-mère qui souriait toujours en montrant des gencives sans dents.

— Voilà notre savant, dit le Grand, en m'élevant à une hauteur qui me donna le vertige. Regardez-le bien. C'est pas plus haut que mon sabot, ce petit bougre, et déjà ça sait lire comme un notaire. Moi, pour apprendre à lire, ça m'a demandé plus de dix ans, rien qu'en suivant la messe dans mon livre. De longtemps j'ai pas compris grand-chose, mais quand j'ai eu appris à distinguer les Evangiles, ça a marché tout seul. J'y gagnais bien quatre ou cinq mots chaque fois que j'allais à l'église. Je lui ai volé quelques bonnes leçons au curé... Et il n'en savait rien le bougre !

— Pourquoi en savoir tant ? demanda l'oncle Pierre. J'ai toujours entendu dire qu'un homme en savait assez quand il était capable de creuser une fosse suffisamment grande pour enterrer un âne !

Mes parents avaient fait leur entrée et la famille se trouvait au complet. Pour fêter la rencontre, les hommes burent de l'eau-de-vie.

Le tonton Pierre était métayer à Biot, par là-bas, du côté de Champetières, toujours content de lui bien qu'il ne réussît jamais rien. Il se mit à parler de ses bœufs :

— J'en ai deux paires, mon pauvre Jean, dit-il à mon père, et je voudrais en voir de pareils devant ta charrue. Faut ça, vois-tu, pour faire de la terre. Que peux-tu faire avec tes vaches ? T'arrives juste à gratter, et encore...

Mon père en convenait :

— C'est vrai, mais je suis là et j'en ai encore pour trois ans avant d'être à bout de bail et quand ça sera fini, j'aurai pas plus d'avance que j'en ai maintenant. Faut des

1. Voir Annexe VI, p. 370.

avances pour prendre une terre avec des bœufs. C'est pas avec rien qu'on me la donnera.

Les femmes pressèrent le mouvement : il était temps d'accomplir le sacrifice. Le cochon fut culbuté dans son réduit, ficelé, ligoté, muselé, puis traîné dehors où les hommes le hissèrent sur la claie. La Nanette s'empressait avec un seau de fer blanc et je tournais autour du groupe, avide de donner un coup de main.

— *Boudjà te d'entre noutrâ pautâ* *, gronda mon père.

Mais le vieux m'encouragea, au contraire :

— Laisse-le donc faire, ce petit ; tu as raison, Toinou, il faut toujours qu'un jeune ait dans l'idée d'appuyer ceux qui fatiguent... tu fais ce que tu peux et si tu arrives à les soulager seulement d'une livre, c'est autant de gagné pour eux. Alors, mets-toi derrière le Charles, prends la queue, tiens-la bien... et t'occupe pas du reste.

De la gorge de la bête, le sang giclait à flots dans le seau de fer blanc, les cris stridents de détresse puis rauques d'agonie se succédaient sans faiblir. La Nanette opérait un battage vigoureux du sang comme s'il se fût agi de brasser des œufs pour la fabrication d'une énorme omelette.

— C'est pour l'empêcher de cailler, me souffla le Charles.

Vers midi, on se mit à la construction de sièges provisoires indispensables pour assurer à chacun une position assise autour de la maie [1]. Les planches, sciées récemment en vue de construire le lit et l'armoire — dot de ma mère — nous fournissaient le matériel. Disposées sur des baquets ou autres objets de bonne hauteur, ces planches devinrent des bancs fort convenables pour un public sans exigences.

La maie fut chargée d'une *gogue* ** appétissante où se mêlaient pommes de terre et boudin avec une magnifique abondance. La fête commençait... C'en était une vraie pour tous... pour les grands qui oubliaient leurs peines et leurs

---

* Ote-toi de nos jambes.
1. Huche qui servait autrefois à pétrir et à conserver le pain.
** Sorte de ragoût.

soucis ; pour moi qui avais oublié les verges de la Sœur Saint-Vincent, qui me cingleraient de nouveau le lendemain.

Le port de ma nouvelle culotte fit naître des inconvénients imprévus. Le vêtement était calculé pour durer longtemps, en tenant compte d'une croissance inévitable. De dimensions satisfaisantes pour l'avenir, il comportait une ceinture plus haut placée que celle d'une robe Empire, maintenue par des bretelles raccourcies boutonnant dans le dos en un point inaccessible à mes bras trop courts.

Il me fallut compter sur le service d'autrui pour des opérations que j'étais habitué à conduire parfaitement seul. C'était bien ennuyeux pour moi, Toinou, si mal placé pour obtenir des services.

Cela d'autant plus que le danger d'aller « aux lieux » pendant la classe de la Sœur Saint-Vincent créait une conjoncture périlleuse : il fallait timidement lever le doigt, sans faire le moindre bruit, et attendre avec patience que le monstre barbu daignât jeter les yeux sur vous. Le fait de postuler pour une visite « aux lieux » n'était nullement considéré comme excuse, prétexte ou alibi. On devait suivre la leçon avec une attention redoublée et tenir compte que lever le doigt vouait le candidat à un examen préliminaire, avec application des sanctions courantes. En définitive, si la Sœur pouvait constater les symptômes d'un indiscutable besoin, l'impétrant était autorisé à courir « aux lieux ». Pour obtenir cette autorisation, il lui était donc nécessaire de subir la torture préalable susceptible d'imprimer sur son visage les marques d'angoisse ou de souffrance écartant toute idée de supercherie.

Dès lors, chaque voyage vers l'école imposa de très strictes précautions pour me garantir contre une éventualité que je ne considérais jamais sans trembler. La Marinou, fort heureusement, m'accordait toujours avec une bonne grâce inaltérable ses services maternels et m'évitait ainsi de commettre de graves indécences ! Le jeudi, hélas, il n'en était pas de même.

54

S'il m'arrivait alors de chercher refuge derrière la maison de la Marie des Quat' Sous pour y trouver un soulagement qui ne pouvait plus être différé, je devais arracher ces fameuses bretelles que rattachaient à ma culotte d'inabordables boutons. Jusque-là, tout allait vaille que vaille. Mais il est plus facile de démolir que de rebâtir : je me contentais donc de glisser ensuite dans l'une ou l'autre de mes poches cet appareil de suspension que j'étais incapable de remettre en place par mes propres moyens. Je rentrais ainsi à la maison, tenant mes culottes à la main, pour la grande joie de la population enfantine qui m'escortait en poussant des cris, comme elle l'eût fait pour un sujet ambulant de fête foraine.

Un jour, soit après un « coup de froid », soit par le fait d'une alimentation malencontreuse, je fus pris de coliques en pleine classe. Ce phénomène, en soi peu remarquable, atteignit vite, par la présence de Sœur Saint-Vincent, la gravité d'un drame. Je fus pris d'une véritable panique. Il s'ensuivit la perte de toute raison et de toute prudence. Les coups de verge qui me châtièrent perdirent leur importance devant l'autre danger.

Enfin, dûment autorisé, je pus me précipiter « aux lieux » pour apaiser mon ventre en détresse. Tout courant, je traversai la cour en arrachant mes bretelles. Cette parfaite bonne volonté fut inutile : j'arrivai trois secondes trop tard.

Ma honte fut totale : je me sentis perdu. Trop petit pour prendre de mon chef la décision de rentrer à la maison, j'eus le triste courage de la victime devant le bourreau. J'osai me présenter abominablement souillé à la porte de la classe, retenant piteusement ma culotte de mes mains tremblantes.

Sœur Saint-Vincent daigna m'honorer d'attentions spéciales et accorda à mes camarades quelques instants de détente au détriment de ce qui me restait de dignité.

Je fus classé parmi le rebut le plus sordide d'une humanité répugnante. L'un après l'autre, les élèves furent invités à défiler devant moi, pour s'emplir les narines de mon écœurante odeur et se convaincre de mon état définitif d'abjection et d'infamie.

Enfin, de l'extrémité du balai, la religieuse me chassa dehors comme une ordure, m'accordant toutefois la permission de revenir l'après-midi, lorsque ma mère m'aurait congrûment nettoyé.

J'avais à peine cinq ans et je connus là toute l'amertume d'une situation désespérée. Je partis, la tête basse, et rentrai à la maison non sans avoir sérieusement pensé à me jeter dans les eaux noires de la fabrique de chapelets ; une fois mort, au moins aurais-je été parfaitement lavé de tant de misères.

III

RIRES ET PLEURS

Un soir, une rumeur parcourut le village. Le Pantomin, qui travaillait au Gaz, l'avait entendue en ville, en faisant sa tournée d'allumage des réverbères. Des soldats permissionnaires, incorporés à Lyon, commentaient l'affaire ; en leur payant une chopine, notre homme avait été mis au courant.

Mais il faudrait peut-être d'abord que je parle ici du Pantomin [1].

Père de famille à dix-huit ans, marié sans délai, il avait acquis, de bonne heure, une réputation de vaillance. A son retour du service, il s'était embauché à l'usine à gaz, nouvellement construite. Devenu le factotum au sens le plus absolu du terme, il en était à la fois le contremaître et le personnel. Il déchargeait les wagons, assurait le remplissage, le chauffage et la vidange des cornues, attelait Bijou dont il avait à charge tous les soins de nourriture et d'entretien. Il livrait aussi le coke à la clientèle, relevait les compteurs et faisait les encaissements. Le Pantomin était grand et brun, nerveux, avec des moustaches d'acier, et deux yeux noirs étincelants dans un visage à jamais assombri par des incrustations de charbon.

1. Pantomin, fils de la Pantomine, ainsi surnommée pour s'être produite durant trois jours à la parade d'un cirque de passage et être devenue malgré elle vedette de la pantomime.

Le soir, au crépuscule, et, plus tard, vers la mi-nuit, il faisait la tournée d'allumage ou d'extinction des réverbères en portant sur l'épaule sa perche, munie à l'extrémité d'un lampion à essence dans une garniture de fer blanc, fermée par un crochet. Il portait cette perche avec fierté, comme un guerrier partant au combat.

Monsieur Mauduit, le directeur, pouvait bien se payer de-ci, de-là quinze jours à Paris et se laisser vivre le reste du temps sans même jeter un coup d'œil sur le gazomètre. Le Pantomin se chargeait de tout. Sa tâche s'effectuait selon des horaires fantaisistes, réglée toutefois — bien qu'avec de larges tolérances — par la chute lente de la cloche de tôle qui ne se relevait que grâce à la mise en activité des cornues. C'était comme un rocher de Sisyphe qu'il fallait absolument remonter avant qu'il n'arrive en fin de course. Cela survenait tous les trois ou quatre jours, suivant la saison. C'était alors pour le Pantomin un furieux coup de collier à donner pendant trente-six heures de rang et, comme il disait en riant, « sans débander » : les cornues étaient fort exigeantes quand il fallait partir à froid. Evidemment, il eût été plus économique de les maintenir en marche continue mais, dans ce cas, qu'aurait-on fait du gaz ?

Donc, ce soir-là, en rentrant à la Masse, le Pantomin avait communiqué le renseignement au Jean Cane, au Durif, au Joseph, au Cueille. Chacun partant dans une direction différente, nos gaillards avaient respectivement ouvert de nouvelles artères à travers lesquelles, comme un éclair, la rumeur atteignit les extrémités du village.

Ma mère en avait eu connaissance pendant qu'elle tirait alternativement sur deux tétines de la Blonde. Le lait giclait à grand bruit : bjjjj... bjjjj... bjjjj... Du seau montait une mousse blanche, tel le brouillard qui s'élève de la terre chaude après une courte pluie. J'écoutais la cadence bien marquée, lorsque la Cane montra son nez à la porte de l'étable :

— *E Mari, tü sabis là nouvèlà* * ?

Ma mère ne savait rien. A voix basse, la visiteuse la

* Hé ! Marie, tu sais la nouvelle ?

58

mit au courant pendant que la Blonde donnait des signes d'impatience et cravachait de la queue.

Le soir même, au sein de chaque foyer, on commentait l'affaire ; partout les enfants se pressaient autour des parents, écarquillant les yeux, ouvrant la bouche et les oreilles, s'efforçant de comprendre ce que ne leur disait pas la simple phrase parfaitement claire pour les grandes personnes.

— *Là filhà de là Marranà i entradà o bordei* *.

Si les hommes parlaient du bordel comme les femmes de l'église, je n'avais jamais entendu dire qu'une femme fût allée au bordel. Le fait avait une certaine importance mais je n'y attachai qu'une valeur documentaire, comme je le fis plus tard en apprenant qu'une jeune fille de grand mérite était entrée à l'Ecole Normale.

Le mot était trop souvent prononcé, avec des mines de circonstance, pour ne pas exciter ma curiosité. Ainsi, je possédais, à l'époque, certains renseignements sur la question. J'imaginais le bordel comme une sorte d'église où se célébraient des rites mystérieux... On trouvait ça par là-bas dans les villes, et les soldats pouvaient assister aux cérémonies à tarif réduit.

Sur ce chapitre, je possédais même d'excellentes précisions. J'avais entendu le Pantomin certifier que pour « monter », les militaires ne payaient que vingt sous alors que les civils devaient en débourser quarante. Ainsi, les choses se passaient un peu comme dans les baraques sur la place, le jour de la Fête-Dieu ; les militaires ne payaient que demi-tarif, comme les enfants. Seulement au bordel, les enfants n'étaient pas admis.

L'affaire de la fille de la Marrane éclaira bien des choses et je pus recueillir de nombreux renseignements qui, ma foi, me fournirent des idées plus précises. Non seulement le bordel n'était pas fermé aux filles, mais toutes celles qui ne se mariaient pas et ne savaient pas comment gagner leur vie pouvaient y entrer. Là, elles étaient nourries et ne travaillaient pas, toujours endettées vis-à-vis des patrons qui

* La fille de la Marrane est entrée au bordel.

leur donnaient de l'argent. Comme elles ne pouvaient jamais rendre cet argent, elles étaient gardées en gage et tenues de rester là toute leur vie.

Ainsi, nous ne reverrions plus jamais la fille de la Marrane.

Au bordel, les hommes qui avaient payé étaient reçus par des filles comme elle, habillées en dames, dans une belle salle avec des fauteuils, un peu comme les bourgeoises de la ville recevaient le curé. Les hommes qui n'avaient pas beaucoup d'argent pouvaient, par ce moyen, mener pendant une heure ou deux la vie des riches. On était bien assis, on parlait en faisant des manières, tout ça pour quarante sous — vingt pour les militaires.

Je ne compris rien, en revanche, aux critiques amères qui s'élevaient contre la fille de la Marrane. C'était jalousie pure, comme pour cette domestique de vingt ans qui avait épousé son patron de quarante ans son aîné. On parlait de l'une comme on avait parlé de l'autre.

— Cette garce, disaient les femmes, j'aurais jamais cru chose pareille !

Certaines approuvaient cyniquement :

— Vous inquiétez donc pas : elle sera plus heureuse que vous, allez ! Sa chemise sentira plus souvent la merde que la sueur...

Cette appréciation, fortement imagée, n'avait rien de concluant pour ma raison. Je la fournis à titre documentaire afin de faire connaître comment les femmes de mon village classaient, d'après l'odeur de la chemise, les différentes catégories sociales.

Cette même nuit, la mère Marrane quitta le village et ses volets restèrent obstinément clos. La petite maison mourut comme celle de la Bayle à Montsimon, celle de mon arrière-grand-mère à Reveret... Ainsi mourra, beaucoup plus tard, celle où je suis né...

A la campagne, quand une maison meurt, elle se décompose comme un cadavre abandonné au grand air. Un beau jour, ses habitants vont ailleurs, sans espoir de retour, à la manière dont la pensée quitte un corps qu'elle est fatiguée d'habiter. Très vite alors, par grands vents, les tuiles désertent les versants du toit qui se dénude et crève ; les volets tombent ; les portes cèdent. D'une saison à l'autre, les murs de pisé se dégradent et les enfants du village brisent enfin tout ce qui peut encore être brisé... Personne ne leur en tient rigueur, car nul ne s'intéresse plus à ce bien sans maître, sinon pour en achever la perte.

Les débris subsistent et les hommes vieillissent tandis qu'apparaissent les générations nouvelles qui tourneront parfois les yeux vers la maison morte ; regards pleins de craintives pensées devant ces fenêtres creuses au travers desquelles on aperçoit un pan de ciel.

Outre l'entrée de la fille de la Marrane dans un bordel de Lyon, ce printemps fut également marqué par la naissance de relations suivies avec deux camarades : le Sugère et le Jean-Marie. Ce dernier s'était acquis des droits à mon admiration par un geste décisif que j'ai raconté en son temps. Après sa victorieuse défense, conduite à coups de sabot, en riposte aux coups de verge de la Sœur Saint-Vincent, le Jean-Marie suivit la petite classe de l'école des Frères, où faculté assez large était donnée d'en « prendre » ou d'en « laisser ». Le bonhomme avait choisi d'en « laisser » et sut exécuter son programme sans défaillance, avec tant de suite dans les idées qu'il fréquenta assidûment l'école, dix années durant, sans apprendre à lire.

Le Sugère était fils d'un tailleur de pierre, semi-ouvrier et artisan, semi-cultivateur, qui avait des vaches dans son étable et un gros amas de blocs de granit devant sa porte. Tant que durait l'hiver, on entendait sa massette frapper sur la tête de la broche ou du ciseau, depuis le petit jour jusqu'à la tombée de la nuit. En été, on le voyait rentrer de la ville, avec son sac d'outils sur le dos, et sa femme, la Glaudine, l'employait sans perdre de temps jusqu'à l'heure du coucher.

Une histoire, déjà ancienne lorsque j'en eus connaissance, circulait dans le village à leur sujet.

Un jour, disait-on, le Sugère s'était trouvé las de la

Glaudine. Elle boitait, la pauvre femme. Son corsage plat et ses taches de rousseur ne l'embellissaient guère. Une fâcheuse fermeté de caractère s'ajoutait à ces petits défauts. L'homme rêva d'un changement.

Certain soir, alors qu'il buvait un coup en compagnie du Chiveyrant, ce rêve, d'abord confus, s'affirmait avec la puissance d'une idée fixe, renforcée par l'ivresse. Les deux compères mirent en balance les qualités de leurs épouses et conclurent que les choses ne pouvaient se maintenir en l'état. Une permutation arrangerait chacun et serait une opération honnête, satisfaisante à tous égards.

Le Sugère considéra qu'il ne tirait nul agrément d'une richesse en bétail qui lui valait maints travaux supplémentaires après les longues journées passées à cogner sur la pierre dure. En revanche, il eût apprécié la possession d'une femme agréable et de caractère facile, comme le sont en général les personnes de petite vertu. Celle du Chiveyrant lui convenait expressément ; il se déclara prêt à l'échange de biens dont il jouissait mal contre d'autres qu'il estimait positifs.

Le Chiveyrant, de son côté, jugeait en bon paysan que, si la Glaudine manquait d'attraits personnels, sa maison était toute neuve et couverte de bonnes tuiles, ses terres bien placées et de bonne qualité, ses vaches enfin, grasses et laitières, valant bien chacune trente pistoles. Une vraie fortune, quoi, qui méritait d'être prise en considération. En échange, il consentait à céder sa femme, la Mélie, une épouse coûteuse et dont l'ardeur le fatiguait.

Le marché fut conclu et, fainéant qui se dédit, nos hommes se mirent en route pour informer leurs femmes respectives d'un troc fermement décidé. Il fut convenu qu'on irait d'abord gagner l'assentiment de la Mélie. Ainsi la boiteuse, prévenue la dernière, trouverait contre elle une majorité capable de briser son opposition... qui était à craindre.

La Mélie trouva l'idée plaisante. Pourtant, soucieuse des intérêts de l'actuelle communauté, elle voulut subordonner son consentement à celui de la Glaudine. En attendant, on pouvait toujours boire un coup. Les deux hommes se montrèrent gentiment persuasifs et, le vin aidant, la Mélie finit par donner son accord. Le divorce rapidement prononcé entre le Chiveyrant et sa femme, la nouvelle union fut célébrée par la vidange d'un nouveau litre.

La cérémonie ayant fixé les droits de chacun, les nouveaux époux décidèrent de consommer le mariage, pensant ainsi lui donner un caractère définitif... Ensuite, on partirait à trois signifier la chose à la Glaudine qui n'aurait plus qu'à s'incliner devant le fait accompli. Le Sugère et la Mélie s'éclipsèrent un temps suffisant pour valider leur union, pendant que le Chiveyrant supputait la qualité de ses vaches et l'étendue de ses pâtures en buvant un autre litre de vin.

Toutes ces questions dûment réglées, nos deux compères accompagnés de la jeune femme se mirent en route vers la maison de la Glaudine pour assurer la parfaite réciprocité de l'échange.

Ce soir-là, justement, la boiteuse, après avoir vainement attendu son homme pour les soins à donner au bétail, avait dû demander l'aide des voisins ; seulement, son peu de goût pour de telles démarches avait gâté son humeur. Elle avait couché son petit, l'Antoine, et attendait au coin du feu, nourrissant d'aigres ressentiments.

Les retards du Sugère n'étaient pas phénomène courant ; elle savait d'ailleurs y mettre bon ordre et prendre les dispositions nécessaires pour que, après toute incartade de ce genre, son homme se tînt tranquille et régulier pendant un bout de temps. Fort habituée, la Glaudine n'ignorait pas que toute inexactitude s'alliait à quelque saoulerie. En conséquence, elle se préparait à l'accueillir d'un répertoire sonore. Cependant ce soir-là, le retard avait passé toutes les bornes. La Glaudine se l'était répété durant quatre heures d'horloge, en grinçant des dents.

Lorsqu'elle entendit devant sa porte le pesant piétinement de trois paires de sabots, elle songea d'abord à un accident. Une inquiétude la prit et l'adoucit. Elle fit entrer tout le monde et attendit les explications. Dès les premiers mots bredouillés par son homme pour lui présenter celui qui, en vertu d'un contrat, devenait son nouveau mari, son sang, dit-elle plus tard, ne fit qu'un tour. Sautant sur le tisonnier, elle fondit sur les arrivants qui, sous ce déluge de coups, furent dans l'incapacité totale de retrouver la porte.

La belle exécution ! La boiteuse fit un tel bruit en jouant du tisonnier, les malmenés poussèrent de tels cris en encaissant les coups, que les voisins accoururent en chemise pour mettre fin à ce qu'ils croyaient être un égorgement général !

Les victimes profitèrent de cette intervention pour prendre du champ et s'enfuir, poursuivies par la Glaudine qui les accompagna jusqu'à la route en poussant des vociférations ; le village alerté lui fournit en peu de temps une foule sympathisante. Elle consentit à rentrer, fort contrite de ne plus pouvoir cogner et de n'avoir personne sous la main pour se détendre les nerfs. Les voisins l'assistèrent et eurent bien du mal à la calmer au cours de crises successives qui devaient durer jusqu'au matin.

On ne sait sous quel abri le Sugère alla cuver son ivresse, déjà partiellement dissipée par l'émotion, ni même s'il trouva un abri. Les coparticipants se montrèrent accommodants et le contrat fut rompu sans parlotes superflues. Comme il arrive souvent entre gens simples, on trouva une formule qui arrangeait tout et dont la souplesse contenta chacun : la Mélie et le Chiveyrant déclarèrent qu'ils ne se souvenaient de rien et affectèrent une complète ignorance quant aux détails de cette soirée mémorable.

Sans concertation, le tailleur de pierre adopta une formule identique jusqu'à sa mort. Sous la main ferme de la boiteuse, le couple resta parfaitement uni.

Le Sugère et le Jean-Marie, bien qu'étant de mon âge, me surprirent par leur caractère réaliste. Ils vivaient en plein accord avec les faits, sans fantaisie, sans aucune de ces interprétations qui me rendaient puéril à leurs yeux.

Le fils du tailleur de pierre était mon aîné d'un an. Il se déculottait tout seul avec une facilité qui forçait mon admiration. Il connaissait mille choses utiles, il savait capturer les hannetons et les entretenir dans une boîte en fer, par le moyen d'une alimentation rationnelle. J'appris à jouer « au trou » : il suffisait pour cela d'être plusieurs garçons et de disposer d'autant de pierres aussi rondes que possible. Il fallait aussi une cavité que mon compagnon pratiquait non sans désinvolture au beau milieu de la chaussée à l'aide de son couteau. Le jeu était plus intéressant quand le trou était plus grand. Par là, nous fûmes amenés à creuser de véritables gouffres qui faisaient le désespoir du cantonnier. Le pied s'y engloutissait tout entier, sabot compris.

Le Sugère allait à l'école des Frères ; il était en quatrième et possédait, en propre, livres et cahiers par quantités que je trouvais considérables. Tout ce matériel était contenu dans un cartable de cuir qui excitait mes convoitises.

J'allais avoir cinq ans ; toujours embarrassé dans ma culotte trop grande... Le soir, je tenais compagnie à la Marinou. Le Sugère et le Jean-Marie s'en offusquaient et m'appelaient Jean Fille.

Il est certain qu'il y eut, dès les débuts de ma vie, désaccord profond entre mes pensées et les réalités quotidiennes auxquelles j'étais mal adapté. J'en conçus le sentiment précis d'une infériorité qui m'ôta toute possibilité d'accorder le moindre crédit à une intelligence qu'on déclarait précoce. Ainsi, je me trouvai prêt à tout accepter, y compris le rôle de tête de Turc. Je le tins, ce rôle, pendant bon nombre d'années, à la satisfaction générale — la mienne étant naturellement exclue.

Je croyais ferme à la « vie éternelle », mais cette conviction n'avait rien de réconfortant, contrairement à ce qu'on pourrait penser. Je possédais sur l'existence future des informations me laissant prévoir qu'on y retrouverait, considérablement aggravées, toutes les douleurs dont j'avais l'expérience. Sans doute y avait-il des probabilités compensatrices d'un « paradis » éventuel, mais j'étais trop averti pour compter sur ma chance.

En revanche, j'avais sur les tourments de l'Enfer une opinion précise. Là, au milieu de hautes flammes qui brûlaient sans fumée, vivaient des diables à longue queue et à cornes de chèvres. Ils s'amusaient à piquer, de leurs fourches à trois dents, des troupeaux d'hommes nus parmi lesquels on trouvait, ici et là, quelques femmes reconnaissables à leurs longs cheveux et à leurs gros tétons. Les démons avaient pour moi la même réalité que les nègres, personnages également étranges, noirs et luisants depuis les pieds jusqu'à la tête. Le Joseph, qui avait servi dans les Zouaves, était catégorique sur ce point : « Quand y vont pisser, affirmait-il, tu croirais que c'est un bout de charbon qu'y z'ont dans les doigts. »

Les nègres et les diables à cornes appartenaient à la même catégorie d'êtres dont l'existence ne m'était connue que d'après témoignage. On y trouvait aussi des loups-garous, des galipotes, des anges ailés, des éléphants et autres sujets importants dans les méditations enfantines. Leur réalité était confirmée par des gravures dont l'exécution nous apparaissait tellement surnaturelle, à nous, enfants de la campagne, qu'elles avaient la valeur attachée d'ordinaire aux actes notariés.

Ainsi, l'existence du Diable, comme celle du Bon Dieu, avait été acceptée dès mes premiers efforts de pensée. Je ne souffris pas, tout d'abord, de cette connaissance. Les enfants, selon l'affirmation unanime, n'étaient passibles de la juridiction divine qu'à partir de l'âge de sept ans. Mais, penser que la Sœur Saint-Vincent ait pu se priver de nous infliger une terreur supplémentaire aurait été mal la connaître. Nous apprîmes donc un jour que saint Louis de Gonzague, admis pour je ne sais quelle raison à visiter les foyers infernaux, y avait rencontré un petit garçon de quatre ans. Cette nouvelle me glaça le sang. Me croyant jusqu'alors irresponsable, j'avais chargé ma conscience de tant de péchés mortels que je me reconnaissais incapable de les dénombrer.

Ce fut la perte définitive d'une tranquillité fort appréciée jusque-là.

Dès lors, je vécus dans une frayeur continue de la mort et mon goût pour les méditations solitaires en fut empoisonné. Ce cauchemar dura des années ; l'action des Frères puis celle des vicaires du Catéchisme succédèrent sans interruption à celle de Sœur Saint-Vincent pour faire de mon enfance des années maudites, hantées en permanence par la crainte d'une fin soudaine me condamnant à passer sans transition d'une vie misérable à une éternité de souffrances.

Vers ce temps-là, le « Vieux » périt sous mes yeux, sans agonie, et me donna un excellent exemple d'une fin survenue sans avertissement.

C'était un pauvre homme vivant seul et sans histoire. De lui, on parlait à peine dans le village. Sa femme était morte depuis plus de quarante ans et ses enfants, partis dans les mines, par là-bas, du côté de Saint-Etienne, n'avaient plus jamais donné signe de vie.

Tous les lundis, il allait quêter en ville ; des usages immémoriaux avaient établi que le lundi était « jour de donne ».

Dès le matin, les estropiés, les miséreux, les traîne-besace descendaient des villages et faisaient la queue à la porte des bonnes maisons — notaires, marchands drapiers, propriétaires dont une abondance de fermes données en métayage assurait l'opulence. La file des loqueteux était maintenue aussi longtemps qu'il le fallait pour former un rassemblement suffisant, fournissant ainsi aux vanités bourgeoises une publicité flatteuse. Pour un louis par semaine, à dix sous par tête, on pouvait se payer une file misérable de quarante pauvres qui piétinaient là deux heures durant avant que Madame vienne leur faire l'aumône.

— Il faut attendre tout le monde, disaient les domestiques, et Madame n'est pas encore prête...

L'attente était particulièrement longue devant la maison de la Pitarque qui distribuait une « spécialité ». Elle achetait chez les bouchers les têtes de vaches abattues dans la ville, dépouillées au préalable de toutes les parties consommables. Dans un chaudron de dimensions géantes, sa bonne faisait bouillir l'ensemble du lot, après quoi elle confectionnait une sorte de pâté particulièrement apprécié des gueux.

Le Pantomin, à qui on ne la faisait pas, analysait la situation sans bienveillance :

— Les garces ! affirmait-il, deux heures qu'elles le font attendre leur morceau de pain rassis et la double [1] qu'elles donnent avec ! Quand c'est qu'y gèle dur et que, par les trous de ta guenille, tu fais voir la peau de ton ventre, moi je dis que c'est deux ronds bien gagnés.

— Elles sont tout de même pas obligées de donner, observaient certains. Elles pourraient tout aussi bien garder leurs sous et se tenir le cul au chaud.

— C'est bien là le malheur, rageait le Pantomin. C'est qu'elles le pourraient et qu'y aurait seulement rien pour les empêcher.

Je ne sais si l'usage s'est maintenu, si les saintes femmes de la ville pratiquent encore de la même manière la charité du lundi... si l'on voit toujours, devant les portes de chêne cirées, par les glaciales matinées d'hiver, des théories de vieillards en loques, payant d'une douloureuse attente la cruelle générosité des « bonnes âmes ».

Ainsi, chaque lundi, le Vieux ramenait quelques pièces de deux sous grâce auxquelles il intervenait dans le commerce local.

Il était sourd comme un pot et nous pouvions lui débiter toutes sortes d'injures qu'il acceptait comme autant de compliments. Sa face ridée, couleur de vieille pomme, grimaçait un sourire tandis qu'il répondait, bonasse :

— Hé ! bonjour, mes petits !

L'essentiel de son alimentation provenait d'un jardinet qu'il travaillait avec amour et fumait avec abondance, le nourrissant de sa récolte quotidienne, comme une mère son petit. Tous les jours que le Bon Dieu donne, on voyait le Vieux parcourir les chemins du village, poussant une brouette suspendue à son col par une sangle de grosse toile. Pieusement, il ramassait les bouses abandonnées un peu partout, accomplissant comme un devoir ce travail de voirie pour lequel aucune rétribution n'était prévue.

Le bonhomme apportait à cette activité la conscience qu'il mettait à remplir les humbles tâches de sa vie, sans hâte, sans négligence. Arrivé devant l'objet de sa sollicitude,

1. Pièce de deux sous, soit dix centimes.

le Vieux posait la bricole, prenait la pelle, décollait du sol, à petits coups bien mesurés, la galette sombre, la repliait sur les bords à la façon d'un cuisinier roulant une omelette pour l'enlever et la déposer, d'un geste qui s'achevait en douceur, sur le véhicule. Si quelques menus débris lui avaient, par hasard, échappé, il les rassemblait, ces déserteurs, à petits coups de balai, les coinçait contre son sabot pour assurer leur capture et, avant d'aller plus loin, faisait place nette.

Certaines bouses, remarquables par leur forme ou leur ampleur, lui inspiraient parfois un commentaire : sa vieille face s'égayait et on l'entendait mâchonner :

— Hé ! n'en voilà une belle.

Cette besogne s'accomplissait tous les matins, selon un itinéraire parcouru sans dérogation, avec une régularité chronométrique. Tous les jours, sauf le lundi, il passait devant la métairie à l'heure de la soupe et faisait une courte pause devant l'étable à moutons du Félix. Fichée verticalement dans la brouette pleine de bouses fortement tassées, la pelle dressait son manche comme un mât d'édifice public attendant son drapeau. Au bout d'un temps, il remettait la bricole, crachait dans ses mains et s'encourageait d'un cri :

— Ho !

S'il arrivait qu'un ivrogne, sortant de chez la Cane après la chute du jour, se trouvât pris de besoin, il s'accroupissait au milieu de la route en disant :

— Comme ça, le Vieux, il pourra la ramasser demain.

Le Vieux n'omettait pas de ramasser. Il appréciait le cadeau, reconnaissant :

— Ça, c'est 'cor le meilleur de tout.

Ce dimanche de printemps, je jouais au trou avec le Sugère et le Jean-Marie, sur la chaussée, devant les peupliers du communal. Près de nous, passa le Vieux poussant sa brouette. Sur ses vêtements de bure s'étalait un assortiment de rectangles, un échantillonnage de toutes les nuances de bleu. Les pans d'une chemise sale débordaient d'un pantalon déboutonné.

— Voilà Mangétron, cria le Sugère, sous le nez du bonhomme. L'a déjà tout ce qu'y faut pour dîner.

— Bonjour mon petit, répondit l'autre, montrant ses gencives. Ça fera une belle journée, je crois.

Au grand trot du cheval, sur la descente, arrivait la voiture du maître de la Collange, le seul paysan qui possédât un cheval parmi la bonne centaine travaillant de ce côté de la plaine où des générations paysannes s'usaient dans une lutte sans espoir contre un sol trop avare.

Le bruit cadencé des sabots, l'accompagnement des sonnailles détournèrent notre attention, tout acquise à cet étalage d'une richesse bruyante. Nous nous rangeâmes pour voir passer l'équipage que menait un homme à blouse bleue.

— On va courir derrière, proposa le Sugère.

— Y nous foutra un coup de fouet, observai-je.

Je résolus de me tenir coi et de laisser mes compagnons prendre le risque sans moi.

La voiture nous dépassa et les deux gamins s'élancèrent. Le Sugère seul réussit à empoigner le marchepied arrière. J'espérais, contre toute charité, que l'homme ne tarderait pas à prendre son fouet.

Alors, ce fut le drame, inattendu. A vingt pas de moi, le Vieux roulait sous la voiture et le Sugère, qui n'avait rien vu, s'entravait dans le corps que le véhicule venait d'escalader en cahotant.

Je rejoignis, près du bonhomme étendu, le Jean-Marie et le Sugère. Ce dernier, promptement relevé, grimaçait en se léchant les paumes des mains égratignées dans sa chute.

L'homme de la Collange contemplait son ouvrage :

— *Milà diou!* invoquait-il sur un ton plaintif. *Milà diou! Milà diou de milà diou* * !

Le Vieux gisait sur le dos ; sa face rabotée, ridée, était cette fois maculée du sang de ses plaies. Il gardait ouverte sa bouche édentée qui rejetait hors d'elle une langue sans couleur, noyée dans une bave rose. Ses yeux à l'iris bleu sale, auréolé de blanc, regardaient le ciel.

. Son meurtrier involontaire le dévisageait, figé dans sa blouse bleue que fermait, des genoux jusqu'au col, un

* Mille Dieux ! Mille Dieux de mille Dieux !

remarquable alignement de larges boutons brillants. Son teint rubicond d'homme bien nourri et buveur de vin avait pris une pâleur grise. Il répétait sans arrêt :

— *Che cou i pa malirou ! Milà diou de milà diou ! Que don que van far pré cô ?* *

Sur le macadam poudreux, la victime demeurait inerte... Aucun geste pour chasser les mouches posées sur sa bouche et sur ses yeux ouverts... Saisi de stupeur, j'aurais voulu fuir, mais je restais là, immobile et tremblant, mon regard détaillant cette misère, fasciné par ce corps immobile.

L'homme à la blouse bleue poursuivait ses interminables litanies :

— *Milà diou ! Milà diou de milà diou ! Che cou i pa malirou ** !*

Maintenant, le village se rassemblait, des femmes s'approchaient, puis subitement craintives, s'écartaient en gémissant :

— *Bon Jésu *** !*

Le Joseph osa se baisser sur le corps sans vie. Il passa la main sous le paletot de bure et fit la grimace :

— Tu l'as bien arrangé, dit-il, sévère, à l'homme de la Collange, tu l'as pas manqué. Comme ça, au moins, y te fera pas de reproches. Faut que tu restes là, t'entends ? C'est l'affaire des gendarmes, maintenant.

— *Che cou i pa malirou !* répétait le coupable.

Sur son visage gris coulaient maintenant de grosses larmes qu'activaient les reproches du Joseph, pour l'instant mandataire improvisé de la conscience universelle. Le Sugère, pour se rendre utile, tenait ferme la bride du cheval qui marquait son impatience et dispersait, en piaffant, les bouses issues de la brouette renversée.

La Cane, toujours soucieuse de ses intérêts, pensa à récupérer sa clientèle qui, pendant ce temps, ne consommait pas.

---

* Si c'est pas malheureux ! Mille Dieux de mille Dieux ! Qué que je vais faire maintenant ?
** Mille Dieux de mille Dieux ! Si c'est pas malheureux !
*** Bon Jésus !

— Y pourrait tout de même venir prendre quéque chose en attendant les gendarmes, insinua-t-elle. Faudra qu'y s'explique, c't'homme, tout à l'heure. C'est pas de rester là que ça arrangera rien.

Il se laissa mener à l'auberge et quelques-uns l'accompagnèrent. Puis, par petits groupes, les autres suivirent le mouvement. Là-bas, chez la Cane, celui de la Collange, déjà remonté par un grand verre d'« arquebuse », payait à boire à qui voulait en expliquant les choses à sa façon. Il se créait un public sympathique. Ainsi, les témoignages favorables ne lui manqueraient pas.

Depuis longtemps, le Rodde était parti chercher les gendarmes. Il ne restait plus que des gamins pour garder le corps.

J'étais stupéfait, prostré ; j'ignorais tout ce que l'on doit faire en présence d'un cadavre.

Les débats qui suivirent, les propos du médecin et des gendarmes, les explications confuses de l'homme de la Collange n'occupèrent pas longtemps mes souvenirs. Le Vieux, tel que je l'avais contemplé, étendu, abandonné sur la route, sanglant, la bouche ouverte, les yeux blancs tournés vers les peupliers... je ne devais jamais l'oublier. Il serait, à jamais, ma première image de la mort.

IV

L'OASIS DE MONTSIMON

Vers l'époque des fenaisons, le bruit courut que j'aurais très prochainement un petit compagnon... Mes parents, disait-on, avaient engagé des pourparlers mais ils hésitaient sur le choix d'un garçon ou d'une fille. Toutefois, la chose était sûre, la rumeur publique le confirmait : je ne serais plus, à bref délai, l'unique petit du Jean et de la Marie.

Nul préliminaire n'avait attiré mon attention, le changement d'aspect de ma mère m'était resté invisible. Peut-être, au fond, n'avais-je aucune des capacités d'observation que pourrait faire supposer l'abondance de mes souvenirs.

On me fit valoir l'événement prochain comme un avantage formel, ce que j'admis tant que les choses restèrent à l'état d'espérance. Je supputai, non sans plaisir, l'agrément d'avoir un petit camarade que je pourrais dominer. Ce serait une ascension d'un degré dans l'échelle sociale. Le... nouveau, serait sous mon commandement et n'aurait sur ma personne aucun de ces droits de priorité que tout le monde, sans la moindre opposition, prenait sur moi. J'aurais un inférieur aux yeux de qui je ferais briller mon expérience de la vie et ma connaissance des choses.

Un beau dimanche, conséquence des pourparlers engagés sans doute depuis longtemps, mon oncle Charles vint me chercher après la messe de neuf heures et demie.

— Ho ! Toinou, je t'emmène à Montsimon. On a besoin de toi là-haut. Faut que tu viennes nous donner un coup de main.

Ma mère rassembla un paquet de hardes que le Charles jeta sur son dos au bout d'un bâton. Joyeux, je partis vers mon nouveau destin. Je quittai sans regrets mes parents et le petit frère qui m'était promis.

Nous traversâmes allégrement la ville, faisant sonner nos sabots. Vers la croix de la Mission, ce fut la traversée du grand bois. L'odeur de résine me piqua les narines tant la chaleur la rendait puissante. Les grandes branches des pins nous assuraient heureusement une ombre bienvenue. Tout me rendait joyeux : les aiguilles sèches sur lesquelles je faisais des glissades, les tapis de mousse épaisse où j'enfouissais mon visage pour en mieux sentir la fraîcheur tandis que les grandes palmes des fougères me caressaient puis m'agaçaient les mollets. L'air bruissait de chaleur, de bourdonnements d'insectes que j'essayais de reconnaître. De temps à autre, un oiseau sifflait. Le Charles me montra le nid d'un pivert. Ce n'était qu'un petit trou bien rond, haut placé sur l'écorce d'un arbre. Plus loin, nous rejoignîmes la route et je revis Pommeyrolles avec ses maisons s'étageant sur la pente, serrées les unes contre les autres. Quelques taches d'un vert cru signalaient les pâtures où zigzaguaient des ruisseaux ; ailleurs, le gazon était déjà roussi. De-ci, de-là, des meules se dressaient encore sur les chaumes dorés. Mon compagnon tira de sa poche un morceau de cuir auquel tenaient deux ficelles.

— C'est une fronde, me dit-il ; avec ça, tu peux jeter une pierre aussi loin que tu veux. Ça pourrait même tuer un homme. Dans le temps, les hommes se battaient avec ça aussi bien qu'avec des flèches. Même qu'une fois, un gars de mon âge a tué un géant qui avait bien trois toises. Le curé te le dira quand tu iras au catéchisme.

Nous quittâmes la route pour continuer à travers bois ; mon guide me prévint que cet itinéraire pour se rendre à Montsimon n'appartenait qu'à lui. En sa qualité d'oncle, il m'accordait toutefois le droit de l'utiliser selon ma convenance quand je serais plus grand, à condition de n'en faire la révélation à qui que ce soit. Ce trajet coupait des territoires très riches en nids, et particulièrement giboyeux.

Mon compagnon tenait sa fronde prête à toute éventualité. Parmi les grands pins, nous fîmes la chasse aux écureuils et, pour la première fois, je vis les gracieux animaux à panache roux. Le Charles dirigea sur eux un tir violent mais approximatif, c'est-à-dire sans efficacité. De toute façon, ils sautaient si lestement d'un arbre à l'autre qu'ils se moquaient bien de ces projectiles.

Nous abordâmes le vallon de Montsimon par les pâtures. Au passage, je fis la connaissance d'une cousine Juliette, de Boisserolles, que je n'avais encore jamais rencontrée. C'était une forte fille aux joues pleines et violemment colorées. En gardant ses trois vaches, elle faisait des chapelets. Ses pinces d'un métal brillant tortillaient prestement le fil pris au fur et à mesure sur la couronne qu'elle portait accrochée à son tablier. Les présentations furent faites et la conversation put se poursuivre sans qu'on vît les doigts agiles marquer un temps d'arrêt.

— Qu'est-ce que tu gagnes, maintenant ? demanda le Charles. Tu es devenue bien preste, je trouve ?

— Oh, ça va, maintenant. Je peux me faire dans les huit sous par jour : mais faut pas s'amuser, je t'en réponds. Ma sœur, l'Annette, qui est encore jeune et pas bien vive, s'est fait dix-neuf sous seulement le mois dernier, juste de quoi s'acheter une paire de sabots.

Le Grand et la Grande me firent le meilleur accueil ; je fus, à vingt reprises, invité à prendre la parole pour donner des nouvelles de la ville et de la plaine.

A quatre heures, ma grand-mère me fit faire bombance. Elle visita le *charnier* * où elle choisit le meilleur saucisson. Jamais encore on ne m'avait fait tant d'honneur. Quand nous fûmes bien restaurés, grand-père se leva ; en termes aimables, il m'expliqua la nécessité du travail :

— Maintenant que nous avons bien mangé, Toinou, on va travailler et tu vas nous aider. Je te ferai ramasser quelques *pignoles* ** d'ici la nuit. On en aura besoin pour l'hiver.

* Réserve, orientée au nord, où l'on entrepose les dépouilles du cochon tué en hiver et parfois de la charcuterie.
** Pommes de pin.

Nous partîmes vers les bois d'En-Haut ; le Vieux portait une large pioche et je me drapais fièrement dans mon sac comme grand-mère dans son châle. Arrêté dans un champ en bordure du bois, grand-père me renseigna :

— C'est des pommes de terre ; il est plus que temps d'y donner un coup. Ça pousse bien par ce temps et les herbes mangeraient tout. Quand tu seras grand, tu pourras m'aider à piocher, c'est-à-dire quand tu seras assez fort pour soulever la pioche. Ce soir, tu vas ramasser des pignoles, là, à côté. C'en est tout plein. Tu es content ?

Je m'affairais sous les pins, remplissant mon tablier que j'allais ensuite vider dans mon sac. Plus souvent encore je m'arrêtais pour flâner, pour observer les insectes, qui pullulaient dans le sous-bois, et les champignons que j'écrasais ensuite à grands coups de sabot. Cela dérangeait quelquefois des fourmis qui s'échappaient de tous les côtés, mais je les laissais filer ; il y en avait trop. Je préférais suivre les vols compacts de moucherons qui m'entraînaient à l'aventure.

Grand-père vint me rejoindre. Je m'étais bien amusé et n'avais effectué qu'un petit travail. Il ne se montra ni mécontent ni même étonné.

— Eh bien, fit-il simplement, tu vois comme tu peux nous aider ? Pense donc si la vieille va être contente quand elle verra ce que tu as fait. Je vais te donner un coup de main.

Il se mit au ramassage et, cette fois, je l'aidai activement, luttant de vitesse dans la chasse que nous faisions aux pignoles éparses. Nous regagnâmes ensuite la maison. Je portais maintenant la pioche et grand-père le sac plein à ras bords.

Le Charles rentra peu après. Il me montra une bande d'écorce large comme la main et bien plus longue que ma taille :

— Attends, je vais te faire une trompette, dit-il.

Il enroula sa bande, formant ainsi une sorte d'entonnoir plus long que mon bras. Avec un soin méticuleux, il lia chaque spire à la suivante par ses épines placées à intervalles réguliers, y apportant l'application d'une couturière

confectionnant une robe de prix ; il rogna les deux extrémités avec minutie, puis il plaça au petit bout une pièce
de bois soigneusement taillée.

— Tiens, attrape, et souffle dedans, souffle fort.

Je tirai de l'appareil un son rauque et puissant qui rappelait le mugissement d'une vache. J'étais ravi !

Après une merveilleuse soupe blanchie à la fleur de lait [1],
privilège dont j'eus seul le bénéfice, le Charles m'emmena
vers le bois d'En-Haut que nous traversâmes pour descendre dans un autre vallon. Il s'en élevait une rumeur de
cris, de sons de trompe et d'accordéon, de chaudrons
violemment battus.

— C'est Boisserolles de l'autre côté, annonça mon guide.
Il y a une femme, la Mur, qui va avoir un petit alors
qu'on a enterré son homme voici bientôt deux ans. Tous
les soirs, les jeunes des villages lui font la sérénade. Ecoute
le charivari. Ça va être le moment de te servir de ta
trompette.

Nous atteignîmes un chemin menant au village, pour nous
joindre à un groupe de jeunes gens, garçons et filles, qui
faisaient un tapage infernal devant une maison hermétiquement close d'où ne filtrait aucune lumière.

J'avais parfaitement compris mon devoir : en conséquence, je m'empressai de m'en acquitter. Avec la meilleure volonté du monde, je renforçai la discordante musique
à l'aide des meuglements de ma trompe... Et, sans le savoir,
j'accroissais aussi, à pleins poumons, la peine d'une pauvre
femme humiliée par tout le pays. Sans doute, dans le coin
le plus retiré de sa chaumière, pleurait-elle de détresse,
impuissante devant la méchanceté des hommes !... Mais tout
cela, je l'ignorais.

Dans le bois, un puissant appel me glaça de terreur :

— Ho-Ho-Ho-Ho-Hooooo !

— C'est le tchavagneu, souffla mon guide.

Malgré la présence d'un défenseur parfaitement sûr, je me
mis à trembler de tous mes membres.

Au retour, je bus un grand bol de lait que grand-

1. Crème du lait.

mère m'avait préparé. Puis j'allai me coucher dans le lit du Charles, dans le coin, au-dessous de son image de Première Communion.

J'étais aussi heureux qu'on peut l'être. C'était un monde nouveau, sans cris, sans reproches, où régnait la bonté. Une société sans classes où les petits se trouvaient à leur aise.

Les jours de Montsimon étaient incomparables. Ils se succédaient, pleins et joyeux, dans un accord des choses et des êtres qui ne cessait de m'émerveiller.

L'hostilité permanente qui nous séparait des autres familles du village me touchait peu. Elle se témoignait par des attitudes, non par des actes. Chacun s'isolait sans accorder à autrui ni un salut ni même un simple regard. A longs intervalles il pouvait arriver que, sans raison bien connue, un rapprochement entraînât la formation d'un groupe de deux, rarement trois, « maisons » où, à la faveur d'une sympathie momentanée, on admît la possibilité de se rendre quelques menus services. C'était là un phénomène d'une durée précaire : les liens, peu solides, ne tardaient guère à se rompre et chacun retrouvait son isolement.

La maison du grand-père était, à elle seule, un univers clos de toutes parts, sans liens visibles avec l'humanité extérieure : une parcelle fermée de ce pays de Montsimon tellement isolé sur lui-même que le simple passage d'un étranger était un événement dont on gardait le souvenir durant des années.

Nous ne souffrions pas de cet isolement. En fait, je pensais peu à m'amuser. Grand-père avait soin de me maintenir dans un état d'activité qui absorbait tout mon temps, du lever au coucher. Les tâches se succédaient, pressantes, et je les acceptais comme autant de bonheurs. Chaque soir, grand-père m'informait que j'avais bravement gagné ma soupe, du ton d'un homme qui ne fait pas de cadeaux mais qui entend payer régulièrement ses dettes.

Je perdais la conscience douloureuse d'être inutile, sinon gênant. Ici, je n'encombrais personne et chacun prisait mes services, sollicitant mon aide à tout propos pour « un coup de main ».

C'était moi qui descendais le fourrage par l'échelle du grenier à foin sur l'aire de la grange et qui le donnais aux bêtes par le guichet pratiqué dans la cloison de l'étable. Elles le happaient voracement et l'attiraient dans la crèche en l'arrachant de mes mains, cependant que je retenais la provende autant que je pouvais pour les faire « bisquer ».

De là, je partais tenir la queue de la Bardelle qui prenait un malin plaisir à fouetter le visage de qui venait la traire. Elle était enragée cette garce-là !

Grand-mère me remplissait un bol de lait bourru que je buvais aussitôt tiré du pis de la Jasse, la vieille vache qui m'avait si longtemps nourri.

Quand grand-père allait tracer quelques sillons dans le terrain du haut de la Versin, je l'accompagnais et me plaçais derrière *l'araire* * pour recueillir les longs filets de chiendent que je groupais en tas avant de les faire brûler. L'outil traçait une rigole étroite et les vaches avançaient lentement : c'est pourquoi j'arrivais à tout ramasser. Après mon passage, la terre était si nette que le Grand pouvait dire qu'il n'avait encore jamais vu du travail aussi bien fait.

Avec le Charles, j'allais éclaircir dans le champ de raves ou faire une plantation de haricots, mais notre plus beau travail, c'était, sans conteste possible, de « lâcher l'eau » le soir, après le coucher du soleil. J'avais seul le droit de manier le crochet pour soulever la bonde qui retenait l'eau dans la *serve* **. C'était mon action qui libérait le flot bruyant dans la conduite de bois et, de là, dans la rigole où il s'échappait par les déversoirs pour couler en nappes dans le pré.

Entre-temps, j'accumulais de grands tas de pignoles que je rentrais par mes propres moyens grâce à un petit sac retaillé par grand-mère et contenant exactement la charge que je pouvais porter. Je le descendais sur mon dos, à travers les pâtures, avec de beaux gestes de portefaix et

* Charrue simple sans avant-train et sans roues.
** Petit réservoir où les animaux s'abreuvent et qui sert à l'irrigation des prés secs.

le vidais sans nul secours dans le hangar, derrière le char à quatre roues où la provision grossissait de jour en jour.

En accompagnant grand-mère lorsqu'elle allait garder les vaches à la Versin, je tombais régulièrement en arrêt devant une tranchée creusée par Charles dans l'espoir de trouver de l'eau. Arrivé à la profondeur d'une toise, le garçon s'était découragé et les choses en étaient restées là. Pendant des années, je pensai à ce trou qui se comblait de lui-même à mesure que je grandissais. Je méditais de reprendre la besogne, hanté par une vision d'eaux souterraines qui feraient de la Versin, misérable pâture à l'herbe courte et desséchée que les vaches broutaient avec dégoût, une belle prairie verdoyante et fleurie comme celles que je voyais dans les fonds.

En toutes circonstances, grand-père me traitait comme un homme, sans prétendre m'imposer le respect de sa force, de ses connaissances ou de son âge. Il m'exposait ses vues et me faisait part de ses expériences. Il écoutait avec attention mes hypothèses les moins justifiées et formulait ses objections après avoir bien compris ce que je voulais dire.

Le bon vieux me fournit les éléments d'une orientation sommaire. Quand le soleil apparaissait sur le Monthiallier, des gerbes d'or fusaient sur la petite vallée de Montsimon. Je découvris le levant. Dans la direction de la Versin, c'était le vent chaud du sud ; la bise lui était directement opposée. L'observation du couchant me fixa pour toujours sur cette grave question des points cardinaux. La nuit tombée, nous regardions les étoiles.

— Elles ont toutes des noms. Mais ceux qui les connaissent les gardent pour eux comme un secret. Toi, faudra que tu ailles dans les villes où on peut apprendre tout ça. Y aura pas de terre, pour toi. Y a rien qui te retiendra.

Et il terminait par ce conseil :

— Ce qu'on voudra pas te dire, faudra pas avoir peur de le voler. Si t'as bien dans la tête l'idée d'apprendre, le tonnerre de Dieu pourra pas t'en empêcher.

Pour bavarder avec moi, il prolongeait la veillée autour

du feu. Je le revois très précisément à cet instant : sa barbe était pleine de reflets dorés. Un jour, il me donna cette explication du télégraphe :

— Suppose un chien, dit-il, ou si c'est pas un chien, une autre bête qui serait très longue, longue comme d'ici à Arlanc. Si sa tête est ici et sa queue à Arlanc, où c'est qu'elle aboiera cette bête, quand tu marcheras sur sa queue ? Dis, où c'est ?

Je n'avais aucune peine à trouver la réponse.

Il me rappelait maintes choses que « je ferais bien d'apprendre quand je serais grand ». Sur cette question, il était intarissable : ses yeux brillaient des perspectives qui s'ouvraient à moi quand j'irais dans les villes... où mille moyens me seraient donnés, moyens qu'il n'avait jamais eus, lui qui s'était vu contraint d'apprendre à lire tout seul, dans son livre de messe.

— Ça m'a mangé le meilleur de mon temps, disait-il avec mélancolie, et comme nous on parle pas français, si par hasard je prends une fois le journal un dimanche, y a bien plus du trois quarts des mots que je peux pas comprendre. Tu vois la belle avance que tu as, si tu veux t'en servir. Tu viens juste de naître et tu en sais déjà plus long que ton grand-père !

Le pauvre homme avait l'esprit scientifique et la vie le tenait aussi loin des sources du savoir que s'il eût été perdu dans les glaces du pôle ou aux confins les plus éloignés des forêts amazoniennes. Il mourut presque illettré après avoir quêté en toute occasion, au cours de son existence, quelques bribes de cette culture réservée aux « gens d'en-haut » et obstinément refusée aux « gens d'en-bas » par une volonté implacable et une classification préétablie.

Les jours passés ensemble furent si peu nombreux qu'une année les contiendrait tous, mais leur importance fut primordiale pour moi. Par une sorte de pression continue, grand-père m'inculqua le désir violent d'atteindre à la connaissance, objet de ses propres convoitises. Et il me transmit ce désir à l'état pur, indépendant de toute considération de prestige ou de profit : savoir pour savoir.

Subitement les choses se gâtèrent. Un événement catastrophique mit fin à cette existence paisible. La Grande, en revenant du marché, me mit au courant :

— Toinou, ta mère a acheté un petit frère.

L'affaire était déjà réglée. Le petit frère s'appellerait Damien et le Grand serait son parrain. Nous partirions tous ensemble le lendemain pour la ville où viendraient nous rejoindre la tante Nanette, la tante Génie et tous les autres, chez le tonton Lassalle qui était aubergiste.

Plusieurs fois, à Montsimon, il avait été question de cette naissance. Le Charles voulait connaître mes préférences que je dédaignais de révéler.

— Elle fera à sa tête, répondais-je en parlant de ma mère. Quand j'ai envie de quelque chose, c'est toujours le contraire qui arrive !

En vérité, la question était accessoire. Ce que je désirais surtout, c'était ne plus quitter Montsimon où tout le monde appréciait mon concours ; partout ailleurs, je me sentais indésirable.

J'étais plutôt mécontent que mes parents aient acheté un autre enfant, d'autant qu'ils manquaient toujours d'argent quand le Patron, escorté du Félix et du petit Félix, venait « partager » après la Saint-Martin. C'était une nouvelle preuve de cette imprévoyance constamment dénoncée dans les vitupérations maternelles. L'affaire s'était traitée à crédit, probablement comme ces livraisons de « Vitorigo »[1] qu'il fallait payer quinze sous par mois ! Il n'y avait jamais d'argent à la maison pour acheter au comptant. Quand j'allais chez la Cane chercher du pétrole ou un paquet de tabac, il n'y avait qu'à dire : « Mettez-le sur la note » — et pendant longtemps on n'y pensait plus.

Lorsque le lendemain, de bonne heure, la Grande fit le paquet de mes hardes, mon cœur se serra et mes larmes

1. Déformation de Victor Hugo. Nom donné aux fascicules des " Misérables " vendus par les colporteurs.

coulèrent. On tenta de me faire comprendre que je devrais avoir honte d'apprécier si mal la chance d'être pourvu d'un petit frère. Tout le monde, le Charles surtout, aurait été si content d'avoir un petit compagnon... Qu'on lui en donne un à lui, le Charles, on verrait bien !

En descendant vers Germanangues, la mère du Jean Truie constata mon chagrin :

— C'est vrai, dit-elle, que les pièces de cent sous n'en valent plus que cinquante pour toi, maintenant !

Je n'avais pas songé à ce partage nécessaire de mes biens mais la Grande m'expliqua que cette misère ne valait pas d'être prise en considération.

Nous trouvâmes les tontons rassemblés chez l'oncle Lassalle. Grand-mère et Charles partis à la Masse à la rencontre du nourrisson, les hommes engagèrent la conversation en buvant du vin. Pendant ce temps, la tante Lassalle entreprit de me consoler à grands coups de grenadine, breuvage dont je constatai pour la première fois les qualités divines.

Le tonton Lassalle parla des Prussiens :

— C'est pas du mauvais monde quand on peut comprendre ce qu'ils disent, observa-t-il.

— A Saint-Privas, dit le tonton Liaude, c'est la garde prussienne qu'on a eue contre nous. C'étaient de beaux hommes et des rudes, mais ça n'a pas empêché que nous en avons fait du *gargarou* *. C'est là qu'on a su qu'on était trahis parce qu'on nous a fait reculer devant les morts. Ils étaient des mille et des cents, le ventre en l'air, et on est partis sans savoir pourquoi.

— Cette nuit-là, reprenait le tonton Lassalle, j'étais couché par terre avec un caillot de sang dans l'échine, plus grand qu'une fourme, à côté d'un cuirassier blanc [1]. On a rigolé ensemble le lendemain matin de se voir là, bien d'accord.

« On avait chargé sur les Prussiens un peu avant la tombée de la nuit, par escadrons. Moi, j'étais dans le milieu du second peloton quand on est parti, la lance pointée,

* Ragoût de chevreau.
1. Un Allemand.

hardi petit mon ami ! Les chevaux étaient enragés. Ils allongeaient de ces cous, on n'avait jamais vu ça ! On est tombé sur eux juste au moment où ils allaient démarrer contre nous et j'en ai piqué un dans l'estomac, entre les deux rangées de boutons de sa tunique blanche. Beuh ! ma lance s'est brisée en plein milieu comme une allumette. Ils avaient une cuirasse dessous, ces cochons-là, et nous on n'en savait rien.

« On leur a passé à travers et on s'est trouvé entre deux lignes avec les pistolets qui pétaient que péteras-tu de tous les côtés. J'ai voulu dégainer pour m'expliquer au sabre. On était fou... Juste à ce moment-là, j'ai reçu une balle dans les reins.

« Je me suis réveillé dans la rosée, pas plus malade que ça avec mon fromage de sang caillé dans le dos. Y avait le cuirassier blanc à côté de moi. Je pouvais le toucher de la main. Un bon moment, je l'ai cru mort. Moi, j'avais salement soif. Vingt Dieux !

« Il a bougé et puis il m'a regardé en riant. Moi j'ai rigolé aussi et il a fait des signes pour demander à manger.

« Kroutt'! Kroutt'! » y disait et y se mettait les doigts dans la gueule.

« J'avais du pain dans ma musette et je lui en ai donné. Lui, y m'a fait boire un bon coup de cric et quand on nous a portés à l'ambulance, il a fallu nous mettre ensemble sur la paille. On était si d'accord que tu aurais jamais cru que le soir d'avant ça m'aurait fait bien plaisir de lui couper le cou... On est comme ça ! »

J'ouvrais l'oreille à ces étonnants discours, non sans penser que le tonton Liaude et le tonton Lassalle semblaient les moins qualifiés pour tuer les Prussiens et en faire du gargarou. Ni l'un ni l'autre ne paraissaient capables de se mettre sérieusement en colère et c'était une chose bien étonnante que de les entendre parler ainsi de tuer du monde avec qui il semblait si facile de se mettre d'accord.

La cérémonie du baptême s'accomplit peu après. Au préalable, j'avais embrassé sans agrément mais sans vraie répugnance non plus la figure poisseuse du nouveau bébé enfoui dans une capeline bleue. Pour une fois ma mère était coiffée du bonnet rond en dentelle des paysannes aisées. Par les efforts conjugués de la grenadine et d'une adaptation rapide à un fait contre lequel je ne pouvais rien, j'avais pris mon parti et accepté la situation. Chacun eut à cœur de m'aviser que j'étais « grand » et que de graves devoirs m'attendaient.

Ce que j'ignorais encore, c'est que ce frère, j'aurais à le bercer sans répit. Finis les amusements avec le Sugère et le Jean-Marie.

Mon père se chargea de me faire comprendre que, de son temps, les garçons de mon âge gagnaient déjà leur vie dans le Forez, en gardant les dindons. Il n'arrivait jamais qu'on maintînt à l'école un gaillard de ma force pour le faire vivre comme un rentier — une bonne situation, rentier, quand on a de quoi acheter des outils... Le Vialatte de Germanangues par exemple, avait été loué pour dix sous par mois et une paire de sabots tous les trois mois. Son maître lui faisait conduire des barcelles de fumier si chargées qu'il en avait son plein corps pour les basculer... Il en pleurait de rage tellement qu'il était courageux. Il avait bien trente-cinq ans, maintenant, le Vialatte, et il n'était pas plus grand que moi. Il ne deviendrait jamais grand, tant il s'était donné de mal quand il était gamin.

La perspective ainsi présentée décourageait mon esprit d'imitation. Je craignais de devenir comme le Vialatte, un vieux, grand comme un garçon de six ans.

Des journées accablantes suivirent cet événement. La Sœur Saint-Vincent commença à m'initier aux finesses de l'arithmétique et je sus bientôt, par une soustraction correcte, de combien l'altitude du Chimborazo dépasse celle du mont Blanc. Pourtant j'ignorais ce que pouvait bien signifier une altitude ; quant à la situation exacte du Chimborazo, lorsque je la connus, j'étais depuis longtemps capable de « tomber mon homme ».

Le reste de mon temps était consacré au berceau. Le petit frère se révélait un monstre d'exigences, dont les silences mêmes étaient autant de pièges calculés pour me valoir une correction, sanction de quelque abandon momentané.

Le soir, après l'école, et pendant toute la durée d'interminables dimanches, je montais la garde près de son berceau. Mes rencontres avec la Marinou se bornaient maintenant au trajet, qui me paraissait bien court, du village à l'école. Nul jeu, nulle possibilité de courir ou de crier, par ces beaux soirs d'été où les chars de foin entraient en grinçant dans la grange. Défense absolue d'aller m'ébattre au creux des tas moelleux que la manutention du fourrage accumulait sur l'aire, matelas épais sur lequel on pouvait se laisser tomber en goûtant une étourdissante sensation de vide.

Et pour ajouter aux malheurs de cette série de malheurs, le lait m'était désormais interdit. La précieuse boisson, dont j'avais fait jusqu'alors mon aliment principal, m'était refusée parce que j'étais « grand ». Aucune goutte ne pouvait plus être distraite de la vente. Une convoitise ardente m'attirait autour des seaux pleins du liquide « bourru » que ma mère tamisait sous mes yeux, détruisant une mousse précieuse à jamais perdue. Il m'arriva d'en voler un verre que j'absorbai gloutonnement, non sans laisser sur mon tablier noir des traces malheureusement trop visibles. Pour ma honte, mon père me fit admettre, en public, que j'étais un sacré gourmand. Je fus passé au chapeau.

Traire une dizaine de vaches deux fois par jour, porter le lait en ville, faire tout le ménage d'une ferme et allaiter un bébé, cela peut être considéré comme un travail suffisant pour une petite femme de quarante kilos. Mes parents ne furent pas de cet avis et ma mère chercha un second nourrisson qui porterait jusqu'aux extrêmes limites l'exploitation de son corps.

Celui qui fut présenté — grand marmot aux yeux cernés d'apparence malingre — était issu d'un charron de la ville. J'eus ainsi la charge de deux berceaux. Le nouveau venu fit preuve d'un caractère difficile et nous imposa trois nuits blanches, après quoi des plaies bizarres firent leur apparition sur son maigre corps. Ma mère s'effraya. Le médecin, M. Level, prononça de graves paroles :

— Ce pauvre petit ne vivra pas, dit-il, et vous vous ferez tous empoisonner. Il faut le rendre à sa mère et le plus tôt sera le mieux.

Il examina le sein de ma mère, la bouche de Damien et prescrivit quelques médicaments. Il rassura la nourrice qui pleurait sur le sort du « pauvre petit ange », sans trop de conviction d'ailleurs. Enfin, bien empaqueté, le bébé fut renvoyé dans son foyer où il mourut deux jours plus tard.

Quelques semaines après l'enterrement, la petite Marthe, dernière née de l'épicier en gros, vint prendre sa place dans le second berceau ; elle témoigna d'une belle santé. La chambre vibrait de cris : quand l'un était fatigué de donner de la voix et s'arrêtait pour reprendre des forces, l'autre se mettait à hurler. Ma mère montait l'escalier quatre à quatre et me tombait dessus, lèvres pincées :

— *Bon sang ! Que fajis tü in cou petït pê lou far cridä coumà cô* * ?

Elle ne repartait qu'après les avoir calmés.

Je berçais sans cesse, les deux mains occupées. D'un mouvement mécanique, je lançais mes bras de part et d'autre et les ramenais, las jusqu'à la nausée, le regard fixé sur les six carreaux de la fenêtre maculés de chiures de mouches, vivant les états d'âme supposés d'un forçat aux galères. Les coups de baguette de la Sœur Saint-Vincent, depuis longtemps passés à l'état d'habitude, ne méritaient plus qu'une attention restreinte devant l'épouvantable servitude qui m'attendait dans la chambre aux deux berceaux. J'en souffrais jour et nuit, même avec la Marinou, et jusque dans mon sommeil que hantaient de pénibles cauchemars.

Le retour de l'école n'était plus qu'un trajet trop court que je devais accomplir sans flâner. Comptable de chaque minute après la demie de quatre heures, je passais sans m'arrêter le long du ruisseau où le Sugère et le Jean-Marie tentaient

---

* Bon sang ! Qu'est-ce que tu leur fais à ces petits pour les faire crier comme ça !

la capture d'un véron ou s'exerçaient à la cible sur un cul de bouteille, près de la décharge voisine.

Plus de rêveries sous le pont, à observer le trou mystérieux, orifice d'un tuyau de poterie venant on ne sait d'où, probablement des profondeurs terrestres où vivaient les lutins.

Et voilà que, de surcroît, ce furent les vacances. Ma réclusion, jusque-là partiellement interrompue par les allers et retours à l'école, devint totale. L'esprit vide, je sombrai dans une torpeur morne. Jours et nuits se succédaient. Les cris des nourrissons n'atteignaient mes oreilles que pour animer d'un réflexe le double mouvement berceur de mes bras. Enfin, la captivité, devenue habitude, cessa d'être une souffrance. L'imagination s'engourdit et un long temps passa, sans laisser l'ombre d'un souvenir.

V

LES FRERES QUAT'BRAS

De l'autre côté du ruisseau de la Masse s'élevait le bâtiment neuf de l'école des Frères qui masquait à nos regards une partie de la ville. Là, on daigna s'occuper de moi. Quelques jours avant la rentrée d'octobre, le Frère Larion, le sous-directeur, nous rendit visite. Il me tapota le menton et vanta l'excellence d'un enseignement qui me procurerait à la fois les biens de la terre et les bénédictions du ciel. Cette double perspective n'avait rien de contradictoire, ni pour moi ni pour les miens. Une même expérience nous avait convaincus que les saints personnages étaient, en général, remarquablement nourris.

— Vous n'aurez rien à payer, déclara le Frère Larion. Le petit sera gardé, si vous voulez, depuis six heures du matin jusqu'à sept heures du soir. Mlle Crapotte, notre bienfaitrice, paie trois francs par mois pour chacun des élèves qui suivent les études.

Il développa une magnifique perspective : dix années d'enseignement, à raison de onze heures par jour, aboutissant au Brevet élémentaire, ce diplôme représentant lui-même le point de départ d'une vie en paletot dans les bureaux de la fabrique de chapelets ou derrière le comptoir des gros marchands de la ville.

Une telle affaire proposée à mes parents était déjà conclue. On parla de crédit et le Frère Larion accorda trois mois pour le paiement des fournitures scolaires. A la suite de quoi je fus livré à l'éducation des Frères.

89

Selon moi, c'était une promotion. A la servitude des berceaux je préférais celle de l'école où je me trouverais en collectivité avec mes semblables. Mon enthousiasme ressemblait sans doute à celui d'un condamné appelé à quitter le cachot pour le bagne en commun. Malgré la chiourme, on peut mener un semblant de vie : nouer des combinaisons, monter des intrigues, entretenir de menues espérances sans lesquelles le monde ne serait qu'un tombeau.

Je fus l'un des plus jeunes de la quatrième classe qui comptait une soixantaine d'élèves de six à douze ans. Le Redon, grand garçon dépenaillé dont la blouse fermait sur le devant par trois boutons de culotte, se déclara mon camarade et m'isola au bout d'une longue table dans le fond de la salle.

Dès notre installation, le Frère récita la prière du matin et, en chœur, nous bredouillâmes les répons que nous savions tous. Après cet exercice suivi d'un interminable chapelet, nous eûmes à nous présenter à la procure, par groupes de cinq ou six, pour l'acquisition des livres et fournitures. A quelques exceptions près, cette opération se faisait à crédit.

C'est ici que, pour la première fois, je saisis la différence effective qui sépare un paiement de la promesse de paiement. Les acheteurs à crédit s'empressèrent de négocier au comptant une partie de leurs achats que les possesseurs de numéraire acquirent au rabais, se ménageant ainsi une commission de cinquante pour cent qui ne regardait pas les parents.

Je compris le profit de l'opération et liquidai, contre espèces, diverses fournitures reçues des mains du Frère Larion qui les avait précieusement notées sur une feuille maintenue par quatre punaises. Mon cahier d'écriture et celui de calcul furent cédés pour un sou, en un seul lot ; pour six sous, j'abandonnai mon catéchisme dont le prix nominatif était de quatorze. Cette baisse illicite fut immédiatement punie par de nombreux coups de pied au cul, que les vendeurs à sept sous d'une marchandise équivalente me prodiguèrent sans ménagement.

Nanti d'une somme considérable, j'aurais pu attendre la

sortie et me payer un lot de friandises, réalisant d'un seul coup mes rêves les plus fous. J'entrevis la possession imminente d'une pipe en sucre, d'un cigare en chocolat et d'un assortiment remarquable de bonbons anglais. Je consacrerais deux sous à l'achat de fusées chez le Suisse qui en donnait quatre pour un sou.

Mais l'abondance pousse au gaspillage. Dès la récréation de neuf heures, les élèves des grandes classes s'improvisèrent marchands de billes. J'eus incontinent le désir d'en acheter et de risquer ma chance aux jeux organisés dans tous les coins de la cour. J'acquis d'abord, pour un sou, un lot de dix que je perdis en deux minutes en jouant à la « quante quante » : un grand tenait dans sa main un certain nombre de billes qu'il s'agissait de deviner pour gagner. En cas d'erreur on payait la différence.

Je découvris à ces jeux d'argent une sensation nouvelle et je m'y engageai à fond. Sou par sou, à l'exclusion d'un seul, je consacrai ma fortune à l'achat de billes que je perdis toutes.

A midi, avec le sou qui me restait, j'achetai chez la Cane un bâton de « sucre noir » parfumé à la réglisse, que je substituai au manche en bois rouge de mon porte-plume.

Pendant tout un après-midi je goûtai le bonheur de m'emplir la bouche d'une salive parfumée à la réglisse, non sans me maculer le visage jusqu'aux oreilles inclusivement ; plusieurs de mes camarades présentaient à la fin de ce jour un visage semblablement barbouillé et, pas plus que moi-même, la fontaine qui dans la cour nous prodiguait son eau courante ne les incita à se laver : ces taches poisseuses étaient le signe honorable et précieux de la richesse.

Je possédais six livres dont l'un, celui de lecture, me parut énorme. J'en étais fier mais l'absence de toute gravure me déçut. Ce livre de lecture, *Les Devoirs du chrétien,* était bien le plus odieux que l'on pût mettre entre les mains d'un enfant de six ans. Histoire et géographie étaient du même caractère et défiaient toute compréhension.

Le temps d'école était en grande partie consacré aux *Devoirs du chrétien.* Toute la classe, psalmodiant sur deux notes, épelait ces tristes devoirs selon une cadence réglée. L'exercice se poursuivait pendant des heures. Tantôt je tombais dans un état de demi-sommeil, tantôt je glissais dans l'abrutissement complet, murmurant des syllabes ajoutées les unes aux autres, qui traitaient d'atrocités commises par de « farouches sectateurs d'Eutychès », ou de quelque pratique dévote du saint Roi Canut [1].

L'étude du soir qui se poursuivait jusqu'à sept heures présentait un certain intérêt. Les élèves les plus âgés s'appliquaient à la caricature dont les Frères fournissaient le thème le plus fréquent. Sur les pages des cahiers s'étalaient des « bonshommes », reconnaissables à leur bavette ou à leurs « quat' bras », qui étaient pour nous le caractère spécifique de ces êtres supérieurs. Les plus hardis ornaient leurs portraits de sexes monumentaux. Je dois reconnaître que cette partie de l'œuvre était dessinée d'un trait sûr et dénotait une bonne connaissance de l'anatomie masculine. Je ne m'y essayais point, tenant ce genre d'amusement pour le plus damnable des sacrilèges.

Le Frère de la quatrième portait le nom de P'tit Louis, pour marquer ses ressemblances — physique et spirituelle — avec un idiot de la ville, célèbre par ses fantaisies. C'étaient les mêmes yeux bleus au regard sans vie, la même bouche, découvrant en un sourire imbécile de grosses dents irrégulièrement plantées. On le déclarait « pas fin », ce qui ne me gênait guère. On le reconnaissait « pas méchant », ce qui était fort appréciable.

En fait, il nous châtiait souvent, à contretemps, et toujours avec mollesse. De cela surtout, je me trouvais bien. Le pire dans cette classe était décidément mon voisin, le Redon. Son accoutrement, sa laideur, son odeur, ses gestes m'écœuraient. La seule vue des trois boutons de sa blouse me faisait frémir dès que je les apercevais à longue distance. Je pris là, sans doute, cette horreur maladive que j'ai toujours eue des boutons — faiblesse inavouable sauf à mes amis.

Dès le premier jour, il entreprit de faire mon éducation :

1. Déformation de Knud le Saint, roi de Danemark au XIe siècle. Défenseur du christianisme, il fut massacré dans l'église d'Odense. Il est le Patron du Danemark.

— Je parie que tu sais même pas comment viennent les petits ?

— *Dè* *, si, si que je le sais, tiens. C'est Mme Eyrolles, la « Coucheuse » qui les apporte. La preuve, c'est que nous on en a acheté un, le Damien qu'on l'appelle. On a même donné beaucoup d'argent pour l'avoir.

Le Redon se mit à sauter sur son banc en se soulevant sur les deux mains, les genoux à hauteur du menton. Il ricana :

— Oh là là, bougre de « trop bête par ta faute », on t'a fait croire ça ! Mais c'est les femmes qui les font, les petits. J'ai vu ma mère quand c'est qu'elle a fait mon frère, le Féli. J'étais tout seul avec pour y faire boire de l'eau pisque mon père était saoul et qu'y s'était endormi dans le pré du Cotillon. Pis, si ça les fait gueuler quand elles les font... oh alors !...

J'étais outré. De tels propos m'étaient insupportables. D'un geste appris de la Marinou, je me portai les deux mains aux oreilles. Le Redon entreprit d'exploiter cette pudeur. Ses paroles me parvenaient quand même, noyées dans une haleine empoisonnée.

— Je te dis que c'est vrai ! J'en fais la croix — croix de bois et croix de fer, si c'est pas vrai j'irai en enfer. Le soir que la Rossary a fait le sien, j'ai été écouter derrière la fenêtre et, en montant sur le rebord, je l'ai vue. C'est comme ça qu'y viennent, les petits.

Je suffoquais, le visage cramoisi.

— Elles les chient, appuya le Redon en ricanant. Elles les chient comme tu fais quand t'as une merde dans le ventre. C'est pas l'Eyrolles qui t'a apporté ton frère, c'est ta mère qui l'a chié — et pis, toi aussi, elle t'a chié.

Parodiant, sans le savoir, l'orpheline de Picpus, je pensai fournir la preuve du contraire.

— Menteur ! C'est pas vrai, pisque quand je suis né à Montsimon, ma mère n'était pas là. Elle était à « Yon » [1] en nourrice, là !

---

* Dè ou tè, interjection équivalant à " pardi ".
1. Déformation de Lyon.

— Oh, le con ! Ce que tu l'es, con, acheva le Redon. Ecoute...

En voulant le fuir, je perdis ma position d'équilibre à l'extrémité du banc où me chassait le désir d'éviter son contact. P'tit Louis s'inquiéta de ce bruit inusité et nous mit l'un et l'autre en pénitence : le Redon devant le tableau noir et moi devant la grande carte de France.

Les devoirs comportaient des leçons à apprendre et des exercices de grammaire et de calcul. Leur inexécution entraînait des pénalités allant du double au triple de la tâche négligée, mais cette menace était annihilée par des considérations fort justes qu'il convient de préciser.

La durée des récréations, prises dans leur ensemble, était inférieure à celle des études. Il y avait donc un bénéfice net à employer selon le jeu d'une agréable fantaisie les heures dévolues à l'étude, puisque les retenues ne pouvaient excéder la durée des récréations.

D'autre part, quand venait l'heure de la sortie, P'tit Louis manifestait peu d'empressement à monter la garde dans une classe dont la moitié de l'effectif restait consigné. Il nous abandonnait pour s'intéresser à quelque jeu extérieur et nous avions toute latitude pour organiser des distractions où le mobilier scolaire jouait un rôle important. La faculté de ne rien faire dont nous jouissions pendant l'étude se trouvait simplement renforcée par l'absence de surveillance.

Si tous les élèves avaient été contraints de rester à l'étude comme je l'étais moi-même, la totalité de la classe aurait tiré le même parti d'un raisonnement que nous étions sans doute peu capables d'exprimer et dont nous appliquions cependant toutes les conséquences. Fort heureusement pour la bonne marche de l'école, une majorité de parents n'avait pas confiance en l'efficacité de ce régime. Instruites par ouï-dire sinon par une expérience personnelle, les familles gardaient l'enfant, et la mère — si elle possédait quelques rudiments d'instruction — veillait à l'exécution des devoirs. Cette combinaison était inapplicable dans de nombreux foyers. Souvent, la mère avait à fournir quinze heures de travail en faisant des lessives ou le ménage des bourgeois de la ville, outre le sien. Souvent, et le cas n'était pas rare, elle ne savait ni lire ni écrire et, l'eût-elle voulu, se trouvait incapable d'intervenir en quoi que ce fût dans la bonne tenue des cahiers.

Je n'eus plus guère à m'occuper des berceaux. Janie, la petite cousine de Boisserolles, avait été prise en louage pour me remplacer, le temps que j'aurais à subir l'éducation des Frères. Rien donc ne devait plus empêcher que je sois « poussé » et que j'atteigne ces hautes destinées dont rêvaient sans doute mes parents.

Dès cinq heures du matin, mon père me tirait du lit où je dormais près de la Janie. Sans nulle toilette préalable, je m'habillais, tout larmoyant. Après une soupe avalée sans appétit — une queue de poireau, quelques pommes de terre et une cuillerée de saindoux en faisaient toute la dépense —, je me dirigeais vers la maison du Sugère qui, cent mètres plus bas, marquait la première étape de cette route sans joie.

Ensommeillés, nous partions ensemble dans la nuit, guidés vers l'école par les seize fenêtres faiblement éclairées du dortoir. Le trajet n'était pas long. Il suffisait d'une marche de vingt minutes, sans allonger le pas, pour en venir à bout. Et cependant, quel tourment par les grands froids, lorsque la bise remontait la vallée de la Dore, soufflant une fine poussière de neige ! Nous allions toujours sans manteau, sans lainages, torturés par le froid, comme nos parents avant nous, dans un monde où les pauvres, disait-on, devaient surtout apprendre à souffrir.

Nous marchions d'un même pas dans la neige craquante, bientôt arrêtés par la nécessité de vider nos sabots qui se feutraient promptement d'une garniture de glace fondante. Le Sugère, qui possédait un couteau solidement fixé à la ceinture par une chaîne d'acier, opérait avec diligence le curetage indispensable de nos quatre chaussures. Pendant cette opération, je dansais sur mes pieds déchaussés, parfaitement averti que la neige durcie par le gel serait moins cruelle à mes extrémités que le bloc glacé qui m'enrobait les orteils.

Mais, quel que fût le temps, tout le monde se levait tôt, autour de nous. Le lait devait être livré de bonne heure et un tas d'obligations préalables accomplies auprès des animaux. Ainsi, quelque pénible que fût pour moi ce réveil matinal, il ne se doublait pas d'un sentiment d'injustice, qui est le complément nécessaire des grands maux. Mon père sortait aussi sans tricot. Son père l'avait ainsi dressé, sinon à ne jamais souffrir du froid, du moins à n'en rien laisser voir.

C'est vers cette époque qu'un instinct d'imitation bien propre à faire honneur à ma première éducatrice, la Sœur Saint-Vincent, me poussa à rechercher un souffre-douleur. Le Jean Mouhet, de Bunangues, qui devait faire une heure et demie de route matin et soir pour aller à l'école, était une douce nature, capable de recevoir, sans tenter de les rendre, tous les coups que tout un chacun voulait bien lui donner.

Pendant quelque temps, je goûtai un plaisir voluptueux à faire souffrir le pauvre garçon, à le gifler sans raison, à lui tracasser le bout des doigts à coups de règle. Pour me livrer à cet exercice en toute tranquillité, je l'accompagnais pendant un kilomètre ou deux en le faisant pleurer abondamment.

Quelquefois, je me faisais accompagner du Sugère, avec qui, sur toutes les questions, je m'entendais parfaitement.

— *Lü vam tïrä tapau d'aigà qu'io à dien là têtà * !*
— *Lü vam far versä d'oilà pê lou rô ** !*

C'était tout ce qu'un monde brutal nous avait enseigné : se moquer de la souffrance lorsqu'elle n'était pas la nôtre.

Ce goût, toutefois, ne dura guère. Même dans la pratique de la méchanceté, nous manquions de suite dans les idées...

Après quelques semaines, nous fûmes lassés des pleurs du Jean Mouhet et nos efforts pour découvrir un autre sujet eurent de piètres résultats.

---

* On va lui tirer un peu de l'eau qu'il a dans la tête !
** On va lui faire verser de l'huile pour les rats !

L'air doux du Pierre Bède nous trompa cruellement et nous dégoûta de rechercher de nouvelles victimes. Le jour où nous décidâmes de l'accompagner pour le battre, sur la route de Ribbe, fut un jour sans gloire. Le Pierre bondit sur un tas de silex cassés à l'anneau de six [1], qui se trouvait par hasard sur le bord de la route et engagea contre nous un combat sans merci. Le gaillard tirait bien et sa détente du coude témoignait d'un entraînement fort poussé. Nous prîmes la fuite, poursuivis par des projectiles aux arêtes vives qui nous frôlaient avec un sifflement plein de menaces.

— Ben alors, dit piteusement le Sugère, si c'est à çui-là qu'on veut tirer l'eau de la tête, merde alors !

Cette honteuse déconfiture mit un terme à des tentatives qui perdaient par trop leur caractère divertissant.

Le Sugère trouvait plaisir à exciter l'esprit de compétition entre le Jean-Marie et moi qui étions de même taille. Egalement vigoureux et combatifs, nous étions toujours prêts à engager une lutte dont les résultats n'étaient jamais décisifs. D'un simple doute, exprimé sans apparence de malice, le Sugère amorçait le conflit et, sur un défi, nous nous jetions l'un sur l'autre pour nous battre jusqu'à épuisement.

Souvent, des arbitres beaucoup plus âgés intervenaient dans l'affaire et motivaient leurs appréciations sur les qualités respectives des combattants. C'est ainsi que, de très bonne heure, je sus discerner sur le corps de mes semblables les parties délicates particulièrement vulnérables, les centres privilégiés où l'on peut, avec talent et fruit, provoquer la douleur.

Le jeudi, après une courte étude, nous allions à la messe de sept heures et la matinée s'achevait dans la salle de la troisième sous la surveillance du Frère Gérard qu'un état chronique d'énervement faisait surnommer « Le Tragique ». Tantôt l'un, tantôt l'autre, se dévouait avec plus ou moins

---

1. Tamis (aux mailles de 6 cm. de diamètre) qui sert au criblage des pierres à la sortie du broyeur.

de malignité pour lui faire « piquer une crise ». Quittant alors son bureau, le Tragique se préparait à une distribution de calottes. Le spectacle devenait intéressant quand il s'attaquait à un crâne endurci ou habile à s'abriter derrière l'écran de bras protecteurs.

Hurlant des invectives, le Frère se meurtrissait les mains sur une ossature aussi résistante que le granite du terroir. Il tentait vainement la prise d'une oreille ou l'extraction de quelque touffe de cheveux. C'était là un exploit rarement possible, car nos mères nous tondaient fréquemment pour lutter contre une vermine pullulante. Enfin, hors de lui, trempé de sueur, le Tragique regagnait son bureau, épuisé, vaincu !

Celui de mes camarades qui avait été la victime pleurait sans larmes, exhalait des plaintes bruyantes où, parmi des sanglots très bien imités, on distinguait le mot « assassin ». Lentement, le brimé reprenait des forces dans un état d'irritation que nous savions prolonger par des attitudes goguenardes.

Le dimanche, les exercices débutaient à huit heures trente par un commentaire de l'Evangile. Cela me permettait un réveil tardif, un semblant de grasse matinée, que je prisais fort. Ensuite, messe, vêpres, promenade. Une dernière étude poursuivie jusqu'à sept heures terminait cette journée.

Le fait principal en était une interminable grand-messe à laquelle nous assistions de l'arrière-chœur, alignés sur des bancs. Près de nous, le Magne, du Piry, venait s'installer, heureux de rencontrer un peu de véritable sympathie auprès des enfants.

Il était vêtu de débris de vieux sacs fatigués d'avoir transporté des grains, de la farine ou des pommes de terre ; maladroitement assemblés, ils ménageaient des brèches inattendues révélant un pauvre vieux ventre, une poitrine fatiguée piquetée de longs poils blancs.

L'homme progressait d'une manière cocasse, pleine d'originalité. Les genoux soudés ensemble réunissaient en une sorte de composition en X les membres inférieurs. Il se déplaçait par une série de demi-rotations en s'aidant de deux bâtons, tournant sur un pied afin de transporter l'autre à une distance réglée par une ankylose définitive. Après avoir trouvé un appui convenable, la partie mobilisée se fixait et devenait pivot autour duquel le reste du corps réalisait une progression calculée par un ultime et laborieux travail des hanches et des épaules. A chaque pas, l'homme semblait faire le geste de rejeter loin de lui son insupportable fardeau de misère.

La maladie lui avait tout pris : le bien qu'il avait reçu de ses pères, sa femme, ses enfants. Dans une face ravinée, sous le front haché de rides, luisaient des yeux gris, très doux, et qui semblaient toujours mendier un peu d'affection. Lorsqu'un enfant lui paraissait suffisamment démuni, il se risquait timidement à lui offrir un morceau de sucre qu'il extrayait de ses guenilles au prix de mille peines.

Pleins de compassion, nous l'entendions venir de loin. Le bruit caractéristique de ses sabots se percevait dès qu'il avait franchi le tambour de la porte de l'église. On suivait les mouvements de son corps cherchant son équilibre devant le bénitier, son cheminement derrière les colonnes gothiques et la difficile escalade des trois marches qu'il devait gravir pour atteindre les bancs de l'école des Frères.

La misère du pays d'Ambert n'avait rien à envier à celle des pays les plus déshérités, mais il était malséant d'en parler dans les livres et les journaux français. La France et sa vie sociale étaient entre les mains d'une bourgeoisie éclairée, consciente de ses devoirs et, partant, disposée à prendre en considération l'extrême misère, mais non à en permettre la dénonciation dans le pays même dont elle se voulait responsable.

Pendant ce temps, je faisais en classe l'acquisition involontaire de notions littérales sur l'histoire de France, l'histoire sainte et la géographie. Un examen trimestriel où les Frères des classes supérieures apparurent en qualité d'examinateurs en fournit la preuve. Je fus proclamé lauréat, causant à P'tit Louis un étonnement indicible. A l'annonce de la nouvelle, ses traits perdirent leur caractère habituel d'imbécillité pour s'élever jusqu'à l'idiotie. Et pendant les vacances du premier de l'an, mon nom figura, inscrit à la craie bleue sur le tableau noir, dans un cadre festonné ayant exigé l'emploi de six couleurs différentes.

Mon étonnement n'était pas moindre que celui de P'tit Louis. De ses leçons jamais apprises, que quelques élèves cependant récitaient régulièrement, j'avais retenu plus que quiconque. Mon père, informé par un livret scolaire qui me classait régulièrement parmi les derniers à chaque fin de semaine, crut toutefois ne point devoir marquer de surprise :

— Bien sûr. Tu apprends ce que tu veux mais tu es tellement feignant que c'est sans le faire exprès. Ça t'entre dans les oreilles et tu le gardes, voilà tout.

J'étais ravi de cette explication. Doté d'un tel privilège, je n'avais plus qu'à me laisser vivre.

Etre malade fut bien mon désir le plus tenace et le moins réalisable. Nourri exclusivement de soupe et de légumes, j'étais à l'abri des maux de tête ou d'entrailles résultant de digestions difficiles.

L'hiver, je toussais éperdument, mais ce n'était là qu'un fait normal, une réaction naturelle devant un état de choses contre lequel il n'y avait pas à lutter. Nous toussions lorsqu'il faisait froid, tous en chœur, par longues quintes, durant des nuits entières, simplement, comme on sue lorsqu'il fait trop chaud.

L'état de maladie me paraissait infiniment désirable. Le traitement essentiel comportait un long séjour au lit, à fainéanter, sans inquiétude quant aux suites, à boire des tisanes fortement sucrées si, par hasard, on avait assez de chance pour mettre le médecin dans l'affaire.

Quelquefois il m'arrivait, après un réveil particulièrement atroce, de proférer d'une voix dolente :

— *Ieu sei malaute** ! *

Ma mère accourait et me rappelait le traitement à suivre en pareil cas :

— *Che sis malaute, lévà là paute** ! *

---

* Je suis malade !
** Si tu es malade, lève la patte !

Si la rime de ce dialogue était riche, les résultats l'étaient moins. J'étais tiré du lit sans ménagements et planté sur mes jambes. Il ne fallait pas que je tarde trop à trouver mon équilibre, car une paire de calottes bien appuyées se chargeait de compléter le réveil.

— C'est ça ! On va maintenant s'amuser à écouter tes grimaces !

La question de toilette se posait seulement le dimanche : les jours ordinaires, rien n'était prévu. Les seaux en fer blanc étaient juste suffisants pour la traite des vaches et utilisés dès la première heure à cette tâche plus noble que celle de se laver.

Le dimanche, en revanche, le grand saladier de terre brune était débarrassé des restes alimentaires mis en réserve. Chacun pouvait en disposer, sur un banc, dans la petite étable où la présence de quatre vaches faisait régner une agréable chaleur. Ma mère exigeait l'accomplissement de ce rite et tout le monde y passait, de gré ou de force.

Mon entrée à l'école des Frères avait consacré ma rupture avec la Marinou.

Cette année-là, vers la Saint-Martin, son père le maçon émigra vers l'autre bout de la ville, du côté de l'hospice. Je ne revis plus ma petite amie que de loin en loin. Bientôt, je ne la saluai plus qu'en rougissant.

Devenant jeune fille, elle s'affinait, cependant que je restais gamin et glissais avec les miens vers une misère croissante. Les végétations adénoïdes m'enlaidissaient d'année en année, aplatissant mes narines qui, enflammées chaque hiver, s'affligeaient d'un suintement chronique.

La Marinou entra alors comme apprentie chez une modiste ; elle embellissait de jour en jour ; elle avait de la grâce. Tous les gandins lui firent la cour. Enfin, elle quitta la ville et je ne sus plus rien de celle qui fut mon premier rayon de soleil.

Heureusement il y avait ma cousine, la Janie. Elle s'occupait des nourrissons. Par des pesées convenablement rythmées de l'un et de l'autre pied, elle entretenait le mouvement balancé des berceaux. Pendant ce temps, une paire de fines pinces d'acier tenue dans sa main droite tortillait lestement le bout d'un fil de laiton enroulé en couronne autour de son bras gauche. Les maillons se succédaient à vive allure, interrompus à intervalles réguliers pour la mise en place d'un « Pater » ou d'un « Ave » sur le chapelet.

Elle répondait aux questions, sans ironie, sans malice, sans lever les yeux, toute à ce chapelet qu'elle récitait pieusement au fur et à mesure qu'elle le fabriquait.

Après la soupe du soir, j'allais lui tenir compagnie et lui racontais des histoires dans lesquelles je jouais un rôle toujours brillant. Reproduisant des dialogues où mes réparties prouvaient un esprit délié et plein d'à-propos, je tenais, en des conflits divers, le rôle d'un Lagardère courageux et vainqueur.

La nuit, nous dormions ensemble en parfait accord. La Janie, déjà petite femme, ne voyait pas d'inconvénient à ce que je me blotisse contre elle pour me sentir au chaud, cramponné des deux mains à sa chemise de grosse toile, plongeant le nez dans son énorme natte de cheveux roux aux senteurs poivrées. Fort pudiques l'un et l'autre, nous prenions soin, avant de nous rapprocher, de procéder à un enveloppage scrupuleux de nos parties honteuses qui devaient être protégées de tout contact, fût-il inconscient ou accidentel.

Si, au cœur de l'hiver, je me réveillais dans le froid qui piquait mes mains brûlées par les engelures, la Janie me prêtait sa chaleur et je la faisais frissonner en appliquant sur ses « tétous » mes extrémités gelées. Elle me laissait faire, maternelle, s'assurait simplement d'une équitable répartition des couvertures et nous reprenions le somme provisoirement interrompu. Je rêvais d'aventures et elle, sans doute, d'une vie paisible avec des gamins bruyants, barbouillés et gros mangeurs de soupe.

Quelquefois, je manquais l'étude matinale pour escorter la Janie chargée de mener quelque bête au mâle. Si c'était une vache, le trajet s'accomplissait sans incident. On la conduisait à Migneval, chez le Glaude, le fermier de

M. Verge, le notaire. Le garçon du Glaude plaçait l'animal dans un cadre en charpente autour duquel venait renifler un taureau trapu, au poil frisé, dangereusement écorné. Après avoir un peu réfléchi, ce dernier chevauchait notre bétail et le gars veillait à l'introduction d'une longue tige colorée en rouge qui me faisait penser à une carotte. Ce faisant, le gars du Glaude jetait à la Janie des regards malicieux qui la faisaient rougir.

Si c'était une truie, le voyage était plein de péripéties. Retenu par une corde attachée à l'une des pattes de derrière, l'animal nous menait à droite et à gauche, faisant subitement demi-tour et n'avançant dans la bonne direction qu'au prix de nombreux coups de badine.

Quelquefois la Janie calmait mon zèle :

— Laisse-la pisser, Toinou. Ça fait du mal aux bêtes quand on les empêche.

Comprenant les choses, le regard attentif pointé sous la queue en vrille, je surveillais l'événement. Nulle relation ne s'établissait en moi entre ces faits et les abominations proférées par le Redon à propos de notre naissance. Quelle analogie pouvait s'établir entre ces animaux et l'humanité aux prêtres couverts de dorures, l'humanité faite à l'image de Dieu ?

C'est pourquoi, en toute innocence, je pouvais m'amuser à des jeux puissamment suggestifs avec Jean-Marie et le Sugère. C'est là ce que ne comprit point la Crapotte, vieille fille de la ville, très dévote et très riche, bienfaitrice de l'école des Frères. Elle avait donné beaucoup d'argent pour construire les bâtiments lorsque les « Flamaçons » [1] avaient chassé les Frères de l'école communale. Elle donnait encore trois francs par mois et par élève pour payer nos études. Il y avait de quoi la recommander à nos sentiments de vénération.

Un jour, se promenant du côté du ruisseau de la Masse, avec sa petite chienne, la Lisette, la Crapotte tomba en arrêt devant notre groupe jouant aux « chiens collés ». Ce jeu était à notre mesure : il ne comportait pas d'acces-

1. Francs-maçons.

soires et occupait trois partenaires. Le Jean-Marie et moi, unis par les pans de nos tabliers attachés ensemble à grand renfort de ficelle, nous reconstituions à la perfection les difficultés de deux malheureux toutous, tels que nous les avions vus accouplés pour des raisons que nous ne comprenions assurément pas. Le Sugère intervenait dans la partie en donnant de grands coups de bâton sur la zone de jonction cependant que notre duo, les yeux levés au ciel, poussait des hurlements de détresse fort bien imités.

La Crapotte, qui nous observait à quelque distance, trouva d'une rare indécence ce jeu que nous avions organisé sans une ombre de perversité. Responsable d'une éducation qu'elle payait de ses deniers, elle ne pouvait supporter un tel spectacle. Elle tomba sur nous à coups de parapluie en vociférant des injures. Le Sugère en profita pour prendre le large.

— Petits voyous ! Petites ordures ! glapissait la vieille, accompagnant ses paroles de bourrades furieuses. J'ai donné des mille et des mille pour vous faire élever dans la crainte de Dieu. Qui donc vous apprend des saletés pareilles ? Je vais vous battre jusqu'à ce que je le sache ! Oh ! les misérables !

Nous aurions bien voulu dénoncer quelqu'un. Elèves d'une école chrétienne, nous n'avions pas, pour la délation, cette horreur qui est la noblesse des gens mal élevés. Mais le Jean-Marie n'était pas fin et moi je manquais complètement d'esprit d'à-propos. Je ne trouvai pas de nom à jeter en pâture à la Crapotte.

La vieille fille courut à l'école où elle se plaignit au Très Cher Frère Directeur. Ce qu'elle avait vu, sa pudeur se refusait absolument à le décrire. Le terme général d'impureté fut sans doute prononcé, car le Très Cher Frère Directeur ne semblait pas bien fixé sur la nature des fornications commises, lorsqu'il nous convoqua à son tribunal.

En ces délicates questions, nous ne pouvions nous défendre. Nous comprenions bien ce qu'imaginait le Très Cher Frère. Il s'agissait de la manipulation d'organes d'où émane le péché, comme la salive vous vient à la bouche devant une friandise. Nous fûmes battus et condamnés à la retenue pour le surlendemain qui était un jeudi. Nous dûmes copier le psaume *In exitu Israel de Aegypto,* pendant que le Jean-Marie, debout et bras croisés, restait planté comme un cierge devant le grand tableau. On sait que le Jean-Marie n'apprit jamais à écrire.

C'est à cette époque que notre patron mourut. Il périt d'abondance comme tous ceux de son espèce qui vivent bien et travaillent peu. Le Pantomin prononça le jugement :

— C'est une rude affaire pour quelques-uns. Chez ces gros-là, c'est comme pour les cochons : ils rendent de grands services quand ils sont morts.

L'analogie entre les gros propriétaires et les cochons n'était point pour le Pantomin une simple figure de style ; mais la morale qu'il avait tirée d'une anecdote racontée au *café du Progrès* et connue de tout le pays.

Les propriétaires, sans doute inspirés par un juste souci de prestige, recevaient à table leurs métayers qui avaient à rendre compte. Tandis que le maître de la maison travaillait des mâchoires, le *cabanier **, assis dans un coin de la salle à manger, jonglait avec les chiffres.

Ainsi, pendant le repas de la famille Travers, le Couillard, des Granges, qui ne pouvait participer que des yeux au festin, s'embrouillait allégrement dans des opérations dont le notaire relevait les contradictions au passage. Et le Couillard de s'excuser :

— Ben, M'sieu, j'suis pas écrivain, moi, vous savez. Y faut que je m'retrouve dans ma pauv'tête...

Une salivation abondante lui « coupait le fil de la langue » et, contre toute espérance, il espérait un canon de vin qui lui eût éclairci les idées.

— Enfin... j'ai pas pensé de vous dire que la truie, elle a fait treize carinous...

— Bonne réussite, dit le notaire. Une fameuse portée, ma foi.

— Ouais, ouais, observa le Couillard les dents serrées,

* Métayer.

105

mais vous avez pas pensé que la truie, elle a que douze tétons ?

— Diable, diable, qu'est-ce que tu feras du treizième ?

— Eh, sacré nom de Dieu, jura l'autre exaspéré, y faut tout de même pas qu'y soye pus difficile que moi. Y fera ce que je fais en ce moment : y regardera téter les aut'cochons !

Le notaire la trouva bonne et sonna la servante :

— Donne-lui du pain, du fromage et un verre de vin. Ce sacré Couillard m'a bien fait rire.

Depuis lors, les propriétaires avaient montré plus de décence et, s'ils jugeaient à propos de s'accorder l'exhibition d'une table bien garnie devant l'un de leurs métayers, celui-ci savait que le spectacle serait assorti pour lui d'un bon casse-croûte. Sinon, il fallait s'attendre à ce que tout le canton sache que Untel de X était allé rendre des comptes à son propriétaire et que celui-ci lui avait fait le tour du treizième cochon.

Selon le Pantomin, le treizième cochon s'était tellement multiplié dans le pays d'Ambert que sa race peuplait à peu près totalement la ville et la campagne.

Mes parents n'avaient pas mauvais esprit et donnèrent, dès l'annonce du décès, des témoignages de regret qui n'étaient pas simulés. La Louise, la fille du patron, le constata et pleura de contentement de ne pas être seule à gémir d'une mort peu déplorable. M. Lorgeat, son mari, était un élégant négrier qui fournissait aux filles de la campagne des grosses [1] de chapelets à fabriquer à domicile. Il s'intéressa fort à la métairie ; le pacage des moutons du Félix sur les terres du domaine fut très mal admis. M. Lorgeat ne comprenait jamais les affaires dont il ne recueillait pas personnellement le bénéfice. Ma mère envenima quelque peu les choses en faisant valoir le chiffre des revenus que le Félix réalisait indûment. Elle en tenait le compte depuis des années. Les moutons égorgés furent évalués par elle avec une sûreté de mémoire qui lui fit grand honneur.

1. Une grosse : douze douzaines.

1. Le berceau suspendu au-dessus du lit de la Grande.

2. Scieurs de long dans la forêt de Brotone ; l'avant-dernier à droite est le père de Toinou.

4. La « cuisine » auvergnate.

. La ferme du père de Toinou à Germanangues, un peu au-dessus d'Ambert.

6. Enfants de métayers.

. La ferme de la Masse à Ambert où les parents de Toinou furent métayers.

7. Un village auvergnat.

8. Une amitié comme celle de Toinou et de la Marino

9. Le four banal en Auvergne.

10. Descente du bois dans la montagn

12. **Paysans auvergnats devant leur maison.**

1. Une dentellière.

14. L'école de la Sœur Saint-Vincent

. « L'oasis de Montsimon ». La maison du « Galibardi » à Montsimon, actuellement propriété du fils de la Marie et du Mathieu.

15. Un baptême en Auvergne.

16. Le petit frère Damie

17. Esclave ou vagabond ?...

18. Amenant la vache au taureau

19. L'école Saint-Joseph à Ambert où fut « élevé » Toinou.

20. Les Bons Frères.

22. « Tu finiras par le savoir, ton catéchisme ! » *(Dessin de Valloton pour l'Assiette au Beurre, © Spadem, 1979).*

1. Les éducateurs.

23. La communion solennelle.

24. Un repas de fête en Auvergne

26. Ambert, place du Foirail.

25. Le vieux quartier du Chicot à Ambert.

Puy-de-Dôme — 35 - AMBERT, le Lavoir

28. La famille Sylvère à Ambert lors du mariage de la Marguerite, la sœur de Toinou. En coiffe, la mère de Toinou ; à ses côtés, le père.

7. Le lavoir d'Ambert, où la mère de Toinou venait travailler.

30. Antoine Sylvère, commandant F.F.I. en 1944 à Montauban ; l'avant-dernier à droite sur la photo.

). La Légion étrangère, où Toinou fugitif devient le légionnaire Flutsch.

31. Toinou à la veille de la Première Guerre mondiale.

Les suites furent sérieuses pour le Félix qui eut le nez cassé au cours d'une dispute avec son beau-frère. Ce fut une grande joie dans le village.

— Les roquets, dit le Pantomin, sont contents quand ils voient deux gros chiens se manger entre eux.

Les deux gendres allèrent en justice et le Félix fut indemnisé, modérément. Son nez, définitivement abîmé, s'inclinait à droite, mais M. Lorgeat fit valoir qu'avant l'affaire l'appendice était tordu à gauche. Simple changement d'orientation donc. Après le procès, il établit le bilan de l'affaire :

— Les traces de mon coup de poing dureront plus que l'argent que je lui donnerai. C'est un sacré coup et le tonnerre de Dieu lui-même ne pourrait en faire partir les traces. Il y a donc bénéfice.

Une procédure s'engagea en vue du partage. Expertises et arbitrages se succédèrent et conduisirent chez nous des gens en paletot, insolents et obèses. Ces gens-là nous traitèrent avec hauteur et mes parents ne s'en fâchèrent pas. L'un d'eux me chargea d'une commission.

— Dis donc, mal mouché, va donc me chercher un paquet de cigarettes de dix sous.

Je fis la commission sans mot dire, cruellement meurtri par cette qualification de mal mouché qui était trop exacte. J'en eus la bile tellement échauffée qu'à ce jour elle n'est point encore complètement refroidie.

Quelque temps après cette affaire, le Régis, de Migneval, se pendit à l'une des maîtresses branches du cerisier, à l'orée du bois, sur le chemin qui mène à Pommeyrolles. Le Nanne, de Viallis, l'aperçut de grand matin, en venant à l'école où il fréquentait la quatrième.

Il fit balancer pendant quelques minutes le corps déjà raidi, considéra le visage noir et la langue pendante et reprit sa marche vers la ville sans s'attarder à prévenir des voisins trop éloignés. Lorsqu'il entra dans la classe pendant la récitation des « Trois Dizaines », P'tit Louis le fit aligner près de la porte avec d'autres retardataires.

A l'air agité du Nanne, nous vîmes bien qu'il avait pas

mal de choses à dire et la récitation de la prière en fut gravement troublée.

— Frère, Frère, s'exclama-t-il dès la fin du pieux exercice, y a le Régis de Migneval qui s'a pendu ! Je l'ai vu en venant et ça m'a mis en retard.

Le Très Cher Frère Directeur, prévenu incontinent, fit porter un billet à la gendarmerie par un élève de première. C'était là une démarche inutile. Le bourg était déjà au courant.

Pendant la récréation, le Nanne donna des détails.

— L'était pendu par le cou avec sa tête su' son épaule comme le fils Cabut, le drapier, qu'a le cou tordu. L'avait un nœud bien gros comme mon poing contre l'oreille et sa langue pendait comme ça.

Et le petit indiquait toute la longueur de son avant-bras.

— Comment c'est qu'elle est grosse, la corde ? questionna le Rolle.

— C'était pas une corde. C'était des *guilles*. Ce qu'on se sert pour tenir le joug sur la tête des vaches quand on les lie pour aller labourer. C'est du cuir. Le Régis était dur comme du bois quand je l'ai fait bouger pour voir s'il parlait. Il s'a balancé tout d'une pièce, raide comme un piquet. Pis, il était tout noir. Sûr qu'il est en Enfer, maintenant ; quand on est damné on vient comme ça : tout noir.

C'était là une chose que nous savions tous.

A midi, nous apprîmes que le Régis avait été décroché par les gendarmes et transporté à l'hospice dans une barcelle attelée de deux vaches appartenant au Guste de Pommeyrolles. Son cadavre serait enterré sans cérémonie — comme un chien !

On racontait partout l'histoire du pendu.

Sa femme, la Perrine, l'avait quitté depuis plusieurs semaines en abandonnant les trois enfants en bas âge qu'elle avait « achetés » avant d'avoir vingt ans. La fille de la Marrane, qui menait une vie de dame dans un bordel de Lyon et qui connaissait bien la Perrine, l'avait mise au courant de la bonne vie ; là-bas, on mangeait de la viande trois fois par jour et on se payait des chemises de soie, comme des princesses.

Un beau jeudi, la jeune femme, « tenant » l'argent d'un veau qui avait été vendu le jour même, avait pris le train sans tambour ni trompette, plantant là son homme qui faisait une partie de « cinq cents » avec des amis, sans se soucier plus que ça de ses enfants laissés à la garde de la Miette, pour un après-midi.

Le Régis avait bien essayé de tenir le coup et avait cherché quelque parente qui voulût partager sa vie et s'occuper des petits mais, comme on le disait « raide du pinceau », il n'en trouva pas une qui voulût se dévouer et faire œuvre charitable en perdant sa réputation. Les enfants furent amenés à l'hospice et le Régis déshonoré. Notre monde paysan situait sur le même plan ces remarquables institutions sociales : l'hospice et la prison.

Une lenteur effrayante caractérisait l'écoulement du temps dont la durée s'amplifiait pendant les heures de classe, écœurantes d'ennui.

Je les vivais, pesantes et mornes, ânonnant les beautés lumineuses du mysère de l'Incarnation ou les subtiles nuances qui séparaient les contritions parfaites des imparfaites. Les heures consacrées au calcul n'étaient pas plus vivantes. Accoudé devant une multiplication ou une division de seize chiffres, j'alignais produits ou dividendes partiels en abandonnant le résultat aux caprices du hasard, écrivant de larges parallélogrammes de chiffres que je disposais selon une géométrie sans faille.

La distribution des prix fut peu glorieuse et, sans revenir à la métairie, je partis pour Montsimon. Le Charles était à Billom, engagé par un tuilier. Il gagnerait ainsi l'argent nécessaire pour acquitter un solde dû au Mollimard sur le règlement de la Jacade, la jeune vache blonde qui remplaçait la Jasse, ma nourrice à la robe pie.

Ainsi, la Grande réclamait mon concours.

Je partis seul, mon paquet de hardes jeté sur l'épaule.

Après la montée dans le bois, je revis l'arbre où s'était pendu le Régis. Je reconnus la croix, tracée au couteau sur le tronc par le Nanne de Viallis. J'imaginai le pauvre homme, raide comme une barre, tel que le Nanne l'avait balancé au bout de sa corde, en me disant le plus sérieusement du monde que si je m'accrochais de même, les gens du pays parleraient du petit Toinou, le garçon du Jean qui jouait de l'accordéon.

Je pensai au Régis comme à un frère de malheur et récitai pieusement un chapelet malgré la conviction que cela ne pouvait même pas lui valoir cette simple goutte d'eau sur la langue, qui lui eût fait tant de bien pendant qu'il brûlait, tourné et retourné dans le feu par des diables cornus. Il saurait toutefois que le Toinou, le garçon du Jean, avait prié pour lui au pied de l'arbre. Plus tard, quand il me verrait passer les portes rouges comme le fer que j'avais vu marteler par le maréchal-ferrant, il dirait :

— C'est le Toinou... un brave p'tit gars !

A Germanangues, après avoir embrassé mon parrain, le vieux Toinou, qui bêchait dans son jardin, j'engageai une longue conversation avec le Jean Truie. C'était encore un de ces « pas fins » si nombreux parmi les paysans de chez nous. L'esprit de ces hommes attardés qui parlaient aux enfants sans y mettre la moindre malice était à ma mesure. D'autre part, le Jean que tourmentait le désir de se marier était bien content de trouver une oreille complaisante.

Il me parla de ses vues sur la Fanchette, du Cheix de Boisserolles, que l'on disait la plus jolie fille du pays. Sa mère, l'Anna, l'avait eue à Saint-Etienne où elle avait été domestique.

— C'est avec la Fanchette que je me marierai, Toinou. C'est la plus gente de toutes et c'est moi qu'elle veut. Je te donnerai des dragées le jour de la noce, je t'en donnerai tant que tu voudras.

Ensemble nous fîmes l'inventaire des biens de la Fanchette. Elle aurait une grande terre, au-dessus du bien du Cury, et le pré où il y avait de beaux noyers, le long du ruisseau. Après le mariage, sans se gêner, le ménage pourrait tenir trois vaches.

En confiance, à voix très basse, le Jean me fit part d'un extraordinaire secret :

— Elle a trente mille francs dans le cul, la Fanchette. C'est le Bouradagné, le marchand de cochons, qui le dit. La preuve que c'est vrai, c'est qu'il veut l'emmener à Paris. Y en a, par là-bas, qui les donneraient tout de suite.

Il prit un air malin :

— Mais c'est moi qui aurai les trente mille francs, c'est moi que je l'emmènerai à Paris, tu comprends, Toinou.

Le pauvre Jean était vraiment simple. Telle fut ma conclusion. J'ignorais tout de la valeur d'usage que les bourgeois de la ville reconnaissaient aux belles filles de la terre, saines et bien faites. C'était là une notion que je ne devais acquérir que beaucoup plus tard.

En cette saison, à la sortie des noires sapinières, le regard se reposait sur le velours chatoyant des seigles, sur le jaune éclatant des colzas. Dans les fonds, de grands noyers jetaient leur ombre sur les prairies. Avant d'atteindre Montsimon, le ruisseau sagement canalisé jusque-là perdait toute discipline en quittant les prairies. Il s'engouffrait dans une gorge étroite pour franchir en cascadant des escarpements successifs et aboutir enfin, par un dernier saut, dans le ruisseau de Vizols.

A mi-pente, la Catinchoune gardait ses trois vaches en fabriquant des chapelets. Elle ressemblait à toutes les filles de la montagne qui ne comptaient que de très rares beautés. Mal fagotée, elle prouvait, par son jupon aux multiples rallonges, qu'elle avait beaucoup grandi. Ses dents rongées jusqu'aux racines semblaient lui imposer un perpétuel et douloureux sourire.

— *Sis tournàd, petït drôle ! Que venhis tü far per chè noutri ? Volem dji de vialïrou per atï* *.

— Dé non, non, je ne suis pas *vialirou*, je suis des villages. Tu sais bien que mon Grand c'est le Damien de

---

* Te revoilà, petit drôle ! me disait-elle. Qu'est-ce que tu viens faire chez nous ? C'est pas la place des citadins, par ici.

Montsimon et que mon autre Grand c'est le Toinou de Germanangues et que nous, on a douze vaches à la Masse.

Et j'expliquais mes déplacements à ma façon :

— C'est pour voir du pays, té ! C'est pas quand je serai loué que je pourrai le faire. Le Jean, le *grangier* * de la Ribeyre, a dit qu'il me donnerait soixante sous par mois pour garder ses bêtes. Je rentrerai chez lui au printemps prochain.

Soixante sous valent trois francs, tout le monde sait cela, mais j'avais déjà quelque goût pour les grands nombres.

La Catinchoune se mit alors à me faire des confidences :

— Y a quatre ans que j'ai fait mes Pâques et les garçons commencent à me « parler ». C'est vrai que c'est quand y en a pas d'autre que moi à côté et que ça les embête de rien dire. J'ai idée que je suis pas faite comme tout le monde et que quand je me marierai faudra que je choisisse dans le rebut. P't'êtr' que ce sera quelqu'un comme toi que je prendrai, qui sera pas fin, pas beau et qu'il aura pas de bien ?

Le Grand et la Grande me reçurent avec joie et m'accablèrent de nourritures choisies. Je découpai sans scrupule de larges rondelles de ce saucisson auquel le Galibardi ne touchait pour son usage qu'aux grands jours. Ils m'observaient, rieurs, fiers de mon appétit.

Je fis le tour de la maison et constatai que la Jacade avait une extrême douceur de caractère. Je l'en récompensai immédiatement en faisant couler près de son museau velouté une réserve d'urine que j'avais conservée à grand-peine durant tout le voyage. Les vaches aiment le sel, une denrée coûteuse qu'on ne prodiguait pas à Montsimon.

J'observai ensuite la brèche qui s'ouvrait dans le mur d'en-haut. Elle s'était encore élargie et, du pas de la porte, on apercevait toutes les terres des Puys et les bois de pins qui leur faisaient une couronne. Elle s'agrandirait ainsi d'année en année, rongeant le mur à la manière d'une

* Métayer.

112

tumeur, marquant, comme ma propre croissance, l'écoulement régulier du temps.

Une activité fébrile remplissait les jours de Montsimon !
Nous fîmes les moissons et rentrâmes la récolte de pommes
de terre. J'accumulai dans le grenier, derrière le coffre
à seigle, une montagne de pommes de pin. Quelquefois,
avec le Grand, j'allais « donner la main » au Joseph, le
grangier qui tenait la *borie* * de M. Laville, l'instituteur de la
Glacière, ce, moyennant un bail de trois cents francs par an.

Le Joseph était déjà père d'une nombreuse famille qui
fit peut-être sa fortune plus tard mais qui, en ce temps-là,
mettait sa femme, la Vivette, au désespoir.

— Dieu soulage, ma pauvre Mariette, disait-elle à la
Grande, j'en peux plus. Il est plus « mauvais » qu'un
bouc. Ça finira bien par me tuer et j'ai pas encore vingt-
cinq ans !

Chaque printemps, la malheureuse plantait là mari, bêtes
et enfants et s'enfuyait dans les bois. Le Joseph partait
derrière et la courait comme un gibier. Eh ! Hop !

Cela pouvait durer deux ou trois jours pendant lesquels le
train que menait la Vivette, qui avait toujours soin de
prendre une bonne nuit d'avance, emmenait les époux fort
loin, au tonnerre de Dieu, jusque vers Pavagnat et Saint-
Germain l'Herm. Pendant ce temps, la fille aînée, la Guitte,
qui allait sur ses huit ans, faisait marcher la maison, torchait
les plus jeunes et soignait le bétail.

Elle jugeait sévèrement sa mère :

— C'est bien malin de faire toutes ces grimaces qui sont
bonnes rien qu'à faire rire le monde.

Les époux rentraient enfin, affamés, en loques, l'homme
poussant devant lui sa femme soumise, et la vie reprenait
pour une année, sans incident, dans l'attente d'une nouvelle
bouche à nourrir.

Le dimanche après-midi, si quelque menace atmosphé-
rique n'imposait pas de promptes mesures de sauvetage,

* Ferme possédant une (ou des) paire (s) de bœufs.

113

nous nous accordions des heures de loisir. Le Grand, que tourmentaient de nombreuses curiosités, m'entretenait d'expériences à réaliser, de résultats qu'il avait obtenus. Un soir, il me parla de la poudre blanche :

— Faut pas que tu le dises à personne, Toinou, les gendarmes viendraient me prendre ; ils me foutraient en prison, si ça se savait. J'ai fait de la poudre blanche, et je vais te faire voir ça.

Il alla tirer d'un recoin très obscur de la porcherie, derrière une poutre vermoulue, une petite caissette cubique de trois pouces de côté dont les parois en avaient bien un demi d'épaisseur.

— Tu vois Toinou, dit-il en me montrant une substance qui ressemblait fort à du sel de cuisine ; avec ça on peut charger un fusil. Ça pousse comme le diable, cette saleté-là. C'est du chlorate que j'ai acheté chez le pharmacien et que j'ai mélangé avec du sucre et du soufre, moitié moitié.

Il prit son fusil à piston, versa dans l'un des canons la valeur d'un dé à coudre de poudre blanche, tassa avec la baguette, plaça une bourre et tassa de nouveau. Enfin, il répéta la manœuvre avec une charge de plomb puis il coiffa la cheminée d'une capsule tirée de son porte-monnaie.

Sur le grand noyer, perché sur la plus haute branche, un corbeau semblait méditer on ne sait quoi.

— Faisons pas de bruit, Toinou, chuchota le Grand. Ces bêtes-là, c'est malin comme le diable. C'est midi sonné pour les approcher avec un fusil. On va s'avancer le long du mur jusque vers le sureau et, ce soir, elle sera dans le pot, cette *grolle* que tu vois là-haut. Elle y sera ou je ne suis plus le Damien.

Le Grand, parvenu à bonne portée, derrière le sureau, épaula sans faire trembler une feuille... j'attendais, le cœur battant...

La grolle n'alla point dans le pot.

Le coup fit « clac », annonçant que le chien venait d'écraser la capsule. L'oiseau qui avait l'oreille fine prit son vol sous l'œil du Grand abasourdi. Il abaissa le canon de son arme vers le sol et se mit à examiner la batterie ; son visage poilu se fronça de plis, indiquant une extrême surprise.

Une détonation formidable me fit faire un saut d'un demi-mètre pendant que les branches du sureau, fauchées par la mitraille, tombaient sur les sabots du Grand.

— Elle devait être un peu humide, expliqua le vieux, nous allons la sécher ou y aura rien à faire avec ça. La charge part un quart d'heure après l'amorce. Mais tu as vu quand même : si ça pète !

Pour ce qui était de péter, oui, c'était réussi. Je regrettais toutefois que la grolle ne fût pas dans le pot. J'y perdais un sacré bouillon.

La poudre restante mise dans une casserole, le Grand la fit sécher sur un peu de cendre chaude qu'il puisa dans l'âtre, à pleines mains, parmi quelques braises encore ardentes. Il brassait le mélange avec une cuillère, écrasant les grumeaux.

Soudain, une lueur jaillit et il fit un saut en arrière en me rejetant rudement derrière lui. Une brillante flamme pourpre, haute d'un mètre, jaillissait de la casserole abandonnée ; une épaisse fumée blanche à odeur de soufre me coupa la respiration.

Nous sortîmes pour reprendre souffle.

— Je connais pas encore toutes les malices de cette garce-là, conclut le Grand.

Il alla chercher la casserole et me la présenta, admiratif :

— Regarde un peu le cul de la casserole, Toinou. Ça l'a brûlé comme si c'était un morceau de carton. Quand je te dis qu'elle est rudement forte, cette bougresse !

C'était une fameuse poudre, en vérité !

Cette année-là, par extraordinaire, les cinq familles de Montsimon semblaient d'accord. Cette trêve permit aux enfants l'organisation de jeux communs. Entre la période des foins et celle des regains, le début de l'après-midi laissait un répit avant de conduire le bétail dans les pâtures, sur le coup de quatre heures.

Je compris vite le parti à tirer de cette entente qui élargissait considérablement mes horizons par des relations féminines dont j'étais habituellement privé. Il y avait là l'Henri de chez le Bon Dieu, la Marie du Granger, la Marie de chez le Mathieu, la Marie d'En-Bas et son frère Louis. Remarquons en passant qu'à cette époque, à Montsimon, on ne se fatiguait pas à chercher pour les filles des prénoms originaux. Marie suffisait à les contenter toutes. Avec l'âge, elles deviendraient inévitablement Mariette.

Les fillettes qui allaient à l'école mixte des Grabières n'avaient pas peur de fréquenter les garçons, bien au contraire. Elles prenaient part aux jeux — surtout à colin-maillard — avec un plaisir non dissimulé. Pour ma part, je trouvais, à porter le bandeau, un charme pervers. C'est que je pouvais ainsi serrer de près la Marie d'En-Bas, la respirer — elle sentait si bon —, caresser sa longue tresse et me nouer à elle tandis que les autres me faisaient des malices.

Après avoir bien pris mon temps, j'annonçais :

— C'est la Marie de chez le Mathieu !

Tout le monde riait — moi plus que les autres, bien heureux de garder mon bandeau. La Marie d'En-Bas prit immédiatement goût à ces étreintes innocentes et passion-nées qui me jetaient vers elle. Sa bonne volonté se témoi-gnait de dix manières différentes dont la plus courante était de se pelotonner tendrement contre moi.

La crise éclata dans la grange du Joseph où nous étions allés donner la main pour décharger un char de trèfle. L'Hortense, la fille de l'instituteur — demoiselle de notre âge mais fort avenante et de bel avenir —, présidait aux opérations avec la majesté d'une grande dame. L'Henri de chez le Bon Dieu, posté sur le char, me submergeait sous les masses de fourrage que je passais à la Guitte du Granger, par une étroite ouverture, à grosses fourchées qui me met-taient en nage.

Pour se faire valoir aux yeux de l'Hortense, l'Henri ne me ménageait pas les quolibets : « Sont-ils feignants, ceux de la plaine ! Là-bas, on leur donne trois francs par jour à rien faire et vingt sous quand ils travaillent. Ils sont à peu près bons que devant la soupe... ou dans les coins, à cher-cher les filles ! Faudrait demander ça à la Marie d'En-Bas ! »

Je tombai sur l'Henri à coups de manche de fourche et le descendis de son char. Mon adversaire ne manquait pas de courage : il sauta sur un palonnier et, malgré le désavantage d'une arme trop courte, rendit coup pour coup.

Attiré par les cris de l'Hortense, le Granger accourut pour nous séparer, nous contenant solidement, l'un de sa main droite, l'autre de sa main gauche. Nous échangions, d'une voix étranglée, affirmations et démentis dans une véritable débauche de termes injurieux.

— Ils étaient prêts à se tuer, dit le Granger à la Bondieune chez qui il nous emmena d'abord. Ils se foutaient des coups, l'un avec un manche de fourche, l'autre avec un palonnier et je te cogne que cogneras-tu ! Et pan ! Et pan ! On n'a jamais vu ça !

Un tribunal formé du Grand, de la Grande, du Bon Dieu et de la Bondieune se chargea d'examiner les faits et d'en connaître les mobiles.

— Il dit que j'ai fait des saletés avec la Marie d'En-Bas, et c'est pas vrai, là ! clamai-je en pleurnichant.

— Sacré menteur, criait l'Henri, c'est vrai, je t'ai vu !

Sommé de préciser l'heure et le lieu, l'Henri se troubla et fut définitivement confondu. La Bondieune alla quérir sous le *couadou* * une solide branche de saule et corrigea mon bonhomme d'une manière qui me satisfit entièrement.

— Allez, Toinou, on en parlera à la maison, nous autres, dit le Grand d'un ton plein de menace. Et je le suivis à trois pas, saisi d'une vive inquiétude.

Les choses se passèrent tout autrement que je l'avais craint. Le Grand rit dans sa barbe dès que nous fûmes dehors. Je compris qu'il n'était pas du tout fâché d'apprendre que j'avais montré quelque valeur combative. A la maison, nous n'en parlâmes que pour préciser quelques détails de l'affaire.

— Eh oui, conclut le Grand, c'est pas l'tout de rien avoir fait de mal ; le diable, c'est de le prouver. C'est une affaire toute pareille qui m'est arrivée un jour avec ton oncle Jean du Couderchou. Il y en avait un de nous deux qui avait

---

* Hangar.

cassé une patte à la dinde et chacun accusait l'autre. On n'a jamais su qui de nous deux avait fait le coup.

Je questionnai :

— Toi, tu sais bien, Grand, qui c'est qui l'avait cassée, la patte ?

— C'est moi, répondit le vieux très simplement.

— *Grand foutraud !* protesta la Grande, *äs pa ontà ! Lü béilis de djentä lesou a queu petit * !*

A Montsimon, je vivais une vraie vie, telle que l'aiment les enfants toujours pressés d'être des hommes. Lorsque dans les champs de pommes de terre j'enfonçais mon *fourchat **** derrière la touffe d'un geste résolu, lorsque j'amenais la plante par la *chabouille **** pour fracasser la motte friable sur le nez de mon sabot et disperser les tubercules propres et nets, sans une blessure, je me sentais un homme. Pendant les pauses, après avoir bu à la cruche un coup d'eau aromatisée de vinaigre, le Grand me parlait d'un projet qu'il mettrait au point cet hiver.

Il construirait une batteuse, une vraie. Il n'y aurait, quand elle serait faite, qu'à jeter la gerbe dedans. La paille partirait d'un côté, le grain tout venté sortirait de l'autre. Tout ça en moins de temps qu'il n'en faut pour chausser une paire de sabots. La Grande n'en savait rien encore mais le Charles était au courant. Le travail commencerait dès son retour de Billom.

Les jours fuyaient avec cette rapidité qu'ont très particulièrement les beaux jours. En toutes circonstances je donnais les témoignages de bonne volonté que l'on attendait de moi. Plein d'ardeur, je tendais vers une imitation parfaite de ce qu'avait été le Charles. La Grande le déclarait à qui voulait l'entendre et ce n'était point là un mince compliment.

Le lait que l'on me refusait à la métairie, parce que j'étais trop grand, m'était donné ici à discrétion. Souvent même, la Grande m'invitait à descendre à la cave pour

---

* Grand malin, tu as pas honte : tu lui donnes de belles leçons, à ce petit !
** Sorte de fourche à deux ou à trois dents, en bois ou en métal.
*** Tige et fanes de pomme de terre.

118

blanchir ma soupe avec de la fleur de lait. J'allais la cueillir directement à la surface de la terrine plongée jusqu'au tiers supérieur dans l'eau froide. C'était bien là une vraie débauche. Je connaissais précisément le prix de cette crème que je venais puiser là en vertu d'un privilège exclusif. Les pâtissiers de la ville la payaient trente-deux sous le litre.

Chaque soir, nous récitions la prière, soumis à l'usage fidèlement transmis par la longue lignée des ancêtres. Les jours d'orage, nous brûlions dans l'âtre un rameau de buis bénit pour nous préserver du tonnerre. Cette mesure protectrice était renforcée par la lecture à haute voix d'une prière à saint Hubert, collée près de la cheminée, contre la cloison du cabinet. On voyait là le saint homme à genoux devant un cerf dont la ramure s'ornait d'une croix flamboyante.

Chaque soir, j'embrassais les vieux et ce geste si simple consacrait notre accord, préparait un lendemain rassurant que j'aborderais sans crainte, après une nuit paisible.

VI

ESCLAVE OU VAGABOND

Cette année-là, le Frère Armand sévissait en troisième classe de l'école des Frères. Il était chargé du calcul et de quelques branches accessoires. Au Frère Gérard, le Tragique, appartenaient la grammaire et le catéchisme.

Sauf quelques camarades, les élèves de ma division passaient en troisième. Plusieurs éléments, venant de chez la Sœur Saint-Vincent, entrèrent dans nos groupes où ils se fondirent sans délai. Ce fut ainsi que je montai du Préparatoire en première année d'Elémentaire, plutôt fier d'une mutation qui était pour moi la reconnaissance d'un niveau intellectuel très avancé.

Le Sugère montait en seconde et le Jean-Marie restait en cinquième. Il sut s'y maintenir jusqu'à l'âge de seize ans, luttant victorieusement contre l'entêtement de sa tante qui prétendait, à quelque prix que ce fût, le garder à l'école jusqu'au moment où il saurait lire. C'était mal connaître le Jean-Marie : en matière d'entêtement, il ne craignait personne.

Le Valentin, prétendument trop jeune pour monter en seconde, restait avec nous. En réalité, le Frère Armand ne pouvait se passer du gamin qu'il aimait d'un amour exaspéré.

Pas plus que ceux de la quatrième, les livres de la troisième ne tenaient compte de la psychologie enfantine. C'était la même absence de gravures, le même livre de lecture traitant des *Devoirs du chrétien,* qui dut contribuer

121

davantage au développement de l'anticléricalisme que toutes les forces conjuguées de la franc-maçonnerie et de la libre pensée.

A la fin de chaque chapitre, il y avait en outre un récit dans lequel, sous prétexte de glorifier les martyrs de la Foi, on renseignait avec générosité sur la variété des tortures que des hommes peuvent infliger à d'autres hommes.

Le Frère Armand ne donnait pas de leçons. Les exercices de calcul se succédaient, pris par dizaines dans le livre d'arithmétique. Les résultats étaient ensuite donnés au tableau noir et chacun constatait ses propres erreurs.

A la fin de chaque semaine, le classement s'opérait suivant une cote d'amour précisée par des notes que le Très Cher Frère Directeur nous communiquait le samedi avec sa gravité habituelle. De l'origine de ces notes, nous ne savions rien ; les devoirs n'étaient en effet jamais corrigés. Le Valentin était le premier et les suivants s'étageaient selon les catégories sociales. Pour le plus grand nombre d'entre nous, nul moyen ne subsistait d'établir une quelconque classification, c'était le règne du caprice.

Du point de vue moral, je pouvais être tenu pour excellent sujet, crédule, plein de foi, possédant sur la sainteté des hommes en soutane une opinion extrêmement favorable, d'une fermeté capable de résister à plusieurs années de cruelles épreuves. J'admettais la pratique de la délation, la plus précieuse des vertus chrétiennes, et l'état de prédilection envisagé pour mon propre avenir était celui du « bon serviteur » que mon dernier livre de prix me présentait comme particulièrement honorable. Là, d'impies sans-culottes se trouvaient fort malmenés par Baptiste, le « bon serviteur », qui finissait par donner sa vie afin d'assurer le salut de son noble maître. Son sacrifice permettait à ce dernier de quitter le territoire peu sûr et d'aller se mettre à l'abri du côté du Rhin.

Ces dispositions favorables n'empêchèrent point le Frère Armand de me prendre en grippe dès les premiers jours qui suivirent la rentrée. Je devins à peu près exclusivement sa victime, roué de coups chaque jour ; j'en arrivai à cette fâcheuse étape de la misère où l'on n'a plus rien à perdre.

A partir de ce point de non retour, les éléments dirigeants ne peuvent plus compter sur la discipline du sujet qui ne recule devant aucune initiative dangereuse.

Dans les sauvages corrections qu'il m'infligeait, mon bourreau trouvait une occasion de détente évidemment nécessaire après les baisers bus à pleine bouche sur les lèvres du Valentin.

La scène se reproduisait avec une parfaite uniformité : nos amoureux se cajolaient sous les coups d'œil goguenards de soixante gamins triturant les quatre règles, alignant des pages entières de figures chiffrées qui réalisaient un ensemble de bel aspect mais d'une fausseté invraisemblable.

A califourchon sur les genoux du Frère Armand, le Valentin jouait paisiblement, se frottant à son ami, nez contre nez. Parfois un accessoire corsait le jeu.

Un jour, le Valentin glissa dans l'oreille du Frère une perle de cristal de gros calibre, reste de quelque vénérable chapelet de luxe qui avait fini son temps. Cette affaire dégénéra en drame. La perle se refusait à toute tentative d'extraction malgré l'emploi d'un outillage formé de bouts de règles taillés en crochets. Elle résista aux essais que fit le Mathias, avec son porte-plume emmanché d'une plume neuve. Le Mouhet, après avoir essayé un bâton fendu qu'il alla chercher dans le jardin parmi les fusains entourant la tonnelle, proposa une ficelle munie d'un nœud. La première tentative donna de bonnes espérances, la troisième réussit et la perle roula par terre, extraite comme un bouchon de l'intérieur d'une bouteille. Le succès déchaîna quelques mouvements d'enthousiasme vite réprimés.

Ces jeux amoureux étaient fort excitants pour le misérable Frère : son teint s'animait, ses gestes mal contrôlés donnaient des signes d'affolement. Il serrait l'enfant contre lui dans une étreinte de passion exacerbée.

La classe assistait aux péripéties de cette joute entre un homme de trente ans et un gosse de huit ans et demi. Sans malice aucune, simplement parce que les mollets juvéniles de la classe avaient besoin de mouvement, les sabots, au début immobiles ou déplacés avec précaution, faisaient entendre un crescendo de roulements. Les chocs se multipliaient et le bruit favorisait des conversations particulières qui aggravaient le mal.

Cette concordance entre l'agitation de la classe et l'énervement du Frère avait pour moi de sérieuses conséquences. Le maître se levait et me désignait de l'index. Mais, bien avant ce geste, une pâleur de cadavre et le tremblement de tout mon être me signalaient à l'attention de tous. Quiconque fût entré dans la classe à ce moment-là m'eût reconnu sans hésitation pour le coupable pris en flagrant délit.

— Vous !... Venez ici !

Ici, c'était un emplacement de quelques mètres carrés au pied du grand tableau noir perché sur un chevalet.

Le corps affolé, ne voyant plus clair, j'approchais en me heurtant aux tables, suant de peur, pleurant sans bruit, serrant les fesses.

Après un prélude consistant en l'arrachage de quelques cheveux sur la nuque et sur les tempes, le Frère Armand complétait le hors-d'œuvre par un méthodique allongement de mes oreilles. Après quoi, il me jetait sur le plancher et me travaillait à coups de pied dans la poitrine et les côtes, se souciant fort peu de m'atteindre dans les parties molles. Je poussais de petits cris rauques, accusant chaque coup d'une manière uniforme, réjouissante pour les témoins de la scène. Enfin, convenablement calmé, le Frère Armand me renvoyait à ma place et continuait ses tendres jeux au sein d'un cours élémentaire redevenu tranquille.

Mes parents ne savaient rien de ce que je subissais à l'école. J'étais peu confiant en un pouvoir que je les savais par avance incapables d'exercer contre d'autres que moi-même. De là vient sans doute ma compréhension du comportement de certains pauvres bougres devant la Loi.

Si un coup donné mal à propos m'avait abîmé et signalé à l'attention publique, j'aurais menti pour dégager le Frère Armand à l'égard duquel ma haine fut à retardement. En ce temps-là, je n'avais pas à le juger. Par la vertu de sa soutane, il participait de la Majesté Divine.

Cette éducation nous préparait heureusement à la vie de bête de somme que menaient nos parents. Elle nous accoutumait à supporter sans plaintes, sinon sans douleur, les injustices qui seraient notre lot ; à les supporter, surtout, sans révolte, car c'est bien là, de toutes les manières de se plaindre, la plus détestable.

L'école des Frères fournissait ainsi à la bourgeoisie locale une ample provision d'adolescents préparés à leur futur rôle d'ouvriers et de métayers sans exigences, silencieux, soumis, craintifs. Les coups, administrés à tout propos et hors de propos, imposaient à l'enfant une sorte de fatalisme sombre qui, joint à tout un système d'humiliations dégradantes, en faisait peu à peu un être veule et lâche.

Le bail de six ans qui attachait mes parents à la métairie de la Masse venait de prendre fin. La Marthe, enfin sevrée avec le Damien, avait été rendue à ses parents et la Janie avait regagné son village. Les terres et le bétail, partagés entre les héritiers du patron, changèrent de main et nous nous installâmes dans un réduit que M. Lorgeat fit aménager dans un coin de l'étable où le Félix enfermait naguère ses moutons. La demi-obscurité permanente ne s'atténuait qu'à l'instant où ma mère allumait le feu. La flamme claire jaillie de la paille et des branchettes de pin apportait la seule note de gaieté.

Nous n'avions pas un sou vaillant. Les quatre cents francs dus à l'oncle Jean du Couderchou et au tonton Liaude n'avaient pas été réglés. De cette dette, les prêteurs n'étaient pas inquiets et à juste raison : ils furent intégralement payés — vingt ans plus tard.

Mon père entra comme manœuvre à la scierie de la route de Saint-Etienne, au salaire de quarante-cinq sous par jour pour un travail de douze heures qui imposait en fait quatorze heures loin de la maison. Nous n'avions plus de lard et l'alimentation paternelle, réduite à la soupe et aux pommes de terre, devint cruellement déficiente pour un homme de vingt-huit ans assujetti à un rude labeur.

Quelques coups de rouge étaient pris chez le Cloche qui se montrait de bonne composition en faisant crédit. Le négociant fournissait, à deux sous le verre, un vin qu'il payait quatre sous le litre et il admettait le paiement à terme. Les verres furent assez nombreux et la paye de mon père se restreignit d'autant. Ma mère pleurait toutes les larmes de son corps.

L'hiver, la vie familiale fut odieuse au point que j'étais incapable d'estimer ce qui était le plus haïssable : à l'école j'étais constamment battu, à la maison, d'aigres disputes m'empêchaient de dormir...

Trop souvent, dans le silence, j'étais réveillé par ma mère qui clamait d'une voix chargée de sanglots :

— O! goulant! goulant!... Tu es un bougre de goulant. Voilà ce que tu es!

Cette vie n'était certes pas moins écœurante pour mes parents qu'elle ne l'était pour moi. Aussi, lorsque le Chiveyrant passa en tournée de recrutement pour la forêt d'Eu, ce n'est point miracle s'il embaucha mon père dont il faisait grand cas. Ma mère ne pouvait qu'applaudir à cet accord prometteur : quarante sous par journée que le Bon Dieu donne, dimanches compris, et cela avec une bouche de moins à nourrir.

L'affaire fut conclue et sanctionnée par la consommation d'un double Pernod que les deux hommes allèrent prendre chez la Cane où s'échangèrent les signatures.

Mon père eut à intervenir dans l'engagement du Cueille et du Bocusse qui étaient du village. Pour le Cueille, l'affaire se corsait. C'était un garçon de dix-sept ans, démesurément grand, tel un poireau monté en graine. Maigre comme un clou, il ne présentait — qu'on le considérât de dos, de face ou de profil — rien d'excitant pour la gent féminine du pays, encore qu'on n'eût pu tenir cette dernière pour particulièrement exigeante. Son visage n'était pas d'une banale régularité : un crâne et un menton exceptionnellement aplatis, un nez épaté et la bouche charnue d'une jument de quatre ans. Les énormes lèvres que lubrifiait sans cesse un trop-plein de salive laissaient apercevoir dans une perpétuelle béance une mâchoire où s'implantaient des chicots de couleurs variées. Les yeux aux cils jaunes biglaient sous des paupières gonflées ; elles les cachaient si bien qu'il était difficile d'en déterminer la couleur. Les cheveux avaient une teinte indéfinissable par le double effet d'une crasse persistante et d'une gourme chronique.

Sa mère, la Glouton, était « descendue » d'un village de la montagne où elle était née dix-huit ans avant la naissance du Cueille. Restée orpheline avec un frère plus âgé de quelques années, la pauvre fille avait dû accueillir des hommages dont nulle autre n'avait voulu et cette activité fraternelle avait engendré un garçon dont elle se serait bien passée.

De sa vie, le Cueille n'avait jamais rien fait. Quelques tentatives risquées au sortir de l'adolescence n'avaient obtenu que de décourageants résultats. Le Carriole, de Gratadour, qui l'avait envoyé chercher un seau d'eau dans la serve, dut aller le repêcher au risque de s'y noyer lui-même. Et le Marin, des Granges, qui lui avait confié trois vaches à mener en pâture, s'aperçut trop tard qu'il en avait perdu une en route. On la retrouva gisant dans un champ de trèfle, gonflée comme un ballon.

Le garçon avait cependant une utilité dans la société : n'importe qui pouvait le battre. Un gamin de six ans était en mesure d'assaillir ce malheureux qui, déjà grand comme un homme de bonne taille, n'avait pas même les réactions d'un lièvre capturé vivant. Il encaissait sans pleurer coups de bâton ou coups de pied dans les jambes, se contentant de fuir très vite sous les quolibets et les rires.

Mon père réussit à convaincre le Chiveyrant de l'utilité de cette recrue. Ce qui n'alla pas sans pleins verres de Pernod, si bien que ma mère dut aller ramasser son homme gisant sous une table, après le départ de l'entrepreneur. Elle réussit à le traîner, avec l'aide du Jean Cane, non sans quelques chutes qui abîmèrent sérieusement le nez paternel.

En rentrant ce soir-là, j'eus la surprise de trouver mon père atrocement saoul, défiguré, bégayant des phrases sans suite en présence de ma mère détendue et souriante.

C'est que, tout en réprouvant l'abus des boissons, elle pensait qu'il est logique de boire beaucoup lorsqu'on n'a pas à régler les consommations et, d'autre part, la séparation prochaine l'incitait à l'indulgence. Enfin, le montant du

127

premier mois : soixante francs, versé à titre d'acompte par le Chiveyrant, lui mettait en main une petite fortune. C'était là une situation inconnue depuis des années.

Ce sursis lui redonna des couleurs, une expression détendue, naturelle, que je ne lui voyais à peu près jamais. Son visage rayonnait d'une beauté calme qui, hélas, ne dura que quelques jours.

En risquant ses premiers pas, mon petit frère, le Damien, tomba dans la cave par la trappe restée ouverte alors que ma mère examinait les ravages causés par l'humidité sur la provision de *triffes* *. Le petit se cassa l'épaule et fut mené par le tonton de la Favérie chez la rebouteuse de Pavagnat. La cousine Marie, qui allait sur ses dix-sept ans, prit notre Damien en amitié, si bien qu'elle voulut s'en charger jusqu'à sa guérison. Le bébé reçut d'elle les soins et caresses que l'on peut attendre d'une mère jeune et charmante pas encore tourmentée par les soucis quotidiens et rompue au travail comme toutes les filles de chez nous. La cure fut longue, non par la faute d'un mal prompt à guérir, mais parce que tout le monde trouvait son compte à la prolonger.

Ma mère ainsi libérée chercha du travail et contracta des engagements d'une journée par semaine dans cinq ou six maisons différentes. Elle obtint vingt sous par jour pour faire les lavages et les gros travaux à condition de s'occuper du six heures du matin à sept heures du soir. Le repas de midi me fut délivré avant le départ pour l'école : il consistait désormais en un bloc de pain bis, que je taillais dans la tourte selon mon appétit probable, et trois morceaux de sucre ou un morceau de fromage suivant les provisions disponibles dans la maison.

Ce genre de vie eut pour conséquence l'école buissonnière : je commençai par esquiver l'étude du soir. Mes absences remarquées par le Tragique exigèrent des explications qu'il fallut prouver par un billet des parents. Ma mère ne sachant pas écrire, le Frère exigea une pièce

* Pommes de terre.

128

portant une signature, fût-ce celle d'une voisine. J'y pourvus par mes propres moyens et m'initiai à l'art du faux en écritures ; dès le premier jour, j'obtins des résultats satisfaisants.

Grâce à cette façon d'arranger les choses, je pouvais manquer, non seulement l'étude mais la classe. Le Frère Armand perdit sa victime plusieurs jours par semaine. Libre à partir de six heures du matin, je pus errer dans la campagne pendant des journées entières, entreprendre de longues randonnées et apporter au Mailloche un concours fort utile. Grâce à mes services, la réserve d'écrevisses du ruisseau de Saint-Pierre — où la pêche était interdite en tout temps — fut complètement tarie par le bonhomme qui en prit jusqu'à cent douzaines par jour. Comme tout braconnier, le Mailloche était un taciturne et l'on pouvait passer avec lui une journée sans que dix paroles fussent échangées. Souvent, lorsqu'il fallait porter dans une direction choisie mes efforts de surveillance, il me l'expliquait d'un simple geste.

Posté en sentinelle dans le creux d'un grand saule, l'œil et l'oreille aux aguets, je pouvais cependant l'admirer coulant à travers le treillis de noisetiers, l'épervier aux mailles fines étendu sur son épaule à la manière d'une pèlerine. Arrivé au point qu'il avait repéré, il le lançait d'un mouvement brusque de tout le corps qui lui faisait décrire un cercle quasi complet. Le réseau, adroitement développé, tombait en un « floc » dont le bruit s'entendait de loin.

Un jour, je réussis à le prévenir de l'arrivée des gendarmes alors qu'il s'apprêtait à jeter l'épervier dans un trou fort peuplé du côté des Trois Chênes. Il apprécia ma collaboration et me donna rendez-vous pour une délicate opération dans le ruisseau de Mival. Il y prit des truites que les bourgeois de la ville payèrent trente sous la livre.

J'appris à circuler comme lui, le long des rives, sans bruit ; à repérer des cachettes introuvables pour d'autres que les initiés. A vrai dire, mon butin se limitait le plus souvent à quelques têtards ; mais je réussis de temps à autre à capturer une loche. Je n'en étais pas peu fier.

Dans les champs sans clôture, je pouvais à mon gré me repaître de fruits tombés. Je ramassais des cerises à demi desséchées, quelquefois partiellement enterrées par une pluie récente, que j'avalais avec gangue et noyau. Mon système digestif bien entraîné se souciait peu des laborieuses défécations qui s'ensuivaient. Mais je ne dis pas l'essentiel : ces vagabondages répétés me donnèrent un nouveau goût de vivre. J'ai gardé de ces jours le souvenir d'un bonheur jamais entrevu jusqu'alors.

Le jeudi, j'allais régulièrement à Montsimon, donnant pour raison qu'il était bien plus utile de venir aider la Grande que d'aller à la promenade user mes sabots en pure perte sur les pierres des chemins. Ma mère, au courant de ces visites, ne s'inquiétait pas de mes rentrées tardives.

Devenu peu craintif, je ne redoutais rien des grands bois, même lorsqu'il faisait nuit. Le Grand m'avait aguerri de bonne heure en affirmant à tout propos que je n'avais peur de rien.

Je n'avais pas encore sept ans qu'il me confiait des missions nocturnes :

— Eh ! Toinou, avant de te coucher tu pourrais peut-être aller voir la truie à côté du prunier que j'ai planté l'an passé. Y a une fouine qui doit passer par là et j'ai mis le piège. Je me demande s'il n'y a rien qui a bougé...

De telles missions n'étaient pas sans danger. Il fallait longer la haie d'où s'échappaient des tas de bestioles. La lune formait sur le chemin des ombres inquiétantes et surtout, je devais me mettre à genoux près du piège au risque de me faire mordre par une bête qui, si elle n'était prise que par une patte, pouvait être redoutable.

Après la soupe, je bavardais avec le Grand ; il travaillait fort tard à une tâche supplémentaire. Il achevait, par un vernissage poussé, le lit et l'armoire qu'il devait à mes parents et qui constituaient, comme on sait, la dot de ma mère.

Ainsi la nuit était tombée depuis longtemps que nous étions encore sous le manteau de la cheminée, discutant histoire, sciences ou technique. Enfin, le Grand se levait :

— Je vais te faire une *brande*.

Il partait vers la grange et revenait avec une botte de paille de seigle.

Les longues tiges étaient disposées tête-bêche et serrées par des liens de paille de manière à former un faisceau cylindrique, long d'une bonne toise et gros comme ma cuisse. Après avoir lampé un dernier bol de lait, j'étais accompagné au bout du grand pré.

Là, nous reparlions de l'itinéraire que je devais suivre à travers champs, des serves dans lesquelles il serait dangereux de tomber, des coins marécageux où il ne fallait pas s'embourber. Enfin, le Grand allumait la brande que je mettais à l'épaule comme un soldat son fusil. On s'embrassait une dernière fois et je partais au pas de course.

Je gagnais les fonds en franchissant les rigoles et remontais l'autre pente puis, en obliquant à gauche, gagnais la Versin.

Parvenu au faîte, à l'entrée du chemin qui tourne par une descente derrière le bois de la Garde, je brandissais ma torche qui perdait là son premier anneau de paille. Le vieux me répondait par un large balancement de sa lanterne et sa voix lointaine me parvenait à travers la nuit :

— Ho ! Ho ! Ho... o... o !

Je répondais par le même cri. C'était le dernier adieu.

Je repartais en courant et les chiens du Glaude, le grangier du notaire, me saluaient en aboyant à grande distance. Sans m'en soucier, j'allais à travers landes, prés et labours jusqu'à la grand-route où je soufflais un brin. Après cet arrêt, je la franchissais pour m'engager dans la traverse qui, abrégeant le parcours d'une demi-lieue, descendait tout droit vers le tournant de Saint-Pierre. Le sentier, que l'érosion avait encombré de galets, était aussi praticable que le lit d'un ruisseau par temps de sécheresse et j'y trébuchais çà et là. Quelquefois, je roulais, les quatre fers en l'air, perdant mes sabots, me blessant aux genoux et aux mains.

J'activais alors la flamme de ma brande, retrouvais mes chaussures et repartais de plus belle, plus content de mon courage qu'affecté de mes éraflures.

Enfin, épuisé, le cœur battant, j'arrivais sur le grand

pont. Ma brande à peu près consumée, lancée dans le vide, éclairait d'une dernière lueur les trois arches et l'eau noire où sans bruit elle s'engloutissait.

J'apercevais, proches, les becs de gaz qui éclairaient les abords de la gare. J'avais accompli en une demi-heure de tels efforts que je n'avais pas eu le temps d'avoir peur. Je m'étais conduit en garçon vaillant ; le Grand serait fier de moi.

Le vieux malin savait bien que la peur disparaît dans l'action et que, préoccupé de marcher assez vite pour faire le voyage avant l'épuisement de ma torche, je n'aurais pas le loisir de penser aux frayeurs que la nuit et le voisinage des bois font naître dans l'esprit d'un enfant.

VII

LE NAUFRAGE DES BAUDOUIN

Grâce à mes vagabondages, j'atteignis des sites de plus en plus éloignés.

Je faisais des progrès rapides dans la connaissance de la topographie du canton en étudiant la carte d'état-major que le libraire du boulevard exposait en vitrine. Je me risquai sur le sommet du roc de la Volpie et, de là, j'aperçus le Puy de Dôme.

Je goûtais une satisfaction puissante à étendre ainsi mes connaissances. D'autant plus que les tentatives faites auprès de mon père pour obtenir des renseignements étaient sans espoir. Depuis la naissance du Damien, je n'étais pour lui qu'une gêne.

Un jour, je lui avais demandé :

— Où c'est que c'est Tirevache ?

Il m'avait répondu :

— C'est à gauche, en entrant.

Toute question posée entraînait une réponse du même ordre. Ainsi, lorsque je voulus savoir qui avait planté le noyer sur le bord du chemin de la Visseyre, j'avais obtenu :

— C'est mon cul !... Portez armes !

Et un mousqueton fictif avait été manœuvré selon les gestes réglementaires.

S'il voulait être particulièrement poli, il me répondait avec une feinte suavité :

— Si on te le demande, tu diras que t'en sais rien.

C'est ainsi que, de bonne heure, j'appris à ne rien réclamer de l'expérience paternelle.

Par mes propres moyens, j'appris donc à situer avec l'aide de la carte tous les villages dont j'avais entendu parler.

Un beau matin, de bonne heure, j'aboutis à Tirevache où je fis la connaissance du Baudouin qui éclaircissait un carré de raves. C'était un grand sec à la moustache tombante. Ses yeux clairs me plaisaient.

— Et où c'est donc que tu vas par là, mon bonhomme ? demanda-t-il.

— Je vais voir dans les bois par là-haut s'y a bientôt des airelles. Quand ça sera le moment je viendrai en ramasser pour que ma Grande en fasse une *pompe* * quand elle mettra le levain.

A toute question, je savais fournir une réponse, généralement fausse mais précise.

— Tu as de l'avance, observa le Baudouin, elles sont juste fleuries !

J'admis le fait sans discuter :

— C'est pas la peine que j'aille y voir, alors. Je pourrais peut-être, puisque j'ai rien à faire, te donner un coup de main ?

— Y a de la place, accepta l'homme.

Je me jetai à genoux dans le champ et m'employai avec ardeur. Mes petites mains besognaient rapidement, extirpant les racines en excès que je disposais en petit tas. Non sans malice, j'exagérais l'allure, battant de vitesse le Baudouin. Il verrait bien, celui-là, que je n'étais pas un feignant.

A la pause, le Baudouin me fit boire à la régalade un filet d'eau aromatisée de vinaigre. Le jet sortit du bec de la cruche vernissée, déborda de ma bouche et s'engloutit par l'échancrure du col. Il m'inonda le ventre et coula jusque dans mes sabots.

L'homme voulut faire connaissance.

— Je suis le petit-fils du grand Damien, de Montsimon.

* Tarte aux fruits cuits entre deux feuilles de pâte de froment beurrées.

Je tirais de cette origine beaucoup d'honneur.

— Tiens donc ! tu es le petit-fils du Damien, du Gali-bardi ? Il avait deux filles le Galibardi. Es-tu le gars de la Marie ou celui de la Nanette ?

Il apprit avec plaisir, me sembla-t-il, que j'étais le gars de la Marie.

— Celle qui a pris le Jean de Germanangues, qui jouait de l'accordéon ? Je l'ai entendu souvent chanter *Les Blés d'Or*. Je sais qu'il avait pris en métayage la borie de la Masse. Vous êtes toujours à la Masse ?

— On n'est plus métayers, répondis-je.

Et je lui expliquai que mon père travaillait à la « scie » dans la forêt d'Eu.

— Et comme ça, toi tu restes avec ton Grand, à Montsi-mon ?

J'avais décidé d'être tout à fait sincère :

— Non, je suis à la Masse et je vais à l'école chez les Frères, jusqu'à ce que je soye en âge d'être loué. Le Frère Armand y me bat tout le temps et je vais plus en classe que quand il pleut, maintenant. Je vois du pays et des fois je donne un coup de main à ceux qui travaillent. On n'y apprend rien à l'école, le Frère embrasse le Valentin, y fait que ça tout le temps.

— *A-be ! Tü n'en saubräs toudjour prou pé iclhardji lä rabä* *, dit le Baudouin qui, en bon paysan, ne s'étonnait de rien.

Une silhouette de paysanne apparut, dépassant le mur d'un enclos :

— Bedoin !... Aoooo Bedoin !

— C'est ma femme, la Nanette, dit l'homme. Elle a fait la soupe et tu vas la manger avec nous. Ça serait malheu-reux de te laisser partir maintenant que tu as fait mon travail. Aimes-tu le miel ?

Je n'avais jamais mangé de miel, mais j'en connaissais, par ouï-dire, toutes les qualités.

— Tu en mangeras à ton aise, poursuivit le Baudouin. Nous avons cinq ruches et le miel ça vaut rien pour les

* Bah ! tu en sauras toujours bien assez pour éclaircir les raves.

grands, ça leur fait tomber les dents. Elle connaît ta mère, la Nanette, elle était avec elle au tissage de M. Villadères.

Toujours à son poste, la femme nous regardait venir, abritant ses yeux, contre une lumière trop vive, par l'écran de ses mains disposées en abat-jour.

— Té ! Nanette, c'est le petit de la Marie, la fille du Galibardi, de Montsimon. On le bat à l'école et il aime mieux voir du pays. Trempe-lui la soupe, c'est vaillant comme une abeille. Il avance plus que moi.

La Nanette, la femme du Baudouin, était une grande créature au visage criblé de taches de son, dont les yeux bruns n'étaient pas ceux d'une « paysante ».

Quand le Baudouin était parti pour la journée vers quelque tâche lointaine, je lui tenais compagnie et nous allions ensemble garder les vaches.

Mais je préférais rester avec l'homme qui faisait mon admiration. Sa haute taille, ses gestes souples et précis me transportaient d'aise ; mon adolescence percevait là une grave beauté qu'elle ne pouvait expliquer ni décrire, qu'elle n'eût même osé affirmer.

Je le revois à la période d'arrachage des pommes de terre. Sans un temps d'arrêt, l'homme levait son croc, le lançait avec tant de force qu'il s'enfonçait jusqu'à la douille dans la terre maigre, tirait à lui la lourde motte, s'emparait de la touffe et continuait le mouvement par une traction de la main gauche sur les fanes, si parfaitement mesurée que le bloc friable venait tout entier. D'un coup sec, il le pulvérisait sur son sabot et les tubercules se rangeaient nets et propres, continuant le long alignement qui se répétait de sillon en sillon d'un bout à l'autre du champ.

Avec le râteau de bois à double rangée de dents, je groupais les fanes sèches puis, prenant la fourche, j'en faisais de grands tas que j'allumais, heureux d'être l'auteur de toute cette fumée.

Ensuite, je m'affairais au ramassage. Je remplissais des paniers et des paniers, je les mettais en sacs qui restaient derrière moi à intervalles réguliers. Pour les lier, j'appelais au secours.

— Hé ! Baudouin, viens m'aider !

Je devenais le directeur des travaux ; le Baudouin « ensachait », soulevait le sac pour le laisser retomber sur le sol deux ou trois fois, rassemblait en touffe serrée l'ourlet de grosse toile et je faisais une ligature solide, passant sous les grosses mains calleuses comme je n'en vis jamais de semblables.

La maison du Baudouin ressemblait à celle du Grand. La grange s'ouvrait, en plein centre du long bâtiment couvert en chaume, par une porte charretière aux vantaux ornés de squelettes emplumés : deux chats-huants que le Baudouin avait cloués là successivement, à plusieurs années d'intervalle.

Dans la cour, enclose de murs de pisé croulants, et fermée par un *pourtou** rustique, s'étalait une serve aux eaux noires, ornée d'une parure d'asticots grouillants que la volaille attaquait sans répit.

Le logement était, selon l'habitude, un réduit pris sur l'ensemble. Il était bordé d'un côté par le mur mitoyen qui le séparait de l'écurie des Besse. Du côté de la grange, la limite était peu précise, formée d'un empilage irrégulier de planches et d'objets hérétoclites parmi lesquels se remarquaient un immense chaudron en fonte pour la lessive et une grande scie de long, toute montée, qui présentait, à hauteur de mon visage, une puissante denture.

Au-delà de ce barrage se devinait un talus irrégulier qu'il eût suffi d'escalader pour aboutir de plain-pied sur l'aire de la grange.

Dans l'unique pièce, c'était l'ameublement habituel des paysans pauvres de la montagne.

La maie occupait la partie centrale, encadrée par deux bancs très lourds. Là, tous les mois, la Nanette « mettait levain » ; le lendemain, le Baudouin chauffait le four et, le soir même, une douzaine de tourtes, lourdes comme du plomb, venaient s'aligner sur la *suspente*** accrochée aux poutres du plafond. De l'autre côté de la maie, se tenait le dressoir dominé par le moulin à sel, pièce considérable

* Petite porte.
** Sorte d'étagère.

taillée dans un bloc de granite qui devait bien peser dans les cinquante livres. Vers le fond, du côté de la cheminée, une sorte de cage, en planches vermoulues et disjointes, dont les panneaux à coulisse, généralement ouverts, laissaient voir l'intérieur : l'alcôve du couple. Draps et couvertures étaient jetés pêle-mêle sur l'inévitable paillasse en balles de seigle.

La vie des Baudouin était organisée selon des règles strictes. L'homme commandait et n'admettait pas de réplique. Quand il lui plaisait de ressasser ses histoires avec les maudits voisins, la Nanette écoutait sans mot dire ; la parole lui était rigoureusement refusée. C'est pourquoi ma venue fut pour elle un bienfait très apprécié :

— C'est pas un méchant homme, le Baudouin, m'expliquait-elle souvent. Il est seulement un peu « ourse [1] ». Je peux lui raconter rien sans qu'il me dise que je lui casse la tête en lui répétant toujours la même chose. On dirait qu'on s'est dit tout ce qu'on avait à se dire, avant de se marier.

Elle m'entretenait de son petit, le Glaude, qu'elle avait perdu voilà bientôt deux ans.

— Il était fin, fin comme une abeille. Il est mort de cette maladie que j'ai jamais pu me rappeler le nom. Il est mort en regardant ses mains comme s'il les avait jamais vues. C'était une « mélingite » cette maladie, je me le rappelle maintenant. Quand le Glaude est venu au monde, y a quelque chose qui s'est cassé dans mon ventre.

Cette déclaration de quelque chose de cassé dans le ventre de la Nanette me faisait terriblement rougir. Ma pensée se portait bien malgré moi vers ce que m'avait soufflé le Redon sur la naissance des enfants. Je m'en trouvais bien plus gêné que de voir la bonne femme, prise subitement d'un désir naturel, soulever légèrement ses jupes et lâcher verticalement un torrent d'urine bouillonnant entre ses deux sabots. Mes yeux n'étaient nullement portés à fuir les spectacles dont j'avais l'habitude. Ce que me

1. Déformation populaire pour " ours ".

suggérait en revanche la naissance des petits était pure abomination.

Je fus mis au courant du conflit qui opposait les Baudouin à leurs voisins, les Besse.

— Ils sont riches et voleurs. C'est de véritables *jasses* *. Ils se lèvent la nuit pour détourner l'eau de notre pré quand c'est venu notre tour de la prendre. C'est toujours la même chose, Toinou, toujours les gros chiens qui mangent les petits. Heureusement qu'il y a l'Ugène qui va bientôt faire son service. Ça en fera toujours un de moins de ces brigands. Si des fois, y pouvait y crever...

Le budget de la maison m'était expliqué par le menu.

Les deux vaches, l'une rousse et l'autre pie, la chèvre Moute, la chienne Mourette et la truie qu'on tuerait l'hiver prochain formaient le groupe des quadrupèdes dont la vie était intimement liée à celle des Baudouin. Les vaches suffisaient aux labours, faute de mieux ; elles donnaient un peu de lait auquel venait se mélanger celui de la Moute et fournissaient la force indispensable pour les charrois. Grâce à cette collaboration, le couple arrivait à vivre.

— Quand je porte au marché une motte de beurre, ça me fait à peu près dans les quarante sous. Avec ça, je peux acheter du fil, des aiguilles, des allumettes, un peu de sel et de vinaigre et mettre quelques sous de côté pour quand il me faut un tablier pour moi ou une blouse pour le Baudouin. Si seulement on avait quelques œufs... Des fois, ils valent dix sous la douzaine. Mais ces garces de poules sont *enrabinées* **, elles les perdent tous. Quand je les trouve, souvent y sont plus bons qu'à mettre dans la pâtée du cochon. Si je pouvais mettre la main sur un bon nid, Toinou, j'achèterais un peu de sucre et de café et je pourrais t'en faire, une fois en passant. C'est bon ! Mais c'est si tellement cher !

Un jour, le veau de la Galaude, la meilleure vache des Baudouin, se mit à mal tourner. Il vomit, foira, dépérit en

---

* Pies.
** Enragées.

un rien de temps et creva sans rémission. C'était bien malheureux pour les pauvres gens qui comptaient en faire un peu d'argent pour payer la taille. Le percepteur, hélas ! n'était pas homme à se contenter d'explications. Il fallut chercher des ressources.

— Faudra tomber du bois pour faire des buttes, me dit la Nanette. Le Gueurand en achète pour Saint-Etienne où on s'en sert dans les mines. Ça nous fera quelques sous pour voir venir, on en a tant besoin. Le Baudouin compte bien que tu vas l'aider. Mon pauvre Toinou, tu es pas bien *enflé* *, mais si vaillant et de si bon service ! C'est qu'on va tout avoir à faire en même temps : et le foin, et les pommes de terre qui demandent à être piochées ; et notre bois, là-bas, dans le fond, vers le ruisseau, au-dessous de Gratadour, qu'il va falloir sortir avec des cordes.

J'allais avec le Baudouin dans le ravin dont les pentes, par places, devenaient pour nous de vrais escarpements. L'homme abattait les pins et je les ébranchais, dégageais le fût et préparais les tas de menus bois dont nous ferions les fagots. Il fallait les faire petits, sinon ils pourrissaient et se refusaient au feu. Et c'était grand dommage, on avait bien besoin de feu, en hiver, à Tirevache.

Souvent, il fallait abandonner ce travail et courir au plus pressé, aller sauver les pommes de terre menacées par les herbes voraces qui prenaient le bon fumier. Je participais avec rage à cette hâte, je vivais comme de l'intérieur ces grandes inquiétudes qui pressaient mes amis, jusqu'à les poursuivre dans leurs rêves transformés en cauchemars. J'oubliais tout : l'école, le Frère Armand et mes parents ; j'oubliais mon frère, le Damien, et même Montsimon, pour sauver les Baudouin. Mes petites mains s'alourdissaient, se couvraient d'ampoules ; celles-ci crevaient sous les efforts et faisaient place à des callosités que je rongeais à belles dents lorsque j'en avais le loisir. On courait défendre le foin que la pluie mettait en péril, on courait défendre les pommes de terre parmi lesquelles l'ivraie montait ; on

* Gros.

140

courait faire du bois qu'on vendrait pour payer le percepteur.

Sur les quatre heures, la Nanette arrivait, toute suante. Elle apportait le pain et le fameux *gâperon,* cône vaguement crémeux, recouvert d'une mince pellicule fermentée, que les paysannes de chez nous obtiennent en sous-produit de la fabrication du beurre. Elle apportait aussi la cruche brune, veinée de bavures vitrifiées. Là était cette eau si fraîche de la Font-des-Bois, que la Nanette était allée chercher bien loin, pour les hommes, et qu'elle avait ensuite raisonnablement acidulée par l'addition d'un filet de vinaigre.

Sans dire mot, nous faisions une pause à l'ombre des pins et, le regard fixé vers un lointain inaccessible, je rêvais d'un avenir proche où, sans obligations envers quiconque, en travaillant dur, le plus honnêtement du monde, je gagnerais mon pain.

Le Gueurand, le marchand de bois, visita les buttes. Il vint jusqu'à Gratadour dans sa petite voiture à deux roues ; de là, il poursuivit à pied jusqu'au dépôt, examina les troncs et affirma qu'ils ne se conserveraient pas. L'homme d'affaires se refusait à faire un prix. La marchandise ne l'intéressait pas, sinon peut-être pour l'année suivante, et, d'ici là, on avait le temps de voir. Il avait justement « tout plein » la gare de buttes et les mines rechignaient à prendre livraison.

A contrecœur, semblait-il, il se laissa entraîner jusqu'à la maison du Baudouin et la cruelle discussion s'engagea entre ces pauvres gens qui devaient vendre à tout prix et le spéculateur qui escomptait leur misère. Un papier fut rédigé et le Gueurand versa cent francs. En contrepartie, le bois devait être livré en gare, à la demande de l'acheteur, faute de quoi il serait dû par le Baudouin une somme très supérieure à celle qu'il avait touchée.

Nous avions méthodiquement dégarni le bien de mes amis et trimé comme des forçats pour la réalisation de cet actif nettement inférieur à zéro. Certes, le Gueurand prenait le bois et versait cent francs... pour un charroi qui en valait cent cinquante. Le percepteur fut payé et la Nanette acquit, le jour même, un tablier à carreaux et un peu de café. Il y eut quelques jours d'apaisement, accalmie avant la tempête qui ruina les Baudouin et les engloutit à jamais.

Les eaux courantes qui descendaient de la Font-des-Bois, détournées par le grand fossé longeant le haut des prairies, étaient la cause d'un litige toujours ouvert entre les Baudouin et les Besse. Ces eaux devaient, par alternance, irriguer l'un et l'autre fonds et, par des rigoles taillées en déversoir, féconder les prairies dont le foin serait la subsistance d'hiver pour un bétail d'une voracité décourageante.

Un jour, la Nanette me dit, à travers les larmes qu'elle ne cherchait pas à contenir :

— On ne peut pas les prendre, les cochons ! La nuit, ils viennent enlever les mottes et nous, on n'a pas d'eau. C'est tout sec quand vient le matin et que c'est le moment de laisser travailler le soleil. Notre pré est raide comme une merluche et chez eux, on enfonce à pleins sabots. C'est juste ça, Bon Jésus ?

En vérité, c'était là pour les Baudouin une question de vie ou de mort. Si la malice des Besse n'était pas déjouée à temps, le pré de mes amis jaunirait en deux jours et prendrait un retard que rien ne pourrait rattraper. La récolte de dix chars tomberait à huit, voire à six. Dans ce cas, les vaches du Baudouin connaîtraient la famine, perdraient leur lait et de longues semaines se passeraient sans aller au marché, sans qu'il rentre un sou dans le ménage, sans même un peu de gâperon pour tartiner le pain noir.

Tout cela parce qu'ils étaient sept, chez les Besse. Ils pouvaient se relayer et carotter ce qu'ils voulaient. Dès que le Baudouin avait le dos tourné, les saligauds enlevaient les mottes et ne laissaient plus l'eau passer.

Les disputes se multiplièrent et je me tins près de mes amis, vociférant avec eux les injures les plus atroces reléguées dans le tréfonds de mes souvenirs.

Les groupes ennemis se bombardaient à longue distance de paroles violentes qui s'achevaient en menaces de mort. Tous ensemble, nous donnions de la voix dans un tonnerre de discordances.

— *Salaupariô ! Gronlou* * *!*
— *Boudjà te d'atï, grossà troià, vélhlà putà* ** *!*

La pauvre Nanette était prise à partie, et moi-même j'étais mis en cause.

— Tais-toi, vieille garce, hurlait la Besse. Depuis que le facteur vient plus te voir, tu t'amuses avec un gamin. On verra ce qu'ils en pensent les gendarmes !

La Nanette suffoquait sous l'insulte. Pendant un instant, elle devait abandonner. Le Baudouin maintenait la position en accusant l'ennemi d'un meurtre fictif :

— Si tu parlais de ta belle-mère, assassin ! On sait comment tu la soignais, cette pauvre vieille, avec de la digitale que tu allais couper la nuit pour lui faire sa soupe ! On te le coupera le cou, assassin !

De mon côté, je m'étranglais littéralement à hurler, outre-passant la puissance réelle de ma voix de fausset :

— *Foumarei ! Facà a pompä là merdà* *** *!*

Les hommes se défiaient, parlaient de décrocher les fusils.

— Allez, feignants ! Chiche ! Allez-y et moi je prendrai le mien. On verra qui c'est qui tire le mieux !

Ces menaces ne s'accompagnaient point de voies de fait. Au bout du compte, chacun rentrait chez soi, aphone, épuisé.

Je contractai à l'égard des Besse une haine avide de sang. Je les vouai à des tortures compliquées puisées dans la nomenclature et la documentation fournies par mes pieuses lectures. Je les sciai entre deux planches comme certain roi le fit du prophète Manassé. Je les bouillis, les écorchai vifs comme Antiochos le fit des sept frères Maccabées. Pendant les heures de route entre Tirevache et la ville, je passais la revue des supplices endurés dans la suite des âges par de pieux chrétiens abandonnés à la gloire du martyre entre les mains d'empereurs cruels, de huguenots fanatiques ou de sans-culottes vomisseurs de vinasse.

---

* Pourriture ! Mendiants !!
** Va donc, grosse truie ! Vieille pute !
*** Fumiers ! Faces à pomper la merde !

Lorsque ces sanctions imaginaires, longuement ressassées, m'amenaient à constater que la force souveraine nécessaire à leur exécution ne me serait sans doute pas donnée de sitôt, j'envisageais quels maux réels je pourrais bien causer à nos ennemis par mes propres moyens.

L'incendie de leur bien me paraissait d'une réalisation facile. Il suffirait d'enflammer un bouquet d'allumettes de contrebande et de l'envoyer dans leur grange par une belle nuit.

Malheureusement, la proximité de l'héritage des Baudouin me donnait les meilleures raisons de croire que mes amis ne seraient pas épargnés. En moins d'une heure, avant même que les pompiers soient avertis, tout brûlerait chez les Baudouin comme chez les Besse.

L'idée de l'incendie était à retenir cependant. Après les moissons, on pourrait, sans inconvénient pour les Baudouin, flamber en plein champ toute la récolte des Besse. Allumer, une même nuit, toutes les meules de seigle !... Le vallon en serait illuminé !... Le coup d'œil vu d'en-haut, sur la crête, serait magnifique ! J'y pensai sérieusement. Après, j'irais me jeter dans le Grand Creux où le Mailloche repêcherait mon cadavre.

— Tiens ! dirait-il, c'est le Toinou !

Naturellement, je serais damné, mais ma pauvre vie faisait prévoir ma damnation à terme plus ou moins éloigné. Le Bon Dieu donne ce qu'il veut à ceux qu'il aime : l'argent, la considération, la gentillesse. Lorsqu'ils meurent, on établit un cordon de prêtres et de religieuses pour empêcher le Diable d'approcher. Il y a même de l'eau bénite. Moi, je mourrais par les chemins ; mon père avait, disait-il, de bonnes raisons de le craindre.

Et quand on en a pour l'éternité, que peuvent faire quelques années de plus ou de moins ?

Soudainement, avant l'époque que je m'étais fixée, le drame éclata, et les journaux du pays écrivirent, en lettres imprimées, le nom du Baudouin.

Cette nuit-là, le Baudouin sentit qu'il ne pourrait dormir. Pas d'issue qui n'eût pour conséquence leur perte irrémédiable : l'abandon de ce lieu où les ancêtres avaient passé leurs jours ; de cette maison d'où étaient parties des générations d'hommes et de femmes qui avaient essaimé vers d'autres villages ou s'étaient perdus dans les villes. Nul n'eût pu dire que l'un quelconque de ces Baudouin de Tirevache avait connu la prison ou l'hôpital. Avant d'en arriver là, coupable ou malheureux, il avait pris soin de brouiller la moindre de ses traces.

Pour lui, le Baudouin, l'aîné et dernier possesseur de ce petit bien, l'abîme s'était creusé et sa profondeur imaginaire l'épouvantait à mort. Il ne pourrait nourrir ses bêtes faute de foin. Il faudrait partir, traîner la besace, côtoyer le bien d'autrui, aller sans savoir où, mendier du travail comme le Bourdane ou le Rabaud mendient une croûte de pain. Eh bien, soit ! Il tomberait, mais non sans vengeance. L'idée prit sa forme définitive. Il pensa que l'un des Besse, il ne savait lequel, vivait sans doute les heures suprêmes de son dernier jour.

Il se leva sans bruit et sortit pieds nus. Il gagna le couadou et prit son *taille-pré,* pioche au fer large et lourd dont la tête est surmontée d'une oreille tranchante comme une hache.

Tard dans la nuit, la Nanette se réveilla. Sans inquiétude d'abord, elle pensa que le Baudouin était allé voir la cause de quelque bruit survenu dans l'étable. Prêtant l'oreille, elle écouta longtemps dans un silence que rien ne troublait.

Tout à coup, le chien des Besse hurla à mort. Derrière la porte, le Bazaine répéta le cri, et le cœur de la femme se serra. Elle craignit un malheur.

Elle alluma sa bougie, ses yeux tombèrent sur les sabots du Baudouin, sur le gilet abandonné à l'extrémité du banc serré le long de la maie. En hâte, elle s'habilla et, prise de frissons, alluma le feu. La crainte que son homme fût allé se pendre prit corps. Elle s'assit et se mit à pleurer.

Après avoir allumé la lanterne aux vitres de corne, la Nanette parcourut la grange et l'étable. Sous le couadou, elle trouva intactes les longes de cuir qui servent à fixer le joug sur la tête des vaches. C'est là l'outil nécessaire auquel pense d'abord tout paysan pressé de se pendre. Elle revint près du feu, faiblement rassurée.

Durant des heures, la pauvre femme appela son compagnon d'une voix lasse. Elle avait toujours et tellement compté sur lui pendant ces années communes !

— Oooo ! Bedoin !

Puisqu'il ne s'était pas pendu, il avait dû aller vers la rivière. Il y a le *gour* * de la Roche qui est l'endroit le plus favorable pour se noyer. L'eau entraîne le cadavre dans une cave creusée dans le granite et le renvoie tout gonflé au bout de deux ou trois jours. Instinctivement, elle balbutia des prières pour le salut de son âme.

Personne à qui demander consolation dans ce village d'ennemis.

Il y avait quatre heures de chemin pour aller au gour de la Roche, en marchant bien et en plein jour. Il faudrait longtemps pour faire la route de nuit, par des sentiers que le Baudouin ne connaissait pas. A certains moments, elle se reprenait à espérer.

Pourvu qu'il pense à elle, seulement quelques secondes... Bon Jésus ! Si ça pouvait le faire changer d'idée !

Au petit jour, l'Ugène de chez les Besse ouvrit toute grande la porte de la maison et s'avança, hagard, les yeux exorbités. Il poussa le canon de son fusil dans le ventre de la Nanette :

— Assassins, cria-t-il d'une voix rauque, assassins ! Où est-il que je le tue !

Derrière lui, le père Besse clamait :

— Les deux coups ! Fous-lui les deux coups et le manque pas !

C'en était trop pour la malheureuse :

— J'ai senti, me dit-elle plus tard, que quelque chose se cassait dans ma tête ; je suis tombée raide et je n'ai su la chose qu'après, bien longtemps après...

Le lendemain, par le plus grand des hasards, j'étais à l'école. La nouvelle, venue de l'extérieur, gagna la cour pendant la récréation de onze heures.

* Trou profond dans le lit d'un torrent, d'un ruisseau.

Je vis tout à coup une foule de camarades se ruer vers moi en poussant des clameurs :

— Assassin !... Assassin !...

Affolé, je rompis le cercle et me précipitai vers la sortie, courant à toutes jambes.

Devant chez le Tort, du côté de la ville, je rencontrai le Chimique qui était un homme bien informé.

— Tu le connais le Baudouin de Tirevache, tu le connais, hein ?

Il m'était impossible de renier le Baudouin.

— Eh bien, il a tué le Pierre de chez les Besse. Il est descendu avant le jour à la gendarmerie pour se faire emboîter. Ils sont en train de faire l'enquête, maintenant. Il paraît même que c'est du joli travail. Ça m'étonnerait pas qu'on lui coupe le cou, à ton Baudouin.

J'imaginai la guillotine à la porte de la gendarmerie, haute comme une maison, avec son triangle rouge de sang et, devant, les yeux levés vers le couteau, le Baudouin entre deux gendarmes !

Je participais à l'infamie du Baudouin, cela ne soulevait pas même l'ombre d'une objection. Une sentence sans réplique réglait toute l'affaire :

— Dis-moi qui tu fréquentes, je te dirai qui tu es !

L'âme en peine, j'allai sur le bord de la rivière, accablé comme un criminel revivant les phases d'un récent forfait.

Je rencontrai le Mailloche près de l'entonnoir où il jetait l'épervier. Bien que peu bavard, l'homme ne put s'abstenir de parler du fait du jour. Par lui, je connus les détails :

— C'est du beau travail qu'il a fait, ton Baudouin, me dit-il. Il a guetté son homme et te l'a foutu par terre d'un bon coup de taille-pré. Mais sais-tu le plus beau ?

Je dus avouer que j'ignorais « le plus beau ».

— Eh bien, il l'a complètement démembré, le gars des Besse. Il lui a coupé la tête, les bras, les jambes et tout et tout. Ce matin, il paraît qu'y en avait dans tous les coins du village où c'est que les chiens les avaient emportés. Il paraît qu'y a pas encore le compte ; on est en train de chercher ici et là pour qu'on puisse emporter le tout à l'hospice, dans la barcelle. Du coup, la femme du Baudouin est « venue » folle. On l'a emmenée ce matin.

Par la rumeur publique, ma mère eut connaissance et du crime et de mes relations avec le Baudouin. Sans tarder, elle courut à l'école d'où je venais de fuir quelques instants plus tôt. Là, le Frère Armand la mit au courant de mes absences solidement motivées par des billets qui « n'étaient pas de mon écriture ». Le Frère le certifia formellement.

Elle regagna la maison où, selon toutes prévisions, je ne manquerais pas de me présenter à l'heure de la soupe. Elle se trompait. En l'état actuel des choses, je n'avais pas la moindre envie de manger sa soupe. Ma mère passa l'après-midi dans une attente angoissée. Son inquiétude grandit, mais sans pour autant user sa colère.

Quand je me présentai la nuit venue, elle me tomba dessus sans préambule, à bras raccourcis, se meurtrit cruellement les mains et me fit saigner du nez. Ce n'était pas terrible, car les coups du Frère Armand m'avaient supérieurement entraîné et j'étais capable « d'encaisser comme pas un » ; je subis donc sans me plaindre, comptant sur un épuisement qui ne saurait tarder. Les nuances des clameurs maternelles me permettaient de mesurer justement les progrès d'un essoufflement rapide.

— Mandrin ! Grand mandrin ! Je te mènerai aux gendarmes demain. Tu iras dans une école de correction et je serai débarrassée. Je pourrai me mettre servante dans une maison sans être gênée par un mandrin qui m'en fait voir comme les pierres du chemin !

Cette manière d'en finir avec ma condition actuelle me parut satisfaisante lorsque je la considérai quelques instants plus tard. Mon lit trop court imposait à ma personne s'allongeant de jour en jour une double courbure en S favorable aux méditations nocturnes. Les crampes qui résultaient de cette position étaient un constant encouragement à la satisfaction de besoins naturels qui m'appelaient sur le seuil de la porte où j'allais grelotter un instant pour uriner. Nul réceptable n'était prévu à l'intérieur de notre pauvre maison.

C'est ainsi que les nuits qui me paraissaient bien courtes une année plus tôt se coupaient maintenant de périodes de veille me permettant d'en apprécier la durée.

A l'école de correction, je serais très certainement battu, mais j'espérais une certaine uniformité de traitement avec mes nouveaux compagnons. Une école de correction ne pouvait rien avoir de commun avec l'école des Frères où vivaient, proches les uns des autres, des enfants choyés et des misérables tels que moi et le Redon. Là-bas, nous serions tous semblables, rebuts identiques de pauvres familles se débarrassant de leurs petits qu'elles avaient trop de mal à garder et à nourrir.

Et puis, je pensais joyeusement qu'il n'y avait pas de maison de correction dans le pays. Préalablement à toute installation, il y aurait un voyage en chemin de fer, le passage à travers des campagnes inconnues et la vision rapide de cités et d'usines pourvues de cheminées hautes comme le clocher de notre église.

Ma mère bouda pendant deux jours et ne parla plus de m'envoyer dans une école de correction. Je repris donc, un peu déçu, le chemin de la maison des Frères où, passivement, je subis les attaques de mes camarades.

Un gendarme vint me chercher à l'école pour me conduire à M. Lemand, le juge d'instruction.

A ma grande surprise, le gendarme ne me mit pas les menottes, comme je l'avais vu faire pour tous ceux qui étaient emmenés par ordre de justice. En passant devant chez Mûr, l'aubergiste, le gendarme s'arrêta pour se faire servir une goutte de « cric » et demanda pour moi « une larme de grenadine ».

— Qu'est-ce qu'il a donc fait, ce petit ? demanda la Mûr.

— Rien du tout, dit le brave homme, c'est pour l'affaire du Baudouin, c'est un témoin. Il sait pas grand-chose de l'histoire mais le juge veut que je le lui amène. Ça lui fera une petite promenade.

— N'est-ce pas que tu aimes mieux ça que d'être à l'école ?

D'un mot, mon contact avec la gendarmerie perdit ce caractère terrifiant qu'il avait conservé jusqu'alors. Pendant bien des années encore, de solides notions religieuses me détourneraient de tout jugement sur les hommes d'église, frères ou prêtres. Cependant, cette première expérience préludait à un jugement qui s'affirmerait et deviendrait plus tard définitif : il y a plus d'humanité chez le gendarme que chez le religieux et le contact de ce dernier est, pour l'enfant pauvre, plus dangereux, plus chargé de maux et de conséquences douloureuses que ne l'est celui du gendarme !

Le juge, M. Lemand, était un bon vieillard aux paroles lentes et mesurées. Son aspect n'avait rien de terrible. Il me posa de nombreuses questions auxquelles je pus répondre sans embarras.

Je parlai des disputes et des eaux de la Font-des-Bois. Je parlai des détournements nocturnes commis par les Besse et du manque de foin chez le Baudouin où j'avais fané. Mon râteau, tant que je pouvais en prendre, n'en amenait pas plus que ça, autant dire, rien. Et à côté, quand c'était *échampé* * pour le mettre au soleil, il y en avait épais, épais. C'était parce que les Besse prenaient toute l'eau : « C'était pas juste, m'sieur le Juge ».

Le juge m'adressa une semonce modérée que j'accueillis par d'abondantes larmes. Cette voix remuait des fibres profondes qui n'avaient jamais vibré jusque-là. Je promis solennellement de ne plus jamais manquer l'école.

L'instruction de l'affaire ne dura pas longtemps. Le Baudouin avoua ce qu'on voulut et se désintéressa complètement de son sort. Il passa en Cour d'assises et fut condamné à dix ans de travaux forcés. J'en fus étonné car je pensais ferme qu'on lui couperait le cou.

Après les vacances, j'appris sa mort. Sans doute le Baudouin avait-il renoncé à vivre dès le soir où il prit sa résolution désespérée. La Nanette se rétablit et se loua, pour

* Etalé, écarté.

sa nourriture, chez le curé de Noirval. J'entendis, de sa bouche, ce que furent pour elle les heures de cette nuit tragique. Elle mourut tôt, usant en moins de deux années son restant de vie.

Par la suite, lorsque le Frère parlerait de meurtre, les camarades se tourneraient et me jetteraient des regards chargés de sous-entendus. Pour eux, mon amitié avec le Baudouin me conférait une compétence indiscutée en matière d'assassinat. Je m'adaptai à cet état de choses comme à n'importe quelle autre misère et, sans protester, j'entrai définitivement dans mon rôle de complice.

VIII

DU BON USAGE DE LA PEDAGOGIE

Tous les mois, je devais écrire sur une page extraite d'un cahier à un sou la lettre de ma mère à mon père. Je m'installais sur un coin de la grande table et rédigeais le préambule suivant les termes invariables :

Cher époux,

Je t'écris ces deux mots de lettre pour te faire savoir de nos nouvelles et pour en recevoir des tiennes...

Je relisais à haute voix ce texte que ma mère approuvait de hochements de tête admiratifs.

— C'est bien ça, concluait-elle. Si tu as pas appris grand-chose à l'école, tu seras toujours assez capable pour faire une lettre.

Je continuais mon épître par la transcription fidèle d'une demi-douzaine de formules, qui eussent été acceptables pour n'importe quelle femme du département écrivant à son mari, jusqu'à : *C'est tout ce que je peux te dire pour le moment.* Là, il fallait en venir aux choses sérieuses :

— Qu'est-ce qu'il faut que j'y mette, maintenant ?

— Dis-lui que c'est un feignant et un goulant. Dis-lui que le Cueille a déjà envoyé cent cinquante francs à sa mère pour qu'elle les lui place à la Caisse d'Epargne. Que nous avons deux « coches » de pain à régler chez le boulanger et qu'il faut payer les revenus de l'argent qu'on doit au Liaudou et au Liaudounet. Dis-lui qu'on n'ose plus se laisser voir à la sortie de la messe...

J'hésitais devant la rédaction de telles choses... Je prétendais que l'écriture ne permettait pas l'emploi de termes semblables ou alors la lettre ne serait pas une lettre. Après avoir discuté pendant tout un après-midi de dimanche, nous arrivions peu avant l'heure de la soupe à quelque conclusion fort adoucie.

Le Cueille a envoyé cent cinquante francs et nous on l'a pas encore reçu. Envoie-le tout de suite parce que les gens commencent à parler. Ta femme pour la vie.

Ces demandes périodiques restèrent sans effet et mon père n'envoya pas d'argent. Trop de tentations refoulées depuis dix ans l'avaient moralement affaibli et sa fermeté de caractère s'élevait à peine au niveau de celle d'un enfant de huit ans. Nous sûmes que, pour ses besoins journaliers, il prenait par acomptes, et d'avance, tout ce que le Chiveyrant pouvait consentir. Le crédit mobilisé se transformait en « pernods » dont l'entourage bénéficiait largement lorsqu'il était « parti ».

Une seule fois, il nous adressa un mandat de cinquante francs, montant d'un prêt consenti par le Cueille. Cette somme fut remboursée dans le cours de l'année suivante par tranches de cinq francs que le créancier venait lui réclamer les soirs de paye. Ce prêt de cinquante francs fut le seul fruit d'une année de travail paternel en forêt d'Eu.

Je fréquentais régulièrement l'école et le Frère Armand me battait avec une constance qui ne se démentait pas. L'affaire du Baudouin avait dressé contre moi les gamins des cinq classes qui me donnaient la chasse en pleine cour sous l'œil amusé du surveillant, et qui me terrassaient sous leur masse, me piétinaient, transformaient en loques mes vêtements usés.

Le soir, les taloches maternelles et surtout les plaintes incessantes poussaient à son paroxysme un écœurement qui devenait insupportable. Ma mère s'emportait devant ces déchirures dont la réparation exigeait des heures de couture prises sur un sommeil déjà restreint. Elle tournait contre moi une âcreté de caractère que sa situation aggravait.

Sans mot dire, j'acceptais les semonces, croyant sauver ainsi les restes d'une dignité qui allait s'affaiblissant.

Le Frère Armand s'assura quelque succès en détaillant devant les élèves railleurs les accrocs de mon tablier et les souillures diverses qui le maculaient. Il fut lyrique dans la description de l'écoulement de mes narines infectées que ne pouvait recueillir un mouchoir toujours absent.

Quelquefois, muni d'un peigne fin, il s'amusait à traquer les bestioles qui fourrageaient ma chevelure négligée et mes camarades, non moins pouilleux dans leur majorité que je l'étais moi-même, s'en égayaient férocement. L'idée du Valentin d'écrire au tableau noir les résultats de ces battues en fit un amusement quotidien. Ma mère luttait tant qu'elle pouvait contre cette vermine pullulante. Chaque dimanche, ma tête subissait une friction à l'onguent gris que suivait aussitôt un savonnage soigné. Il ne fallait pas que la pommade séjournât longtemps ; elle serait, disait-on, passée dans la peau et je serais mort empoisonné.

L'opération s'achevait par une cueillette de cadavres mais, soit par la prolifération de quelques survivants, soit par la reprise de contact avec la classe, mes cheveux ne rentraient jamais bredouilles le lundi. Le voisinage du Redon me garantissait, en moins d'un jour, un peuplement renouvelé.

Une diarrhée tenace permit au Frère Armand de pousser à l'extrême une abjection que l'on eût pu croire parvenue à son apogée. Mon bourreau tardait tellement à m'accorder la sortie que, plusieurs fois en une semaine, je dus courir au ruisseau de la Masse pour nettoyer sommairement culotte et chemise souillées. Je regagnais ensuite l'école au pas de course, suant, fumant comme une soupe dans mes vêtements trempés. Je n'ai pas encore compris comment ce régime de diarrhée, de coups et de linge mouillé n'entraîna pas une maladie grave qui eût réglé pour toujours le sort de Toinou.

Le frottement de ma culotte de serge dépourvue de doublure entraîna une double ulcération à l'aine, que j'aggravais par des grattages frénétiques. Le bruit vint aux oreilles de ma mère que j'étais sur la voie d'acquérir une fâcheuse célébrité. On m'avait donné le surnom de *Gronle,* usant à mon égard d'un terme désignant chez nous quelque débris inacceptable pour le chiffonnier.

Ce soir-là, dès mon retour, elle examina les taches de ma culotte et déclara que je « lui faisais honte ». Elle me gifla rageusement. La maladie me rendait faible et les taloches maternelles eurent un effet inattendu.

De longs et irrépressibles sanglots traduisirent un désespoir de supplicié. Le sang coulant de mon nez atteint par un coup malheureux, aspiré dans la gorge, était rejeté par la bouche d'où il suintait en bave rougie. Des spasmes ininterrompus me secouèrent longtemps et mes yeux hagards firent craindre à ma mère une perte de raison. Devant ce spectacle, elle se mit à trembler. Atterrée, elle me prit dans ses bras, m'essuya, m'embrassa, cherchant à me tirer d'un désespoir qu'elle ne comprenait pas. Elle s'excusa à tout hasard des coups qu'elle venait de me donner :

— J'ai pas pu te faire tant de mal, voyons ! Regarde comme t'es grand ! T'es déjà plus fort que moi... Tu pleures pas comme d'habitude quand je te donne des calottes ! Pourtant j'ai pas tapé plus fort que les autres fois, c'est juste parce que tu t'es débattu que je t'ai touché le nez et que ça s'est mis à saigner...

Je vis qu'elle s'effrayait de mon regard ennemi.

— Le Frère le fait exprès, dis-je enfin. Il tourne tous les autres contre moi. Il m'empêche d'aller aux cabinets quand j'ai besoin. Personne ne peut me sentir, par ici. Puisque ça te gêne de m'avoir, donne-moi à quelqu'un des villages, je peux aider dans une borie, je peux garder les bêtes, échamper le fumier, arracher les pommes de terre. S'il était pas arrivé malheur aux Baudouin, ils m'auraient gardé... Ils m'aimaient bien. Avec eux j'étais heureux. C'était tout comme à Montsimon. Ils disent, par là-haut, que je suis propre et vaillant et tout, que je sais travailler comme un homme... Jamais j'ai été battu de l'autre côté du pont, jamais !

Et mes sanglots reprirent de plus belle.

— Quand je serai grand, je foutrai le camp et jamais j'écrirai. Personne saura où je suis allé.

Ma mère écoutait, me gardant debout entre ses genoux,

surprise par ce flot d'éloquence dont le plus imprévisible fut soudain :

— Je me ferai « Flamaçon ». Les Frères sont méchants. Je lutterai contre eux quand je serai grand. Et puis même si le Baudouin est un assassin, j'aime bien le Baudouin !

Mon projet de devenir « Flamaçon » consterna la pauvre femme.

— Dis pas ça, Toinou, ça porte malheur. Ton Grand et ta Grande vont à la messe le dimanche et aussi tous les messieurs de la ville. Tu crois pas qu'ils sont plus fins que toi, dis ? Tu voudrais te faire « Flamaçon » comme ces misérables qui vont communier en état de péché mortel et qui font des saletés avec le Saint-Sacrement ?

« Quand ils meurent, ils viennent tout noirs comme le Bigle... tu sais, celui qui jetait des pois « furminants » sur le curé quand y portait le Bon Dieu, à la procession de la Fête-Dieu. Sa sœur a dit qu'il a pas froidi comme les autres et qu'il était encore chaud, quand on l'a mis dans sa caisse : le Diable commençait déjà à le brûler.

Ce soir-là, ma mère me prit avec elle dans le grand lit et parla de ce qu'elle irait dire, le lendemain, au Frère Directeur. Sur l'efficacité de cette mesure, j'élevai des doutes sérieux. La malheureuse était aussi gênée que moi-même quand il s'agissait de plaider *en français* une cause quelconque. Elle ne parlait que patois. Et le Frère Armand aurait sûrement raison.

Je me souviens, à ce moment de ma vie, d'avoir été tout près du désespoir : j'avais honte de moi-même. Je me sentais dépourvu de ce qui rend un enfant aimable. Mon nez s'aplatissait de plus en plus sous l'effet des végétations ; les rhumes qui me faisaient tousser nuit et jour pendant la saison froide encombraient mes narines de mucosités... J'avais pris l'habitude de les appeler dans mon gosier par une aspiration brusque, puis de les avaler comme une nourriture.

Le regard d'autrui, dirigé sur moi, me brûlait d'un feu insupportable. Il dénonçait ma laideur et prononçait ma condamnation. Mon aspect me dégoûtait et je fuyais toute surface susceptible de me renvoyer mon image : miroir, rivière, étang. J'étais sale, sans restriction. Jamais le poil d'une brosse n'effleurait mes dents. Jamais un bain total ne décrassait mon corps. J'étais né il y avait un peu plus de huit ans et je me sentais déjà pitoyable comme un vieillard.

En ville, en classe et dans le village de mes parents, j'étais considéré comme lâche et menteur. Ma réputation était faite. A jamais. Je décidai en mon for intérieur de choisir la fuite plutôt que le règlement de comptes. A la vérité, même inoffensive, je préférais toujours quelque mensonge monté avec un grand luxe de précisions dans le temps et dans l'espace. Une intuition tenace me suggérait que j'étais voué aux déchéances les plus extrêmes pendant une vie de misère destinée à s'achever par l'inévitable damnation. Me souvenant de mon catéchisme, je multipliais les pratiques dévotes et accumulais des siècles d'indulgence pour retomber ensuite dans le péché...

Comme je ne me sentais pas chanceux pour un sou et perdais au fil des jours toute confiance en la miséricorde divine, il m'arrivait d'adresser au Diable une invocation pressante, le suppliant de se faire connaître et de m'accorder son appui en ce monde par la vertu d'un contrat définitif.

J'étais prêt à me céder pour une somme misérable ; à la suite de rabais successifs, je finis même par descendre jusqu'à dix sous ! Mais, hélas, le Diable lui-même ne voulait pas de ma triste personne. Il eût sans doute fallu, pour le faire apparaître et le contraindre à se prononcer, quelque terrible conjuration dont la pratique est contenue dans *Le Grand et le Petit Albert*, ouvrage qui m'était alors totalement inaccessible !

Après une controverse entre le Très Cher Frère Directeur, défenseur de Frère Armand, et ma mère, il fut résolu que le droit de me battre serait retiré à mon tortionnaire.

Mais je fus classé comme faiseur d'histoires et totalement dédaigné par notre maître qui sembla avoir oublié jusqu'à mon nom. Lorsque j'étais surpris parlant à mon voisin, le Frère m'indiquait la porte d'un signe impérieux et j'allais rêver de chasses dans les bois ou de travaux agricoles, pitoyablement assis sur une marche de l'entrée.

Je songeais à l'avenir avec lucidité. Mes parents ne tenaient nulle place dans mes sentiments affectueux. Ils appartenaient à ce monde sinistre où vivaient le Frère Armand et la Sœur Saint-Vincent. Leur ministère s'apparentait à celui de ces êtres puissants auxquels ils m'avaient livré sans recours et qui me laissaient sans force, sans défense, abandonné à n'importe quel attentat de la part de n'importe qui.

Mon sens de la propriété se bornait à la crainte d'être emmené par les gendarmes sous les quolibets d'une population amusée. Tout sentiment d'amour-propre strictement personnel était aboli.

J'appréciais sans scrupule les joies volées. Souvent, je contemplais avec amour une carte de géographie dérobée dans un atlas. Cette carte représentait une région de la Terre que je ne savais pas situer. Elle portait en capitales ornées d'enluminures : « Asia-Minor ». Le territoire était divisé en Etats : Lydia, Galatia, Pamphylia... Il m'arrivait de passer une heure à l'orée d'un bois à rêver devant cette carte. Je bâtissais une histoire aux péripéties imaginaires ; j'y jouais naturellement un rôle éclatant. Moi, Toinou, roi de Pontus, je nouais des alliances pour envahir le pays de mes voisins et me couvrir de gloire guerrière...

Les vacances survinrent ; je regagnai Montsimon où je retrouvai le Charles prématurément libéré de son contrat d'embauche avec la tuilerie de Billom.

Au cours d'un montage, le Charles avait eu le pied droit profondément entaillé par la chute d'un bâti de machine et cet accident devait l'immobiliser pendant plusieurs mois. Conséquence : son patron l'avait mis à la porte, purement et simplement, sans indemnité.

La Grande le soignait selon les conseils de la rebouteuse de Pavagnat par le moyen de pansements de fleurs de lys marinées dans un bol d'huile de noix. Pour occuper ses loisirs, le garçon traçait des plans sur des voliges [1] en s'aidant d'un compas et d'un grand crayon de charpentier.

Il s'agissait en effet de mettre sur pied ce fameux projet de batteuse dont ils rêvaient, lui et le Grand. Bien qu'ils fussent complètement ignorants dans l'art du dessin et plus encore dans celui du calcul, nos deux braves n'entendaient pas faire les choses à la légère. Toutes les parties de la précieuse machine devaient être longuement discutées. Pour entreprendre une telle œuvre, sans information et sans moyens autres que ceux qu'ils possédaient à Montsimon, le Grand et le Charles négligèrent le résultat de vingt siècles de développement industriel.

Ils dédaignèrent l'emploi du papier et de la gomme. Les peupliers des fonds de la Versin avaient fourni des voliges qui valaient, pour tracer une épure, tous les papiers à dessin des manufactures d'Annonay. Quant à la gomme, elle n'a jamais remplacé un bon coup de varlope pour effacer un dessin manqué.

J'unis mes efforts à ceux du Grand et du Charles pour établir le dossier de cette importante construction. Ma pratique suffisante des quatre règles me rendit précieux dans le calcul des vitesses où mes deux associés ne se retrouvaient qu'à grand-peine.

Dans le couadou, le Vieux avait installé une forge maçonnée qu'il fallut munir d'une soufflerie. Le Charles usina un ventilateur à moulinet tournant sur des coussinets de cuir graissés à l'huile de noix. Le Grand construisit un immense volant qui avait deux fois ma taille ; pour le commander à grande vitesse, il disposait d'une manivelle qu'on empoignait à deux mains.

Rien n'était changé depuis l'année précédente. La brèche dans le mur d'en-haut avait encore un peu grandi et la foudre avait abattu une branche maîtresse du gros noyer. Les gens, par contre, étaient devenus férocement ennemis. Les animaux eux-mêmes participaient à l'hostilité générale et mes vaches s'entreprenaient à coups de cornes avec celles de l'Henri de Chez le Bon Dieu, au hasard des

1. Planches minces de bois blanc.

160

rencontres. La Marie d'En-Bas refusait de me parler. Mes rapports avec les garçons se réduisirent à des combats de longue portée à coups de pierre.

En conduisant à la gare un chargement de bois de mine, ceux d'En-Bas avaient éventré le mur en pierres qui clôturait le pré du Pierre de Chez le Bon Dieu et le Grand avait fait une déclaration de neutralité. Résultat : il était brouillé avec les deux parties.

Plus de camarades de jeux à Montsimon ! Les cinq familles étaient dressées les unes contre les autres. Je n'en souffris guère cependant et me perdis dans des lieux où ma solitude était légère. Un endroit surtout me plaisait : paisible et frais, il résonnait de vocalises d'oiseaux dont je ne savais dire les noms. Au milieu d'une clairière à peine plus grande que notre salle de classe, se dressait un alisier aux branches chargées de fruits rouges. Je m'étendais là pour rêver... à cette batteuse que construiraient bientôt le Grand et le Charles.

Les moissons expédiées, ce fut la récolte de pommes de terre. Le pied du Charles ne guérit qu'avec une extrême lenteur. Plus entretenue que soignée, la plaie se referma pourtant sur les chairs régénérées. Le gars put enfin donner la main pour la fenaison des regains.

Les vacances s'avançaient et les jours coulaient à cette allure accélérée qu'ils prennent à la fin d'une vie. Le chevalet à scier de long fut dressé dans la cour pour la refente des billes. Dès les mauvais jours, la batteuse cesserait d'être un projet : on passerait à l'exécution.

Il y eut quelques changements l'année suivante parmi le personnel enseignant de l'école. Pour moi, ils eurent de grandes conséquences : P'tit Louis et le Frère Armand avaient quitté le pays et il n'en fut plus question dans notre monde où l'on avait le détachement facile. Un Frère entre deux âges, aux yeux ardents, avait pris la place de mon tourmenteur. Il procéda dès la rentrée à l'examen de ses élèves, après quoi je fus honnêtement placé. De bonnes dispositions apparurent en moi et s'affirmèrent par quelques devoirs corrects et des leçons bien apprises.

Le Frère Philippe, notre nouveau maître, sut garder à sa classe une apparence convenable ; nous fûmes battus, car c'était là un usage imprescriptible ; mais il y eut des semblants de cours et j'acquis sur les fractions quelques notions très vagues.

Le rôle de « bijou » fut tenu par quelques fils de boutiquiers dont le teint net témoignait de débarbouillages quotidiens. C'étaient de gentils bambins au langage agréable, au col blanc et au tablier propre ceinturé de cuir. Ces accessoires leur étaient indispensables autant que le fard à une coquette. Nul ne pouvait prétendre à une telle promotion sans col blanc et sans ceinture de cuir.

Dès les premiers mois une étonnante rumeur se répandit quant aux relations du Frère Philippe avec ses « bijoux ». Soit qu'il fût beaucoup plus précis dans ses caresses, soit que le partage eût créé des jalousies, le secret ne fut pas gardé. Les élèves de la première s'intéressèrent à la question et des interrogatoires poussés furent conduits par le grand Bouzel de la classe du Brevet. En conséquence, notre maître reçut un sobriquet fort suggestif : « le Branleur ».

Des détails effroyables ne tardèrent pas à se répandre parmi nous. On raconta que le Caillard avait « pissé le sang ». Le Rondin, pour en avoir le cœur net, posa la question à l'intéressé qui alla se plaindre incontinent au Frère Philippe.

Le Rondin reçut une de ces raclées qui font époque dans la vie d'un garçon. Il fut roué de coups et incapable de marcher pendant une semaine. Sa mère, la Sophie, n'osa se plaindre. Elle était humble parmi les humbles et, comme bien d'autres en ce monde, rendait grâce à ces forces puissantes qui la laissaient vivre bien qu'elles eussent en main tous les moyens de l'achever.

Quelques familles, cependant, finirent par s'inquiéter. Les faits étaient suffisants, selon le Pantomin, pour justifier l'arrestation du Frère Philippe. Sans le moindre avertissement, « le Branleur » disparut on ne sait où et le Très

Cher Frère Directeur nous fit, pendant quelques jours, une classe très convenable.

Quelques années plus tard, je pus lire sur un fragment du *Moniteur du Puy-de-Dôme* un compte rendu fort instructif d'une audience de Cour d'assises où l'on citait un « Frère Philippe » qui ressemblait fort à celui que j'avais connu. Je pris grand plaisir à la nouvelle de la condamnation du Bien Cher Frère à une peine de cinq ans de prison.

Le Frère François fut chargé de nous enseigner en remplacement du disparu. Un honnête homme, celui-là.

Les experts en la matière trouveraient sans doute les pratiques pédagogiques de celui qui devenait notre maître fort sujettes à caution, mais il les appliquait avec une parfaite conscience, un souci de justice indubitable.

Le Frère François n'était pas ennemi des sévices. Il châtiait durement mais sans colère ; jamais sans raisons motivées solidement. Il nous tombait dessus à bras raccourcis pour quelque flagrant délit indiscutable, à la manière d'un valet d'écurie cinglant un cheval qu'il a surpris le nez dans le coffre à avoine. Il punissait le fait et non le coupable. J'eus rapidement conscience d'une réelle équité dans la distribution des coups. Je cessai de craindre le maître et, le plus naturellement du monde, j'en vins à l'aimer.

Notre classe était pleine d'entrain. C'était une succession effrénée d'explications rapides données au tableau noir, d'exercices exécutés à vive allure pendant lesquels le Frère François courait de l'un à l'autre, attentif à quelque hésitation, circulant parmi nous comme une abeille dans un champ de luzerne, réveillant par-ci, par-là, quelque tête rêveuse qu'il tirait du sommeil par une pluie de calottes.

Les ex- « bijoux » ne trouvaient pas ce régime à leur goût mais le Frère François connut, dès les premiers jours de son enseignement, l'appui résolu d'une large majorité prolétarienne qui propagea en ville et dans les villages la nouvelle que la troisième avait un maître de premier ordre. Devancés par la publicité de cette réputation, les privilégiés de naguère n'osèrent se plaindre à leurs parents des inconvénients d'une méthode dont l'excellence était unanimement reconnue. Ils s'alignèrent sans retard sur l'activité devenue générale. J'appris à triturer les fractions et à basculer proprement le diviseur pour faire apparaître le quotient après une multiplication terme à terme. Cette astuce me ravit et je m'épuisai à en faire apprécier les beautés à ma pauvre mère qui s'obstinait à n'y rien comprendre. Elle s'émerveilla cependant de me voir rapporter, après l'étude, mes livres et mes cahiers pour me mettre, à huit heures du soir, à comparer des centiares et des kilomètres carrés ou à faire des réductions au même dénominateur.

Mais ce fut bien autre chose après le premier classement où le Mathias, le fils de la laveuse, fut classé premier et moi second ! Tous les usages en furent bouleversés. Le petit groupe à col blanc et à ceinture de cuir, qui formait un noyau réduit en tête de classe, fut éparpillé parmi les tabliers rapiécés, toujours les plus nombreux. Le Très Cher Frère Directeur, qui présidait, s'en montra contrarié et adressa une semonce aux « dégradés » en rappelant la scène fameuse de Charlemagne parmi les élèves de l'Ecole du Palais.

Riches et pauvres durent changer leurs habitudes et une visite de « propreté » préluda à tout travail. Il fallut avoir le cou net et les mains propres. On vit, les premiers jours, avant que la coutume de se laver tous les matins fût établie, une bande d'élèves se disputer quelque morceau de savon prêté par un pensionnaire et se presser autour de la fontaine. Les premiers satisfaits regagnaient la classe au pas de course en s'essuyant avec le pan de leur tablier.

Nous apprenions avec rage. En moins d'une année, je sus placer n'importe quelle sous-préfecture dans son département, vider le Loing ou le Gers dans le fleuve qui devait justement les recevoir, réunir en une somme exacte de mètres et millimètres carrés les hectares et les centiares. Pendant cette année-là, je n'eus d'autre souci que d'apprendre. Cela me prit toutes les heures du jour. J'en rêvais la nuit. Le Frère François avait imprimé à ma vie scolaire une activité qui coupait court à toute velléité de vagabondage. Je pensais à mon avenir et j'entrais à l'aise dans l'adolescence, où tant d'autres étaient encore maintenus dans un état d'enfance semi-conscient.

J'aurais donné au Diable tout ce que je pouvais avoir à vivre au-delà de mes quinze ans s'il avait daigné consentir à me pourvoir jusqu'à cet âge de tous les livres que je désirais. Je ne pensais à aucun des avantages que donne le savoir. L'esprit que mon grand-père m'avait transmis me possédait : je voulais savoir pour savoir.

Je ne sentais plus l'appel de la terre et je délaissais Montsimon où le Grand et le Charles achevaient la batteuse.

Le Damien, mon petit frère, avait grandi et rejoint la famille. C'était alors un doux marmot aux yeux bruns, aux traits fins, aux habitudes caressantes qui le firent aimer de tous durant sa courte vie. La misère des végétations lui fut épargnée et on lui accorda mille témoignages de tendresse que je n'avais jamais connus. Le démon de la jalousie me tortura cruellement.

Ce sentiment n'eut point pour conséquence de gêner une affection mutuelle qui naquit dès les premiers jours et se maintint sans nuage. Le Damien semblait tenir de notre oncle, le Charles, cette bonté native, cette constante bonne humeur qui le faisaient sans reproche. Il grandit et se développa, tenant toutes les promesses tant au physique qu'au moral.

Mon père rentra de sa campagne en forêt d'Eu sans rapporter un sou vaillant. Il avait dû emprunter au Cueille pour parfaire le prix de son billet de retour. Ma mère fit entendre d'interminables lamentations que l'homme coupable encaissa tête basse, profondément malheureux d'une inconséquence qu'il ne pouvait justifier.

Le Cueille, qui avait servi dans la Marine, expliquait la chose à sa manière, qui était raisonnable, mais peu consolante :

— Que veux-tu, Marie, il porte pas la toile, ce pauvre Jean. Quand il a un verre dans le nez, le premier vent venu le fout par terre, il se connaît plus. Il est ami avec tout le monde — et je te paye à boire à celui-ci, et à celui-là, et à n'importe qui...

« C'est un pauvre " foutraud ", ton homme, vois-tu Marie. S'il avait le vin mauvais quand il a bu, ça vaudrait mieux pour toi. Moi, quand j'en ai pris un coup, ça me rend méchant et faut pas qu'on vienne me faire chier pour payer à boire. Le Jean, lui, se vante d'en saouler une douzaine à chaque sortie et c'est ça qui lui coûte si cher. »

Mon père obtint de travailler comme manœuvre à la scierie de la route de Saint-Etienne. C'était une occupation que la distance rendait coûteuse. Travaillant effectivement douze heures à manipuler de lourdes pièces de bois, le pauvre homme, très faible de caractère, y perdit peu à peu sa santé.

Oui, trop de « chapelles » s'alignaient sur le chemin entre la scierie et notre maison, trop d'aubergistes accueillants offraient le crédit nécessaire pour officier devant une bouteille. Ma mère chercha un logis en ville dans le quartier des Tuileries, à proximité de l'usine. Nous allions quitter la terre avec laquelle nous n'avions plus désormais nulle attache. Nous tombions pour toujours parmi les couches du prolétariat insolvable et vivant à crédit. Il fut convenu que nous irions habiter la ville dès la Saint-Martin, moyennant un loyer de quatre-vingts francs par an.

IX

LE PONT DES FEIGNANTS

Située dans le quartier des Tuileries, à Ambert, notre
nouvelle habitation était une pauvre maison encastrée parmi
d'autres tout aussi misérables. Elle comportait une pièce
au rez-de-chaussée dont la principale originalité était le
plancher. Par esprit d'économie, on n'avait pas jugé utile
de niveler au préalable le terrain en pente sur lequel on
l'avait construit, mais en revanche, celui de l'unique chambre,
au premier, se trouvait, lui, parfaitement de niveau.

Cette disposition avait pour conséquence que le plafond,
qui ménageait à l'entrée de la maison une hauteur convenable
pour un adulte de grande taille, était à l'autre bout si
rapproché du sol qu'un enfant pouvait s'y appuyer, en
levant seulement la main. Dans chacune des deux pièces,
une seule ouverture dispensait air et lumière. Il fallait
compter avec l'impôt « portes et fenêtres ».

La misère du mobilier s'ajustait bien à la misère de la
pièce. Une longue table de sapin s'alignait contre un mur
salpêtré. La pourriture lui avait inégalement rongé chacun
des quatre pieds et l'on ne pouvait la maintenir en équilibre
sur le plancher en pente roide que par des remises en place
quotidiennes. Un banc, trois chaises et un poêle dont la
porte était faite d'un fer de bêche impropre à tout autre
usage et dont les ronds de fermeture étaient remplacés par
des débris de tôle complétaient l'actif en mobilier de cette
moitié de logement

Pour être tout à fait sincère, il faut ajouter que la

table avait été seulement prêtée par le tonton Pierre, disparu on ne sait où depuis plusieurs années.

Mon père était entré à la scierie au tarif de quarante-cinq sous pour douze heures de travail. Ma mère prit des ménages qui lui rapportaient, l'un dans l'autre, dix sous par jour, et des rogatons alimentaires plus ou moins avancés que les maîtresses de maison économes abandonnaient lorsqu'elles craignaient pour elles et leur famille quelque risque d'intoxication.

Le ménage prit la ferme résolution de « manger ce qu'on aurait et surtout de ne faire de nouvelles dettes sous aucun prétexte ». La première partie du programme fut réalisée sans difficulté. Pour la seconde, ce fut une autre affaire.

Les six cents francs de dettes connues de tout le canton furent pour moi une cause de rudes bagarres. Quand, « devant le monde », on me disait que mon père avait quitté la métairie « avec la paille au cul », sans payer ce qu'il devait, je devenais enragé et n'hésitais pas à prendre l'offensive contre une demi-douzaine de provocateurs de mon âge.

En ce temps-là, on ne badinait pas avec l'honneur des familles.

Le jour même de notre installation, je connus le début d'une amitié telle que je n'en connaîtrais plus de semblable. Pudorgne et le Puissant étaient nés et vivaient dans le quartier ; ils s'étaient accoutumés à *grouler* * ensemble dès leurs premiers pas. L'un et l'autre étaient fils de veuve, tous deux les derniers d'une famille de trois enfants vivant sur un revenu qui variait de vingt à trente sous par jour.

Ce fut Pudorgne qui fit les ouvertures. C'était un garçon noiraud, de petite taille pour son âge, aux traits ingrats et aux yeux fureteurs. Une grimace caractéristique lui faisait froncer le nez et plisser le front tandis que ses paupières s'abaissaient avec force. Cette mimique me fascinait. Son compagnon, le Puissant, avait des yeux bleus très doux,

* Traîner.

168

un teint clair taché de son, des cheveux blonds aux jolies boucles. On devinait qu'il eût suffi de vêtements propres et seyants, d'un simple débarbouillage pour lui donner un aspect angélique.

— Lui, dit Pudorgne, c'est le Puissant. Sa mère, c'est la grande Jeanne qui lave le linge. Il a deux sœurs qui sont grandes, la Nanotte et la Génie.

« Moi, c'est Pudorgne. On m'appelle comme ça parce que " je sens ". »

Et il vint se faire renifler par moi, insistant :

— Sens comme je sens.

Effectivement, Pudorgne sentait. Mais cela ressemblait à bien des odeurs qu'une certaine habitude rend supportables. Il y avait un peu de l'odeur que dégagent les langes pisseux d'une petite sœur, une vague odeur de viande un peu avancée et de légumes moisis. Il y avait aussi de l'haleine de M. l'abbé Veyron que l'on respirait au confessionnal.

— Toi, enchaîna Pudorgne, on t'appellera Jésus-Christ. On s'est tous trouvé des noms, nous autres, et çui-là, c'est un beau nom.

La vieille coutume imposait un surnom à tous les enfants du peuple de notre ville. Pourquoi pas celui-ci ? Seuls les fils de boutiquiers ou de fonctionnaires avaient le privilège de porter leur nom de famille. Les fils de métayers, d'ouvriers, de cantonniers ou de facteurs n'avaient aucun droit au titre de « fils de » et recevaient, au gré de la chance, un nom de plante, d'animal ou de machine, à moins que ce ne fût, plus ou moins déformé, celui d'un personnage biblique ou historique, ou mieux, celui d'un objet ménager.

Mes compagnons me plaisaient, je les trouvai à ma mesure. Ils portaient, comme moi, le tablier noir des écoliers sur des vêtements pareillement rapiécés, et aux pieds des sabots de frêne. J'acceptai sans réserve la camaraderie et le surnom.

Le Puissant jugea nécessaire de faire une brève déclaration de principe :

— Nous, on fait jamais de saletés. On va bien se baigner à poil mais « on fait pas esprè » de se regarder et pis

« on se touche » jamais. Y en a qui le font, mais on s'amuse pas avec eux.

Moi, Jésus-Christ, j'étais d'accord là-dessus :

— Bien sûr, c'est pas amusant et pis, c'est damné.

— On va remonter en suivant le ruisseau jusqu'à Minard, on ira pêcher à la main. Y a un endroit où c'est tout plein de têtards, et on peut y chasser les sangsues : on tend un bâton qu'elles attrapent avec leurs ventouses et après, on les écrase sur les cailloux.

— C'est des saigne-bœufs, expliqua Pudorgne. Elles s'enfoncent dans la peau et on peut plus les arracher. On t'amènera voir aussi le précipice et pis, dans le bois de la Barre, les endroits où qu'y a des airelles. Y en a qu'y a que nous qu'on les connaît. Et pis on y va ramasser du bois pour l'hiver ; on en fait chacun plein une *barouette*... » Et il conclut, à bout de souffle : « Tu verras, on rigole bien ».

Nous entrions tous trois dans notre dixième année. Le siècle, qui en avait, lui, quatre-vingt-dix-sept, approchait de sa fin. A Paris, la Belle Otéro éblouissait de ses diamants et de ses perles le public des Folies-Bergère et, dans les lieux dits de plaisir, des princes étrangers dépensaient sans compter les fonds que la France avait prêtés à leur pays pour acheter des rails de chemin de fer, des locomotives ou des canons.

Mais la renommée de la Belle Otéro ne parvenait pas jusqu'à nous. Notre univers était limité aux deux ou trois lieues qui, aux quatre points cardinaux, enfermaient la vallée de la Figne. Ce monde, nous le scrutions d'un regard défiant et craintif, observant mille choses dont la plupart, selon notre entourage, ne nous regardait pas.

Nous nous savions contenus dans une couche sociale parfaitement définie s'étendant — bien plus en largeur qu'en épaisseur — des mendiants qui se traînaient de ferme en ferme, en quête de quelques croûtes de pain de seigle ou d'une soupe, et chaque soir, d'une couche de paille pour la nuit, à ceux qui, tout en gagnant provisoirement leur vie, avaient quelque chance de se retrouver indigents,

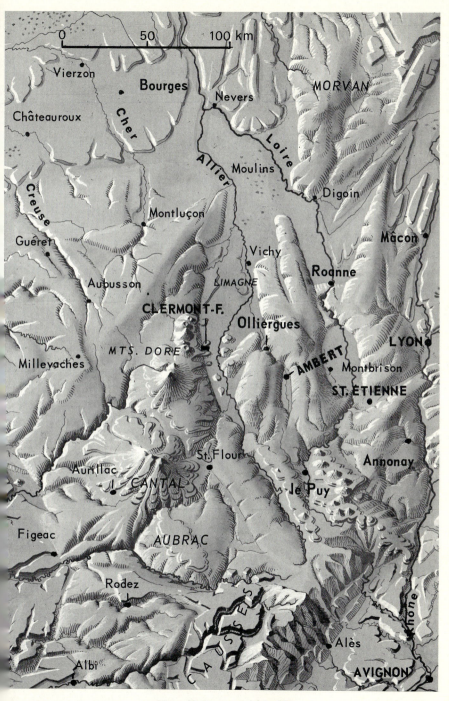

Massif Central (détail)
Carte établie par Jacques Bertin

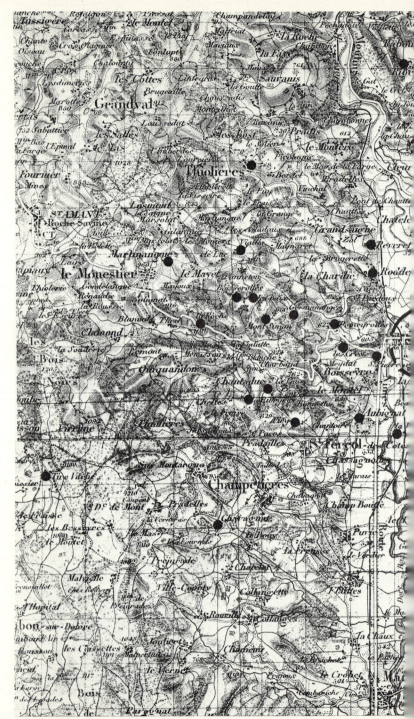

Villages et lieux cités par Toinou

Environs d'Ambert (P.d.D.) -

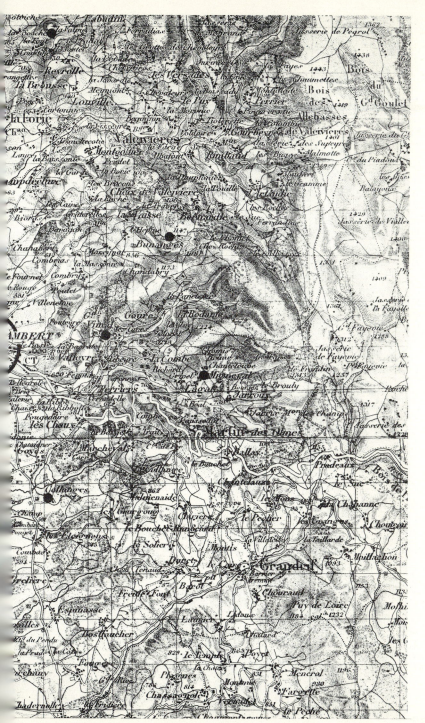

at major de 1889 au 1/80000 agrandie au 1/50000 par l'I.G.N.

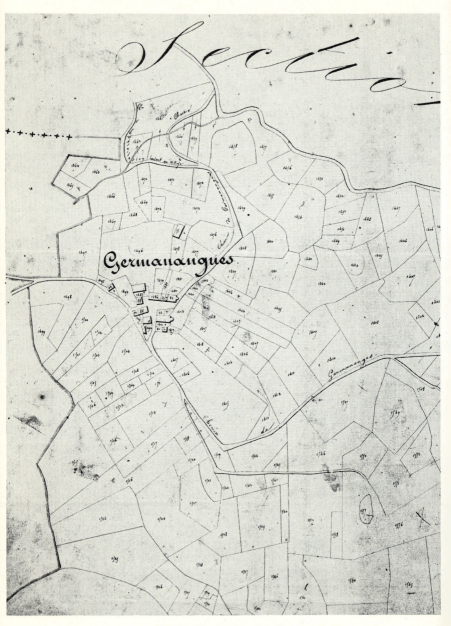

Extrait du cadastre de 1837

(Sur la route de Montsimon)

par maladie ou accident, plus sûrement que par paresse ou gourmandise.

De l'opulence, nous avions quelques notions sommaires. Il nous arrivait d'entendre s'échapper d'une maison à hautes fenêtres les sons d'un piano que nous écoutions avec recueillement. Par l'entrebâillement d'une porte, nous pouvions apercevoir un « passage » aux murs tendus de papier peint ; ce qui était pour nous un signe extérieur de fortune. Nous risquions de timides coups d'œil sur un intérieur plus riche d'ornements que le chœur d'une église. Nous y voyions des meubles dont l'usage nous était inconnu, surmontés de vases décorés, parfois fleuris, plus beaux que ceux qu'il nous était permis de contempler sur l'autel de la Vierge ou sur celui de saint Joseph ; des lustres drapés de mousseline laissant voir par transparence des cristaux et des dorures, dignes de porter la petite flamme rouge qui, devant le Tabernacle, avertissait les fidèles de la présence du Très Saint-Sacrement.

De ces maisons, sortaient parfois des enfants de notre âge que nous trouvions beaux comme des anges. Ces derniers nous toisaient avec mépris, nous jetant au passage des paroles désobligeantes. Il était prudent de ne pas réagir. Ces « petits anges » appartenaient à un monde qui n'était pas le nôtre. Ils étaient toujours escortés par un valet ou une servante en tablier blanc, à moins que ce ne fût par des parents majestueux. Si l'on répliquait, cela donnait inévitablement lieu à poursuite, suivie de prompte capture, grâce au concours d'une population dévouée et empressée.

La fin du XIXᵉ siècle a laissé dans notre pays le souvenir d'une ère d'abondance et de bien-être. Une littérature très appréciée se réimprime afin que le souvenir de cet « âge d'or » où les pauvres ne se mêlaient pas de discuter la « justice divine » demeure en nous comme une nostalgie et nous incite à rêver de ce paradis perdu où l'on trouvait à foison des serviteurs dévoués, des ouvriers dociles et des filles complaisantes.

Cependant, à Ambert, une part extrêmement élevée de la population ne pouvait jouir de cette abondance. Devant la pâtisserie-confiserie de M. Leroy, Pudorgne, le Puissant et moi passions des heures à nous écraser le nez contre la glace de la vitrine et à saliver de convoitise. Nous pouvions voir des caisses de châtaignes et de figues sèches à la devanture des épiceries, et y contempler d'onctueux fromages. On avait bien trop le souci de notre santé, morale et physique, pour substituer à ces jouissances sublimées de sordides sensations que, seuls, les gosiers privilégiés pouvaient s'offrir sans danger pour le salut de leurs âmes. Il s'agissait d'abord de maintenir l'équilibre d'une admirable société dont les bienfaits se répandaient par tout l'univers. Les préceptes en étaient transmis grâce à la voix inspirée de missionnaires barbus, en attendant celle, plus persuasive encore, des fusils et des canons. Plus tard viendraient les comptoirs et les grandes sociétés.

L'achat d'un litre de lait complet, vendu au prix exorbitant de quatre sous, était une prodigalité inadmissible pour les ménages ouvriers. Les mères nourrissaient leurs petits aussi longtemps qu'elles le pouvaient, car si elles en étaient incapables, ils mouraient. Quelques-unes d'entre elles, conscientes des risques encourus, tordaient le cou au bébé dès sa naissance et l'enterraient dans le jardin. L'histoire finissait toujours mal : la gendarmerie était régulièrement avisée par des âmes vertueuses et la pauvre dégourdie jetée en prison.

En revanche, on chercherait en vain, dans les annales de la ville d'Ambert consacrées à la bourgeoisie locale de l'époque, une activité autre que celle de consommer. Tout le monde comprenait que c'était bien là une tâche essentielle pour cette partie de la population.

Une sorte d'émulation poussait les familles bourgeoises à s'acquitter aussi parfaitement que possible du rôle qui leur était dévolu. La livraison à domicile de nourritures diverses était motif à démonstrations permanentes et les petits commis chargés du transport se donnaient pour mission de faire connaître à tout passant rencontré la destination précise de leurs marchandises et de les présenter sans voiles à l'admiration de chacun.

La corbeille déposée contre un mur, les serviettes soulevées, on pouvait capter un instant le parfum d'un pâté en croûte ou d'une pièce montée. Il arrivait parfois qu'un coup de vent vînt poivrer les victuailles d'un semis de poussière aromatisée de crottin de cheval ou de bouse de vache ; les services de voirie étaient en effet principalement assurés par l'action desséchante du soleil jusqu'à ce que la pluie vienne, grâce à un rinçage de finition, entraîner au ruisseau ce qui aurait pu résister aux balayages éoliens. C'est à la faveur d'une telle exposition que Pudorgne connut la saveur d'une sauce de vol-au-vent. Il avait eu la chance de rencontrer le Julien de la Cane dans la rue des Prairies absolument déserte. Il avait obtenu à plusieurs reprises le droit de « tremper son doigt ».

Mes deux amis et moi étions des êtres pensants et nos circonvolutions cérébrales ne devaient guère différer de celles d'autres sujets de notre âge appelés à s'illustrer en devenant généraux, conseillers d'Etat, marchands de cochons ou escrocs de haute volée. Nous étions donc capables de jugement. Ainsi, la rotation de la Terre, affirmée cependant par notre livre de géographie, n'était pour nous qu'une pure invention, dont nous constations la fausseté à la manière dont l'avaient constatée, contre Galilée, des éminences en relation directe avec la source du Savoir.

Comme dans tout groupe humain où chacun cherche les lieux et milieux qui lui permettent la plus haute plénitude de vie, nous avions battu le pays, établi de multiples liaisons et opéré un tri méthodique entre les fréquentations possibles. Abandonnant ceux qui, sans raison valable, s'étaient arrogé le droit de nous donner des coups, nous nous étions repliés sur les groupes inoffensifs.

En ville, une sélection spontanée avait groupé sur le pont du ruisseau de la Grolle des hommes qui, tous, appartenaient à cette catégorie. Que ce fût effet de raison ou de paresse, on ne pouvait dire qu'un seul d'entre eux eût jamais donné une taloche à un gamin ou lui eût « saboté » le derrière. C'étaient des gens sans prétention, irréguliers mais compréhensifs et, près d'eux, à l'exclusion de tous à l'intérieur de la ville, nous pouvions donner un sens à la trinité : Liberté, Egalité, Fraternité que nous lisions sur le fronton du Tribunal.

Vers la fin du siècle dernier, le ruisseau de la Grolle longeait le mur de l'hospice, du côté du midi. Depuis, il n'a pas émigré, comme le font beaucoup d'habitants du pays, mais il a disparu à l'entrée d'Ambert, abandonnant son lit et ses eaux dans un système d'égouts, voté après la guerre de 14 par une municipalité dépensière. En amont de la ville, il serpente comme jadis dans les prairies. Naguère, après avoir hésité sur le chemin qui lui convenait le mieux, le ruisseau s'engageait dans le bourg où il devenait cloaque. Son flot, jusque-là bien clair, se chargeait de toutes les ordures digestives de la population riveraine. La sécheresse entraînant une certaine accumulation, il se formait çà et là des îlots qui permettaient le franchissement à pied sec : puis de nouveau, les pluies abondantes de printemps ou d'automne opéraient le balayage, faisant place nette pour de futurs apports.

Après avoir longé l'hospice et traversé l'avenue du Midi, le ruisseau animait par intermittence la roue hydraulique d'une scierie. L'intense mouvement des eaux dégageait les produits les plus volatils résultant de fermentations complexes. Les odeurs se diffusaient sur une étendue variable suivant les conditions atmosphériques. Par temps chaud, la puanteur submergeait la place de l'Eglise, s'étirait le long de l'avenue de la République, inondait à la manière d'une crue jusqu'aux maisons neuves de l'avenue de la Gare.

Le pont qui franchissait le ruisseau, face aux communs de l'hospice, ne menait nulle part. Jadis, il aboutissait à une porte charretière au cintre en anse de panier, découpée dans le mur qui ceinturait l'établissement. C'est par là que, pendant des générations, les métayers tributaires avaient livré leurs prestations en pommes de terre, seigle et fourrage. Par là, disaient les anciens, s'étaient opérées des sorties irrégulières de marchandises qu'avaient longtemps dissimulées des artifices comptables. La Justice avait pris l'affaire en main et la ville perdit un commerçant débrouillard et honoré, l'administration hospitalière sacrifiant, de son

174

côté, un économe très qualifié. Ces tristes héros étaient partis quelque part dans des prisons et n'étaient jamais revenus.

Après cette affaire, on avait nivelé les terrains de l'hospice dont le sol s'était trouvé exhaussé de trois mètres au-dessus du seuil de la porte ouvrant sur le pont. Un ouvrage en avait fermé l'issue, ménageant sous le cintre une sorte de niche d'environ un pied de profondeur, abri contre la pluie et la bise ; et, sauf la halle et le porche de l'église, c'était bien le seul endroit où l'on pouvait gratuitement bénéficier d'une telle protection.

Tout ce qui comptait dans la commune d'Ambert considérait le pont comme tout à fait inutile, mais ce n'était point là un avis unanime. Pour quelques-uns, sa disparition eût été tenue pour bien plus fâcheuse que celles de la mairie, de l'église et surtout de la prison, mais c'était là opinion de gens sans importance.

Par beau temps, le mur de l'hospice projetait sur le pont une ombre variable qui permettait un certain choix. Selon le goût de chacun, on pouvait s'y rôtir au soleil ou s'y mettre au frais. Le séjour était gratuit, et il n'y avait pas à craindre qu'un importun vînt ici faire valoir un privilège de mise en dépôt ou de simple passage. La coutume avait fait de ce lieu un asile pour les désœuvrés permanents ou temporaires qui, sobres par nature ou par nécessité, n'avaient pas d'argent à dépenser en chopines.

Fréquenter ce lieu que tout le monde appelait le Pont des Feignants, c'était fréquenter l'infamie. Mais pas plus Pudorgne ou le Puissant que moi-même n'avions grand-chose à perdre en matière de considération. Nous aspirions à ressentir cette chaleur intérieure née du séjour dans une société d'hommes et, pour en bénéficier, nous avions renoncé à l'estime de la population locale.

C'est parmi eux que nous venions chercher d'autres enseignements que ceux de l'école des Frères où nous envoyaient des parents bien-pensants et d'un conformisme sans espoir. Il se tenait, dans ce cercle dissident, des propos impies qui contestaient les droits sacrés de la richesse. Les ministres du culte y apparaissaient comme des parasites aux goûts raffinés, à la peau délicate, à l'appareil digestif plein d'exigences. Selon le Pantomin, ils hantaient les maisons où régnait l'abondance. La magistrature n'était pas épargnée. La justice était jugée. La vie des bourgeois scrutée. Partout ailleurs, dans le pays, de tels jugements étaient tenus pour sacrilèges, c'était bien aussi notre avis. Avides d'explications sur le monde et sur la vie, nous en recevions à l'école et au catéchisme, qui nous paraissaient indiscutables. D'écrasantes autorités — que nous ne pouvions contester — se dressaient contre celle du Pantomin, mais cela ne nous empêchait pas de penser confusément que Dieu manigançait drôlement les choses en abandonnant à la damnation le meilleur des hommes, pour qui nous éprouvions tant d'admiration et d'affection.

Notre trio n'avait aucun moyen de s'éloigner des réalités de la vie. Les images d'Epinal, par leur pouvoir d'imagination, les parties de billes, par les espérances de gain qu'elles suscitent, auraient satisfait notre goût inné de l'aventure mais, hélas, nous n'avions à notre disposition ni billes ni images d'Epinal.

Heureusement nous avions nos héros. Nous les voulions inoffensifs, leur comportement étant accessoire. Nous les voulions facilement abordables. Ces deux qualités-là, les habitués du Pont des Feignants les présentaient au plus haut degré.

La Crymosane se détachait en fond de tableau. On ne sait qui l'avait déposée à l'hospice, un soir d'hiver, il y a maintenant [1] un peu moins de cent ans. La Sœur tourière avait été tirée de sa somnolence par le tintement de la clochette. Elle avait donné les trois tours de manivelle réglementaires puis, après un temps d'attente, trois tours en sens inverse. Elle avait trouvé dans la boîte cylindrique en bois sculpté un petit corps qui pleurait, bleu par le froid malgré de crasseuses guenilles.

Le lendemain, après avoir été régulièrement baptisé, le bébé était inscrit, sous le nom d'Agnès Vincent, sur le regis-

1. En 1938.

176

tre de la sacristie et sur celui de l'état civil. Ainsi s'augmentait d'une unité le nombre des sujets de la IIe République dont le prince-président méditait de faire un empire.

Les éléments du catéchisme et des rudiments d'Histoire sainte dotèrent l'enfant d'un système du monde à sa mesure ne valant, tout bien considéré, ni plus ni moins que celui qui, à quelques exceptions près, suffisait à contenter tous les bourgeois de la ville. Elle ne sut jamais lire ni écrire, car ce sont là notions dont elle n'aurait su que faire et, même en ce temps-là, le monde offrait assez d'occasions de perdre son âme sans aller chercher des risques dans les livres où l'on apprend tout sauf le bien.

Ce qui manquait à Agnès sur le plan intellectuel était compensé par de substantielles connaissances sur le plan pratique. Le maniement du balai ou du torchon à cadence rapide, le lessivage accéléré d'une montagne de linge souillé par des vieillards gâteux, le sarclage d'un semis entier d'oignons ou de carottes et, à l'occasion, le déchargement d'un char de foin, ou la traite des vaches — sans parler d'une habileté rare dans le rafistolage des loques les plus fatiguées —, tout cela fournissait le témoignage explicite que, dès l'âge de douze ans, la petite Agnès avait reçu une éducation soignée et trouverait facilement preneur sur le marché du travail. Elle serait une de ces servantes modèles, faciles à nourrir, d'une fidélité à toute épreuve, comme la Philomène qui était aussi une fille d'hospice et mourut en laissant à sa patronne les gages de quarante ans de servitude.

Ce fut ainsi que, moyennant un salaire mensuel de six francs, Mme Travers, la femme du notaire, engagea une mécanique docile possédant tout juste les capacités requises pour l'exécution diligente des travaux ménagers.

La tradition est restée muette sur les attraits physiques de la petite bonne de Mme Travers. Le Pantomin lui-même, remarquablement renseigné sur toutes choses, n'a donné aucun détail sur cette question. Telle quelle, cependant, elle fut jugée utilisable par le fils de la maison, robuste garçon de vingt-cinq ans qui appréciait les fruits verts. Il en fit de bonne heure un usage excessif après une initiation sans cérémonie. Ce genre de services n'était pas du goût de la petite Agnès, trop jeune sans doute pour y trouver amusement. Enfin, on imagine que ses ressources casuistiques étaient insuffisantes pour décider s'il était moins coupable de se refuser au divertissement d'un maître à qui elle devait obéissance, que de lui livrer ce que les bonnes Sœurs voulaient qu'on tînt strictement caché.

L'incommodité matérielle probablement accrue par des tourments d'ordre spirituel provoquait chez l'enfant d'abondantes larmes, recours habituel de l'extrême faiblesse aux prises avec d'irréductibles difficultés. Sur ce point, la fillette était prodigieusement douée et ses facilités lacrymales se maintinrent aussi actives jusqu'à la fin de ses jours. Son utilisateur vit là une belle occasion de montrer ses connaissances en latin. Il lui donna le nom de Lacrymosa.

Pour son malheur, la petite Agnès se révéla féconde vers sa quatorzième année. Mme Travers dut rendre à l'hospice la malheureuse qui prouvait, une fois de plus, combien « ces filles d'hospice sont dangereuses pour la tranquillité des familles ». Convaincue par cette aventure de posséder un tempérament capable de faire scandale si on la plaçait de nouveau, Agnès dut rester à l'hospice après l'accouchement. L'enfant mourut peu après et le surnom de Lacrymosa fut le seul bénéfice que la jeune mère tira de ses premières amours. Elle fut maintenue sous stricte surveillance, sans gages, travaillant dur, trouvant son unique sujet de récréation dans la récitation d'interminables patenôtres, cela jusqu'au jour où elle fut donnée pour légitime épouse au Jean Labre, dit le Pas Pressé.

Le Pas Pressé, déjà fidèle habitué du Pont, l'avait obtenue en considération d'un acte héroïque où il avait, comme toujours, donné sa mesure. Ce fut à l'occasion d'un incendie dans la grange de l'hospice, attenant au bâtiment des vieillards.

Lorsque le clairon sonnait *Au feu,* hommes, femmes et enfants abandonnaient le lit, l'atelier ou la soupe sur la table ; les hommes pour pomper ou évacuer des mobiliers menacés ; les femmes et les enfants pour se former en une longue chaîne qui se passait les seaux de toile de main en main, depuis quelque mare lointaine jusqu'à la pompe où huit costauds, relevés de cinq en cinq minutes, tiraient l'eau à tour de bras. Mais il y avait des postes privilégiés.

C'était, par exemple, ceux d'où l'on pouvait apercevoir le Pas Pressé, perché sur une arête faîtière, couvert d'un drap ruisselant sur lequel tombait en pluie l'eau d'un jet tenu à bonne distance par un pompier casqué. L'homme se détachait sur un fond de fournaise, maniant une lourde cognée. Il faisait la part du feu.

Chez le Dutour, l'épicier-aubergiste de Saint-Barthaud, on avait vu une mère hurlante et désespérée se jeter aux pieds du Pas Pressé :

— Mon petit ! mon petit ! il est là-haut !

— Nom de Dieu, avait rugi le Pas Pressé, et après cette invocation, il avait disparu dans l'escalier sous une pluie de brandons. On l'avait vu ressortir, cheveux, cils et moustache intégralement grillés, porteur d'un ballot de couvertures fumantes d'où fut extrait un bébé indemne, serrant dans sa menotte le sifflet d'un sou qu'il tenait pour le plus précieux de ses biens.

Lorsque le ruisseau de la Roche, subitement gonflé par une trombe inattendue, mit en péril la famille du meunier des Virants, ce fut encore le Pas Pressé qui se jeta dans le torrent ; les dents serrées sur la forte ficelle de Montargis, il assura le halage d'une corde qui permit le sauvetage des malheureux, cramponnés aux barreaux d'une fenêtre du dernier pan de mur qui tenait encore, seul vestige d'une richesse détruite.

Deux côtes cassées, crachant le sang et jurant comme un païen, le Pas Pressé avait établi le va-et-vient cependant que le mur s'effritait sous les yeux d'une assistance épouvantée. Après le dernier sauvetage, le Pas Pressé, à bout de forces, les lèvres sanglantes, était halé à son tour. Puis, allongé dans l'herbe détrempée, il but coup sur coup les rasades de *cric* qui lui furent servies à pleins bords par des mains empressées. Saoul de fatigue et d'héroïsme plus encore que d'alcool, il s'endormit, rêvant sans doute d'un univers catastrophique d'inondations et d'incendies où on ne lui demanderait rien d'autre que d'aller au danger pour le salut d'autrui, de s'y jeter à corps perdu, comme un vivant et perpétuel défi à la mort.

Les yeux toujours mouillés de Lacrymosa avaient admiré le Pas Pressé courant sur le toit en pente raide du pavillon des vieux jusqu'au bord surplombant du brasier. Elle l'avait vu démolir la bordure de tuiles brûlantes, faire sauter à grands coups de hache les voliges enflammées, trancher les poutres débordantes qui flambaient comme des torches.

De temps à autre, la toile mouillée qui le drapait comme un fantôme prenait feu malgré l'irrigation continue du jet. Le Pas Pressé faisait, en arrière, un saut de chèvre, rejetait son voile et, à coups secs de son pied nu, éteignait cet incendie secondaire. Il se tournait vers le pompier :

— *Rozà, nom de Dieu de nom de Dieu. Fadjà pa brulä le reùfî* * !

Le bâtiment des vieux définitivement sauvé, les bonnes sœurs de l'hospice fêtèrent le héros. Lacrymosa était alors une forte fille, haute de taille et haute en couleur, au visage carré, à la lèvre moustachue. Ses yeux s'ornaient d'une bordure d'un rouge sanglant qui ne l'embellissait guère. Elle n'avait rien, bien sûr, qui lui permît de prétendre à un semblant de beauté, mais elle travaillait plus qu'un homme. En servant le vin chaud à celui qui, pour quelques heures, était l'objet d'une admiration sans réserves, elle le voyait « beau comme un saint Georges ».

Le Pas Pressé, sensible à cette émotion, pensa qu'il avait plus de trente ans, que le mariage ne serait point un mal et que, s'il avait chance de trouver femme, c'était bien ce soir-là où le sauvetage du pavillon des vieux faisait oublier ses siestes quotidiennes sur le Pont des Feignants.

Sur le pouce, il risqua une demande sans équivoque, aussitôt agréée. Lacrymosa vécut alors le plus beau soir de sa triste vie. « Bon Jésus, disait-elle plus tard, y'en avait pas d'autre comme lui et j'étais bien fière. On m'aurait pas fait dire que je venais de choisir le rebut. »

* Arrose, nom de Dieu de bon Dieu ! Laisse pas brûler le rôti !

Devenue ainsi la femme légitime du Pas Pressé, elle lui donna coup sur coup, en trois ans, trois fils qui devinrent trois gars extraordinairement poilus.

Outre la femme, le Pas Pressé avait gagné un nouveau surnom. Il fut le Crymosa et, par un effet naturel de choc en retour, le nom de Lacrymosa prit une terminaison plus conforme à l'usage. Femme du Crymosa, elle devint la Crymosane.

Rien ne pouvant amener le Pas Pressé à la pratique d'un travail régulier, ni le mariage ni la paternité ne devaient modifier cette règle de vie. Chaque année, il sauvait de la destruction plus de valeurs qu'un habile artisan n'aurait pu en produire en dix fois plus de temps. Par là, il s'égalait à d'autres qui, vers la même époque, à la suite de calculs habiles, gagnaient fortune et considération à faire exécuter par un seul homme le travail de dix.

Les services du Pas Pressé coûtaient beaucoup moins cher. Avant de monter sur les toitures menacées, il n'allait pas discuter avec le propriétaire pour lui faire signer contrat et s'assurer un pourcentage sur la valeur du bien en danger. Il n'entendait rien aux affaires.

Pour nourrir son homme et ses petits, la Crymosane se montra plus avisée. Elle raisonna avec la logique d'un fils de bonne maison, sans connaissances spéciales. Son salaire de vingt sous par jour, gagné à faire des ménages, se révélait insuffisant. Elle résolut de faire du commerce. Après examen, seul le commerce des allumettes de contrebande lui sembla praticable, car seul il n'exigeait ni l'achat d'un fonds, ni l'immobilisation d'un stock coûteux aussi difficile à acquérir qu'à loger. Il suffisait d'un très faible crédit que le fabricant accordait sans discuter et surtout d'avoir de bonnes jambes pour courir la campagne et placer le produit.

Justement, la Crymosane avait de bonnes jambes et, après plus de vingt ans de vie cloîtrée, elle avait un vif désir de voir du pays. Elle réussit donc parfaitement et fit de bonnes affaires.

Munie d'un cabas de paille tressée, elle parcourait à dates variables les hameaux du canton, fournissant à tous des bûchettes phosphorées dont l'inflammabilité battait de fort loin « cette saleté de la Régie », et surtout, elle les vendait trois fois moins cher.

Elle y gagna d'innombrables verres de *cric,* un peu d'argent et tant de condamnations que le greffier du Tribunal était seul capable de les dénombrer.

Les jours de prison accumulés pendant l'été se purgeaient l'hiver. Tout le monde y trouvait son compte. La femme du gardien-chef avait soin de tenir prêt un stock de linge sale suffisant pour occuper la Crymosane tant que durerait la contrainte par corps. En juste compensation, la nourriture de la détenue n'avait rien de commun avec l'ordinaire de la prison. Il était même prévu une réserve d'eau-de-vie blanche, afin que soient toujours servies en temps utile les nombreuses *gouttes de consolation,* stimulant essentiel de son activité.

D'année en année, elle vieillissait, larmoyant de plus en plus, avec une abondance qui l'étonnait : « Où c'est que je peux bien trouver toute c't'eau que j'ai dans la tête ?... Et dire que je prends tellement soin d'en boire jamais ! »

Les allumettes de la Crymosane n'avaient qu'un défaut : une tendance assez fâcheuse à s'enflammer sans raison. Ce fut la cause de quelques incendies qui donnèrent à son mari l'occasion de jouer un rôle glorieux.

De bonne heure, les trois fils de la Crymosane fréquentèrent le Pont des Feignants. Bien décidés à ne rien faire, ils menèrent leur programme à bonne fin avec un succès considérable. L'un traînant l'autre, ils se firent chasser de l'école des Frères et expulser du catéchisme. Appelés au régiment, *bons pour le service armé dans l'infanterie,* ils découragèrent si bien instructeurs et gradés que le Pierre, l'aîné, fut réformé pour *insuffisance mentale,* créant un précédent sur lequel allaient s'appuyer ses deux frères, le Jacques et le Claude, avec un bel esprit de famille.

Inoffensifs et doux, ils avaient si bien grandi et élargi qu'ils arboraient des carrures de lutteurs de foire. Leurs visages identiques, réguliers, sans expression, s'étaient couverts de bonne heure d'un poil touffu. De solennelles barbes envahirent joues et mentons, rejoignant dans le cou et derrière les oreilles les touffes broussailleuses des cheveux qui les coiffaient à la Jeanne d'Arc.

Une faune abondante s'y développa, se multipliant librement dans une crasse fécondante, à l'abri des empoisonnements par l'onguent gris et des razzias meurtrières qu'aurait pu opérer le peigne fin.

Parfois l'un d'eux se levait péniblement et venait s'asseoir sur le parapet pour y jouir d'un supplément de soleil. Il se dressait alors dans son vieux pantalon de bure bleue cuirassé d'une boue écailleuse qui faisait penser aux croûtes de bouse sur les cuisses des vaches, jamais lavées à l'époque autrement que par la pluie. Il en allait exactement de même pour les Crymosa.

On ne pourrait dire s'ils connurent, par hasard, la chaleur que procure la descente d'une gorgée de vin rouge dans un gosier connaisseur. Leur mère les nourrissait tant bien que mal à grand renfort de pommes de terre qu'elle leur faisait cuire dans une lessiveuse en fonte. Si sa tournée avait été bonne, elle rapportait un morceau de jambon farci d'asticots, quelque lapin mort du gros ventre ou quelque poulet de pépie.

Mais, très certainement, le baiser d'une fille, fût-elle plus sale que saint Benoît-Joseph Labre, ils ne le connurent jamais. Cette exemplaire pureté qui, en d'autres temps, les eût sanctifiés comme elle le fit d'un Louis de Gonzague, ne leur valut jamais la moindre considération. Ils vieillirent dans un monde indifférent où ils tenaient juste la place nécessaire pour étendre leur corps indolent sur le Pont des Feignants, assoupis dans un rêve de non-être.

Toute autre que la Crymosane aurait pu se plaindre d'une telle progéniture. Mais, étant donné ses origines obscures, son enfance à l'hospice et les assiduités bourgeoises du fils Travers à son endroit, le fait d'avoir été bel et bien épousée et jugée digne d'être légitimement mère lui semblait encore le résultat d'un miracle... Il est vrai qu'à cette époque un tel « blanchiment » n'arrivait pour ainsi dire jamais aux filles de père et de mère inconnus et qui, de surcroît, avaient fauté...

Un autre Feignant non négligeable du Pont était sur-
nommé le Galérien : il tenait une honnête place d'assistant
dans les réunions.

Appelé pour cinq ans dans l'infanterie, il s'y était
comporté comme tout le monde. Vers la fin de sa troisième
année cependant, certain soir au retour de l'exercice, il
avait déployé un zèle excessif dans l'exécution du mouvement de : *Reposez armes !* La crosse du chassepot, ayant
heurté trop fort une pierre trop dure, s'était fendue
« depuis la plaque de couche jusqu'au pontet ».

Parler des malheurs qui avaient suivi cet accident était
une véritable joie pour le Galérien. Le Pantomin, soucieux
de lui faire plaisir, l'entreprenait souvent sur ce chapitre.

Nous n'en perdions pas un mot :

— J'ai senti tout de suite qu'y avait quéque chose qui
allait mal, expliquait le Galérien avec un accent de tristesse
bien étudié. Quand l'adjudant a commandé après : *Arme sur
l'épaule,* je m'ai pris la peau du doigt dans la fente mais
j'ai réussi tout de même à rentrer sans que ça se voye.

« Avant la soupe, j'ai trotté chez les armuriers pour tâcher
moyen d'avoir une crosse, mais y se sont seulement foutus de
ma gueule en rigolant que ça me ferait bien dans les trente
jours de caisse. Y m'ont dit d'aller m'espiquer avec ma
compagnie et de préparer ma gamelle et ma couverte
pour descendre à la boîte.

« Trente jours de caisse. Parlez que ça me faisait pas
rigoler et j'étais déjà pas trop fier d'aller trouver le cabot.
C'était un rempilé, tout ce qu'y a de pus vache. Y m'a
regardé de travers comme si qu'y voulait me mordre et dit
que j'allais pas y couper pour la voltige. Il a regardé dans
sa théorie et vu que ça irait chercher dans les cinq à dix
ans de travaux.

« Je marronnais de le voir content, c'te vache-là ; je
voyais bien qu'y pensait déjà à blanchir ses guêtres pour
faire le voyage au corps d'armée. Y m'a fait prendre ma
gamelle et mon couvre-pieds et y m'a tiré vers l'adjudant de
semaine qui m'a fait foutre en cellule.

« Le matin d'après, j'ai été emmené au bureau de la

compagnie. Y avait le cabot de garde et deux hommes baïonnette au canon pour que je m'ensauve pas. Le double a commencé à m'engueuler, le yeutenant m'a engueulé, le Kébir m'a engueulé. Y me la fermaient chaque fois que je voulais parler.

« J'ai passé à l'instruction. C'était un p'tit yeut'nant qu'était mauvais comme la gale. Mais je te dis qu'y savait parler, çui-là. Il avait une sacrée platine.

« Y avait des fois qu'il était mauvais comme s'y m'avait pris en train de baiser sa femme. Et y gueulait, et y te foutait des coups de poing sur la table, hardi petit mon ami : ça faisait sauter l'encrier. Et pis, d'un coup, y devenait bon zigue comme pas un. Y comprenait que c'est emmerdant comme tout quand on a trois ans de service de met' l'arme su' l'épaule et de la fout' par terre cinquante fois de suite. C'était pas étonnant que ça m'ait fait chier.

« Moi, j'y disais : oui, pasque c'était vrai et pis, j'tenais pas à le foutre en rogne. Y répétait tout ça au pied qui en faisait des pages et des pages. Y me lisait après des choses que j'en revenais pas de m'êt' si bien espiqué. Pis, y me faisait signer.

« L'avait pas l'air de s'emmerder avec moi, t'sais, le yeutenant. Moi, je sortais d'chez lui avec une tête comme une *ouaille* *.

« Et pis, on m'a emmené à la prison militaire. J'ai voyagé en chemin de fer avec les menottes. Les gens disaient : ce doit être quéqu'déserteur... »

Et le Galérien expliquait avec une pointe de vanité :

— Le conseil de guerre, t'sais, c'est quéqu'chose. C'est pas comme le tribunal où y z'ont des robes de curé avec un mouchoir blanc qui leur sert de bavette. Là, c'est des officiers en grande tenue. Y en avait même un, jamais j'en avais vu de si beau. L'en avait que trois, çui-là, des galons, mais y faisaient tant de tours et de contours que ça y remplissait toute la manche de son dolman, ça y montait jusqu'à l'épaule.

« Y avait le cabot et l'adjudant qui z'étaient témoins.

* Brebis.

Pas contrariants qu'y z'étaient. Y faisaient : oui, tout le temps. Y en a un des officiers qui a parlé pour moi. Y s'est même ben espiqué.

« Y m'ont dit, à la fin, que je pouvais parler pour ma défense. J'ai voulu leur z'y espiquer que je l'avais pas fait esprès. J'ai vu tout de suite qu'y z'avaient envie de rigoler et qu'y s'foutaient de ma gueule. Alors, j'ai posé ma chique et je m'ai rassis.

« Y m'ont fait sortir et pis rerentrer et y m'en ont dit long que j'ai pas compris. C'est qu'à la fin que j'ai entendu : cinq ans.

« C'est comme ça que j'avais rengagé, sans prime et sans haute paye. »

Ce n'était pas d'un trait, comme on pourrait le croire, que le Galérien faisait le récit de ses misères. Ses narrations étaient coupées d'incidentes, de retours en arrière, de répétitions. Il ne se contredisait jamais, cependant.

Il parlait du long voyage dont chaque étape était marquée par une prison. Il narrait le supplice de la traversée « derrière une grille où ils étaient toute une bande, serrés, dégueulant les uns sur les autres ». Le dépôt des Isolés, à Alger, sous la garde des Zouaves qui vous « auraient comme rien » foutu un coup de fusil, « rien que pour s'être approché des barreaux ».

Il rejetait la prévention d'infamie qui l'avait marqué pour la durée de sa vie.

— C'est pas les galères, les Travaux publics. On n'est pas des salauds, on n'est pas des voleurs. On est comme des soldats avec une capote qui a la couleur d'une couverture avec des boutons de soldat et un képi avec une grande visière carrée. Les voleurs y z'ont pas le droit d'y venir.

« Moi, c'est à l'atelier d'Orléansville qu'y m'ont envoyé. Là, mon vieux, t'es rasé comme un curé, même mieux ; pasque la tonsure, y t'la foutent sur toute la tête. T'es pas fier, va, j'te l'dis.

« Et pis, y t'faisaient partir en colonne avec un sac haut comme une armoire. En guise de fusil, t'avais une pelle et une pioche pour que quand t'étais fatigué avec l'une tu te reposes en travaillant avec l'autre. »

Le Galérien avait fait sa peine puis il était allé acheter son « congé » dans un régiment du Centre.

A son retour au pays, il était devenu à jamais « le Galérien ». La population ignorante n'établissait pas de distinction entre la peine proprement militaire des Travaux publics et celle, infamante, des Travaux forcés. On était infâme à bon compte, dans le pays. Etre bâtard, insolvable, avoir un parent à l'hospice ou mort sans acquitter une dette... il n'en fallait pas davantage.

Les employeurs éventuels avaient constamment préféré au Galérien des sujets moins marqués, présumés plus craintifs devant le maître. L'homme avait dû braconner pour assurer une alimentation qui paraissait ne devoir être régulière qu'en temps de fenaison, de moisson ou de récolte de pommes de terre.

Après des temps difficiles, le braconnage, d'abord pratiqué à titre d'appoint, était devenu le travail nourricier grâce à quoi le Galérien se procurait vivres et vêtements.

Une bonne clientèle bourgeoise lui passait des commandes longtemps à l'avance et il n'y avait pas une frairie prévue, pas une bombance familiale sans que le Galérien ne fût invité à proposer quelque pièce de choix, suffisamment rare et surtout rigoureusement protégée par les arrêtés préfectoraux.

Quelquefois, avec le Pudorgne et le Puissant, nous lui servions de couverture en cas de visite inopinée de la maréchaussée.

Du plus loin qu'on voyait apparaître le bicorne d'un gendarme à cheval ou le képi galonné d'un gendarme à pied, on s'élançait aussitôt tous les trois bras dessus bras dessous en entonnant un cantique. Le chant martial du combattant chrétien par exemple, vraiment superbe dans toutes les occasions héroïques :

Chrétiens qui combattons sans trêve sur la terre... (Car, des cantiques, on en savait des tas et qui s'adaptaient à toutes les circonstances. Ainsi, quand on se séchait tout nus après une baignade on chantait : *Le voilà l'agneau si doux. Le vrai pain des anges...)*

Dès que la gendarmerie se rapprochait dangereusement,

on s'arrêtait de chanter pour crier à tue-tête : « Au perdu ! » comme si on se mettait à jouer à ce jeu. C'était le signal bien connu du Galérien qui, d'urgence, logeait épervier et friture dans une cachette soigneusement préparée à l'avance.

Et les gendarmes ne trouvaient qu'un pauvre homme couché innocemment dans une charmille et qui, dérangé dans son profond sommeil, se mettait à grommeler :

— Si c'est pas malheureux, par cette chaleur, qu'y en aye qui sont obligés de courir comme ça pour emmerder le monde !

Parmi les personnages du Pont figuraient également les Goret. Ils avaient alors une quarantaine d'années et il y avait bien longtemps que leur père était mort, un soir de cuite. Les frères Goret étaient bessons. Anatomiquement et intellectuellement identiques, autant que deux timbres-poste pris dans la même feuille. Il n'y avait d'autre part nulle raison de les distinguer l'un de l'autre, car ils ne se présentaient jamais l'un sans l'autre. Enfin, ils semblaient s'être imposé la règle d'exclure de leurs conversations avec des tiers l'emploi de la première personne du singulier.

Ils figuraient sur les registres de l'état civil sous le nom de Goret. Il ne s'était trouvé personne dans le pays pour imaginer un sobriquet plus original que ce patronyme. Ainsi, au lieu de disposer — tels beaucoup d'autres de leur catégorie sociale — de deux noms, l'un pour l'usage courant et l'autre pour l'établissement de documents officiels, ils étaient les Gorets pour tout potage.

Les deux frères devaient être un modèle de solidarité. Agés de douze ans à la mort du père, ils s'étaient ingéniés à le remplacer avec un entrain multiplié par leur parfaite entente, tandis que la pauvre veuve, leur mère, s'avouait débordée par la situation.

— Dieu soulage, se plaignait-elle à la Crymosane, en buvant une goutte de « consolation ». C'est de vrais arsouilles, tant l'un que l'autre. Y m'en font qu'une, pauvre, mais elle dure toujours. Ces mandrins sont si tellement feignants que j'ai jamais pu seulement leur faire porter un siau d'eau depuis qu' j'ai perdu mon pauvre homme. Y sont goulants comme six et y leur faut toujours pus de part que de pain. Pus forts que des bœufs qu'y sont et on peut rien en faire. Y seront juste bons pour aller à la donne, ou si s'en vont du pays ça s'ra pour aller dans les villes tirer les pieds de biche. Et dire que leur pauv' père était si tellement vaillant ! Tiens, je voudrais être morte, ma pauv' Crymosane, et que ça soye fini.

Bien que la Crymosane manquât de raisons d'être fière de sa progéniture, elle ne négligeait aucun de ses devoirs d'agent de transmission dès qu'il s'agissait de médire d'autrui. Les déboires de la mère Goret furent propagés dans tout le canton, claironnés dans chacune des maisons de la ville, dans les métairies dispersées et dans celles des hameaux perdus, si bien que lorsque le vœu de la pauvre femme se réalisa, trois ans après la mort de son homme, les gamins du pays se voyaient reprocher leur manque d'ardeur par la formule passe-partout : « Sacré bon à rien, t'es feignant comme un Goret. »

Restés seuls, les bessons pensèrent avec raison que, cette fois, c'était bien fini de rire. Ils se sentirent pleins de bonne volonté pour gagner leur vie et s'offrirent vainement. Il n'y eut pas d'employeur suffisamment audacieux pour courir le risque.

Ils vécurent quelque temps de l'héritage constitué de hardes et de mobilier. La Tonvinaire qui avait tout acheté déclara par la suite que ça n'avait pas fait cent francs au total.

Enfin, vers leurs seize ans, sans un sou en poche et sans grand espoir de trouver du travail, en guenilles et sales comme des porcs, les deux frères prirent la route. Selon la législation de l'époque, devant le droit pénal, ils étaient adultes et pouvaient s'ouvrir un casier judiciaire. Ils n'y manquèrent point et s'assurèrent nombre de condamnations pour mendicité ou vagabondage, ce qui leur permit de discuter par la suite du régime alimentaire des maisons d'arrêt et autres prisons départementales.

Ainsi les Goret apprirent-ils la géographie et, de la Normandie au Roussillon, connurent-ils des climats variés. Ils firent les vendanges dans le Midi et visitèrent la côte d'Azur où ils vérifièrent que les milieux les plus riches ne sont pas les plus généreux.

Dans le Morvan, ils se firent surprendre par l'hiver. D'abondantes chutes de neige, suivies de fortes gelées, avaient recouvert le pays d'une couche épaisse. Comme par hasard en ces rudes saisons, les gendarmes préférant sans nul doute se conserver au chaud, dans leurs casernes, s'intéressaient peu aux vagabonds. Affamés, fiévreux, les Goret comprirent qu'il était plus que temps de se faire héberger sous peine de voir s'achever, dans la fleur de l'âge, une vie qui, pour aussi misérable qu'elle fût, leur était précieuse.

Ils gagnèrent péniblement Dijon où se trouvait, selon des renseignements précédemment recueillis, une geôle des plus convenables. Là, ils sauraient bien se débrouiller pour se mettre à l'abri jusqu'au printemps, en faisant durer la prévention par les recours successifs en appel et en cassation. Ils fabriqueraient des chaussons de lisière [1], tâche pour laquelle ils possédaient une bonne expérience. Pour la cantine, ils pourraient disposer chacun de cinq ou six sous par jour et s'offrir de savoureuses portions de boudin et de porc frais. Ce serait rudement mieux que de courir la campagne par un temps à « ne pas permettre à un chien d'aller pisser dehors ».

Mais la prison qui se gagne si facilement quand on cherche à l'éviter est aussi peu abordable qu'un hôtel de grand luxe quand on a besoin de s'y mettre au chaud. Le portier les renvoya en leur déclarant que, s'ils avaient « besoin de quelques coups de pied au cul » pour se réchauffer, il était prêt à leur en faire la distribution.

Ils allèrent rôder autour des agents en service dans les rues et devant les commissariats. Leurs lamentables guenilles n'obtinrent pas le moindre succès d'attention.

Désespérés, prêts au pire, ils décidèrent que « ça se passerait pas comme ça ».

Dans une rue où le hasard les avait conduits, le spectacle

1. Chaussons confectionnés avec la bordure de certaines pièces de drap.

d'un chantier de voirie abandonné les inspira. Ils décollèrent quelques cailloux à coups de sabot et les mirent dans leur musette. Puis, gagnant les abords du commissariat le plus proche, ils ouvrirent un tir en règle sur la lanterne officielle.

La réaction fut immédiate et le rendement de l'opération dépassa leurs espérances. Après un vigoureux passage à tabac, les yeux pochés, les narines, les dents et les lèvres saignantes, les côtes terriblement douloureuses, les deux bessons furent hébergés sans délai.

Dégoûtés du trimard, ils utilisèrent autant qu'ils purent les artifices de procédure pour jouir aussi longtemps que possible de la chaleur et de la soupe de la prison et surtout des portions de boudin et de porc frais, nageant dans la graisse, délices renouvelées qu'ils se payaient par une grande activité dans la fabrication des chaussons. Cependant, tout a une fin. Un beau jour, ils furent mis dehors. C'était de nouveau le printemps, mais les deux frères en avaient soupé des beautés de la nature. Ils décidèrent de rentrer au pays.

Le chemin du retour passait par le Forez. Là, ils eurent la chance de se faire embaucher par un industriel qui les initia à la fabrication des allumettes de contrebande et, mis en confiance par leurs bons services, leur permit même d'entrer en relation avec ses fournisseurs de matière première. Les deux Goret avaient trouvé leur voie.

Ils revinrent au pays et, pour vingt francs par an, ils louèrent hors de la ville une vieille grange désaffectée. Avec les tuiles abandonnées sur une ruine qui formait dépendance, ils assurèrent l'étanchéité de la couverture. Après cela, ils achetèrent à la scierie, pour quarante sous le tombereau, une importante quantité de dosses de sapin avec quoi ils se fabriquèrent, à peu de frais, un mobilier à leur mesure.

Enfin logés, ils mirent en route leur fabrication d'allumettes et ce fut une belle réussite. La Crymosane n'avait qu'un fournisseur lointain et, rien qu'à courir « après sa marchandise », elle dépensait sans profit plusieurs paires de sabots par an. Elle offrit ses services qui furent acceptés. Elle avait une bonne clientèle et leur procura en outre deux colporteurs avec lesquels, par un accord scrupuleusement observé, elle se partageait la région.

De temps à autre, les deux frères disparaissaient pour quelques jours. Ils partaient avec un grand bidon de fer blanc que l'un ou l'autre portait accroché aux épaules à la manière d'un havresac. Ils allaient rencontrer par là-bas, dans le Forez, un fournisseur mystérieux qui leur livrait le phosphore à demande, contre paiement comptant. La marchandise leur était fournie en bâtonnets pourpres qu'il fallait immédiatement noyer, après comptage, dans le bidon plein d'eau préparé pour le transport. Ils regagnaient ensuite le dépôt au prix d'un long voyage nocturne dont l'itinéraire devait rester inconnu.

De ce dépôt, soigneusement tenu secret, ne sortaient à la fois que les quelques bâtonnets absolument nécessaires pour l'exécution des commandes en cours. Les saisies qui survenaient de temps à autre, lorsqu'une fâcheuse conjoncture faisait coïncider une fabrication nocturne avec une visite de la gendarmerie, étaient rendues sans conséquence par ces prudentes mesures. Le stock était toujours réduit et le matériel que représentaient deux casseroles et un couteau à refendre était d'une valeur décourageante.

On trouvait les produits des Goret dans toutes les cuisines de la région. On aurait pu aussi bien en trouver chez les gendarmes, chez les magistrats et chez le gardien-chef de la maison d'arrêt. Lorsque les ménagères en avaient assez de pester contre « cette saloperie de la Régie », elles risquaient un signe discret à la Crymosane, quitte à faire entendre aux maris que femme est maîtresse dans sa cuisine.

Les allumettes des bessons pouvaient s'utiliser à des fins variées. Un paquet jeté, en passant, dans une grange, garantissait un incendie à retardement des plus réussis. Un propriétaire, fatigué de payer depuis vingt ans une assurance en pure perte, pouvait risquer de rentrer dans ses débours par le même moyen.

Le Gâtat, de Ridanges, qui avait tenté le coup, se fit condamner aux travaux forcés, bien par sa faute. Si, au lieu d'en semer une douzaine de paquets pour que les enquêteurs en trouvent dans tous les coins, il n'en avait jeté qu'une quantité raisonnable, il aurait réussi à brûler tout aussi bien la maison avec la grange et l'écurie.

Bons buveurs, les Goret ne fréquentaient pas l'auberge, sans doute parce qu'ils n'éprouvaient pas le besoin de se créer de nouvelles relations et aussi par mesure d'économie. Dans l'intimité, ils s'accordaient quelques cuites de temps à autre par le moyen d'une eau-de-vie de contrebande qui leur revenait à douze sous le litre. Ils buvaient en silence, n'ayant rien à s'apprendre mutuellement puisqu'ils ne s'étaient jamais séparés.

Leur besoin d'une rencontre féminine, ils le satisfaisaient ensemble, lorsque l'envie les en prenait, chez la Graudias. La pauvre devait leur « en donner » pour leur argent. Les renseignements les plus précis sur la question étaient fournis par la Rondin qui les tenait de l'intéressée elle-même : « Ces cochons-là, y l'esquintent complètement. Avant qu'y en ait un qu'ait fini, l'autre se trouve prêt à recommencer. Quand y la lâchent, c'te malheureuse, elle irait droit au couvent des sœurs noires pour ne pas avoir à y passer une autre fois. Si elle y va pas, c'est ben parce qu'elle sait qu'on la foutrait à la porte. C'est tout de même ben triste d'avoir pas d'aut' moyen de gagner un' pauv' pièce de dix sous... »

X

DE L'ECOLE DES FRERES A CELLE DU PANTOMIN

En compagnie de Pudorgne et du Puissant, je fréquentais, cette année-là, la première classe du catéchisme. Si le classement s'était effectué selon la moyenne des notes, j'aurais été le premier, car je pouvais répondre à toutes les questions sans omettre un seul mot. C'était là la méthode chère à monsieur Veyron, le vicaire, qui tenait confessionnal dans la chapelle des Saints-Martyrs Cosme et Damien.

Nous y venions très ponctuellement, le premier jeudi de chaque mois, pour y faire l'aveu de nos péchés. En commun, nous procédions à l'examen de conscience selon une méthode sûre qui ne laissait rien dans l'ombre. Les outrages aux lois divines étaient classés en vingt-six catégories, basées sur les trois vertus théologales, les sept péchés capitaux et les seize commandements de Dieu et de l'Eglise.

Je savais les quatre psaumes en latin sans en entendre un traître mot. Je leur attribuais un sens cabalistique : en l'occurrence, le latin possédait une puissance capable de réaliser toutes sortes de sorcelleries et d'enchantements. Je n'aurais pas été autrement étonné si l'on m'avait affirmé qu'en se mettant à genoux et en récitant très exactement certaines paroles, on pouvait faire apparaître une locomotive.

A tenir compte des notes, les premiers bancs se seraient garnis d'une bande de petits miséreux parmi lesquels « ceux de l'hospice » auraient eux-mêmes occupé des places très honorables. Ceux du collège ou de la classe spéciale des Frères se seraient trouvés refoulés vers l'arrière et fâcheusement mêlés aux mal vêtus : procédé absolument contraire à l'ordre public et qui, le jour de la Première Communion, aurait entraîné une présentation inadmissible, indécente, voire révolutionnaire.

L'usage voulait en effet que les élèves les plus richement habillés fussent placés en tête et ce n'était pas une petite affaire, tant pour le catéchiste que pour Monsieur l'Archiprêtre, de régler la question de telle sorte qu'il y eût toujours exacte correspondance entre la place accordée et l'élément capital qui y donnait droit : la fortune présumée de la famille ou, tout au moins, sa probable générosité lors des quêtes à domicile pour le denier du culte.

On s'y prenait de longue date, selon un plan mis au point depuis un temps immémorial et qui donnait des résultats satisfaisants. Il était convenu une fois pour toutes que le classement devait se faire non d'après la meilleure moyenne mais suivant le total absolu des points. L'autorité ecclésiastique pouvait donc attribuer à chacun une certaine cote d'amour permettant de remédier aux insuffisances de connaissances ou de mémoire des enfants fortunés. Ce mode de classement provoquait un passionnant jeu d'enchères entre les familles huppées, amenées ainsi à rivaliser de générosité envers notre Mère, la Sainte Eglise.

La cote d'amour se manifestait selon une mathématique très simple : il suffisait d'interroger les « élus » un nombre suffisant de fois pour écraser, par une quantité de notes inférieures, les « 10 » que l'on ne pouvait nous refuser. Quant à nous, nous n'étions appelés à débiter qu'un nombre limité de récitations afin de ne pas troubler l'équilibre d'un classement préétabli.

Pour tout enfant du catéchisme, il y avait donc un coefficient multiplicateur obéissant aux règles valables sur tous les marchés selon les lois naturelles de l'offre et de la demande. Notons en passant que le clergé de la ville se montrait bien supérieur à l'armée en cette matière. A

Ambert, la cote intervenait comme facteur et non à titre additif.

Mais ces dispositions ne me chagrinaient pas. Ce qui me causait du souci, c'étaient les controverses avec le Pantomin sur l'existence de Dieu. J'y croyais, moi, mais je ne savais que répondre à mon héros quand il s'enflammait :

— Moi, mon garçon, je crois que s'y en avait un, y s'ferait voir, ou alors c'est qu'y s'en fout. C'que je crois, moi, c'est qu'y a des gens malins qui prennent sa place... Là où j'en vois un, moi, de miracle, c'est que le curé et les vicaires puissent s'engraisser sans rien foutre. Y mangent plus de viande en un an qu't'en mangeras en toute ta vie, toi... Alors, moi, si j'y croyais, à ton Bon Dieu, je pourrais pas m'empêcher de dire que c'est un farceur de se laisser vendre par un tas de feignants.

« Vas-y à la Cure, si tu veux le voir, le Paradis. Il y fait frais l'été, on y a chaud l'hiver ; tu sentiras la bonne odeur de la cuisine. Y a des rideaux de dentelle à toutes les fenêtres et c'est tout partout tapissé de papier jusque dans les « collidors ». C'est là qu'il est le Paradis. Ils le savent bien. Y l'font courir le médecin quand y en a un qu'a la chiasse. Et de faire venir les sœurs du Bon Secours pour les *gnognotter* et tout le bordel. Y sont jamais pressés de lâcher ce Paradis-là pour voir s'y en a un autre ailleurs quand on est crevé. Tu irais le leur porter sur une *barouette,* ton Paradis, qu'y bougeraient pas pour voir si c'est vrai. Y diraient : "Vous dérangez pas, cette marchandise-là, c'est nous qu'on la vend." »

J'en restais tout pantois. Que, seul dans le pays, le Pantomin osât s'élever contre la triple alliance de l'Argent, de la Religion et de la Loi, cela m'apparaissait comme un acte téméraire, semblable à celui des martyrs allant dire leur fait à Néron et à Dioclétien, mais n'entraînait pas mon adhésion.

Des enchaînements logiques reliaient dans mon esprit la richesse et le savoir. De ces maisons bourgeoises dans lesquelles je n'avais jamais mis les pieds, sortaient des messieurs et des dames toujours en habit de fête et des enfants à col empesé, conduits à l'école par ces fascinantes bonnes en tablier blanc presque aussi belles que leur maîtresse. Les messieurs étaient graves et méditatifs, tenant bien droit la tête qui semblait contenir le savoir universel. Les dames, souriantes et vives, portaient haut une poitrine géométrique, sans analogie aucune avec les seins familiers qui ballottaient librement sous le caraco maternel.

J'avais eu confirmation d'informations recueillies à droite et à gauche : il y avait des tas de livres, dans ces maisons. Il y en avait par centaines. Des Histoires de France en vingt volumes et des dictionnaires qui donnaient le moyen d'apprendre. Devant cette science, que représentait le pauvre savoir du Pantomin qui avait tout juste quelques notions de lecture et d'écriture, ne connaissait même pas aussi bien que moi, et de beaucoup, l'histoire, la géographie, et aurait été incapable de faire le problème le plus simple ?

Et eux, ces riches, ils y allaient à l'église où des chaises réservées portaient des plaques de cuivre avec leur nom gravé. Et, comme tous les pauvres — sauf le Pantomin —, ils croyaient fermement en Dieu.

A l'école des Frères, j'entrai en première année du cours moyen. Je fus donc séparé de mes deux équipiers qui végétaient en élémentaire et en préparatoire. Malgré les brimades et l'humiliation, je trouvais alors quelque intérêt à fréquenter l'école. J'y étais encore battu, mais ce n'était plus forcément quotidien. On n'oserait affirmer qu'il y eût calcul et que des consignes eussent été données de ménager les élèves dont une promotion sociale imprévue pouvait faire des accusateurs ou des juges dans l'avenir. Plus simplement, c'était peut-être parce que, plus instruits et mieux éduqués eux-mêmes, les Frères du cours moyen apportaient quelque intérêt à l'accomplissement de leur tâche.

Cependant, l'inégalité du traitement persistait jusqu'en première classe. Un jour, le Frère Hermyle, voulant sans doute s'accorder un délassement, vint lier conversation avec mes deux voisins. C'étaient des garçons de « bonne maison ». Une conversation s'engagea donc, coupée d'éclats de rire, et je me crus autorisé à participer à cette détente. Frère Hermyle fronça les sourcils et sanctionna mon impudence :

— Vous, vous me copierez trois fois la fable *L'âne et le petit chien*. Et surtout, vous vous pénétrerez bien de la morale qui s'en dégage : « Jamais un lourdaud, quoi qu'il fasse, ne saurait passer pour galant. »

La punition était légère, l'hilarité fut générale. Je ne fus pas long à copier une fable que je connaissais par cœur depuis plusieurs années. Mais, de tous les coups que j'avais déjà reçus dans cette école, ce dernier me parut le plus dur à supporter.

Frère Hermyle ! Je l'admirais en tout. Très droit, très digne, il cachait sous des lunettes aux verres sombres et bombés un regard que, très simplement, je supposais divin. Je croyais ferme comme roc à toutes les vérités qu'il nous assenait. Je condamnais la malice de « l'exécrable » Voltaire et celle du « trop fameux » Renan.

C'est pourtant sous sa bienveillante autorité que, chaque semaine, notre classe se partageait en deux camps nettement tranchés, l'élite et la plèbe, à l'occasion du commentaire des narrations. L' « esprit », comme il sied, se rangeait du côté des visages bien lavés, des cheveux peignés et des chaussures de cuir cirées. L'autre côté, dont je faisais partie, comportait les visages hirsutes et douteux et les lourds sabots de frêne.

Pour nous, le français, parlé seulement à l'école et au catéchisme, était une langue difficile. Chaque phrase d'une composition était le résultat d'une traduction laborieuse ; après l'avoir pensée dans le patois originel, il arrivait souvent que nous n'en trouvions pas l'équivalence. Ce qui fournissait à Frère Hermyle matière à observations piquantes, prononcées lentement, le temps de recueillir l'approbation de l'élite. Toute latitude était donnée au groupe des chaussures cirées de s'exercer à l'ironie aux dépens du groupe des sabots.

Pudorgne et le Puissant n'approchaient de la grande bâtisse aux allures de caserne qu'avec une répugnance infinie, tels des coupables allant se soumettre à l'interrogatoire de policiers rudes et brutaux.

Et c'était fort compréhensible. Le Puissant avait un maître

unique, le Frère Joseph, dit François. Cette appellation qui, en soi, n'a rien de péjoratif, lui avait été attribuée en raison d'un air perpétuellement égaré qui le faisait ressembler au François, le demeuré du pays. Le Frère Joseph était un pauvre idiot d'une force musculaire considérable. Elle le poussait aux exploits sportifs. Il aimait à prendre le Puissant par les hanches et à l'envoyer au plafond. Lorsque le crâne du garçon s'ensanglantait, le tourmenteur s'en montrait réjoui, comme un athlète de foire qui réussit à faire détoner le pétard. Quant au Pudorgne, il avait définitivement pris ma succession : c'était le souffre-douleur de service.

Maison de force ou établissement d'enseignement ? Le réfectoire lui-même était pour les pensionnaires pauvres, qui formaient les neuf dixièmes de l'effectif, un endroit maudit. Là, autour d'une table centrale, celle de la « grande pension », siégeait une douzaine de « jeunes seigneurs » nourris correctement avec vin, viande en abondance et dessert à chaque repas. L'encadrant, quatre longues tables groupaient une centaine de petits faméliques astreints au rôle de spectateurs.

Un silence rigoureux empêchait l'attention de se relâcher : il importait de renforcer la valeur éducative de cette organisation. L'effectif des sous-consommateurs recevait des parents la tourte de pain noir, apportée à l'occasion d'une foire ou d'un marché, d'une grosseur calculée de façon à durer jusqu'à la visite suivante. L'école leur fournissait trois fois par jour un maigre bouillon de légumes avec lequel ils pouvaient, en arrosant leur propre pain, se tremper une soupe. La déglutition du pain de seigle, lourd comme du plomb, était certes facilitée par la salivation abondante que causait le spectacle des mets désirables consommés sous leurs yeux.

Par ce supplice de Tantale, on préparait les petits pauvres à souffrir devant l'inaccessible abondance des riches. Lorsqu'un Frère le jugeait à propos, il lui arrivait de lire ou de raconter une histoire qui sanctifiait le dévouement des pauvres gens envers leurs maîtres. Ce thème était si souvent présenté que je m'en étais imprégné. Assoiffé d'héroïsme comme on l'est à cet âge, j'imaginais une fin glorieuse :

je me faisais couper le cou à la place d'un maître indiscutablement « bien né » qui profitait de la substitution pour se
sauver à Londres, mettre son épée au service de Dieu et
de son roi...

Les Frères qui enseignaient dans les classes élémentaires
étaient de pauvres sujets, souvent anormaux. De souche
paysanne, peu instruits mais aussi d'une intelligence médio-
cre, ils ne manifestaient guère d'aptitudes même au travail
manuel. Ils étaient en tout cas dénués de tout esprit pratique ou d'initiative. La règle les maintenait sous une
stricte surveillance. Ils ne pouvaient sortir qu'en groupe et
ne possédaient rien. Pas même leur mouchoir. Les messes
de six et sept heures où ils se relayaient en deux équipes
étaient bien les seules sorties quotidiennes autorisées. Faut-il
en conclure qu'ils étaient particulièrement méchants ? Certes
non. Dernier rouage d'un monstrueux système, ils se trouvaient bien incapables de concevoir le jeu des puissances qui
avaient mis en place cette organisation. Rompus eux-mêmes
à l'obéissance et à la résignation, comment auraient-ils pu
contester cette longue suite d'intermédiaires et la hiérarchie
cléricale ?

Le temps allait venir où les Frères seraient libérés. Contre
le gré d'une population fanatisée par les anathèmes que
lançaient les « culottes de soie », les gendarmes intervien-
draient. Malgré eux, les Frères seraient jetés dans la vie où
ils promèneraient librement leur jeunesse, leur vigueur
paysanne... Ainsi disparaîtraient nombre de leurs refou-
lements.

Les rues de la ville ne nous offraient aucun sujet de
distraction. C'est donc sur le Pont que nous filions, l'école
à peine finie. Au moins, on ne nous y marchandait pas
la considération. On pouvait parler, interrompre, contredire,
discuter. Pour moi, c'était là ma deuxième école, toute
d'observations, auprès du seul maître que je me reconnaissais, le Pantomin.

Mais le Pantomin n'avait pas souvent le temps de flâner :

son usine à gaz l'accaparait. Je courais vite l'y rejoindre, car c'était le spectacle le plus digne d'être vu dans toute la région d'Ambert. La manipulation du charbon tenait une place de choix dans ses occupations. Crachant dans sa main droite qu'il frottait sur la gauche pour assurer le « graissage », il empoignait sa pelle avec une résolution exemplaire. Puis venait le chargement de l'outil à pleins bords et le mouvement élastique des bras expédiant dans la vaste brouette la masse qui s'y écrasait sans qu'il en tombe sur le sol la moindre parcelle. Suivait le transport au pas de course jusqu'au pied du massif de brique portant les cornues... Oui, cela valait la peine d'être vu.

Mais c'était debout, face aux cornues, que le Pantomin était vraiment magnifique.

Dévêtu jusqu'à mi-corps, le torse musclé et ruisselant, il jetait bas, à grands coups de ringard, le coke incandescent qui tombait en grésillant dans le caniveau où un torrent d'eau bouillonnante l'entraînait dans la fosse. Un nuage épais de vapeurs soufrées emplissait le hangar et chassait vers la porte les admirateurs menacés d'étouffement. Ce travail effectué, et après un nouveau graissage des paumes, l'homme bondissait sur sa pelle. Dans la cornue d'un rouge éblouissant, les pelletées de charbon partaient droit au fond, suivant une trajectoire rectiligne ; elles s'y tassaient en dégageant de longues flammes bientôt éteintes pour faire place à une fumée opaque diminuant progressivement jusqu'à ce que, le chargement terminé, le Pantomin pût s'accorder un temps d'arrêt.

Après avoir fiché sa pelle dans le tas de charbon, d'un geste aussi fier et résolu que celui d'un porte-drapeau de jadis plantant son étendard sur la position conquise, le Pantomin marchait vers la porte. Il passait sur sa figure et sur son torse un chiffon mouillé qui répartissait équitablement, sur toute la surface visible de son épiderme, la boue charbonneuse déjà délayée par la sueur.

C'est à ce moment-là que je croyais devoir compatir à sa glorieuse fatigue :

— T'as chaud, Pantomin ?

Il remplissait sa bouteille au robinet de cuivre, torchait

d'un geste vain le goulot avec la paume de sa main encrassée, buvait le contenu jusqu'aux trois quarts et répondait enfin :

— Oui gamin, il était quasi temps de venir baiser le goulot !

Près de lui, je ne pouvais m'empêcher d'évoquer la dure parole d'un Dieu omniprésent, jetant l'homme vers la souffrance et la fatigue sans fin : « Tu gagneras ton pain à la sueur de ton front. » Et, une fois de plus, me torturait l'incompréhensible contradiction : le Pantomin, l'homme qui obéissait avec le plus d'ardeur à l'ordre divin, était un « damné », alors que tous ceux « qui ne foutaient rien » et se moquaient de la loi du Créateur se trouvaient dans les meilleurs termes avec la divinité dont ils se déclaraient les serviteurs soumis. Oui, décidément, il fallait que j'approfondisse cela :

— Tu sues beaucoup, Pantomin ?

— Ah ! oui, mon petit, que j'en fais de la sueur et que je la fais pour pas cher, va !

Et il partait d'un grand rire :

— J'ai pas bien calculé combien que je la vends au litre, ma sueur, mais je crois bien qu'il en faudrait beaucoup de tonneaux vendus à ce prix pour payer ce qu'il faut pour vivre rien qu'à notre curé.

Partout, dans la ville et dans la campagne, il y avait des hommes qui peinaient et suaient. A la scierie où mon père portait de lourdes billes, les hommes étaient laminés par un travail morne de bête de somme, un travail-châtiment. D'année en année, je voyais les épaules de mon père se voûter, son dos se cintrer comme celui d'un bossu et cependant il avait à peine passé trente ans. Dix ans plus tôt, il était droit comme un jonc. Le dimanche, il lui arrivait autrefois d'aller faire danser les filles dans sept paroisses différentes. Il était alors « le Jean qui jouait de l'accordéon ». Maintenant, le dimanche, il dormait. Le seul déplacement jusqu'à Montsimon, deux lieues et demie aller et retour, était trop fatigant pour ses jambes que les lourdes charges avaient courbées en arc de cercle. Quand je lui portais la soupe, je voyais sur son visage les lignes courbes par où la sueur avait charrié la sciure, comme sur le visage et le torse du Pantomin elle avait charrié la poussière de charbon.

La mère du Puissant, la Jeanne, transpirait en lavant d'énormes brouettées de linge quand, au plus fort de l'hiver, il lui fallait casser la couche de glace du ruisseau pour trouver l'eau courante et gagner ses vingt sous. La brouette était si lourde qu'elle ne pouvait pas faire plus de quinze pas. Elle s'arrêtait alors pour souffler et tenter de ranimer ses mains gourdes en les abritant sous son fichu croisé sur une poitrine flétrie.

Les paysans ruisselaient pendant la fenaison, le fauchage, la moisson, les charroyages sur les pentes où ils devaient s'arc-bouter, soutenant la charge au bout de leurs fourches pour éviter que tout culbute et bascule avec l'attelage. Pendant le long hiver, ils suaient en battant leur grain au fléau.

Il n'empêche qu'à mes yeux, le Pantomin semblait porter à lui seul la somme de toutes les fatigues qui peuvent accabler un homme. Il y avait l'effort accompli au pas accéléré, quand ce n'était pas au pas de course. Il y avait l'atmosphère embrasée, la fumée qui brûlait les yeux, prenait à la gorge, et surtout l'intoxication par les vapeurs soufrées.

Pourtant, seul le Pantomin ne vieillissait pas. C'était un ami compréhensif, toujours bienveillant. Il se souvenait d'avoir été jeune et redevenait un enfant avec les enfants. Et il n'y avait que lui pour esquisser sur nos têtes ce geste caressant, celui-là même qu'on donne machinalement à un chaton abandonné ou à un chien qui vient vous flairer les genoux.

Le Pantomin n'était pas un homme brisé, mieux, il ne considérait pas comme naturelle et inéluctable la répétition infinie des mêmes épreuves. Petit, il avait été battu, mais il n'en tirait pas la conclusion, universellement admise, que les enfants sont faits pour être battus. Les siens étaient à « la laïque », où ils travaillaient sans passion mais avec de bonnes chances d'arriver au certificat d'études vers leurs douze ans, et il ne leur demandait rien de plus.

— Y n'ont pas reçu de coups comme moi, remarquait-il, et y z'en savent beaucoup plus que je n'en savais à leur âge. Y sont plus avancés que Pudorgne et le Puissant et y sont pas plus mauvais que les autres. Alors, à quoi ça avancerait de les laisser battre ? J'ai toujours averti que celui qui cognerait sur mes gars, il aurait affaire à moi.

Le Pantomin inspirait le respect, voilà ! Rien d'étonnant si c'était auprès de lui que je sentais parfois sourdre en moi une gaieté indéfiniment refoulée à l'école et à la maison, et une soif irrépressible de connaissances qui devaient me permettre d'affronter un avenir morne et soigneusement borné.

A l'époque, je ne savais pas encore déterminer exactement les raisons qui poussaient les riches de la ville à respecter le Pantomin. Mais pour les pauvres en tout cas, ceux de notre monde, l'affaire était claire. Une histoire se racontait souvent sur le Pont ; elle avait consacré définitivement la réputation du Pantomin parmi les siens.

S'enorgueillissant d'une femme économe et de cinq enfants qu'il déclarait fièrement « vaillants à la soupe », le Pantomin remettait régulièrement à sa ménagère les soixante-quinze francs par mois attachés à l'exercice de ses fonctions. Un compromis, établi depuis longtemps et ayant de ce fait force de règlement, allouait à l'homme une prime journalière de deux sous dont il avait la liberté d'user et d'abuser sans contrôle et d'affecter à toute débauche de son choix. Par exemple, et comme tant d'autres, il aurait pu gaspiller sa rente au jour le jour, en achetant chaque matin un cornet de scaferlati pesant huit grammes, suffisamment humecté pour ne pas souffrir de sécheresse et aussi pour que le débitant y trouve son profit. Il aurait pu, par une capitalisation méthodique, s'offrir deux chopines à cinq sous tous les cinq jours.

En fait, le Pantomin ne fumait pas et n'allait jamais à l'auberge.

Une fois par semaine, il passait chez le Ducoin, le charcutier, chez lequel il achetait des couennes, des cervelas et des boulettes qu'il portait à la Marie des Granges. Ces boulettes étaient une sorte d'arlequin constitué par un agglomérat de déchets divers enrobés dans une gelée grise. La Marie en était friande.

Elle avait quatre enfants, nés de pères différents, selon les hasards de la vie. Par un apport régulier de nourritures de toute origine, le Pantomin et quelques autres l'aidaient à nourrir son monde. En contrepartie, la pauvre Marie donnait ce qu'elle pouvait mais, disait-on, c'était de bon cœur, d'autant qu'elle paraissait encore plus contente de donner que de recevoir.

Or, de toutes les fantaisies que notre homme pouvait se permettre contre ses deux sous quotidiens, c'était bien celle-là que sa femme, la Gathe, était le moins disposée à lui accorder.

Lorsque, tout au début de l'affaire, la Crymosane vint la mettre au courant, la Gathe en perdit le souffle. Puis elle le retrouva bien vite en pensant qu'elle allait en avoir besoin pour engueuler son homme et lui dire son fait devant le monde. Selon l'usage en pareil cas, elle courut chez les voisines pour se faire plaindre et s'assurer un public sympathisant.

Mais l'effet souhaité par l'infortunée fut complètement manqué. Le Pantomin mit les choses au point avec tant de verve et de vigueur qu'elle dut capituler, dans un état de confusion tel qu'elle en rougissait encore vingt ans plus tard.

A l'apostrophe qui devait le foudroyer à cinquante mètres : *Ce verrat, qui avait pourtant tout ce qu'il lui fallait chez lui et avait pas besoin de donner ses sous qu'on avait déjà pas de trop pour aller le chercher chez une salope,* il avait riposté :

« Sacré nom de Dieu de Bon Dieu de garce, je t'ai t'y fait du tort ? Dis-le, bordel de Dieu, que je t'ai fait du tort et que je te le donne pas, ton compte, toutes les fois que tu l'réclames ! Dis-le un peu, oui ou merde, si je te fais attendre quand ça te démange ? Que ça soye le matin, à midi ou le soir. Dis-le devant tout le monde si je suis feignant quand t'en as pas assez et qu'y t'en faut encore. Dis-le mille dieux de mille dieux ! Dis-le donc, sacrée garce de bougresse ! »

Sous ce déluge, les regards des commères s'étaient remplis d'admiration pour le Pantomin et le sort de la Gathe leur fit bien envie. Celle-ci s'était enfuie en larmes, dans un état de complète déroute, perdant définitivement tout espoir d'attirer sur elle ce qu'elle avait escompté d'apitoiements consolateurs.

Le Pantomin s'était alors tourné vers le public :

— C'est-y qu'un taureau serait bon si on lui filait toujours la même vache, hein ? Qu'est-ce qu'y foutrait le taureau, si couillu qu'y soye, hein ?

Superbe, il avançait vers le groupe, les bras croisés, la chemise largement ouverte sur sa poitrine velue, braquant sur son auditoire des yeux brillants, ombrés par le charbon comme des yeux d'odalisque.

— Alors ? Laquelle qui va me le dire ce qu'y foutrait, le taureau couillu ?

Chacune se sentant personnellement invitée à dire ce que *foutrait* le taureau couillu... il valait mieux en la circonstance tourner les talons et prendre le large en crevant de rire !

XI

LA BELLE EPOQUE

Dans le courant de la saison, l'effectif du Pont des Feignants s'accrut d'une unité : un homme d'une trentaine d'années au visage constamment emmitouflé de linges purulents qui cachaient une partie de ses traits. Le Pantomin l'avait connu lorsqu'ils étaient tous deux adolescents ; dans la ville on l'appelait le Chimique.

Tout jeune, il était parti « dans les villes » où il avait trouvé à s'embaucher dans une fabrique de traitement de produits phosphorés. Le garçon y avait gagné de bonnes journées, mais s'y était peu à peu empoisonné. La pourriture lui avait grignoté le menton et les pommettes, devenus des foyers d'abcès inguérissables. Revenu au pays, il était inapte à tout travail.

Un petit héritage lui assurait une rente de dix-huit sous par jour qui s'éteindrait avec lui. C'était M. Travers qui s'était chargé de l'opération, effectuée selon les règles. L'espérance de vie ayant été appréciée, le notaire avait fait le compte en fonction même de la durée la plus optimiste accordée par les médecins du pays. Les paiements seraient hebdomadaires et, tous les samedis soirs, le Chimique passerait à l'étude pour y prendre le montant de sa pension, jusqu'au jour de sa mort.

A trente ans, le Chimique ne montrait de sa figure qu'un front ridé, un crâne chauve, deux yeux d'un bleu terne et délavé de vieillard. Je l'observais avec un sentiment d'épouvante, me demandant quel châtiment plus terrible aurait pu lui être infligé si, au lieu d'être un ouvrier soumis et ponctuel, un bon chrétien allant à la messe tous les dimanches, il avait été un impie, dangereux ennemi de l'Eglise comme « l'immonde Zola » dont on me parlait si souvent à l'école des Frères.

Une seule chose me consolait quand je pensais au Chimique : grâce à sa petite rente, il ne subissait point le sort des mendiants, si nombreux à Ambert. La plupart avaient été de bons ouvriers eux aussi, gagnant honorablement leur vie. Un jour, on les avait ramenés à la maison, amputés par une scie circulaire, partiellement écrasés par la chute d'un tronc d'arbre ou désarticulés par leur culbute d'un échafaudage. Personne ne leur devait rien. A quiconque voulait bien leur donner quelques reliefs de repas, ils n'auraient qu'à dire merci.

La paresse, l'alcoolisme, la débauche, la prodigalité n'étaient nullement à l'origine de la mendicité. Il apparaissait que les pires excès des porte-besace n'étaient jamais allés au-delà de quelque cuite occasionnelle. Les revenus ouvriers et ceux de la paysannerie pauvre ne permettaient pas davantage. Le droit de quêter de porte en porte quelque croûton de pain ne s'accordait que sur titres indiscutables de bonne conduite et de bonnes vie et mœurs. Le candidat mendiant devait avoir un passé aussi net que l'aspirant à un poste de gendarme ou d'encaisseur de banque.

Les paresseux, tels le Cueille ou les Crymosa, ne tendaient pas la main et le reste des irréguliers cherchait sa voie dans la maraude, le vol, la contrebande ou autres expédients de même farine. Le droit de mendier était tacitement reconnu comme une sorte de retraite accordée par la société à des travailleurs qui avaient été constants, fidèles, exacts dans l'accomplissement de leurs devoirs de chrétien. A y bien réfléchir, on en avait beaucoup moins exigé de M. Félix Faure avant de l'élire président de la République française.

D'année en année, grâce aux machines meurtrières introduites dans les usines et les ateliers, l'accident du travail devenait le fournisseur essentiel des déchets humains circulant par les chemins. Aucune loi n'avait encore décidé que la responsabilité patronale était engagée dans ces accidents.

Le Pierre de Martinangues travaillait à la scierie. Un jour qu'il déblayait sous le banc de la « circulaire », la courroie avait soudain quitté la poulie folle et la lame attaqué le Pierre dans les reins. Tout d'abord, on crut que ce n'était pas grand-chose, mais jamais il ne put reprendre son travail. Souvent, il arrivait qu'on entendît, quelque part aux abords du village, les cris déchirants du pauvre Pierre terrassé par une crise. Le Galipote, de la Jarrie, avait été « abîmé » par un char de foin dont il avait prétendu empêcher la culbute. Quant au Flache, il était tombé d'un noyer en faisant la cueillette. Le bruit s'était répandu qu'il « s'était cassé le fil des reins ». Domestique sans biens et sans famille, personne ne l'avait aidé à faire le saut, donc personne ne lui devait rien.

Il y en avait des dizaines comme ceux-là qui déambulaient de ferme en ferme, loqueteux, couverts de poux, traînant leur vie de soupe en soupe, hiver comme été, jusqu'au jour où on les ramassait.

Parallèlement, la maladie assurait son lot de misérables : aveugles aux yeux vidés, goitreux aux tumeurs énormes tombant en besace ou développées en collerette à la manière d'une fraise de l'époque des derniers Valois. On rencontrait des tuberculeux au visage dévoré par le lupus, des rhumatisants qui tendaient hors de leur manche en haillons une main aux doigts crispés devenus griffes menaçantes.

Certains avaient élevé de si nombreuses familles que le partage du bien familial ne permettait qu'une distribution de parts insignifiantes et à lointaine échéance. Les enfants partaient dans les villes dans l'attente d'un héritage dont le notaire avait fait avance aux vieux. Au début de l'exil, quelques lettres annonçaient un mariage, une naissance. Ensuite les lettres se raréfiaient, précédant un silence définitif, une rupture sans appel. La vie était dure dans les cités, autant que dans les campagnes, et la mortalité plus grande encore. Un ouvrier père de famille ne pouvait s'offrir le luxe de voyager. Après quinze, vingt, trente ans et plus, les liens étaient brisés : nul ne savait plus dans le pays s'il y avait eu survivance.

Les vieux perduraient, conservant souvent près d'eux un fils qui continuerait à assurer la tenue de la métairie où ils espéraient terminer leurs jours. L'arrivée inévitable d'une bru décidait en dernier ressort de leur vieillesse, la rendant à son gré paisible ou insupportable. Mais la terre peu rentable avait perdu de sa valeur. Il fallait vendre pour rembourser. Ou bien la débâcle était accélérée par les fatalités paysannes habituelles : gelées hâtives ou tardives, pluies excessives ou sécheresse prolongée, épidémies de fièvre aphteuse ou morts en série, dans une soue contaminée, de cochons riches d'espérances, et ce, malgré l'aide des sorciers et de saint Antoine, patron des gorets, appelés à la rescousse.

Les vieux louaient alors leurs bras pour des travaux intermittents, vivant de privations pendant de longs hivers, sans mourir pour autant. L'impotence venue, ils devaient renoncer à compter sur le travail de l'été, dernier rempart pour ne pas crever de faim en hiver.

Les petits paysans et les métayers étaient accueillants à cette misère dont la menace pesait également sur eux. Jouissant d'une nourriture abondante sinon variée, ils n'en tremblaient pas moins dans la crainte des accidents, incendies ou maux divers qui pourraient y mettre fin. Au coin de leur cheminée, il y avait place pour le chemineau : il aurait droit à la soupe commune et pourrait, comme toute la famille, puiser dans la grande marmite où fumaient les pommes de terre destinées à la pâtée des cochons.

Le lendemain, après une bonne nuit de sommeil dans le foin, le misérable mettrait dans son bissac une large tranche coupée dans la tourte de pain de seigle. Il emporterait ses provisions de route dans quelque tanière qui lui était concédée parce qu'on n'avait pas pu la louer pour y loger du bétail. Par temps trop rudes, il pourrait mâchonner, de sa bouche édentée, les croûtons rassis, verdis par la moisissure et s'en faire des mixtures que refuserait un chien.

Je continue toujours d'entendre les voix d'outre-tombe du père et de la mère Brande. Vers l'âge de quarante-cinq ans, le mal avait pris la femme à la base du nez. Ce fut d'abord un petit bouton « de rien du tout » qu'elle faisait saigner en le grattant, dans l'espoir de calmer une démangeaison constante. Le sorcier de Rodanges s'était montré impuissant. Le guérisseur de Masselèbre avait prescrit des pétales de fleurs de lys macérés dans l'eau-de-vie. Résultat nul, et le mal s'était développé d'année en année. Il avait rongé le nez, découvrant deux trous noirs, puis les lèvres qui avaient dégagé les gencives dépourvues de dents. Le mari, lui, était devenu aveugle. Ses yeux l'avaient fait souffrir, lui causant des maux de tête si terribles qu'il hurlait des heures entières et que les gamins du village venaient devant sa chaumière pour l'entendre. Puis les yeux s'étaient vidés comme des grains de raisin trop fortement pressés. Le couple avait dû abandonner le bien, « mangé » autant par l'insuffisance de travail que par les dépenses entreprises pour une illusoire guérison. La terre et le bétail négligés, la mince fortune des Brande s'était usée en quelques années.

Elle, le visage voilé à la manière des femmes africaines, remorquait son vieux compagnon aveugle en mendiant par les chemins, de métairie en métairie. Ils se distrayaient par la récitation d'un interminable chapelet et de litanies débitées à une cadence accélérée, l'homme donnant le répons à la femme. Quand ils quittaient une maison hospitalière, ça n'était jamais sans avoir pris l'engagement formel de dire, à l'intention de la famille et de ses pauvres défunts, un certain nombre de prières de circonstance.

Cinquante années de travail ne leur paraissaient pas suffisantes pour justifier leur droit de vivre encore un peu de temps et ils s'excusaient humblement de n'avoir à donner contre un morceau de pain que leurs patenôtres infiniment moins efficaces que celles du clergé qualifié, vendues à prix élevé.

« Nous n'avons plus que ça à offrir pour le pain que nous mangeons », soupirait la Brande en prenant congé.

En ce temps-là, la France était le plus riche pays de la terre. Elle produisait trop de vin, trop de blé. Par milliards, les banques « pompaient » un excédent de ressources qu'elles dispersaient dans toute l'Europe, et par-delà les océans. Elles finançaient la construction de ports américains et d'entreprises étrangères diverses. Une part revenait dans le pays où elle s'investissait en luxe, en rétribution d'amours vénales et en scandales. Le demi-monde brillait du feu des perles et des diamants et les gommeuses aux bas noirs faisaient rêver l'homme de la ville. C'était l'heureux 1900, « la belle époque ».

Un demi-siècle plus tard, je serais bien étonné de l'apprendre, moi, Toinou.

La région d'Ambert, géographiquement définie par l'évasement de la vallée supérieure de la Figne, constituait une sorte de réduit fermé aux influences extérieures et au sein de laquelle perduraient des us et coutumes que l'on avait depuis longtemps abandonnés ailleurs.

Il s'y pratiquait un bilinguisme analogue à celui de l'époque gallo-romaine, quand ceux qui commandaient parlaient le latin et ceux qui obéissaient, le patois.

A Ambert, les ordres étaient donnés en français ; on obéissait en patois. Ce patois était un mélange de celtique et de vieux français où les voyelles avaient subi de telles modifications qu'elles étaient imprononçables pour qui n'était pas indigène [1].

Il y avait des mots qui touchaient à l'espagnol, d'autres à l'italien. La culture générale de la population ouvrière et rurale semblait s'être maintenue au niveau atteint sous Dagobert Ier. Les apparitions de diables sous la forme d'un bouc ou d'un chat noir n'étaient pas tellement rares ; les guérisons miraculeuses elles, étaient fréquentes. Le fait que la mortalité ait été en ces lieux très au-dessus de la normale n'entrait pas en ligne de compte. Rien d'ailleurs ne renseignait les gens sur ce fait singulier que l'on vivait plus longtemps dans les pays où le Bon Dieu, la Vierge et les Saints

1. Cf. Annexe VI, p. 370.

avaient renoncé à faire des miracles et délégué leurs pouvoirs à la médecine.

De très rares journaux : le principal étant l'hebdomadaire du chef-lieu départemental qui signalait les faits importants tels la condamnation à mort de Vacher, le tueur de bergers, ou l'assassinat du président Carnot. Celui-ci fit beaucoup parler dans la maison. Un Italien l'avait tué avec un couteau tout pareil à celui que mon père conservait, bien affilé, dans une enveloppe de vieux chiffons, pour saigner le cochon. En conséquence, cet outil de meurtre prit, chez nous, le nom de « caserio ». Ce n'était pas précisément pour honorer l'assassin, car nous n'avions nulle sympathie envers cet étranger venu dans notre pays pour tuer du monde. Une complainte fut rapportée par mon père ; deux vers seulement restent dans mon souvenir :

> *Mais un cordon humain*
> *Lui barra le chemin.*

Ce journal présentait bien un éditorial à prétentions économiques ou politiques, mais cela n'atteignait pas une personne sur mille dans l'ensemble de la population. Pour les autres, dont un fort pourcentage ne savait pas lire, les nouvelles extérieures étaient données par *le Petit Journal Illustré,* exposé en permanence à la devanture des marchands de tabac. La vue n'en coûtait rien. C'était une documentation par l'image exprimée en couleurs violentes parmi lesquelles dominait le rouge.

On pouvait, par exemple, se faire une idée de la grandeur nationale en considérant, dans un lointain heureusement choisi par le dessinateur, une ville ceinte d'une muraille bastionnée de tours. De là, s'élevaient tant de flammes que l'ensemble de la cité semblait n'être qu'un immense fourneau exactement limité par l'enceinte crénelée.

Ceux qui savaient lire traduisaient pour les autres le texte explicatif :

BOMBARDEMENT DE SIKASSO. EFFETS DES OBUS A LA MELINITE

Souvent, l'illustration était plus directement compréhensible : sur un verdoyant fond boisé, deux hommes en bras de chemise, plus maculés de sang l'un et l'autre que le Jean Ducoin à son retour de l'abattoir l'avant-veille de la Fête-Dieu (seul jour de l'année où à peu près tout le monde mangeait de la viande). Ces deux héros tenaient chacun une cognée des deux mains, avec une symétrie si parfaite que l'un paraissait le simple reflet de l'autre. Les deux manches se croisaient en X aplati et enfonçaient identiquement le tranchant de l'outil, jusqu'à mi-fer, dans une épaule gauche justement placée là pour le recevoir.

La population locale n'avait nul besoin de commentaire. Ce genre de règlement de compte avait plus d'une fois alimenté les veillées. Car, dans la région d'Ambert, il était courant d'expédier chaque trimestre un ou deux criminels aux assises départementales.

La connaissance des victimes et quelquefois des meurtriers, la représentation précise des lieux permettaient à chacun de reconstituer le forfait et d'en analyser les causes. Cependant, le verdict populaire n'était pas toujours conforme à celui de la justice. C'est ce qui fut démontré lors de l'assassinat du Bouradagné.

Le Bouradagné avait été commerçant patenté et honorable : il possédait plusieurs propriétés données en métayage et un domaine important qu'il exploitait lui-même par l'intermédiaire de domestiques sur lesquels il régnait en souverain tout-puissant.

Sur les marchés, où il présidait au trafic des cochons, on le voyait dominant tout le monde, portant au-dessus de la foule sa tête aux cheveux frisés qui l'avaient fait surnommer « Bourre d'agneau » — ce qui, en patois, s'était simplifié en « Bouradagné ». Acheteur ou vendeur, le Bouradagné faisait son prix ou répondait à une offre par une contre-offre sans admettre la moindre discussion. Dans ce pays de marchandages perpétuels où toute transaction ne semblait possible qu'après des palabres sans fin, constamment rompues pour être renouées aussitôt après, c'était une originalité.

Mieux que personne, il savait prendre la température d'un marché et déceler le besoin des bêtes pour l'élevage ou le besoin d'argent quand le cheptel local était pléthorique. Il réglait rubis sur l'ongle, puisant les billets dans un énorme portefeuille que l'on disait capable d'en contenir assez pour acheter en un jour tous les cochons du pays.

Bien que spécialiste du cochon, le Bouradagné ne négligeait pas les transactions parallèles dès qu'il les jugeait profitables : paire de bœufs ou de vaches, bois, métairie avec son cheptel. Toute personne possédant quelque bien était assurée de trouver chez lui un crédit coûteux mais certain. L'intérêt n'était que de 5 % l'an, ce qui semblait très honnête ; malheureusement, à titre de frais supplémentaires, il y avait une commission fort lourde. Cette commission, variable, devait croître régulièrement avec les difficultés du débiteur. A tous ces négoces, le Bouradagné en joignait un autre : celui-là même qui aurait pour ultime conséquence de mettre fin à une carrière aussi brillante que lucrative. Grand coureur de jupons, il faisait une énorme consommation de servantes d'auberge à qui il procurait d'avantageux placements lorsqu'elles se trouvaient suffisamment disqualifiées. Appâtées par quelques louis, les braves filles constataient qu'au prix d'un peu de complaisance elles doublaient les économies d'une année de gages. Après un temps d'essai, la candidate était dirigée sur un bordel de Paris ou de Lyon avec un certificat de garantie. Commerce ou plaisir, toute affaire était d'un bon rapport pour le Bouradagné.

Si, dans une auberge qu'il fréquentait — et il y en avait beaucoup —, arrivait quelque jeunesse nouvellement engagée, il l'évaluait comme il eût évalué une valeur quelconque. Il appréciait le grain de la peau, la fermeté des seins, la dentition. Ce dernier point était essentiel, car dans nos villages aux toits de chaume, ce n'étaient que sourires aux dents pourries. Toute une récolte de pommes de terre — vendues 3,5 F les 100 kg — n'aurait pas payé une visite chez le dentiste qui venait au bourg une fois par mois. D'ailleurs, on n'avait que faire du dentiste. Quand on avait trop mal, on allait chez le Joyeux, le marchand drapier qui, pour dix sous, vous opérait en un tournemain. Il employait à cet effet une espèce de crochet formé d'une tige aux deux extrémités tranchantes et recourbées dont le manche ressemblait à celui d'un tire-bouchon. Il vous introduisait dans la bouche une partie de cette tige qu'entortillait un torchon malpropre de façon à ne laisser dépasser que les dents du crochet ; il vous appuyait ses genoux sur le ventre, et hardi ! il fallait que ça vienne. Il venait toujours quelque chose ; si la dent ne sortait pas tout entière, il y en avait au moins un morceau, quelquefois même avec un petit bout de gencive en plus.

Le Bouradagné s'informait de la parenté et du caractère des parents, de leurs capacités de défense auprès des autorités, des relations qu'ils pouvaient avoir dans la gendarmerie ou les municipalités, si les gamines avaient déjà *frayé* ou simplement *fréquenté*. Devant les autres marchands de bestiaux assidus aux mêmes marchés que lui, il exprimait son jugement en termes précis :

— *Dia ti nà filhà qu'à trintà mil fran dien le tieu* !*

La responsabilité de la fille étant seule en cause, il ne serait venu à l'idée de personne que la « faute » pût être partagée avec quiconque. C'est par un fâcheux concours de circonstances que l'Anna, repérée par le Bouradagné chez le « Tuyard, l'aubergiste qui logeait à pied et à cheval », fut la cause directe de sa mort. La fille n'avait que dix-sept ans, de belles dents justement et un joli teint. Le Bouradagné n'avait pas été long à la « mettre en chantier » ; après quoi il l'avait dirigée sur Lyon, suffisamment instruite pour accomplir les tâches qui lui seraient demandées. Avant l'Anna, la Catherine, la Génie du Grand Pré et quelques autres jeunesses avaient déjà pris le même chemin mais personne n'avait rien dit parce que les parents devaient de l'argent au Bouradagné et avaient encore besoin de fonds.

Hélas ! Anna avait un frère aîné, Louis, dont le caractère n'était pas tiède. Le garçon avait promis sa cadette au Rollin, qui avait fait son service avec lui, à Bourg-en-Bresse. Et le Rollin était si amoureux de l'Anna qu'il en perdait le boire et le manger. La fille disparue, les deux amis avaient fait leur enquête et appris la transaction du Bouradagné.

---

* Voilà une fille qui a trente mille francs dans le cul.

Le bonhomme avait signé son arrêt de mort. Le Louis et le Rollin n'iraient pas par quatre chemins : ils feraient le coup ensemble et c'est ensemble que, s'il le fallait, ils iraient à la guillotine.

En honnêtes fils de paysans qu'ils étaient, les deux gars avaient jugé peu convenable de régler l'affaire avant d'avoir rentré les récoltes et réuni assez d'argent pour permettre à leurs vieux de payer ce qu'ils devaient à leurs propriétaires. A l'approche de la Saint-Martin, la situation d'un paysan est établie pour la saison. Il doit avoir en poche de quoi payer sa location s'il est fermier, remettre sa part au propriétaire s'il est métayer. Dans la soue, il y a le cochon à immoler pour le mettre au saloir dès que viendront les fortes gelées. Le bois pour l'année est sous le couadou. Le seigle, les pommes de terre, le fourrage pour le bétail sont à l'abri.

C'est donc aux environs de la Saint-Martin que le Bouradagné devait mourir.

Rollin avait préparé son arme. C'était un fer rond de deux centimètres de diamètre et de trois mètres de long qu'il s'était procuré chez le forgeron de Bordes. Il l'avait aminci à l'une des extrémités et affûté avec soin. Le Louis avait préparé une massette de cantonnier avec un manche d'un mètre cinquante, et un couteau à cran d'arrêt qu'il avait payé trois francs. Il tenait essentiellement à « saigner » le Bouradagné.

Donc, un certain dimanche de novembre, le Louis avait bondi à la bride du cheval que ses sonnailles caractéristiques avaient annoncé de loin tandis que le Rollin assenait au bonhomme un furieux coup sous le menton, lui transperçant la langue. En tombant sur la route, le blessé avait trouvé la force de tirer son portefeuille et de le jeter au Rollin. Louis était alors intervenu avec son couteau ; sans se hâter, comme on accomplit un acte résolu depuis longtemps, il lui avait coupé la gorge.

On apprit bientôt l'assassinat du Bouradagné sur la route de Bordes, au croisement du chemin qui mène à Veyrat.

Chacun eut une vision nette du corps de ce respectable négociant, gisant sur le sol, fixant le ciel de ses yeux morts ; du sang qui, suivant la ligne oblique de la plus grande pente, avait coulé jusque dans le fossé pour se perdre dans les graminées desséchées parsemées de touffes d'herbe nouvelle. On se représentait l'homme en paletot et culotte de velours, botté comme on l'avait toujours rencontré sur les foirails[1]. On imaginait même la belle voiture légère, renversée en contrebas de la route, cependant que, près de là, sur la descente, le cheval paissait tranquillement en traînant derrière lui les débris de brancards cassés.

La gendarmerie n'eut pas de mal à trouver les coupables. Louis et Rollin avouèrent ce que l'on voulut. Ils confirmèrent la préméditation. Le vol consécutif au meurtre ne faisait pas l'ombre d'un doute. Cependant, M. Legrand, le juge d'instruction, tint à préciser que le mobile du crime était non le vol, mais la vengeance.

Un jeune avocat de vingt et un ans, qui plaidait pour la première fois, trouva dans cette affaire l'occasion d'une noble défense, annonçant ainsi une carrière brillante devant les cours criminelles. Sans doute parce qu'il était novice, il se passionna pour sa cause autant que s'il eût été lui-même accusé.

Le Bouradagné fut impitoyablement flétri derrière sa fortune : puissant par le mal qui l'habitait, contempteur des lois, sans crainte devant la justice des hommes, il avait négligé la justice de Dieu et la justice de Dieu l'avait condamné. On vit le Rollin, sous les traits d'un beau jeune homme imberbe, pleurer la fiancée qu'il espérait depuis toujours, à laquelle l'unissaient l'amour profond qu'il avait pour elle et l'amitié qui le liait à son frère. On vit, sous les mêmes traits émouvants, le frère aîné de l'Anna, le gardien de l'honneur familial, l'ami qui se dévoue à son ami, jusqu'à la mort inclusivement.

Et c'étaient ces *criminels*-là qu'il fallait juger ?

Et demandaient-ils même grâce, ces *criminels* ?

Ils avaient avoué la préméditation, et remis un argent qui leur salissait les doigts. Ils étaient prêts à porter leur tête au bourreau. Qui ne comprenait que, pour ces hommes de

1. Champs de foire.

cœur, six mois de préméditation n'avaient été qu'une longue agonie, une interminable préparation à la mort, conséquence inéluctable que la justice humaine défaillante leur imposerait ?...

Les yeux ruisselants, l'avocat semblait pleurer tout à la fois une sœur et une fiancée bien-aimée. Les robes rouges baissaient la tête. Admiratifs au début, ils se sentaient envahis par une même émotion qui gagnait la salle, embuait tous les regards, y compris ceux des gendarmes et des jurés qui ne savaient plus trop quelle contenance garder.

Enfin l'avocat poussa son dernier cri :

« Si vous nous sentez coupables, messieurs les jurés, pas de demi-mesure. Nous ne voulons pas de votre pitié. Nous sommes prêts. Que ce soit la mort. Et que tous les malfaiteurs publics qui font métier de jeter dans la débauche d'innocentes jeunes filles sachent qu'ils peuvent continuer leur indigne négoce. Si la justice de Dieu les frappe par la main d'un fiancé ou d'un frère, il y aura des juges pour les venger. »

Le lendemain, le Louis et le Rollin, déclarés, à l'extrême surprise de leur conscience, « non coupables », revenaient au pays.

Pour une fois, le Grand avait acheté le *Forézien du dimanche* et j'avais dû lui lire le compte rendu du procès. La plaidoirie était reproduite ainsi qu'une photographie de l'avocat de la défense, et le tout élogieusement commenté. On sentait bien que le Rollin et le Louis avaient été acquittés pour éviter une contrariété à ce jeune avocat si gentil et si plein de promesses.

Ce verdict parut injuste au Galibardi. Tuer un homme, ça méritait tout de même bien une punition. Il acceptait d'accorder les circonstances atténuantes, sans plus. Quant à nos amis du Pont, érigés en tribunal, leurs appréciations contradictoires me laissèrent médusés. Le Pantomin estimait que le Bouradagné « n'avait pas volé une bonne branlée mais c'était pas la peine de le saigner ». Le Galérien n'était pas d'accord : fort de ses expériences, il affirmait « qu'en correctionnelle, c'est vache et compagnie ; aux assises quelquefois on s'en tire mieux. La preuve ».

Pudorgne et le Puissant partageaient mon point de vue. A l'école des Frères, nous avions appris à tenir la loi du talion pour équitable. Pour nous, toute cette affaire aurait dû se terminer sur l'échafaud.

Sans doute n'étions-nous pas en mesure d'apprécier le fonctionnement de la justice. L'application si implacable de la loi, quand il s'agissait de sauvegarder les droits du propriétaire, se teintait de clémence dans des cas qui, à nos yeux, auraient mérité la plus grande rigueur.

C'est, je crois, vers cette époque que nous entendîmes raconter la pitoyable « Histoire de Rose » qui bouleversa nos cœurs — pourtant si difficiles à émouvoir — et nous plongea dans une extrême perplexité quant aux lois qui régissaient notre société.

Rose, la petite vachère des Cussac, s'abandonnait au fils de ses maîtres comme les vaincus de la vie s'abandonnent au malheur. Ce grand gars aux dents noires, insolent et brutal, était le cauchemar de ses nuits, la permanente hantise de ses jours empoisonnés.

— Allez ! viens, disait-il, quand il la surprenait dans un lieu propice.

Lorsqu'il était ivre, cette politesse relative s'atténuait encore et l'invitation prenait cette forme plus directe :

— Eh ! la petite garce, on y va ?

Que ce fût sous l'une ou l'autre forme, un identique sentiment de honte et de dégoût soulevait le cœur de la fillette.

— Je me demande pourquoi tu fais encore des grimaces, disait ensuite le gars, médiocrement satisfait d'une abdication consentie dans le fatalisme et la résignation.

Depuis deux mois, déjà, c'était un fait accompli. Le mal était devenu habitude et la petite, entrée dans le monde sans joie des filles que l'on prend sans amour, s'y débattait sans apercevoir d'issue. Elle n'avait pas quinze ans... Les alternances de peines légères et de joies puériles avaient fait place pour elle à un marasme chronique, comme si elle eût souffert de l'un quelconque de ces maux prétendus incurables et gardés secrets.

Pendant que Rose tricotait en surveillant le bétail, le chien, Turc, la langue pendante, accroupi « en lion », l'observait avec amour. Il perdait parfois cette attitude contemplative pour happer une mouche d'un coup de gueule, sonore comme le coup de claquoir d'un enfant de chœur invitant les fidèles à une génuflexion collective. Puis la bête reprenait sa pose, quêtant de ses yeux humides un regard de sa compagne, prêt à courir sus à une vache.

Rien n'était changé dans le monde.

Le même soleil, simplement plus chaud de semaine en semaine, illuminait chaque matin la plaine de la Visseyre et la Dore coulait, tranquille, cachée par les aulnes, parmi les prairies de la vallée que chaque printemps vient richement fleurir.

Les insectes circulaient dans les hautes herbes, s'affairaient en des activités dérisoires, combinant des embuscades, commettant des meurtres prémédités, creusant des mines ou s'ingéniant à combiner d'astucieux transports. La main de Rose pouvait y jouer le rôle tout-puissant d'une force souveraine à volonté bienveillante, et s'en réjouir.

Mais, depuis le drame qui l'avait d'un coup vieillie, la petite ne s'intéressait plus à ces choses. De l'autre côté de la rivière, sur les pentes, s'étageaient les *buges* * et plus bas, derrière les arbres, un invisible bouvier stimulait son attelage :

— Hé ! ho... Caoué !... Ho... Laouré !

Elle ne cherchait plus, maintenant, à identifier les voix familières.

Lorsqu'elle pensait à M. Gaure, la petite Rose parvenait à retrouver de timides espoirs qu'une inquiétude toujours vigilante venait aussitôt détruire.

M. Gaure s'occupait d'elle « pour l'Assistance ». Il était bon et c'était son seul appui. Elle l'aimait de cet amour particulier dont les enfants récompensent les vieillards, qui les comprennent et dont ils se savent aimés.

---

* Pâtures à genêts et fougères.

Jamais M. Gaure ne l'avait maltraitée en paroles comme le père Cussac, constamment désobligeant pour tout le monde, même pour sa propre fille. Quelquefois, il lui apportait un livre qu'il lui laissait. Le dernier, *Les Nomades du Nord,* lui avait fait oublier son malheur tout un dimanche. Jamais M. Gaure ne la malmenait, même si elle était coupable, comme ç'avait été le cas l'an dernier quand elle avait laissé perdre un agneau, causant un tort certain à ses maîtres d'alors. L'inspecteur était venu tout exprès pour recueillir ses aveux et prononcer un verdict. Elle avait commencé par pleurer tant et tant qu'au lieu des reproches redoutés on en était venu à la consoler...

Le patron et sa femme s'en étaient émus bien qu'ils fussent peu sensibles... et tout s'était arrangé.

Par la suite, on lui avait répété maintes fois :

« Jamais on n'aurait pu croire que t'avais tant d'eau dans la tête, ma pauvre fille ! »

Un peu plus tard, à la Saint-Martin, elle avait été placée chez les Cussac, une maison qui nourrissait très bien. Et réellement, il n'y avait rien à dire là-dessus. Elle y avait été heureuse, jusqu'au jour...

Le jour de la foire de Marsac, où elle était restée seule avec le fils pour ensacher le restant de blé de l'année passée, qui venait d'être vendu au meunier de Brugeailles. Et ce fut un grand malheur.

Elle ne s'était pas méfiée quand il avait commencé à la regarder drôlement. Puis, tout à coup, il était devenu comme enragé. Il l'avait jetée à terre en étouffant ses cris, et forcée sans ménagements. Après, pendant qu'elle sanglotait, le gars avait été chercher son fusil et, devant elle, l'avait chargé de deux cartouches. Folle de terreur, elle s'était jetée à genoux, pleurant sa mort que raconteraient les journaux, et avait demandé grâce, jurant dix fois de suite que personne, jamais, n'en saurait rien.

Il avait durement signifié, en tapant sur la batterie :

— Mets-toi bien dans la tête que je ne veux pas aller en prison. Compris ? Avant que les gendarmes viennent sur notre bien, il y aura une cartouche pour toi et une pour moi. Alors autant vaut que tu te fasses une raison. Il y en a toujours un qui t'aurait eue, pas vrai, alors un peu plus tôt, un peu plus tard...

Et il avait conclu, avec un sourire satisfait :

— Autant que ça soye moi qu'un autre, hein, t'es d'accord ?

Depuis, la pauvre Rose se sentait toute « abîmée », lasse de son corps, comme elle s'imaginait que doivent l'être les femmes qui sont très vieilles. Si souvent le fils Cussac avait réitéré ses violences qu'il était impossible d'en dire le nombre et cependant jamais il ne faisait attention à elle quand il y avait « du monde ».

Un soir, la patronne avait observé :

— Notre Rose prend des tétons comme une nourrice. Faudra la surveiller. C'est déjà fait comme une femme mais faut pas croire que ça a de la raison.

Le fils avait riposté :

— T'inquiète pas, va ! Y en a déjà plus d'un dans le pays qui se vante de la frayer. Tout de même, s'il lui arrivait quéqu'chose, pense un peu aux embêtements qu'on aurait, nous autres !

La petite s'était enfuie, prise d'une épouvantable confusion, anéantie par le cynisme de cette offensive inattendue.

A table, pendant la soupe, la vieille avait repris le sujet et l'avait admonestée sans délicatesse :

— Tu prends de drôles de manières, ces temps-ci, ma petite... Je me méfie, tu sais. T'aurais ça dans le sang que ça ne m'étonnerait qu'à moitié. Mais si tu fais la « pute » c'est nous qu'on serait responsables.

Et elle avait ajouté :

— Je crois qu'on ferait bien de prévenir M. Gaure, si ça commence à se raconter dans le pays. Pas de fumée sans feu, comme disait ma pauvre mère !

Cette menace terrifiait la petite :

— Quoi j'ai fait ? avait-elle bredouillé, sanglotante. Dites-le au moins... Pourquoi que vous m'êtes tous après ?

Quelques mois auparavant, à la suite d'une affectueuse conversation avec M. Gaure, la petite Rose avait nourri un peu d'espérance pour l'avenir :

— Sois sage, économe et travaille bien, avait dit le brave

homme, ça se saura. On le répétera chez les uns, chez les autres, et tu ne manqueras pas d'amateurs pour te demander en mariage ! Il faudra en choisir un qui ait un peu de terres. Les quelques sous que tu auras mis de côté d'ici là monteront le ménage.

Et il avait précisé sa pensée :

— Tiens, regarde la petite femme de Nisse. Elle était enfant assistée comme toi, et de bonne réputation. La voilà maintenant établie au Poyet, sur son bien, avec un bon mari. Je les ai rencontrés à la dernière foire de Marsac. Ils venaient d'acheter une paire de bœufs superbes, de véritables garonnais. Ils ne manqueront pas de vin dans le chai ni de confit dans le placard...

A ce discours, le cœur de Rose s'était gonflé de sentiments qu'elle ne pouvait exprimer. Elle s'était sentie heureuse de vivre.

Aujourd'hui, ce souvenir hantait ses pensées... Si elle n'avait pas manqué de courage, elle aurait pu en appeler à M. Gaure... Mais non, elle aurait été trop honteuse. Comment dire ces choses-là ? Et puis elle avait peur de cette charge de plomb dans le ventre qui lui était promise... Et si elle ne mourait pas, personne ne voudrait croire la vérité. Il y avait bien trop longtemps que ça avait commencé.

Un jour prochain, tout allait se savoir. La mère Cussac l'examinerait avec une redoutable insistance et découvrirait le mal :

— Tiens ! Voyez-moi ça ! Elle n'a pas perdu de temps la petite garce !

Ça se dirait dans toutes les maisons du village, dans toutes les fermes des environs. Par une lettre, M. Gaure serait mis au courant.

— Oh ! pauvre !...

Et le fils Abrial, le boulanger de la Visseyre, qui était fiancé à Graziella, la fille de Sezzano, le maître-maçon, en voilà un qui serait content de son malheur !

Un jour qu'il la serrait de trop près dans la vigne d'en-haut où elle travaillait à l'épamprage, elle avait dû le menacer :

— Laisse-moi ou j'irai le dire à Graziella, que tu cherches d'autres filles !

Le regard du jeune homme s'était alors chargé de haine, comme si elle lui avait refusé une chose due :

— Tu fais bien la fière. On sait ce que tu es, va !

Vainement, la jeune fille cherchait dans sa courte existence des souvenirs qui pourraient la soutenir. L'idée cent fois reprise et refoulée de se confier à M. Gaure l'agitait comme une houle.

« Je lui dirai et je lui demanderai pardon », décidait-elle soudain et puis elle changeait d'avis : « non, je n'oserai jamais, au premier mot j'en perdrais le souffle ! »

Les pauvres, les abandonnés n'ont qu'à se taire quand il leur arrive des choses de la sorte. Le mieux est toujours que personne ne sache.

Mme Gaure aimait sa tâche d'institutrice autant que son mari la sienne.

S'occupant chacun, sous un angle différent, de l'enfance, les deux époux trouvaient là l'inépuisable sujet de longues causeries.

Comme sa femme lui lisait parfois la rédaction d'une élève, M. Gaure s'attristait :

— Mes enfants sont bien différents des tiens ! Placés ici et là dans la campagne, ils n'arrivent presque jamais à s'exprimer... Ils me témoignent, je pense, quelque affection si j'en crois leur sourire mais je ne sais rien de plus, hélas. Ils ont une vie intérieure, des pensées secrètes et, si je veux tenter d'y pénétrer, je me heurte à la barrière du langage.

« Le visage de ces pauvres petits s'assombrit soudain et ils s'éloignent au fond d'eux-mêmes... »

Il y eut un silence. Le brave homme revoyait les fronts lourds, les regards angoissés des adolescents. Il pensait à ces consciences en formation dont il avait la charge... à cette petite Rose, en particulier, dont le sourire souffreteux révélait des peurs récentes et suspectes.

— Je voudrais que tu m'accompagnes, dit-il enfin à sa femme... jeudi prochain, à la Visseyre. J'ai par là une si gentille petite qui aurait besoin d'une mère.

Le dimanche de la Fête-Dieu, les Cussac et leur fille prirent la voiture pour aller à Ambert, à la séance du soir donnée par le cirque Kruger, dont les affiches prestigieuses, apposées sur les portes des granges de la Visseyre, annonçaient les attractions variées.

La charge de la maison était laissée à Rose à qui revenait la mission de nourrir et traire les vaches en temps voulu.

A la campagne, chacun sait que le bétail doit être servi et traité à heures fixes.

Le fils Cussac, ivre depuis le matin, cuvait son vin. Son père, mécontent de ses dérèglements, ne l'éveilla point. On ferait ainsi l'économie d'un billet d'entrée sous le chapiteau !

Dès le départ des voyageurs, Rose appréhenda le réveil de la brute, se tenant prête à le subir puisque le fait était maintenant coutumier. Désormais, elle obéissait dans l'attente d'un avenir qu'elle prévoyait avec épouvante : sa taille s'épaissirait et on la montrerait du doigt.

C'était si affreux qu'il fallait s'efforcer de ne pas penser.

Au crépuscule, le fils Abrial, de la Visseyre, le fils Beysse, d'Aubignat et un gars de la Murette dont elle ne pouvait se rappeler le nom vinrent faire grand tapage dans la cour et réveiller l'ivrogne. Il s'agissait de consommer sur l'heure une bouteille d'absinthe chèrement acquise par les trois lurons qui l'avaient gagnée en épuisant tous les numéros d'une loterie de cabaret.

La jeune fille se réjouit prématurément d'une arrivée qu'elle croyait opportune.

Dans la grande salle, attablés devant les verres remplis jusqu'au bord du breuvage dangereusement concentré, nos lascars trouvèrent d'abord quelque amusement à hurler des chansons à boire aux lestes refrains.

Bien qu'affaiblis, les échos en parvenaient jusqu'à Rose, réfugiée sous le grand marronnier de la cour. Turc, installé à côté d'elle, s'efforçait de suivre quelque rêve, la tête affectueusement posée sur les genoux de sa jeune maîtresse.

Les propos graveleux parvenaient jusqu'à elle comme autant de relents nauséabonds...

Meunier, meunier, tu es cocu
Meunier, meunier, tu es cocu,
Tu es cocu car je l'ai vu
Et ru, et ru tontaine...

Un appel éraillé la tira de ses réflexions douloureuses :
— Hé ! La fille ! Viens par ici !

Passive, elle obéit à la voix du fils Cussac comme l'eût fait un chien docile et se traîna vers la grande salle avec une lenteur craintive. Derrière elle, quelqu'un ferma la porte à clé. Les quatre gars, les yeux luisants, la respiration courte, se rassemblèrent autour d'elle. Avec autorité, son jeune maître rompit le groupe et entraîna Rose vers la chambre du rez-de-chaussée encore souillée de vagues odeurs de vomissures.

Un des garçons observa :
— Elle ne dit rien, elle doit aimer ça !

Mais bientôt la pauvre enfant se mit à crier :
— Je veux pas... Laissez-moi tranquille !... Pitié !

Un moment après, du seuil de la pièce qu'il quittait, le fils Cussac invita Abrial :
— T'es le plus ancien, dans le grade le plus élevé, c'est ton tour.

La malheureuse petite tenta alors une résistance désespérée qui la dénuda complètement. Les mâles présents furent appelés en renfort.

Ce ne fut que plusieurs heures après que Rose, enfin rendue à elle-même, eut le droit de se lever et de se rhabiller.

Le fils Beysse proposa une collecte en faveur de « la p'tite ». Cette idée fut acceptée avec enthousiasme.
— Ça vaut bien dix francs chacun, proposa Abrial.

Le gars de la Murette offrit à Rose un verre de liqueur qu'elle dédaigna autant que les quatre pièces de dix francs, abandonnées sur la table. Elle n'eut pas un mot de reproche. Son visage sans larmes avait la pâleur sereine que l'on observe chez les êtres frappés à mort.
— Te tourmente pas pour les vaches, repose-toi, proposa

le fils Cussac vaguement troublé. On ira les traire à ta place.

S'agenouillant près d'un baquet d'eau fraîche, Rose mouilla ses paupières douloureuses, se peigna soigneusement et, sans dire un mot, regagna sa chambre.

— Alors, allons à l'étable, dit Abrial rompant un silence pénible. La gamine nous a amusés, à nous de faire son travail.

Rose écrivit une courte lettre qu'elle cacheta avec application et déposa sur son lit pendant qu'elle mettait un tablier propre. Sans bruit, elle descendit et quitta la maison en tenant ses sabots à la main. A quelque distance, sur le chemin de la Visseyre, elle se chaussa et courut vers le village. Autour d'elle, Turc patrouillait joyeusement.

Au bureau de tabac, elle acheta un timbre et le marchand observa :

— Tu crois que c'est une heure pour être dehors, à ton âge ?

Et, à part lui, il pensa : « Avant d'être femme, ça a déjà du vice plein les yeux et plein la peau. »

La petite Rose n'appartenait déjà plus au monde des vivants et se désintéressait tout autant de leurs paroles que de leurs regards. La lettre dûment timbrée mise à la boîte, elle se dirigea vers la rivière où l'appelaient les eaux profondes du Grand Tournant.

Elle prit le sentier sous les feuillages, marchant sans hésitation, comme tirée par un fil invisible, vers l'endroit où elle mourrait sans retard et sans regret.

Demain soir, sans doute, M. Gaure saurait toute l'histoire et la défendrait devant le monde. Il dirait qu'elle n'était pas une mauvaise fille. Et on le croirait puisqu'elle serait morte. La mort donne de l'indulgence.

Enfin, elle aperçut l'aulne ébranché qui marquait le Grand Tournant et elle se mit à courir. Turc aboya joyeusement. Avant d'atteindre la berge, elle ferma les yeux.

Et tout à coup, ce fut le vide et dans un éclair la pensée suprême, fulgurante, que mourir est le pire des maux.

Les eaux se refermèrent sur le jeune corps. Des ondes glissèrent sur leur calme surface et s'élargirent en cercles excentriques jusqu'à battre l'autre rive d'une houle légère qui promptement s'amortit. Turc aboya, ne comprenant pas ce jeu... Il attendit quelques instants, la patte levée, puis, reniflant, courut en aval vers une petite plage où il se tint en arrêt. Nul bruit, hors celui des feuilles agitées par la brise nocturne et le coassement lointain des grenouilles.

Et soudain le chien se jeta à l'eau et nagea longtemps avant de revenir sur la rive.

Là il s'ébroua puis, levant son museau vers le ciel, lança son chant funèbre qui troua la nuit et y réveilla les plus lointains échos.

Eysse, le braconnier, trouva le cadavre de Rose échoué sur un lit de cailloux. Avec précaution, il le ramena sur la berge, pieusement, comme s'il eût craint de le blesser, tant, dit-il plus tard, ça faisait peine à voir. Il avertit le maire et emprunta un vélo pour aller prévenir les gendarmes. Devant les curieux assemblés, M. le curé commenta le fait avec des conclusions sévères pour flétrir ce méfait de l'école sans Dieu.

Les quatre garçons trouvèrent, chacun pour son compte, le prétexte de travaux urgents qui éludèrent toute visite des lieux du drame. Dans la simplicité de leur esprit, ils maudissaient la petite garce qui leur procurait cet embarras aussi fâcheux qu'imprévisible. Sur le coup de midi, les familles constatèrent qu'ils avaient un peu moins d'appétit que de coutume.

A Ambert, M. Gaure, assis dans son fauteuil de cuir, lisait son courrier lorsque sa femme l'entendit pousser un cri rauque. Elle le vit porter la main à sa gorge, sous l'emprise d'un étouffement qu'elle crut fatal. Dans ses doigts crispés, il y avait la lettre de Rose...

Monsieur Gaure,

Je ne suis pas la fille que vous croyez. Je suis devenue une fille de rien. Il y a plus de deux mois que je suis ainsi. C'est le fils Cussac qui m'a forcée. Moi, je voulais pas. Il a promis de me tirer un coup de fusil et j'ai eu peur.

Ce soir, ils s'y sont mis à quatre pour s'amuser de moi. J'en suis tellement honteuse que je vais me noyer. Vous comprenez que maintenant y a plus de raisons que ça finisse et qu'on me fasse pas tout le temps servir d'amusement pour tous les gars du pays.

Vous savez, M. Gaure, je l'ai pas fait exprès. Je vous le promets.

Ce qui me tourmente, c'est de pas vous l'avoir dit la dernière fois que vous êtes venu. J'ai eu bien tort, mais quand j'ai voulu, j'ai pas su comment faire.

J'ai soixante francs d'argent dans la boîte qui est au fond de ma malle, sans parler de mon livret de Caisse d'Epargne. Je voudrais qu'on donne à Mme Lambert tout ce qu'il faudra pour qu'elle achète des fleurs blanches pour mettre sur ma tombe, des fleurs comme on met aux jeunes filles. Mais, si ça se peut pas, ça fait rien, je m'en passerai.

Je suis trop grande pour vous embrasser, M. Gaure mais je voudrais bien être encore petite et le faire comme avant. Alors, adieu.

Rose.

Le tribunal d'Ambert eut à connaître de l'affaire et prononça des condamnations avec sursis. Des avocats parisiens, déplacés à grands frais, blanchirent approximativement ces quatre braves garçons, qu'un soir de beuverie avait égarés regrettablement.

La disparition de la petite Rose fut ramenée à ses justes proportions. Le monde est plein de filles abandonnées, mal instruites ou mal surveillées.

XII

MON AVENIR MIS EN QUESTION

Comme tous les hivers, celui-ci avait été douloureux pour les pauvres. N'ayant jamais possédé ni manteau ni cache-nez, Pudorgne, le Puissant et moi faisions au pas de course le trajet qui nous menait chez les Frères. Nous n'y arrivions pas moins en grelottant. Les plus favorisés organisaient bien des parties de glissades auxquelles nous aurions aimé prendre part, mais les sabots coûtaient cher et il fallait les faire durer longtemps. Les parents avaient donc eu soin d'adapter une ferrure qui condamnait toute entreprise de glissade.

Si les déplacements au pas de course procuraient quelque chaleur, ils n'étaient pas sans risques. Trop souvent, les lourds sabots, heurtant violemment la face interne des chevilles, provoquaient des plaies jamais pansées et régulièrement rouvertes par les chocs quotidiens. Elles ne guérissaient qu'au printemps.

Jusqu'à ce printemps tant attendu, nous toussions à fendre l'âme. Elevés dans l'indifférence à l'égard de ces petites misères, ni les parents ni les voisins ne s'alarmaient d'un état de choses normal à leurs yeux.

Vers la fin de l'hiver, ma mère prit « une inflammation dans la poitrine ». Les voisines se relayèrent pour la soigner et se tinrent en état de constante alerte au cas où il aurait fallu la veiller de nuit. On appliqua sur sa maigre poitrine force cataplasmes ; des sangsues vinrent « soutirer son sang qui devenait mauvais » et on attendit avec angoisse le neuvième jour.

Je n'étais admis dans la maison qu'une seule fois dans la journée. La commère de garde me faisait retirer mes sabots et je devais monter en chaussettes pour voir la malade. Infiniment peiné, j'observais la pauvre femme haletante, le front cireux couvert de sueur. Son visage ne me semblait pas plus gros que celui d'un enfant, mais deux grandes taches grises sous les yeux lui donnaient un âge indéfinissable. Plus aucune trace de l'énergie ou de la colère qui animaient si souvent ses traits. La bouche habituellement volontaire, aux lèvres dures, s'entrouvrait comme celle des tanches quand je les jetais sur l'herbe. Je lançais un coup d'œil sur le bocal où se figeaient les sangsues nourries de son sang. Il devait lui en rester bien peu. Un regret cuisant de ce qui me séparait de la malade me faisait monter les larmes aux yeux... Dans mon lit, en bas, sous l'escalier où je couchais avec Damien, je récitais d'innombrables dizaines de chapelets avant de m'endormir.

Le médecin venait chaque jour et, chaque jour, il fallait passer à la pharmacie. Personne ne réclamait son dû, c'est vrai, mais par petites sommes, il faudrait bien finir par payer. J'y allais au retour de l'école avant de pousser jusqu'à l'auberge de la tante Julie qui donnait le bouillon de bœuf, seule nourriture pouvant convenir à ma pauvre mère.

Pour mon père, il n'était pas question de quitter son travail. Il se levait à quatre heures du matin et préparait une marmite de soupe dont il se servait une écuellée. Le reliquat était versé dans un grand pot de terre qu'il allait enfouir sous une couette, au milieu du lit abandonné. Les enfants y puiseraient à leur tour et le remettraient en place où il se conserverait chaud pour le repas de midi.

Enfin, la crise du neuvième jour fut surmontée. Ma mère commença une longue convalescence et fut visitée par sa nombreuse parenté. C'est alors qu'elle prit un mal d'oreille qui la fit beaucoup souffrir. Lorsque les douleurs cessèrent, il fallut bien admettre qu'elle était devenue sourde « comme un pot ». Elle avait à peine trente ans. Sa dentition, atteinte à son tour, ne recevrait jamais d'autres soins que des extractions rapides imposées par une souffrance aiguë. Il ne lui resta bientôt plus que quelques dents et nul appareil de prothèse ne vint remplacer celles qui lui manquaient.

Sa vie de vieille femme était commencée. Elle allait durer quarante-six ans.

Cette dure maladie de ma mère accrut à la maison l'impatience de me voir achever les années stériles de l'école. Je n'entendais que plaintes sur les lois qui ne permettaient plus l'embauche des moins de treize ans. Mes parents avaient des vues pour leur garçon. On leur disait que j'étais intelligent, que j'apprenais bien chez les Frères. Ils me feraient entrer comme commis chez un épicier ou chez un drapier en gros. Ils me voyaient un avenir de négociant trônant, oisif et ventru, derrière un comptoir et déballant devant une clientèle bon genre des pièces de tissu enroulé autour d'une volige de peuplier. Et pourquoi pas, commis voyageur cossu, tel que ma mère en avait connu, présidant la table d'hôte, lorsqu'elle était servante chez Monsieur Lorge ? Un métier qui « gagne » bien ; ce serait la fin de leurs misères. Et grâce à ce que je rapporterais, ils pourraient également faire instruire le Damien et la Marguerite.

Je savais, moi, que ce n'était qu'un rêve. Les épiciers et les drapiers en gros ne prenaient pas leurs petits commis dans notre classe. Ils les choisissaient dans les maisons où le père gagnait assez pour habiller convenablement ses enfants. Ceux qu'ils engageaient n'avaient pas besoin d'un grand savoir. Il fallait qu'ils soient décoratifs et j'étais assez malin pour avoir compris que c'était ce qui me manquait le plus.

D'ailleurs, pour moi comme pour mes deux amis, la question du choix du métier ne se poserait pas longtemps. Nous devrions aller chez qui nous prendrait pour dix sous par journée de douze heures. Chaque samedi, le montant de la paye serait remis à notre mère.

Aucune chance de nous évader avant d'avoir fait le service ni de rassembler la somme minime nous permettant de fuir. Aucune. A moins de voler.

L'apprentissage ne pouvait être envisagé pour deux raisons également impérieuses. D'abord, le profit à tirer serait ainsi retardé de plusieurs années — trois au moins —, ce qui était inadmissible pour les parents. Ensuite, les artisans avaient déjà bien du mal à assurer quelque travail à leurs propres enfants.

Là-dessus, j'étais très bien renseigné. Il n'y avait qu'un apprenti dans le pays. C'était le fils Calonnier qui avait quatorze ans et que son père avait placé chez le Boudre, le mécanicien de la rue Haute. Depuis un an, le jeune Calonnier apprenait l'état de mécanicien. Jusqu'alors, son rôle essentiel avait consisté à fournir l'énergie motrice nécessaire au fonctionnement du tour et de la machine à percer. Dès le matin, le Boudre l'enfermait dans une roue à claire-voie, une sorte de grande cage d'écureuil que le garçon animait par un mouvement continu d'ascension. Dans sa journée, il fournissait un nombre considérable de kilogramm-mètres et, à la fin de chaque semaine, il recevait, à titre purement gracieux, une pièce de dix sous que son patron lui jetait négligemment en lui disant :

— *Tê, dja ti pè nä far le garsou, sacré bougre de tro paio* * !

Il va sans dire que le « trop payé » fournissait le kilowatt/heure à un tarif capable de décourager n'importe quel ingénieur hydraulicien ou thermodynamiste. Le père Calonnier avait voulu protester ; le Boudre l'avait proprement remis à sa place :

— Si t'es pas content, t'as qu'à le reprendre. Je vais pas instruire ton gamin sans y trouver mon compte, non ? Avant que je risque de lui faire esquinter une mèche ou une lime, faut qu'il m'ait fait assez de travail pour la payer. Si tu te figures que je vais le mettre au courant pour qu'y foute le camp quand y saura percer un trou, tu t'es trompé d'adresse, voilà ce que j'ai à te dire. Il fera comme j'ai fait quand j'avais son âge et y saura le métier quand son temps sera venu. Si ça te plaît pas, c'est le même prix.

---

* Tiens, voilà pour faire le jeune homme, sacré bougre de trop payé !

L'autre piège à éviter si possible était la fonderie. On y recourait à des sous-traitants dont le capital industriel se réduisait à un four chauffé au coke, quelques creusets de plombagine et cinq ou six châssis avec la quantité de sable nécessaire au moulage. Les ateliers disposaient juste de la place strictement utile à l'exécution du travail et les accidents étaient nombreux. Pour les enfants qui, ne trouvant pas de place ailleurs, se voyaient contraints de s'embaucher là où l'on voulait bien d'eux, le taux de mortalité était extrêmement élevé.

L'usine s'assurait de bons revenus en employant des maîtres fondeurs de moins de dix-huit ans et des aides de moins de quatorze. Pour vingt sous par jour — la valeur de trois kilos de pain de seigle —, ceux-ci passaient douze heures dans un milieu confiné, empesté de vapeurs sulfureuses émanant du four qui crachait ses gaz par mille fissures. S'empoisonnant subtilement et sans le savoir par l'oxyde de carbone, les vapeurs d'oxyde de zinc ou de cuivre, ils s'épuisaient à extraire des foyers, bourrés jusqu'à la gueule de coke incandescent, des creusets de plombagine pleins d'un liquide lourd comme le diable d'où s'élevaient de longues flammes vertes au moment de la coulée.

On dépassait rarement dix-huit ans dans ce métier, ce qui avait l'avantage d'assurer aux arrivants un avancement rapide. Le chef fondeur, à dix-sept ans, gagnait ses quarante sous par jour, ce qui était magnifique. Malheureusement, il ne put les gagner bien longtemps. A peine fut-il parvenu à cette haute situation qu'il se mit à cracher le sang, ajoutant un nom à la liste de tous ces jeunes « qui s'en allaient de la poitrine ».

Quelquefois, survenait un accident mortel, comme chez le Gardin où il en périt trois d'un coup : la totalité de la main-d'œuvre. Tout cela parce que, à deux pas, se trouvait une décharge où le plus jeune des compagnons avait avisé une boîte de sardines dont la clé dépassait de la couche de neige. Son imagination gamine lui avait suggéré une expérience estimée intéressante. Le creuset venait d'être retiré du four par le chef fondeur ; il appelait son second pour l'aider à faire la coulée quand l'adolescent vint jeter dans les flammes couleur émeraude son récipient à moitié plein de neige durcie... La masse fondue éclata comme une bombe, incendiant l'atelier et criblant les trois malheureux d'une grêle de gouttelettes incandescentes qui s'incrustèrent dans leurs chairs et firent flamber leurs vêtements. On vit sortir de la baraque en flammes trois torches vivantes qui poussaient des hurlements d'animaux. Il ne fut jamais question d'indemniser les familles, bien entendu. L'idée même en eût paru saugrenue.

J'étais décidé à échapper à ce destin. Comment ? Je l'ignorais mais j'avais besoin d'apprendre. Y renoncer serait renoncer à vivre. Les livres me donneraient la clé de la connaissance. A défaut de pouvoir m'en procurer, j'irais voir le monde en vagabond puisque rester au pays signifiait être privé du savoir.

Et puis dans les villes, il y avait en grand nombre des ouvriers comme le Pantomin, vaillants et raisonneurs. Ils travaillaient dans les mines, les aciéries ou les manufactures. Ils s'unissaient pour se défendre ; ils quittaient le travail tous ensemble. On envoyait les gendarmes contre eux, puis la troupe. Rien n'y faisait. N'avaient-ils pas déjà obtenu de faire dix heures au lieu de douze ? Et le Pantomin, qui nous rapportait ces informations, ajoutait : « On a bien tenté de leur imposer silence par la menace de la famine et de la prison. On en a même tué quelques-uns. Mais nous allons devenir une force dont il faudra tenir compte. »

Une perspective imprévue s'ouvrit tout à coup. Le Frère François me fit l'honneur d'entretiens particuliers au cours desquels il m'apprit qu'il me tenait en haute estime, avant d'aboutir à cette conclusion :

— Mon enfant, le Bon Dieu vous a certainement doué d'une intelligence exceptionnelle et vous devrez rester persuadé que, s'il vous a fait la grâce de vous accorder un tel don, c'est pour que vous le mettiez à son service. Avec le Très Cher Frère Directeur, nous vous avons observé avec sollicitude. Nous avons décidé que de grandes facilités devaient vous être données. Si vous le voulez bien et si vous pouvez décider vos parents, notre congrégation vous admettra au Petit Noviciat après la rentrée prochaine. Au cas où ce serait nécessaire, monsieur le Curé interviendrait personnellement. Vous deviendriez alors des nôtres, mon cher enfant. Vous pourriez être, s'il plaît à Dieu, une des lumières futures dans le monde des lettres ou dans celui des sciences. Vous pourriez apprendre le latin, le grec. Et ainsi, devenir un savant comme notre cher Frère Heribault. Comme lui, vous auriez un laboratoire, et des élèves de vingt ans et plus vous écouteraient respectueusement. Vous n'auriez pas, ainsi que j'y suis obligé, à faire le gendarme avec des gamins qu'il faut calotter du matin au soir pour leur mettre quelque chose dans la tête.

« Allez, mon enfant, vous réfléchirez et que Dieu vous inspire. Demandez-le lui dans vos prières. »

Avant de demander à Dieu, je voulus connaître l'avis de mes proches, et en premier lieu de Pudorgne et du Puissant. A l'annonce de la nouvelle, Pudorgne prit un air sévère puis cracha sur le sol, ce qui indiquait chez lui une profonde préoccupation.

— Ah ! bien merde, alors ! C'était bien la peine d'avoir fait la croix qu'on resterait ensemble jusque quand on serait grands ! On serait plus que nous deux avec le Puissant ?

— On était si bien d'accord, constata celui-ci.

Des larmes perlaient au bord de ses cils blonds. J'en fus tout ému.

— Moi j'irais pas, affirma-t-il, très net. Seulement, je dirais pas non au Frère François. Je dirais que je réfléchis et y me laisserait tranquille.

A l'usine à gaz, le Pantomin écouvillonnait un tuyau d'où il retirait une boue huileuse. Il éclata de rire.

— Y veulent te mettre le grappin dessus, mon garçon. Y a le Bocusse qui a fait deux ans là-dedans. Et y a le Fornier qui est maintenant le premier comptable de la fonderie. C'est un malin, lui. Il y est resté jusqu'à son service et, une fois parti, il a plus voulu revenir. Il leur z'y a dit qu'il avait pas la vocation et ça s'est arrangé. C'est un bourgeois maintenant, le Fornier.

« Seulement, toi, je crois que tu pourras pas tenir le

coup. C'est long, dix ans, comme si t'étais en prison, sans que tu puisses faire la buissonnière comme t'as l'habitude de la faire, avec juste des messes et des chapelets pour t'amuser un peu. Quand tu me dis qu'y veulent faire de toi un quat' bras, y m'font bien rigoler. T'en as parlé au Jean et à la Marie de c't'affaire ?

— Non, Pantomin, je leur dirai ce soir.

— J'ai dans l'idée que ça va plutôt brailler. Y sont pas mal calotins, le Jean et la Marie, mais si tu crois qu'y te laisseront fout'ton camp juste quand tu vas pouvoir commencer à gagner tes sabots !...

Je trouvais ces remarques tout à fait raisonnables. Si les offres du Frère François m'avaient paru séduisantes par leurs perspectives ouvertes sur une vie de savant, cela n'avait duré que le temps de sortir dans la rue et de m'en ouvrir à mes amis. Il restait cependant un bénéfice très net. Mes parents verraient par là que j'avais droit à bien plus de considération qu'ils ne m'en témoignaient et, sans en connaître le terme, j'imaginais de très nettes opérations de chantage.

Ce fut donc avec l'aplomb d'un garçon sûr de sa force que j'attaquai :

— Tu sais, mère, le Frère François m'a dit qu'après le certificat, il me ferait envoyer au Petit Noviciat pour que je me fasse Frère. Il a même dit que je deviendrais très savant et qu'on m'enverrait dans les grandes écoles après, et que je ferais des livres.

De stupéfaction, la pauvre femme faillit se laisser choir.

— Bon Jésus ! soupira-t-elle. Qu'est-ce que c'est que cette histoire ?

Puis elle s'emporta pour de bon.

— Et tu y as pas dit, au Frère, qu'on t'aura pas nourri comme ça pour que tu nous plantes là juste à l'âge où tu vas pouvoir gagner quéque sous ? Et qui c'est qui nous aidera à élever les deux autres ? Et les dettes qu'on a fait pour t'entretenir jusqu'à maintenant, qui c'est qui nous aidera à les payer, dis ? T'es pas devenu simple, non ? Tu diras ça à ton père et tu vas voir ce qu'il en pensera, lui qui compte te placer d'ici deux ans.

Le Jean fut catégorique :

— Je vais aller le trouver, moi, le Frère François, et aussi le Directeur, s'y faut, et j'y dirai que c'est pas des idées à te fourrer dans la tête. T'as de la chance d'être encore à l'école. Moi, à neuf ans, mon père m'a loué pour une campagne en Normandie, pour faire la coupe. Toi, t'es encore là à devenir grand, fort et feignant. Faut pas que tu te figures que tu vas t'en sauver pour aller t'user le cul sur un banc et après te promener pour te reposer d'avoir rien foutu.

Pendant une bonne demi-heure, il continua de prêcher tandis que je méditais sans entendre. S'il m'arrivait un jour d'obtenir quelque satisfaction d'estime, ce ne serait sûrement pas dans ma propre famille. Une proposition, somme toute honorable, ne me valait que des observations désobligeantes. Je me contentai d'affirmer que je n'avais pas la moindre intention de devenir Frère quat'bras, mais que je ne croyais pas devoir mécontenter le Frère François et le Directeur. On verrait bien, après le certificat, ce qu'il y aurait à leur dire.

Lorsque le Frère François m'interrogea sur « ce qu'on en pensait à la maison », je répondis qu'il valait mieux attendre pour en parler que le certificat soit obtenu. Je demandai en outre si on ne pourrait pas me prêter des livres de la première classe pour que je sois en meilleure forme à l'examen du Noviciat. Le Frère trouva la demande raisonnable et promit de faire le nécessaire.

J'eus donc à ma disposition le grand livre d'histoire, le cours de sciences physiques et naturelles, la grosse arithmétique et la grammaire du cours supérieur. Je passais de l'un à l'autre et faisais chaque soir une forte consommation de pétrole à huit sous le litre.

— Tu me feras pourtant pas croire que t'as pas le temps d'étudier pendant le jour, disait mon père. Si au lieu de courir comme tu fais, tu apprenais tes leçons, t'aurais pas besoin de veiller !

C'était parfaitement exact, mais j'avais tellement d'autres tâches à remplir pendant le jour. Il y avait les visites à l'usine à gaz et au Pont des Feignants et mille risques à courir en compagnie de Pudorgne et du Puissant pour réussir quelques bons tours.

Il y avait les longs bavardages avec les bergers et surtout avec les gardeuses de vaches, seules représentantes de la gent féminine que nous pouvions fréquenter. Car nos petites voisines de quartier, la Nanette, la Mélie et tant d'autres n'étaient pas plus abordables que les héritières des bonnes maisons.

La Nanette, perchée sur le seuil de sa porte surélevé de trois marches, avait grandi plus vite que ses jupes et scandalisait fort les garnements par une exhibition quasi constante de « toute sa boutique ». Elle surveillait la rue en drapant quelque guenille autour d'un bâton qui lui servait de poupée, baissant les yeux à notre passage, comme pour éviter une vision désagréable. Les fillettes de l'endroit fréquentaient le couvent des Sœurs Blanches et se trouvaient ainsi mises en garde contre les dangers épouvantables qui résulteraient pour leurs âmes de toute rencontre masculine prolongée.

Les élèves de la Laïque, quant à elles, appartenaient à une autre classe sociale. Issues, en général, de familles de fonctionnaires dont l'aisance provenait toujours du cumul d'un traitement régulier et de revenus terriens, elles apparaissaient plus inaccessibles encore que les petites paysannes, mais pour d'autres raisons. Par la tenue et le soin, elles s'apparentaient aux « petites reines » de leur âge dont les parents étaient dispensés de travail ou ne travaillaient que par l'intermédiaire d'une main-d'œuvre servile. De très bonne heure, il se préparait des candidats à leur dot, surtout lorsqu'elles étaient filles uniques.

Il y avait surtout les tournées avec le Galérien quand il allait pêcher dans la Figne, armé de l'épervier aux mailles fines. Nous montions autour de lui une garde vigilante et l'homme payait généreusement le service rendu. Cela se traduisait par une bonne assiettée de fretin, goujons et ablettes, que l'on portait triomphalement à la maison, assurés d'éviter pour un soir la traditionnelle paire de taloches.

A la vue du poisson enfoui dans son lit de verdure, les mères étaient immédiatement attendries. Voilà que le dîner était là... elles n'avaient plus qu'à apprêter avec un minimum de saindoux cette délicieuse friture. Il n'y aurait pas, ce soir-là, l'éternelle soupe de pommes de terre. Nous avions appris de bonne heure ce qu'un supplément de nourriture inattendue peut apporter de gaieté dans une famille pauvre.

L'approche de la Première Communion ajoutait de gros soucis à ceux qui empoisonnaient déjà les jours de mes parents. Il fallait « habiller » le garçon comme un monsieur, avec habit noir et gants blancs qui coûteraient au moins neuf ou dix francs. S'y ajoutaient une paire de chaussures, un brassard avec des franges de soie, une chemise empesée avec cravate blanche, un cierge manchonné de velours qui coûterait trois francs, un missel à fermoir de cuivre et à tranche dorée. Bref, le tout atteindrait bien quarante francs, même après de laborieux marchandages.

Où prendre cet argent alors que le boulanger et l'épicier attendaient chaque paye pour recevoir les acomptes sur leurs créances, sans cesse grossies ?

Le « retard » chez le boulanger remontait à des années, sans qu'on le vît jamais inférieur à un trimestre de consommation à trois kilos par jour. Et chez l'épicière, le carnet toujours plein : pétrole, sel, vinaigre, allumettes... Ces dépenses n'avaient l'air de rien, mais le total de plusieurs mois nous plongeait dans un abîme de découragement.

Pour les indigents, tels Pudorgne et le Puissant, misérables familles dont chaque membre disparaissait du pays dès qu'il était parvenu à l'âge adulte, la cure se chargeait de trouver de bonnes âmes pour couvrir les frais. Mais il fallait se lever au catéchisme quand monsieur le Curé venait demander le nom des miséreux, ce qui rendait largement publique une pauvreté coupable. Les camarades laissaient entendre des ricanements étouffés, puis, plus tard, à l'école, ils ne manquaient pas d'évoquer à tout propos, avec force regards significatifs, « les sales mendiants » !

Le Jean et la Marie n'admettraient jamais d'être considérés comme des indigents. Ils travaillaient l'un et l'autre. Ils auraient un héritage. Dans le pays, leur nombreuse parenté avait du bien au soleil, trois oncles possédaient chacun un cheval. La fille de l'un d'eux, la Marie du Couderchou, devait faire sa Première Communion en même temps que moi et toute la famille allait être invitée au dîner chez tonton Camus, l'aubergiste.

Ce serait une très grande fête. Il y aurait plus de quatre-vingts personnes avec les amis. Le repas serait copieux et ne coûterait pas un sou à mes parents qui auraient là une belle occasion de se bien nourrir pour vingt-quatre heures au moins.

Les larmes aux yeux, ma mère alla faire visite à l'oncle Jean du Couderchou qui la consola :

— Bien sûr, ma fille. Faut pas que tu te casses la tête pour ça. Y te faut quarante francs ? On va te les donner et on te pressera pas plus que pour tout le reste. Va, tu rendras tout ça quand tes petits travailleront, voilà tout. Faut bien s'entraider.

A cette époque, je m'étais fait une image du Paradis que mes confrontations avec Pudorgne et le Puissant précisaient peu à peu. Nous nous le représentions sous la forme simplifiée d'une éternité processionnaire durant laquelle nous cheminerions sans fin, en rangs, les yeux baissés, tenant en main un cierge qui brûlerait sans jamais se consumer, tel le buisson ardent de Moïse. Nous chanterions des cantiques à la louange d'un Dieu barbu très amateur de flatteries diverses, dans une atmosphère saturée d'encens.

On retrouverait la hiérarchie cléricale et congréganiste connue sur la terre. Il y aurait, tenant des rôles subalternes de caporaux, les Frères tireurs d'oreilles, distributeurs de calottes et de coups de pied au cul, mais infiniment adoucis, tels qu'ils apparaissaient le jeudi à la messe de sept heures quand ils revenaient de la Sainte Table, les mains jointes, le regard à terre, pour s'abîmer dans leurs stalles, plongés dans l'extase de quelque divine vision à laquelle ils rendaient grâces. En spécialistes, ils régleraient l'ordonnance et l'allure des cortèges selon des normes éternelles qui étaient articles de foi. Les places seraient données suivant les mérites inscrits sur un grand livre par des comptables sans défaillance qui pointaient au jour le jour. Au moyen de claquoirs en forme de livres, les Frères commanderaient les génu-flexions sous l'œil bienveillant d'un clergé disposé sur des sièges dorés suivant les promotions méritées par les vertus manifestées au cours de leur passage terrestre.

Par-dessus la fête éternelle, retentirait la plus belle des musiques. Nous avions vu des gravures représentant des anges musiciens et constaté qu'ils étaient munis de longues trompettes, sans aucune ressemblance toutefois avec celles des dragons du 30° qui tiraient pourtant des leurs de magni-fiques effets.

Toute hiérarchie supposant des privilégiés, il y en aurait donc au Paradis. Depuis les séraphins jusqu'aux anges de deuxième classe, on comptait neuf catégories, ce qui avait permis à Lucifer de recruter des mécontents et de risquer une révolution, sans succès d'ailleurs.

Ce n'est pas sans envie que nous considérions les enfants prédestinés qui, les jours de procession, vêtus de mousseline rose et couronnés de fleurs, marchaient devant le dais abri-tant le Très Saint-Sacrement. A chaque arrêt, ils faisaient demi-tour et envoyaient en l'air quelques poignées de fleurs puisées dans une corbeille, suspendue à un large ruban, qu'ils portaient sur le ventre. Ceux-là semblaient faire une répétition générale de cette vie future vers laquelle ils mar-chaient d'un pas si assuré. D'ailleurs, on les appelait « les petits anges » et, naturellement, ils ne se recrutaient que parmi les enfants des familles assez riches pour faire les frais d'un costume qui coûtait certainement plus que le loyer annuel de mes parents. Il n'était pas question de connaître les impressions de ces élus. Il se passerait encore beaucoup de temps avant qu'on puisse leur adresser la parole sans se faire toiser d'un air suprêmement méprisant.

Le privilégié entre tous, c'était le fils Clergeon que sa mère destinait à la prêtrise depuis sa naissance. Il n'allait pas à l'école où il eût couru des risques de contamination et où ses cheveux blonds, qu'il portait aussi vierges de coups de ciseaux que s'il fût né roi mérovingien, eussent encouru de grands dommages. Pour les mêmes raisons, le caté-chisme lui était enseigné à domicile. Le jour de la procession, on le perchait tout en haut du reposoir des Sœurs du Bon

Secours où il figurait l'Enfant Jésus de Prague. Il était là, assis sur son trône, couronné d'or, vêtu d'un manteau de pourpre aux lourdes broderies dorées, tenant d'une main un sceptre et de l'autre une boule surmontée d'une croix. Il était encastré dans une sorte de niche à ouverture ogivale que les religieuses avaient fabriquée en feuillage tissé de roses.

Lorsque le dais s'arrêtait devant le reposoir, c'est au Clergeon que s'adressait le cantique, vers lui que s'élevait la prière, vers lui que montaient les fumées de l'encens et les regards de centaines d'yeux enamourés :

— *Qu'i io djenti* * ! entendait-on murmurer.

Nous admirions, éblouis, le garçonnet promu au rang de divinité que les fillettes contemplaient, bouche bée, le visage figé.

Pour nous, cela ne « faisait pas un pli », le Clergeon irait tout droit au Paradis. Son chemin serait parfumé d'encens, son âme demeurerait pure et son corps intact dans du linge immaculé ; des mains féminines le soigneraient avec ces attentions pieuses qu'elles apportent dans la manipulation délicate des objets du culte. Sa vie durant, il aurait une maison tenue comme une bonbonnière, avec un salon garni de fauteuils ; il y régnerait sur une cour de dames parfumées qu'il mettrait en garde contre les turpitudes d'une république mécréante et persécutrice.

Nous nous promettions bien, nous aussi, quand nous serions grands, de ne pas la ménager cette république, source de tant de maux. Comme plus tard les enfants de notre âge se passionneraient pour Tarzan ou Robin des Bois, nous prenions feu et flamme pour les défenseurs de la Religion et du Roi. Je tenais dans le trio le rôle intéressant d'informateur, grâce aux incessants grappillages que je me permettais dans les livres de la première classe, et à l'attention que j'apportais à recueillir les récits des Frères de seconde.

Ces récits parlaient de personnages édifiants et combatifs, présentés sous un aspect tellement généreux qu'on eût voulu

* Qu'il est beau !

en connaître un semblable pour se vouer à lui jusqu'à la mort.

Celui dont il était le plus souvent question était Garcia Moreno, le président de la République de l'Equateur, un tout petit pays triangulaire de l'Amérique du Sud entre le Pérou et la Colombie. Garcia Moreno avait été dictateur et il avait drôlement secoué les impies et les Francs-maçons. Il avait même consacré son pays à la Sainte Vierge. Mais le pays n'avait pas été reconnaissant et Garcia Moreno était mort assassiné.

C'est en écoutant la biographie de Garcia Moreno que j'avais acquis la notion de dictature. Pendant bien longtemps, d'ailleurs, je n'aurais pas d'autre exemple à invoquer. Tel quel, ce régime me convenait parfaitement et si, un jour, se levait en France un homme comme celui-là, je partirais lui offrir mes services et entraînerais Pudorgne et le Puissant dans cette croisade. On mettrait au pas les républicains incroyants et les Francs-maçons profanateurs d'hosties consacrées. Mes deux amis étaient tout à fait d'accord. Ensemble, nous nous étions promis de jurer fidélité au premier dictateur qui se présenterait sur le marché gouvernemental. Nous avions levé la main et « fait la croix ».

Nous avions d'autres idoles parmi lesquelles les Guise qui avaient « dressé » les huguenots, Cathelineau et Charette qui avaient bien « secoué les puces aux Républicains ». Plus loin, en arrière, venaient Jeanne d'Arc, Bayard, Du Guesclin, mais les Frères n'en faisaient jamais le sujet d'un récit commenté. On sentait bien que c'étaient là d'excellents personnages, dont on ne pouvait dire que du bien, mais malgré leur piété, ils n'avaient pas comme les autres poussé le dévouement à la Religion jusqu'à se consacrer totalement à la mise à mort des hérétiques.

Nos tendances héroïques étaient également stimulées par le récit de la mort des missionnaires en pays barbares ou de prêtres réfractaires massacrés pendant la Révolution. Ce sujet était si souvent à l'ordre du jour qu'il semblait impossible d'entrer dans la carrière ecclésiastique sans admettre un risque extrêmement élevé de mort violente. Bien plus tard, je compris que c'était précisément parce que les gens d'Eglise devaient, par vocation, mourir dans leur lit, qu'une fin dramatique semblait inacceptable et d'un tout autre prix que les millions de morts dans les guerres ou les épidémies. Quelle signification pouvait avoir le nombre de morts, hérétiques livrés au bras séculier ou bétail sacrifié dans les abattoirs de Chicago ? L'intérêt résidait dans la seule qualité.

Pour se préparer aux luttes à venir, les élèves des Frères mouraient d'envie de rosser ceux de « la Laïque ». De loin en loin, ils faisaient quelques tentatives. Hélas, celles-ci se terminaient immanquablement par la complète déroute de l'armée chrétienne. Il semblait que, beaucoup moins habitués à recevoir des coups, les écoliers de la communale fussent d'autant plus habiles à en donner, et l'affaire s'achevait par une poursuite en règle, aux cris de *croâ, croâ, croâ,* conduite par l'armée infidèle pour le plus grand préjudice des traînards et des retardataires.

La Première Communion entraîna chez moi un tel déchaînement de scrupules que j'en perdis littéralement le sommeil. Mes souvenirs les plus lointains furent étudiés, scrutés, soupesés, au point de faire apparaître derrière la moindre espièglerie de diaboliques malices. Il n'y avait pour ainsi dire pas d'acte à l'origine duquel, en cherchant bien, on ne pût découvrir une intention perverse. De toutes parts, dans ma mémoire sans défaillance, surgissaient de sanglants outrages à la face divine. En toute bonne foi, j'en arrivais à admettre que le simple fait d'uriner déclenchait des pensées coupables entrant dans la catégorie damnée des « immodesties commises en pensées ou en action seul ou avec d'autres ».

Préoccupé d'opérer une fois pour toutes un blanchissage complet de mon âme, j'avais essayé de rédiger d'avance un examen de conscience. La veille du grand jour, j'entrepris une confession générale que le vicaire arrêta dès les premiers mots : il n'était pas nécessaire de remonter au déluge et je n'avais qu'à déclarer ce qui, dans les confessions précédentes, aurait pu faire l'objet d'une omission préméditée. Il me donna l'absolution, précisant que l'excès de scrupules nuirait à la qualité de la Communion et que ce serait un péché de ne pas se sentir totalement absous, et même un grave manquement à la confiance en Dieu et en sa Sainte Eglise. Il fallait arrêter pour toujours ces retours vers le passé et se donner tout entier aux sentiments d'amour pour se préparer à l'acte du lendemain.

Le soir pourtant, mes pieuses pensées furent fâcheusement troublées par un récit de mon père à propos d'un cierge de Première Communion [1].

Le Barthaud, de Souillargues, avait décidé de faire l'économie d'un cierge, assurant que le curé était bien assez riche pour en acheter si la participation des autres communiants n'était pas suffisante. En conclusion, il avait fabriqué un cierge en bois blanc, pris dans un beau rondin de tilleul qu'il avait poli et ciré. En haut, il l'avait soigneusement évidé pour y introduire un petit bout de cierge de six sous qu'il allumait, selon l'usage du pays, devant l'image de saint Hubert quand un orage trop menaçant lui faisait craindre pour ses biens.

Le jour de la cérémonie, son fils, le Glaude, se présenta avec un cierge de fort calibre, apparemment le plus honnête du monde. Il s'alluma parfaitement et dura jusqu'à ce que le marguillier vînt l'éteindre avec les autres, peu de temps après l'allumage. Les cierges des communiants constituant un casuel pour le clergé, il ne convenait pas de les réduire en les maintenant en activité plus qu'il n'était nécessaire.

Je percevais fort bien le crime de lèse-sainteté que signifiait une telle supercherie.

Gagnant promptement ma chambre, je me mis au lit pour réciter pieusement quelques dizaines propitiatoires.

La Première Communion est une imposante et belle cérémonie, quoi qu'en pensent les impies qui, à la manière d'Augereau au sacre de l'Empereur, n'y voient rien d'autre qu'une vulgaire « capucinade ».

Face aux garçons dont la plupart s'étaient, bien incomplètement d'ailleurs, lavés ce matin-là pour la première fois

---

1. Avant la guerre de 1914, la grosseur et l'ornementation du cierge étaient proportionnelles au rang social de la famille. Toutefois, il n'était pas rare que des familles pauvres, par amour-propre, eussent à honneur de nantir le communiant d'un cierge " somptueux ". (D'après *L'Auvergne et le Velay*, de L. Gachon.)

de leur vie, se disposait le triple rang des filles, peignées, débarbouillées ni plus ni moins qu'elles le seraient quelques années après pour le jour de leurs noces. En blanc, l'aumônière pendue au coude, ne figuraient-elles pas autant de jeunes mariées ? Telle et telle, que l'on avait jusque-là seulement connues sous l'apparence d'indescriptibles souillons, s'étaient transformées en princesses comme sous la baguette d'une fée bienfaisante. Pour la première fois, les enfants du peuple se sentaient les égaux des bourgeois. Pudorgne et surtout le Puissant s'étaient également changés en petits messieurs de bonne mine. Le Puissant, avec ses boucles blondes et ses yeux candides, bien habillé d'un complet en vrai drap d'Elbeuf, gilet blanc et nœud immaculé, avait toute la grâce d'un jeune mylord issu d'une lignée sélectionnée.

Pour moi, ne courant plus l'épouvantable risque d'une « mauvaise Première Communion », je goûtais une joie très réelle, dans laquelle l'amour de Dieu tenait une part incroyablement réduite, déjà... La contrainte que je m'étais imposée durant les jours précédents m'avait littéralement épuisé et, bien que je m'en fusse énergiquement défendu avec la meilleure foi du monde, on aurait pu affirmer sans erreurs que mes sentiments ressemblaient quelque peu à ceux d'un prisonnier rendu à la liberté.

Le repas proche, désirable objectif qu'il avait fallu refouler pour fuir le péché de gourmandise, passait maintenant au premier plan. Sans inconvénient majeur, je pouvais d'ores et déjà me promettre une magistrale bombance, une consommation de viande à « s'en faire péter la peau du ventre » et assurément, le Jean et la Marie n'y pensaient pas moins. Ils en étaient tout rajeunis. En marraines du Pudorgne, du Puissant et de bien d'autres, les bienfaitrices en tout genre se présentaient leurs protégés avec autant de fierté que si elles les avaient elles-mêmes mis au monde. Il faut dire que, dès le premier jour de la retraite, elles avaient enlevé leur filleul, le gardant chez elles toute une semaine, le choyant, le lavant, le mignotant. Après l'avoir submergé dans un océan de sainteté et nourri à leur table comme un petit prince, elles le renvoyaient le dernier soir, quand tout était fini. Mais, ce jour-là, les héros de la fête s'enorgueillissaient d'être propres et bien vêtus. Ils ne pensaient pas aux lendemains où il faudrait reprendre les vêtements souillés et rapiécés, se réimprégner d'une crasse qui ne disparaîtrait plus qu'aux jours d'été lorsque la température extérieure permettrait de fréquentes baignades.

Oui, la Première Communion était un beau jour.

Pour moi, ce fut une magnifique frairie. Le corps divin de Notre Seigneur fut enseveli sous une avalanche d'aliments. Sur lui, le potage au vermicelle et au bouillon gras, après avoir été aspiré par des lèvres goulues, tomba comme une averse ; puis vinrent, à courte distance, des blocs grossièrement équarris de bœuf bouilli, à peine mastiqués, venant choir comme pavés dans une mare. Sur ce matelas suffisamment épais, se superposèrent les couches successives de gigot de mouton bétonné par un mortier de haricots blancs que ma mâchoire attaquait à une allure de travailleur aux pièces. Le tout fut rejoint par du poulet rôti accompagné de nouilles juteuses sur lesquelles vint enfin s'appliquer un épais crépissage à base de gâteau de Savoie gâché par une onctueuse crème fouettée.

L'estomac plein jusqu'à la luette, je repris le chemin de l'église pour les vêpres avec la pieuse détermination de donner toute ma voix au chant des psaumes. Comme trop souvent, hélas, chez moi, cela resta simple velléité. Il ne sortit de ma gorge, malgré de louables efforts, que des sons dépourvus de résonance, tels ceux, pensai-je, que l'on pourrait tirer d'un violon rempli de purée de pommes de terre.

XIII

QUAND PASSE LA CAMARDE...

Il était décidément écrit que l'accroissement du nombre des Feignants sur leur Pont serait toujours de courte durée. Quelques semaines après le retour du Chimique, le Pas Pressé mettait fin à sa carrière d'héroïsme et de paresse.

Le jour de la foire de la Saint-Barthélemy, le Bègle, le riche propriétaire de la Plaine, avait arrêté sa voiture attelée de la Mignonne devant l'auberge du Caudary et il était entré dans la grande salle pour boire le coup. Le Bazaine, chien de l'aubergiste, en profita pour aller prendre l'air. Dans la région, la presque totalité des chiens s'appelait Bazaine ou Badinguet. Ce faisant, les braves paysans n'avaient pas l'intention d'être désobligeants à l'égard de leurs animaux, mais on n'était pas tendre, alors, pour les chefs capitulards ni pour l'Empereur qui nous avait conduits au désastre.

Le Bazaine se prit d'intérêt pour les talons poilus de la Mignonne, y découvrant sans doute un bon endroit pour y chercher les puces. La jument prit assez bien la chose et le repoussa, d'un coup de sabot sans méchanceté, comme on écarte un contact gênant. Mais le chien, d'un naturel pourtant facile, trouva ce geste absolument inamical. Il planta ses crocs dans le talon de la Mignonne, traitement inhabituel qui affola la pauvre bête. Elle s'emballa et partit au triple galop sur le boulevard, les rênes flottant à l'abandon.

Un cheval emballé, voilà une affaire qui regardait le Pas Pressé. Plus de dix fois, on l'avait vu cramponné aux naseaux d'un animal en folie, se laissant traîner jusqu'à ce que la bête eût enfin compris qu'elle avait trouvé son maître.

La Mignonne aurait dû écraser un certain nombre de personnes dans la rue plutôt encombrée ce jour-là, mais c'était une très brave bête et sans qu'on sût comment, par d'étonnants crochets, elle réussit à éviter des victimes, se contentant de bousculer quelques tonneaux vides et de pulvériser une cage à cochon inhabitée. Elle allait passer à toute allure devant le Pas Pressé sans nourrir l'ombre d'un projet homicide.

A son insu, le pauvre Pas Pressé avait vieilli : il approchait de la soixantaine. Si son courage avait perduré, ses muscles n'étaient plus aussi souples. Il s'élança et la Mignonne voulut l'éviter par un brusque écart ; le bout ferré du brancard vint heurter le Pas Pressé en pleine gorge. Il fut projeté en arrière et les roues lui passèrent sur le corps.

A dix pas de là, la jument s'était arrêtée net, tremblant de tous ses membres. On l'oublia pour courir vers le malheureux dont le corps gisait dans une flaque de sang qui s'élargissait lentement. Le Bègle, essoufflé, incapable de dire un mot, contemplait l'homme étendu pendant que des larmes lui montaient aux yeux :

— Comment c'est-y possible, dit-il enfin, une si bonne bête, qui aurait pas seulement écrasé un crapaud qu'elle aurait vu dans une ornière ?

Le Pas Pressé était mort. A genoux, une bonne femme tenait un doigt sur chaque paupière pour lui fermer les yeux.

Lorsque nous arrivâmes, il nous fut impossible d'approcher du cadavre dont une foule serrée nous refusait l'accès. Il fallut l'arrivée du Pantomin qui s'ouvrit un passage à grands coups de coude.

— Allez, faites place. On veut le voir. C'est nous ses amis. Les gamins l'aimaient bien ; ils veulent lui dire adieu.

Le visage me parut d'une sérénité infinie. Pour moi, le Pas Pressé avait toujours été vieux et je le voyais maintenant avec un visage si purifié qu'il en était méconnaissable. L'entrée au Paradis par la grande porte serait sans aucun doute la récompense méritée d'une mort causée par le seul souci de sauver autrui. Pourtant, de grosses larmes tombaient sur mes sabots, devant le cadavre qui semblait abîmé dans une contemplation sans fin. Je découvrais plus de vie sur cette face morte que je n'en avais connu sur celle de l'homme vivant.

L'enquête de la gendarmerie établit que la mort du Pas Pressé était un simple suicide. Il s'était jeté au-devant d'un animal qui, d'après les dires des témoins, avait tout fait pour l'éviter. Le Bègle cependant témoigna d'un regret sincère et s'engagea solennellement à couvrir les frais des funérailles.

La Crymosane se livra à toutes les manifestations d'un réel chagrin devant le corps exposé sur un linceul propre fourni par une voisine, car, dans la maison du Pas Pressé, on n'avait pas coutume d'user du linge pour équiper un lit.

Les trois fils se tenaient immobiles, raides comme des soldats commandés pour un service de planton, gardant les yeux fixés droit devant eux. Certains visiteurs, après avoir aspergé la victime d'un buis trempé dans un verre d'eau bénite, leur serraient la main au passage. D'autres ne leur accordaient aucune attention, doutant que dans ces corps endormis pût briller un éclair de pensée, une étincelle de vie consciente. Dans une écuelle à soupe, proche du réservoir d'eau bénite qu'une bouteille réapprovisionnait à intervalles réguliers, de gros sous étaient déposés par quelques visiteurs dont l'aisance permettait ces générosités.

On vit le fils Dutour, de Saint-Barthaud, qui, naguère, avait été sorti des flammes par le Pas Pressé. Les meuniers des Virants, qu'il avait sauvés des eaux. Et d'autres encore qui lui devaient leur survie ou celle de leur bétail et la sauvegarde de biens divers. Parmi la mitraille de bronze, quelques âmes reconnaissantes laissaient tomber une pièce d'argent. Tout cela n'atteindrait pas cent francs... Mais la Crymosane dut penser que si, au cours de leurs trente ans de vie commune, le pauvre homme n'avait jamais été capable de rapporter un sou à la maison, il lui rendait finalement bien service à l'heure de sa mort.

Le Bègle fit bien les choses et ce fut un bel enterrement. Tout le pays se souvint que le Pas Pressé était un héros. S'il n'avait pas contribué au profit d'un patron par un travail quelconque, il n'avait nui à personne, pas même en paroles, et lorsque l'incendie dévorait une fortune, il ne ménageait point sa vie pour la sauver. C'est ce que l'on se répétait dans le long cortège qui l'accompagnait au cimetière. On prévoyait aussi que, maintenant, les maisons pourraient bien brûler et les torrents en crue ruiner les moulins, il n'y aurait plus de Pas Pressé pour intervenir au moment décisif.

Par groupes de huit, les porteurs se relayaient, et je n'étais pas loin de penser confusément que la fin du Pas Pressé était le digne couronnement de sa destinée et que, si l'infortuné avait été appelé à choisir, c'est ainsi, au cœur du danger et sans les angoisses de l'agonie, qu'il eût souhaité mourir.

Le soir même, ses trois fils reprenaient leur permanence sur le Pont des Feignants. La Crymosane, éplorée, laissant couler ses larmes, passait de maison en maison pour faire l'éloge du défunt. Elle narrait encore une fois le spectacle dramatique du Pas Pressé sur le toit du pavillon des vieux, puis leur mariage. Les auditeurs versaient à la vieille le verre de consolation qu'ils étaient allés — généreusement et à crédit — quérir chez l'épicier le plus proche. La goutte absorbée, la Crymosane passait à la maison suivante pour y déverser ses regrets et y apaiser sa soif.

Vers la même époque, trois femmes vinrent s'installer dans le quartier. Elles se logèrent dans une maisonnette qui comportait, comme toutes celles du quartier, une pièce au rez-de-chaussée et une pièce à l'étage. L'habitation faisait face à celle du Pudorgne et, dès leur arrivée, les les nouvelles venues furent l'objet d'une surveillance sévère.

Un mois après, le pays était fixé : elles faisaient « la peau ».

La mère était une belle femme d'une quarantaine d'années,

portant, comme une dame, un buste avantageusement cor-
seté. Son teint, riche de saines couleurs, ne pouvait guère se
comparer qu'à celui de la jeune bouchère de la rue de
l'Ancienne-Prison. Elle avait appris, dans les villes, à se
déplacer avec un certain déhanchement, une oscillation
bien rythmée de l'arrière-train que tous les hommes déclaraient particulièrement excitante.

Les deux filles, l'une de dix-huit ans, l'autre de seize,
étaient éblouissantes ; jolies brunes capables de battre d'assez
loin les plus marquantes beautés de la cité.

La maison qu'elles habitaient perdit rapidement son
aspect de logement ouvrier. Une porte en chêne de trente-
cinq francs se substitua dès les premiers jours à l'huis de
hêtre vermoulu. Les pièces furent replâtrées. Les enduits
neufs se couvrirent de papiers à fleurs. On livra des meubles,
dont le vendeur affirma qu'il y en avait « pour pas moins
de mille francs ».

On appelait ces femmes les Marin et on ne sut jamais
pour quelles raisons elles avaient bien pu choisir la ville
d'Ambert pour s'y établir. Elles ne possédaient ni parents,
ni attaches dans la région.

Il se confirma très vite que les Marin, mère et filles,
étaient à quiconque voulait bien y mettre le prix mais
qu'elles ne faisaient rien « pour le plaisir ». Elles n'étaient
guère exigeantes quant au choix du lieu de travail. Elles
pouvaient, disait-on, se « mettre en chantier » aussi bien
à l'abri d'un feuillage que dans leur propre demeure ou
chez quelque riche homme seul. On supposait qu'elles récla-
maient des sommes exorbitantes pour prix de leurs faveurs.
Les fenêtres de leur maison se garnirent de rideaux roses
et des volets à persiennes assurèrent une clôture à toutes
les issues. Matin et soir, le facteur vint déposer dans leur
boîte aux lettres un abondant et mystérieux courrier.

Pour les bourgeois de la ville, la venue des Marin
répondait à un véritable besoin. Le chef-lieu était loin et,
pour s'y rendre, il fallait de valables raisons point toujours
faciles à trouver. Lorsqu'un de « ces messieurs » était
tenaillé par un désir de débauche, il devait souvent combiner
son affaire de longue date. Il y avait bien les servantes,

mais fréquemment elles étaient la confidente de Madame et il pouvait être dangereux de risquer une telle entreprise. Souvent, d'ailleurs, la maîtresse de maison avait soin de les maintenir suffisamment graillonneuses afin de décourager tout désir éventuel.

Si l'utilité des Marin était grande pour de nombreux pères de famille, elle l'était bien plus encore pour leurs fils qu'un baccalauréat jusque-là infranchissable maintenait à Ambert. Ces derniers n'avaient en effet rien à espérer des jeunes filles de leur milieu qu'ils ne rencontraient jamais autrement que sévèrement gardées. Une maison bien pourvue en femmes gaies et faciles leur ouvrait un paradis longtemps rêvé.

A la nuit tombée, derrière la porte et les volets clos, on menait grand bruit dans la maison des Marin. On avait vu des ombres emmitouflées se glisser dans le quartier des Tuileries. Quel que fût le nombre des admissions antérieures, la porte s'ouvrait à qui venait y frapper d'une manière discrète et convenue.

Les bénéficiaires étaient-ils enchantés de l'affaire ? Personne n'en saura jamais rien. La chronique est restée muette sur les agréments d'un séjour dans la maison des Marin. Ce qui, par contre, est indiscutable, c'est la haine qui grandit dans le quartier et dans la ville à l'égard des trois femmes dont la Crymosane se chargeait également de faire la réputation dans les campagnes. Elles ne pouvaient sortir sans entendre des réflexions désobligeantes, « ces putes qui allaient foutre ici-même, dans le pays, un tas de pestes que les hommes ne pouvaient jusqu'alors trouver que dans les grandes villes ». On les accusait gratuitement de répandre les germes de maladies terribles, celles-là mêmes qui font tomber les organes en petits morceaux, notamment la vérole et le... phylloxera !

La porte des Marin s'ouvrait dans la maison sur un sol en contrebas et les enfants comprirent très vite l'excellent parti qu'ils pourraient tirer de cette situation pour venger les bonnes mœurs outragées. Il suffisait d'uriner contre le chambranle pour qu'il ne se perde pas une seule goutte de liquide. Après cette découverte, nous ne nous couchâmes jamais sans accomplir ce devoir nocturne.

Pour les Marin, il n'était pas question de faire appel à une gendarmerie qui, si elle les tolérait, n'avait nulle intention d'assurer leur protection. Cette basse méchanceté ne présentait donc pas le moindre danger pour leurs auteurs et je ne cessai de ranimer ma conviction que les « immodesties » commises entre hommes et femmes sont bien la source des plus abominables péchés.

La boîte aux lettres des Marin devint le réceptable d'ordures rares dont certaines étaient apportées de fort loin, telle cette vipère que nous découvrîmes, la tête écrasée, dans un chemin creux.

Contre ces persécutions, les pauvres femmes se trouvaient désarmées, car elles ne pouvaient compter sur leurs clients pour y mettre fin. Qu'il s'agisse d'amour ou de patriotisme, il est tacitement admis que l'on n'a pas à régler en courage ce que l'on a déjà payé en argent. Elles répondirent aux attaques par une défense des plus timides. Un calfeutrage de la porte réduisit l'importance des intrusions liquides et l'ouverture de la boîte aux lettres fut obturée par une plaque de fer blanc. Alors nous fîmes une prospection systématique des mastics les plus répugnants afin de les utiliser comme crépi de la façade et des volets.

L'immondice tenait une place essentielle dans notre monde. Elle souillait nos terrains de jeux, les abords de nos maisons et les sentiers bordés de haies. Elle s'imposait dans nos pensées et dans nos paroles. Mille fois par jour, nous l'évoquions et la prenions à témoin des mouvements de notre âme. Son nom, son odeur plus que toute autre nous étaient familiers. Une ordure omniprésente nous pourchassait en tout lieu, envahissait nos expressions et nos pensées sans que rien ne nous en protège depuis l'enfance.

Dans cette affaire, mes deux amis et moi montrions toute la constance d'apôtres auxquels rien ne coûte quand il s'agit de défendre la foi. Bras séculier de la Religion et de la Morale offensées, nous agissions avec la tranquillité de conscience que pouvaient avoir les bourreaux espagnols à l'égard des malheureux convaincus d'hérésie par les soins du Saint-Office.

Nous étions cependant sensibles et le spectacle d'une souffrance que nous pouvions comprendre ne nous laissait pas indifférents. Les Marin connaissaient parfaitement leurs persécuteurs ; il eût suffi que l'une d'elles trouvât l'audace de nous aborder pour nous dire : « Pourquoi nous faites-vous du mal ? Pourquoi êtes-vous si durs pour de pauvres femmes qui n'ont pas le moyen de se défendre ? », nous nous serions très probablement attendris, voire proposés pour une action contraire.

On apprit un beau matin dans le quartier que la Félicie, la plus jeune des filles, avait disparu. La mère et la Juliette, la sœur aînée, affichèrent un chagrin dont on ne fit que rire : elle en avait eu assez de changer de « bon ami » trois ou quatre fois par jour et elle était partie au diable, avec celui qui lui plaisait le mieux. Les visites nocturnes cessèrent et chaque matin, pendant quelques jours, on observa les deux Marin qui, les yeux rougis, sortaient tout juste pour faire leurs provisions.

Il apparut que, malgré leur triste métier, ces femmes avaient du sentiment. Les ménagères en furent émues et leur adressèrent des paroles de commisération.

— Eh bien, pauvres, avait demandé la grande Jeanne, « elle » a toujours pas écrit ?

La Marin avait été prise d'une crise de larmes :

— Elle n'est pas partie. On me l'a tuée. Je le sens, qu'on me l'a tuée.

Le fait que nul homme n'avait quitté la ville pour quelque mauvaise raison paraissait inquiétant et la gendarmerie se pencha sur le cas de cette disparition inexplicable.

Ce fut de très bonne heure, en allant à son travail, que le Kycle aperçut un paquet de chiffons pris dans les hautes herbes de la chaussée de l'étang des Barges. Il coupa une branche de vergne[1] en ménageant un crochet. Par ce moyen, il put amener le paquet. C'était le corps de Félicie.

---

1. Nom usuel de l'aulne.

Le Kycle courut prévenir, et le Berthiot qui faisait de la charcuterie sans patente, prêta sa civière. On appela les gendarmes qui firent transporter le cadavre devant la maison des Marin où il resta exposé sous une couverture pendant toute la matinée. De là, il fut dirigé sur l'hospice. Il ne pouvait y avoir d'enterrement public pour une personne de la sorte.

Je revois la civière à quatre pieds, dont l'utilisation essentielle était le transport de cochons fraîchement immolés, recouverte d'une couverture grise. Elle ne laissait à découvert que les pieds mignonnement chaussés de Félicie. Je ne pus apercevoir son visage : le Kycle, mandaté par les gendarmes, avait pour mission de monter la garde en attendant la suite de l'enquête et il exécutait la consigne sans faiblesse. Seules quelques mèches d'une chevelure dénouée, s'échappant de la claire-voie, traînaient sur le sol. Une fois de plus, je me trouvais en présence de la mort ; j'aurais voulu découvrir ce visage, en tirer quelque révélation et tâcher d'y lire comment s'était franchi le terrible passage.

Sous le plaid rugueux, on devinait la forme gracieuse de ce corps qu'on avait connu, peu de jours auparavant, plein de vie et de mouvement et dont le seul aspect suffisait à chasser l'idée de la mort chez quiconque en eût été obsédé secrètement. Victime de la jalousie d'un homme ? d'une femme ? Assurément assassinée. La morale me parut soudain difficile à défendre et je m'en sentis même bientôt tout à fait incapable.

Je dus me contenir pour ne pas pleurer.

Les deux survivantes quittèrent le pays et disparurent on ne sait où.

XIV

LES TROIS BOSSUS

Je ne me faisais guère de souci pour le certificat d'études. Les compositions trimestrielles m'avaient prouvé que mes incursions dans les livres des grandes classes me mettaient à l'abri de toute surprise. J'avais compris depuis longtemps que c'est grâce à la lecture qu'on apprend le plus vite.

A l'école des Frères, l'examen du certificat d'études n'avait rien à voir avec celui de l'enseignement public. Le jury était présidé par Monsieur l'Archiprêtre et les notabilités d'Ambert y siégeaient en qualité d'examinateurs et d'observateurs.

Je m'y montrai brillant. Les problèmes d'arithmétique furent résolus sans contestation possible. Notre Saint-Père le Pape lui-même, dans son infaillibilité, n'y eût rien trouvé à redire. Monsieur Magne, l'avocat, m'interrogea sur la guerre de Sept ans et s'entendit dérouler un chapelet de batailles dont il ne soupçonnait même pas le nom : Lowositz, Pirna, Kollin, Jaeggendorf, Zorndorf.

Le Frère François triomphait modestement et menait son élève d'une table à l'autre comme un éleveur produit un animal primé au concours agricole.

Monsieur Travers, le notaire, spécialisé dans la géographie, me questionna sur les Alpes et se vit servir une bonne quarantaine de noms propres désignant des chaînes et des pics sis entre Genève et Menton. Il ne jugea pas utile d'insister.

Dans la cour de l'école, Pudorgne et le Puissant m'attendaient avec l'angoisse d'électeurs supputant les chances de leur favori.

Proclamé « reçu premier », je sollicitai du Frère François un témoignage écrit, accordé sur-le-champ. Ce papier était nécessaire à l'exécution d'un projet mûri depuis longtemps. Le tonton Jean, du Couderchou, riche et extrêmement sensible à tout ce qui pouvait ajouter au bon renom de la famille, ouvrirait à coup sûr son porte-monnaie, devant la preuve que son petit-neveu était le premier d'une promotion.

Le bon vieux demanda :

— Tu ne te fous pas de moi, par hasard ?

Il mit ses lunettes, déchiffra l'attestation du Frère François et se rendit à l'évidence.

— C'est pourtant ben vrai, sacré bougre de galopiau.

Il tira un énorme porte-monnaie, hésita entre plusieurs pièces de modèles différents, puis se décida pour une, de quarante sous.

Je faillis tomber à la renverse. Jamais je ne m'étais vu à la tête d'une telle fortune. Je l'empochai en remerciant.

— Tu pourrais regarder au moins si elle est bonne avant de la mettre dans ta poche, observa l'oncle avec malice. T'as pas encore appris ça, tout savant que t'es. Y faut jamais recevoir une pièce sans la faire sonner. Tu t'en souviendras ?

La pièce sonnait parfaitement. C'était bien une République française du meilleur aloi.

L'oncle Jean pensait, à part lui, que la pièce de quarante sous ferait grand plaisir à la Marie. Il s'était même risqué à suggérer à ce propos quelque chose de très raisonnable que j'avais résolu de ne pas entendre. Cette fortune n'était pas la récompense des mérites de ma mère, mais celle de mes propres mérites. C'était mon bien et je me sentais le droit légitime d'en user et d'en abuser. D'ailleurs, la Marie manquerait toujours d'argent. Elle ne guérirait jamais de cette maladie devenue incurable. La pièce de quarante sous ne lui procurerait qu'un soulagement dérisoire. Pour moi et mes amis, c'était le pactole.

L'entrée en ville fut triomphale. Avant toute opération, il fallait acheter des cigarettes pour le Pantomin. La tractation produisit une masse de monnaie telle que le fonds initial en parut multiplié.

L'Agostini, le pâtissier, nous accueillit avec un large sourire qui découvrit toute sa mâchoire aux dents pourries. Son fils avait été reçu le même jour au même examen et il connaissait mon succès. En commerçant avisé, il évalua la monnaie que je tirai de ma poche et décida de manœuvrer afin qu'elle n'aille point ailleurs. Il nous emmena dans l'arrière-boutique et nous présenta une série d'assiettes si appétissantes qu'il n'était plus question de quitter le magasin tant qu'il resterait un sou en poche.

Je me sentais la conscience tranquille. En moins d'une heure, j'avais dilapidé une somme considérable qui serait cause, pour la Marie, de bien des regrets si elle venait à l'apprendre. Mais je pensais que la satisfaction due à l'annonce de mon succès au certificat d'études compenserait l'inévitable déception de la pauvre femme.

L'entrée en première classe fut pour moi une grande joie. La première classe réunissait des anciens d'école primaire de village qui entraient en pension, les élèves de seconde qui, sortis avec honneur de diverses sélections, étaient cependant trop jeunes pour être mis au travail, et ceux de la « Spéciale » qui avaient franchi le barrage du certificat d'études.

La « Spéciale » était payante et réservée à des enfants privilégiés que leur naissance devait tenir éloignés des brutalités de la vie. L'enseignement général y était encore plus déficient que dans les classes pauvres, car tous les niveaux du programme, de l'alphabet au certificat d'études, s'y trouvaient réunis, enseignés par un seul maître. Les Frères traitaient avec de grands égards ces élèves qui avaient droit à l'appellation de « fils de » précédant leur nom de famille et ne prenaient pas leur récréation aux mêmes heures que ceux des classes gratuites afin d'empêcher toute contamination.

Notre réunion en première classe faisait donc régner un

esprit vaguement démocratique, où, bien que fussent admis la prééminence de la fortune et les passe-droits qui en sont la conséquence, le mérite seul pouvait aussi se faire valoir.

En première division, il y avait de grands garçons de seize à dix-huit ans qui préparaient le brevet et dont l'esprit critique ne perdait pas une occasion de s'extérioriser. Ils sévissaient contre le mouchardage avec une juste violence. Selon les Frères, chaque élève devait exercer sur ses camarades une surveillance attentive et dénoncer les écarts de conduite auxquels il serait porté remède par une correction appropriée. Dans les petites classes, le réseau de délation fonctionnait parfaitement et les rapports se faisaient dès le matin, laissant aux dénonciateurs toute la satisfaction du devoir accompli. En revanche, dans les deux premières classes, régnait un certain sentiment de solidarité qui ruinait un usage cependant bien utile à la défense des principes. Contre cela, la bonne volonté des Frères s'épuisait inutilement.

Les cours étaient honnêtement faits, quoique sans talents pédagogiques. L'enseignement de l'Histoire tendait à établir que le bonheur des hommes ne pourrait être assuré que par une administration théocratique. Il mettait en valeur l'excellence du Moyen Age et les tristes conséquences de la Révolution française dont les encyclopédistes étaient responsables devant l'humanité et devant Dieu.

Aucun cours de morale et d'instruction civique. Durant ces deux années de première, il ne me serait pas donné d'apprendre à quelles conditions un homme prenait qualité d'électeur ou de citoyen. Chacun se placerait autour de personnages chargés de réfléchir pour lui. Pour les isolés, le confesseur directeur de conscience serait seul qualifié pour donner les directives nécessaires. Hors de ces voies, point de salut.

L'instruction religieuse tenait toujours une place primordiale. Pas de jour où elle ne fût au programme. Le Frère qui en était chargé possédait un catalogue complet de toutes les objections éventuelles contre la doctrine susceptibles d'être rencontrées par les élèves au cours de leur vie. Les « faits » révélés qui en formaient la base entraînaient des développements, sinon rigoureux, tout au moins capables de vous éviter de rester bouche close devant un impie. Avec une majestueuse autorité, les pères de l'Eglise, saint Jérôme, saint Irénée, saint Augustin, saint Grégoire complétaient, renforcés par les arrêts des conciles, tous les points qui pouvaient paraître encore obscurs dans la Révélation. Au rôle simplement passif en vue duquel étaient préparés les élèves des classes inférieures, la première classe entendait substituer un rôle de collaboration active, de défense éclairée de la religion et des droits de l'Eglise. Pour cela, il était nécessaire d'avoir une certaine connaissance des plans d'attaque adverses.

C'est ainsi que j'approfondis le fonctionnement d'un certain tribunal de la sainte Inquisition qui avait opéré en Espagne pendant plusieurs siècles. Libres penseurs et Francs-maçons avaient tiré un excellent parti de cette institution en mettant sur le compte de la Sainte Eglise bon nombre d'atrocités.

Tout d'abord, il fallait énergiquement contester le nombre des victimes : la comptabilité des Frères ne s'accordait pas du tout avec celle des ennemis de l'Eglise. Mais ce n'était pas dans les chiffres que résidait le fait le plus important ; c'était dans la procédure.

Le tribunal ecclésiastique ne condamnait pas. Il ne faisait que soumettre l'hérétique présumé à une sorte d'examen qui vérifiait sa connaissance du catéchisme. Après l'interrogatoire, la note donnée était considérée par le bras séculier qui décidait du traitement à appliquer pour aboutir à la conversion définitive du sujet. S'il y avait risque sérieux de voir ce dernier retomber dans l'erreur, on le brûlait pour lui éviter l'enfer, après avoir pris les mesures adéquates pour l'expédier dans l'au-delà en état de grâce.

Mon imagination m'entraînait souvent à vivre par la pensée les souffrances et les mauvais traitements dont je pouvais lire ou entendre les récits. Je m'arrêtais moins aux possibilités d'absolution conditionnelle, que la récitation d'un certain nombre de prières pouvait rendre définitive, qu'à celles du bûcher.

Le Pantomin avait donc exprimé une grande vérité en énonçant :

— Mon gamin, y nous en feraient baver, s'y z'étaient les maîtres !

Ce que j'apprenais de l'Inquisition confirmait la perspicacité du Pantomin. Je tremblais secrètement que ne reviennent ces temps évoqués par les Frères comme un âge d'or où la foi triomphante livrait les hommes à un clergé tout-puissant.

Dans ces discussions où le Frère présentait seul l'attaque et la défense, je perdais pied et foi. Mes convictions jusquelà sans fissures s'ébréchaient chaque jour davantage.

Mais en revanche, la séance quotidienne d'instruction religieuse, que j'avais redouté de trouver assommante, devenait pour moi d'un intérêt passionnant. La doctrine m'était connue mais j'ignorais tout des raisons qu'il pouvait y avoir à la combattre et mes connaissances nouvelles m'apportaient un souffle de liberté. Grâce à l'école libre, le féroce anticlérical qui sommeillait en moi prenait corps.

Pendant le premier trimestre, je m'astreignis à fréquenter l'étude du soir, abandonnant à eux-mêmes Pudorgne et le Puissant qui s'en plaignirent fort. Le jeudi et le dimanche, je parcourais mes livres de classe, allant jusqu'aux dernières pages à la recherche de notions d'autant plus intéressantes qu'elles étaient moins compréhensibles. Je désertai même le Pont des Feignants.

Les murs, les portes de la maison se couvrirent d'expressions algébriques dont l'apparence cabalistique me réjouissait les yeux. Mes connaissances en géométrie embrassaient l'étendue des sept premiers livres. J'avais parfaitement compris les notions de trigonométrie qui étaient à la fin des éléments d'algèbre et qui n'avaient jamais été enseignées. Je commis un larcin, qui mit en transes ma pauvre mère, pour acheter à un pensionnaire un atlas périmé coûtant vingt sous. J'extorquai une autre pièce de vingt sous en arguant de souffrances causées par un ongle incarné. Sans retard, je courus chez un marchand de bric-à-brac où j'avais repéré deux livres, l'un de physique et l'autre de chimie. Après quoi, je rendis en ces matières de stupéfiantes compositions de dix à douze pages que le temps seul limitait dans la longueur. Le texte était à peu près illisible mais le Frère le notait régulièrement 40/40.

Le soir, après la soupe, dans la misérable chambre où l'on dormait à cinq, j'allais furtivement prendre la lampe pour l'installer sur un escabeau, près de mon lit. Il n'y avait pas à craindre que mes parents, écrasés par leur journée de travail, s'éveillent et protestent. Là, je feuilletais pendant des heures jusqu'à ce que, courbatu et pris de crampes, je dusse arrêter. Le sommeil ne me prenait pas aussitôt. Je revoyais des scènes historiques, j'imaginais quelque composition chimique capable d'effets merveilleux que je me promettais de réaliser un jour.

Mes préoccupations finirent par m'isoler complètement dans la classe où je me sentais étranger à divers titres. J'étais le plus jeune et totalement indifférent aux questions sexuelles qui prenaient, en seconde division, une extrême importance. Les plus hardis pratiquaient la masturbation pendant que le Frère, le dos tourné, attaquait au tableau une équation ou démontrait un théorème. Précieusement recueilli dans une boîte de cirage ou de plumes sergent-major, le produit circulait pour authentifier l'indiscutable virilité du producteur. D'autres estimaient que l'on obtenait de meilleurs résultats en collaboration. En pleine récréation, ils s'enfermaient par paires dans les cabinets pour en ressortir visiblement satisfaits. C'est ainsi que se préparait une élite.

Je n'avais aucun goût pour ces jeux. D'ailleurs, nul ne faisait appel à ma participation éventuelle. Tout au plus arrivait-il de loin en loin que j'eusse à subir une inspection devant des témoins goguenards, et cela n'avait rien d'excitant pour moi.

Aussi, après l'exaltation de cette année exceptionnelle, éprouvai-je soudain un immense besoin de camaraderie. J'avais la nostalgie des liens qui m'unissaient à Pudorgne et au Puissant. Enrichi de nouvelles connaissances, je me sentais pourtant en marge et cette évidence me devint insupportable. Je décidai de reprendre mes vagabondages avec mes amis.

Peut-être aussi avais-je dans mon inconscient le pressentiment que le malheur était là, embusqué. Il nous laissa trois semaines pour nos retrouvailles, puis il s'abattit.

Le jour où les marchands forains de la place de l'Eglise présentèrent leurs premières cerises de l'année, nous avions assisté de bonne heure à une messe basse afin d'éviter la grand-messe avec le prône interminable d'un archiprêtre bredouillant.

Après quelques regards de convoitise à l'adresse des cerises nouvelles, nous avions décidé d'organiser une partie de cachettes aux abords de la place. Désigné par le sort, Pudorgne se colla face au mur de l'église, avec l'engagement formel de compter jusqu'à cent avant de commencer les recherches.

Le destin qui avait décidé la perte du Puissant nous conduisit dans la cave du Jean Ducoin, l'aubergiste. Encombrée de tonneaux pleins et vides, de caisses de vin, de bière ou de limonade, cette cave s'ouvrait de plain-pied vers le mur lépreux de la scierie où, par une canalisation de bois, l'eau d'un ruisseau se déversait sur la roue hydraulique. Les cachettes paraissaient excellentes. Le Puissant s'installa derrière un amas de caisses et je trouvai une place derrière l'alignement des tonneaux.

Peu de temps après, nous entendîmes un bruit de sabots et le Ducoin, porteur d'un panier de bouteilles, entra dans la cave en sifflotant. Après avoir soutiré du vin, il entendit un bruit derrière la pile de caisses, s'avança et aperçut le Puissant qu'il saisit brutalement par un bras :

— *Que venüs tü foutre tï, nom de Dieu de Mandrin* * ?

Le Puissant eut le tort de se cramponner. Néanmoins extrait de sa cachette, il entraîna avec lui tout un édifice de bouteilles qui se brisèrent sur le pavé en l'inondant.

— Pardon M'sieu... Pardon M'sieu, criait le Puissant.

Terrorisé, j'entendais les coups de boutoir qui frappaient

* Qu'est-ce que tu fous là, sacré nom de Dieu de Mandrin ?

mon ami. Trop faible pour intervenir, je sympathisais avec
l'infortuné en mouillant ma culotte. L'homme ne cessait
de cogner et le Puissant réagissait par des cris de plus
en plus menus, presque des cris de souris.

Sur un coup sans doute plus violent, un hurlement
d'assassiné retentit dans la cave. Il se prolongea, déchirant.
Je jaillis de ma cachette et me jetai dans les jambes du
Ducoin :

— *Que i'äs tü fait, assassin* * ?

Le Puissant gisait sur le sol, les yeux saillants, poussant
d'horribles cris. Je fis brutalement connaissance avec la
haine. Jamais, jusqu'alors, je n'avais admis la possibilité du
meurtre. Ce jour-là, si j'en avais eu la force physique,
j'aurais tué, prêt à en payer le prix.

Les consommateurs de l'auberge, attirés par les plaintes
de l'enfant, se présentaient à l'entrée. L'homme s'affola.
Le Turco de la Riolle tenta de relever le blessé dont les
hurlements redoublèrent. Il se tourna vers le Ducoin :

— Tu l'as bien arrangé, ce pauv' gamin. Tel que j'te
l'dis, si t'avais fait ça au mien, t'aurais déjà mon couteau
dans le ventre. T'as de la chance que ça soye le petit de la
Grande Jeanne et qu'y ait pas d'homme dans la maison pour
venir te parler du pays. Tu vas tout de même pas le laisser
là ?

Le Jean Ducoin avait perdu la tête et n'était nullement en
état de prendre une résolution. Ce fut le Turco qui proposa :

— Avec une charrette à bras, on pourrait le mener dans
son lit, y s'rait toujours mieux que là.

On trouva la charrette à bras et le Turco se mit dans les
brancards. Deux hommes s'offrirent à pousser le véhicule
sur lequel le Puissant prit place en gémissant, allongé sur
un matelas fourni par le Ducoin. Pendant la traversée de la
place, Pudorgne nous rejoignit. Pleurant, échevelés, nous
suivîmes le cortège.

La Grande Jeanne accueillit son fils sans démonstrations exagérées. D'emblée, elle admit la présomption de
culpabilité :

* Qu'est-ce que tu lui as fait, assassin ?

— Quoi c'est qu'il a encore fait pour se faire arranger comme ça ?

Elle apprit que le Jean Ducoin l'avait « chopé » dans sa cave. Comme tous les gens qui ne possèdent rien, la Grande Jeanne avait un infini respect à l'égard de la propriété. La Ducoin arrivait aussitôt après :

— C'est un coup malheureux, ma pauvre, y voulait sûrement pas y faire tant de mal, va, mais y connaît pas sa force c't'homme, tu comprends ? Y'a un coup qu'est mal tombé. Y l'a pris dans la cave, en train de casser des bouteilles. Alors tu comprends, au prix qu'est le vin.

Je vis rouge devant tant d'impudence :

— *Co i pa vrâ, sacré garsà de putà ! Djouavem a lä ricondüdä. Nou foutiem pa mau de ton vï. Tü podïs te le boutä dien le tieu, ton vï* *.

Le Turco me prit par le bras et me flanqua dehors.

Pendant que le Puissant geignait sur son grabat, la Ducoin arrivait à convaincre la Grande Jeanne qu'il vaut toujours mieux essayer de s'arranger. Le Ducoin payerait le médecin et le pharmacien. Elle allait régler ça en passant. L'un et l'autre seraient prévenus que c'était aux frais de Ducoin qu'on soignerait le gamin. Enfin, quatre écus de cent sous alignés sur la table décidèrent la Grande Jeanne qui avait bien autre chose à faire qu'à soutenir une chicane. Il y avait plus de dix ans qu'elle n'avait touché, simultanément, quatre pièces de cent sous.

Devant la porte, la sœur aînée du Puissant vidait dans le ruisseau la culotte souillée de son jeune frère puis achevait dans un seau en bois un lessivage sommaire. Pudorgne et moi, le regard chargé de haine, regardâmes partir la Ducoin parfaitement apaisée. Grâce à Dieu, pensait-elle sans doute, l'affaire ne coûterait pas trop cher. Mais nous, c'était la vengeance que nous voulions.

Je me demandai si, en volant au Galibardi assez de poudre blanche, je ne pourrais pas faire sauter la maison des Ducoin. Pudorgne suggéra une meilleure solution :

---

* C'est pas vrai, menteuse, sacré garce de pute ! On jouait aux cachettes. On s'en foutait de ton vin, tu peux te le mettre dans le cul, ton vin.

— Faut aller y dire, au Pantomin. Y l'aime bien, le Puissant.

Et il répétait comme un leitmotiv :

— Faut aller y dire, au Pantomin.

Le Pantomin représentait pour nous la seule justice connue en ce monde et c'était une justice qui pouvait se faire respecter. Il savait rendre moqueur son regard posé sur une autorité reconnue de tous. Il savait répondre avec une gaillardise qui déconcertait les habituels « donneurs de leçons ». Et surtout, il s'indignait des tournées reçues à l'école des Frères et réprouvait en termes rudes les pères assez lâches pour s'incliner devant un patron ou un propriétaire en n'osant pas mettre leurs gars à la Laïque où ils apprendraient sans être battus. Quelle autre autorité serait à même de comprendre notre soif de vengeance ?

L'homme travaillait ce jour-là. Nous irions le voir après la soupe.

A notre arrivée, il faisait la pause. Devant nos regards angoissés, il s'inquiéta :

— Quoi qu'y a de cassé ?

Mon récit, entrecoupé de sanglots, fut écouté en silence par le Pantomin que nous vîmes pâlir sous son fard charbonneux.

Il ouvrit son foyer d'un violent coup de pelle, la maltraitant comme si elle eût été le Jean Ducoin. Il prit le ringard pour abattre le feu, se débarbouilla rapidement, chaussa ses brodequins et dit :

— Allez, en route, allons d'abord voir le gamin.

La Grande Jeanne voulut interdire l'entrée de sa maison aux deux galopins qui suivaient le Pantomin comme son ombre.

— Laisse-les passer, Jeanne, c'est pas leur faute aux petits, ce qui est arrivé. Y l'aiment ben ton garçon et y veulent le voir.

La femme n'osa pas insister davantage.

— Qu'est-ce qu'y dit, le médecin ? questionna le Pantomin.

— Y dit qu'y a des côtes cassées et que ça y a percé le soufflet, mais que c'est pas ça qui est grave. Y dit qu'ça fait rien qu'y crache un peu de sang, mais y faudrait pas qu'y ait quéqu'chose du côté des reins ou de la ratelle.

Elle versa quelques larmes avant de conclure :

— On avait encore bien besoin de ça, tiens !

Sur sa paillasse, le Puissant montrait un pauvre visage livide. Le Pantomin se pencha sur lui :

— Est-ce que ça te fait bien mal ?

— Ah ! pour sûr que ça me fait mal !

Sa sœur cadette vint lui essuyer les lèvres d'où suintait une salive sanglante.

L'homme caressa le front de l'enfant.

— Ecoute, Antoine, dit-il enfin. Je vais y aller le voir, moi, le Jean Ducoin. Pisque t'as pas de père, c'est moi qui irai. Et puis tu sais, mon gamin, le travail que je fais c'est pas du travail de feignant. Si ça t'empêche pas d'avoir mal, faut tout de même que ça t'console un peu qu'y soye dans son lit, ce soir, avant cinq heures. Hein, que ça te consolera un peu ?

La porte de l'auberge était grande ouverte. Adossé au billard, le Jean Ducoin observait un groupe qui jouait aux cinq-cents.

Lorsque le Pantomin se présenta, blanc comme un suaire, suivi de nous deux, serrés l'un contre l'autre, le débitant comprit que l'heure était venue de rendre des comptes. Sans détourner les yeux de l'adversaire probable, il écarta les jambes et sa main se tendit vers le râtelier à queues de billard.

Cette manœuvre défensive le perdit.

Le Pantomin avait bondi et son lourd brodequin, lancé à toute volée, toucha le Ducoin entre les cuisses, avec une telle violence qu'il en parut soulevé. Il tomba sur le ventre, hurlant comme avait hurlé le Puissant.

Et nous de crier à tue-tête :

— *Mancà le pa ! Mancà le pa ! Tuà le, Pantomin* *.

Méthodiquement, soucieux du travail bien fait, le vain-

* Ne le manque pas, ne le manque pas ! Tue-le, Pantomin.

queur, à coups redoublés, s'activait sur les parties molles de sa victime.

La Ducoin se précipita dans la rue, agitant les bras, affolée :

— *O secour ! O secour ! Me le tuon* * *!*

Les joueurs de cartes se levèrent alors sans trop de hâte et entourèrent le Pantomin, l'éloignant de l'homme à terre, par petites poussées prudentes.

— Allons, allons, c'est assez !

Profitant de la situation, je m'emparai de la queue de billard que le Ducoin avait laissée choir et me mis à cogner sur le corps maintenant inanimé, comme on bat une couche de seigle sur l'aire d'une grange. Pudorgne voulut en faire autant, mais avant qu'il ait eu le temps de trouver une arme, nous étions pris par le bras et jetés dans la rue, non sans avoir entendu l'avertissement adressé par le Pantomin à ceux qui nous expulsaient :

— Si vous cognez su' les gamins, va y avoir des coups de bouteille su' la gueule.

Le cabaret s'emplissait d'une foule ameutée par les cris de la Ducoin. Pendant que les uns transportaient dans sa chambre l'aubergiste évanoui, les autres entouraient le Pantomin, questionnant pour la forme :

— Ben voyons, quoi c'est qu'y t'a pris ?

Nous étions revenus dans la salle ; l'affaire nous concernait.

— Faites comme si vous le saviez pas, hein ? répondait notre ami. Ce que j'ai fait, je l'ai fait et c'est pas les gendarmes et le tonnerre de Dieu qui vont le lui enlever. C'est pas ça, bien sûr, qui va guérir le gamin qu'il a esquinté mais ça y apprendra et aux z'aut' aussi ça leur apprendra ce que ça gagne d'ébrancher un gamin qu'il a personne pour demander des espications. Ben, c'est moi qui l'y ai causé au Ducoin. Et merde pour ceux qui sont pas contents.

« Et maintenant, j'ai à rallumer et si les gendarmes veulent me voir y m'trouveront au gaz. Z'avez qu'à leur

* Au secours ! Au secours ! On me le tue !

dire que c'est pas la peine de courir après moi, j'ai pas envie de m'ensauver. »

Une heure plus tard, deux gendarmes allaient arrêter le Pantomin qui dut tomber son feu pour la deuxième fois ce jour-là. Ils l'enfermèrent au violon, en attendant de le conduire devant le juge.

La cloche du gazomètre avait été calculée avec économie et ne pouvait contenir que la consommation de trois jours d'été. Elle était à demi pleine lors de l'arrestation du Pantomin. C'est ce que monsieur Mauduit dut aller dire le soir même au procureur de la République. Il n'y avait personne en ville qui pût remplacer le Pantomin, et déplacer un homme du chef-lieu — à qui il faudrait adjoindre au moins le concours de deux manœuvres — coûterait les yeux de la tête. La liberté provisoire s'imposait pour cause d'utilité publique et, par un juste souci d'économie, devait être accordée sur l'heure. Monsieur le procureur de la République le comprit et ne fit point d'opposition.

Le Pantomin réintégra sans tarder l'usine à gaz.

Dès nos premières questions, il expliqua l'affaire :

— J'y ai dit, au juge : le Ducoin serait resté ben tranquille, chez lui, après qu'il aurait presque tué un pauv' gosse qui pouvait pas se défendre ? Y avait personne pour le mettre en prison. Tandis qu' moi, y'avait pas une heure que ça s'était passé avec le Ducoin que j'y étais déjà !

Le magistrat comprit qu'il ne s'agissait pas seulement d'une affaire de coups et blessures, mais bien de deux. Le Ducoin fit une drôle de tête lorsque les gendarmes vinrent l'interroger. Il avait pensé qu'il était simple plaignant et n'avait qu'à crier misère et justice. Il fut vite détrompé.

Le Pantomin ayant avoué, il n'y avait plus à revenir sur cette question-là. Les suites décideraient de la peine encourue par le coupable. Mais il restait à régler l'affaire du Puissant qui était au lit pour longtemps. Ça irait sûrement chercher quelques mois de prison que le Ducoin aurait à faire quand il serait guéri.

Celui-ci en était suffoqué.

— Mais nom de Dieu de bon Dieu, le Pantomin m'a esquinté pour toute ma vie à cause de ça. J'en ai les couilles grosses comme ma tête et une hernie comme mon poing. Alors, quoi, c'est pas assez ? Y faudra encore qu'on me foute en prison et que je donne de l'argent ?

Les gendarmes précisèrent que les coups donnés par le Pantomin n'avaient rien à voir dans tout ça. Ça, c'était une autre histoire dont le coupable aurait à répondre, comme lui le Ducoin aurait à répondre des coups qu'il avait donnés au Puissant.

Chaque fois que nous rencontrions les pandores, qu'ils fussent de la brigade à pied ou de la brigade à cheval, nous les saluions respectueusement. Pour nous, les gendarmes représentaient une puissance souveraine mais bienveillante. Ils possédaient une conscience intransigeante, empoisonnée de scrupules, qui les maintenait dans la stricte observance de règlements écrits ne permettant pas la moindre fantaisie dans leur application.

Sans doute étaient-ils en accord avec moi en sentiment et en pensée car, témoin dans l'affaire, je fus traité avec une grande amabilité. Ils s'émurent même, à l'évocation que je leur fis de cette partie de cachettes qui avait si mal fini pour le Puissant. Et mes larmes sincères firent qu'ils n'accordèrent pas la moindre sympathie au Ducoin.

Ce dernier s'en prenait maintenant à sa femme, cette sacrée garce, qui n'en ratait pas une. Avait-elle bien besoin de faire appeler les gendarmes, comme si les gendarmes pouvaient le guérir ? Et pour commencer, il avait fallu donner deux cents francs à l'avocat ! Et, selon lui, c'était une très mauvaise affaire.

Trois mois plus tard, on était fixé : le Pantomin était effectivement condamné à trois mois de prison — mais avec sursis — et à des dommages-intérêts dont il ne paierait pas le premier sou malgré la saisie-arrêt. Monsieur Mauduit porterait en frais généraux sept francs cinquante de plus chaque mois.

Le Ducoin écopa également de trois mois de prison avec sursis, plus remboursement de tous les frais médicaux et pharmaceutiques et versement à la Grande Jeanne d'une rente de quinze francs par mois jusqu'à nouvelle expertise dont il aurait aussi à payer la note.

Après deux mois de lit, le Puissant commença une interminable convalescence. Nous venions assidûment lui tenir compagnie. Et chaque soir nous allions chercher de l'eau à la fontaine afin de nous assurer les bonnes grâces de la Grande Jeanne et de ses filles. Pour distraire le Puissant, je lui racontais des histoires tirées de mes livres de classe. Aucune époque n'était exclue de mes chroniques, du père Adam à nos jours. A noter que les martyrs y jouaient un rôle capital, avec toutefois une place honorable au Grand Ferré et au chevalier Bayard que je tenais en très haute estime. J'y ajoutais également quelques récits de mon cru dont mon unique auditeur faisait grand cas.

Après deux autres mois de convalescence, le Puissant put faire quelques sorties et aller s'étendre sur le Pont des Feignants, à côté du Cueille et des Crymosa.

Il n'était plus que l'ombre de lui-même. Son dos commençait à se voûter et, par sympathie, Pudorgne et moi arrondîmes le nôtre. Relevant les épaules et réduisant la longueur de notre cou, nous donnions ainsi l'apparence d'une souffrance identique à celle endurée par notre ami. On nous appela *les trois bossus*.

Le malheur survenu au Puissant limita considérablement l'étendue comme la durée de nos déplacements. Le garçon se fatiguait très vite et jetait vers nous des regards suppliants lorsque nous voulions l'entraîner en quelque course lointaine. Freinés par le Puissant, nous réduisions notre activité. Pour rien au monde, nous n'aurions voulu ajouter à sa misère la tristesse d'un abandon cruellement ressenti. Entre nous, peu expansifs, nous nous abstenions de tout témoignage affectueux, mais nous éprouvions des sentiments forts et profonds, ceux-là mêmes, pensions-nous, qui existent entre des jumeaux.

Mes sujets de réflexion se nourrissant des réalités quotidiennes, je déchiffrais ce milieu, le mien, où il ne s'agissait point de profiter, mais de durer, de manger et d'esquiver les coups. Par mille fibres, je m'enracinais dans cette misère, m'abreuvant d'injustice et de douleur. Féru de religion comme je l'étais, j'aurais pu dire quels dieux se partageaient le monde, le chiffre approximatif de leur clientèle et la superficie terrestre sur laquelle ils régnaient. Le cours de géographie expliquait tout cela. Mais j'en arrivais à souhaiter et à imaginer une superdivinité qui les balaierait tous de la façon la plus ignominieuse.

XV

DE CHARYBDE EN SCYLLA

Les jours passaient rapidement et je jouissais de mes livres comme le propriétaire endetté d'un confortable château, vaguement renseigné sur la date de son expulsion prochaine. Le Jean et la Marie n'admettraient jamais que l'on conservât dans la maison un matériel humain devenu inutile et pouvant être monnayé. Ils n'accepteraient pas davantage que l'on gardât mes livres. Tout au plus pourrais-je cacher l'atlas périmé et les manuels de physique et chimie bien mal acquis...

Mes amis et moi allions avoir treize ans. Le temps était venu de nous trouver un emploi et nos parents ne pensaient plus qu'à cela. Le départ des conscrits allait faire de la place à la fonderie : bonne chose pour Pudorgne et le Puissant. Ma mère, elle, s'acharnait encore à espérer que j'aurais un poste de commis chez un drapier ou un épicier en gros. Elle s'assurerait de la recommandation du Très Cher Frère Directeur et de celle de Monsieur le Curé... Hélas ! ses beaux rêves seraient vains. J'allais, comme mes amis, échouer à la fonderie.

Un peu avant la distribution des prix, nous franchîmes le grand portail de l'usine pour être interrogés par un monsieur grave et distant qui nous affecta à trois ateliers différents. Pudorgne, le plus étique, passa au moulage, le Puissant au tamisage de sable. Quant à moi qui avais la carrure d'un garçon de quinze ans, je fus dirigé sur le hall de coulée.

La loi de 1898, sur le risque professionnel et la responsabilité patronale en cas d'accident du travail, venait d'être promulguée. Mais, ô dérision, le monde ouvrier la trouvait injuste et s'affligeait des abus qui allaient en résulter. On eût dit qu'il y avait dans la région une multitude de travailleurs dans l'attente de cette loi pour se laisser choir du haut d'une toiture et se casser les reins, à seule fin d'avoir ensuite le plaisir de vivre à tout jamais sans travailler tout en percevant une part de salaire non gagnée.

Le Jean et la Marie étaient pleinement de cet avis. Le Jean surtout, bon travailleur, pensait qu'il y aurait du bon temps pour les feignants. Ce n'était pas difficile de se faire entamer un bras par une scie et de s'installer ensuite dans une existence de rentier.

Certes, le Pantomin ne partageait pas cette manière de voir :

— Cette affaire d'assurance, ça fait chier les patrons, crois-moi, et quand y a quéqu'chose qui les fait chier, c'est toujours bon pour l'ouvrier. Si le Jean, tout con qu'il est, se fait couper une aile à la scierie, y n'aura pas besoin de courir les villages pour trouver quéqu'croûtons. Mais si y pense que tous ceux à qui le coup arrivera auront de quoi dormir sur leurs lauriers, y s'fout drôlement le doigt dans l'œil, tu peux y dire de ma part. Qu'y s'presse pas trop à s'faire esquinter, ça vaudra mieux. Un accident, pour un ouvrier, ça sera toujours un malheur, même si c'est pas autant qu'avant. Le seul avantage c'est qu'y sera pas obligé de partir avec sa besace pour mendier par les chemins. Il aura de quoi payer un loyer et du pain. Y pourra même, p'têtre ben, se payer quéqu'pommes de terre et en manger tous les jours s'il est pas trop gourmand et qu'il y met pas trop de graisse. Mais rien de plus. Tu peux y dire à ton père que si z'étaient pas tous des peigne-cul y travailleraient pas douze heures pour quarante-cinq sous. Nom de Dieu de bon Dieu...

Il n'était pas question, pour moi, de gagner mon père aux idées du Pantomin. L'opinion du Jean, comme celle de la Marie, était fixée à jamais. Ils travailleraient à plein corps toute leur vie et considéreraient toujours que la tâche imposée pour un salaire dérisoire méritait une perpétuelle reconnaissance. Mais désormais, pour moi, tout serait différent. Si j'étais entré à la fonderie, c'était pour ne pas me séparer de Pudorgne et du Puissant. Hélas, en deux ans, je les vis s'étioler et disparaître l'un après l'autre. Durant quatre années ensuite j'allais traîner mes sabots dans la région, sans le moindre livre pour satisfaire ma fiévreuse recherche de savoir. Rien que le spectacle de la vie, cette vie qu'il allait falloir gagner chichement, durement.

A l'école des Frères, on m'avait fait réciter : « Notre pays, c'est la France. » Les vrais Français, ceux des belles maisons, avaient des droits qu'ils faisaient valoir, des libertés dont ils pouvaient jouir. Les autres, tels mes parents, n'étaient pas des Français, ils n'étaient rien. Mon père ne s'y trompait pas, quand je le questionnais sur un ouvrier de la ville :

— Le Pierre, de Bunangues, qu'est-ce qu'il est, papa ?

— Comme moi, rien.

Mais cela bougeait. Il y avait à Saint-Etienne des hommes aussi pauvres et mal pourvus que nous qui travaillaient dans les mines ou les usines. Eux, ils esquissaient des unions et avaient un journal pour les défendre. Chez nous, aucun journal qui vînt établir un rapport entre notre misère et celle des ouvriers de Saint-Etienne.

Montsimon, Ambert étaient loin de tout. Du matin au soir, les paysans de notre région grattaient la terre ingrate et sans profondeur pour en tirer une maigre subsistance et nourrir, mieux qu'eux-mêmes, un bétail d'une décourageante voracité. Toujours à économiser et toujours sans argent. Et comment enfin parvenir au bout de cette vie pitoyable en évitant l'hôpital ? Ce qui était plus redoutable encore que de mourir chez soi, sous le regard d'une bru lasse de vous nourrir, et qui ne vous gardait jusqu'au bout qu'à cause du livret, qu'il ne fallait pas laisser « manger »...

Le destin allait m'éloigner du Pont des Feignants où tant de fois je devais revenir en pensée.

La mort de Pudorgne et du Puissant que j'avais connus en pleine santé et dont l'amitié était ma seule richesse, me laissa inconsolable et désemparé. Je me sentais encombré de ma force inutile, aussi maladroit qu'un bourdon prisonnier entre quatre murs et qui ne parvient pas à trouver l'air libre...

Et il en fut ainsi jusqu'à ce jour fatidique du 26 avril 1905 où, à quarante kilomètres de chez moi, fugitif, je me retrouvais plus éloigné de mon pays que je ne l'avais jamais été. Le train qui m'emportait vers mon destin s'arrêta à Saint-Salvadour, à Sainte-Elydée, à Chadieux. Maintenant, il roulait à bonne allure sur le plateau.

Dans les villages que j'apercevais par la fenêtre, on parlait un autre patois que je ne comprenais pas. Leur manière de cultiver la terre était déjà différente.

Dès le début du mois, tout serait découvert. La direction départementale des postes remettrait à la Justice les preuves manifestes de mon forfait : un détournement commis au préjudice de l'Etat. Les mandats-cartes frauduleusement introduits dans les sacs postaux par mon complice, et dont les facteurs m'avaient apporté le montant sans que la moindre contrepartie figurât sur les états des recettes postales, ces mandats, rédigés de mon écriture la plus courante, me dénonceraient sans rémission. N'importe qui pourrait s'acquérir mérite et félicitations en me mettant la main au collet.

Certes, cette victoire de la Justice serait de courte durée. J'avais dans ma poche une fiole de cyanure de potassium étiquetée « alcool de menthe ». Dès que je serais pris, je la boirais d'un trait. J'avais souvent imaginé mon agonie. J'en étais à la fois l'acteur essentiel et l'unique spectateur. Mes premières visions, terrifiantes, perdaient de jour en jour leur caractère atroce. Cette fin considérée comme possible, sa répétition imaginaire l'avait rendue si familière que je l'admettais sans nulle crainte.

La seule chose qui me terrorisait, c'était d'être ramené dans ma petite ville, enchaîné entre deux gendarmes, défilant devant une haie de badauds goguenards. En me suicidant, au contraire, j'étais sûr d'obtenir la pitié que l'on accorde à tous les morts, même aux coupables... Les bonnes femmes diraient : « Dieu soulage... le pauvre quand on l'a pris, il a bu de " l'empoison ". »

J'avais en poche un billet de cent francs et un ticket de chemin de fer pour Saint-Etienne. Avec mon complet des dimanches et de magnifiques chaussures jaunes, je réalisais le rêve de mon adolescence. Tel quel, paré d'un faux col en celluloïd et d'une cravate aux tons violents et multiples, je me trouvais une allure « bourgeoise » des plus convenables, et digne de cette considération qu'on m'avait constamment refusée. On me prendrait assurément pour un fils de bonne maison et, même pendant deux ou trois jours seulement, cela en valait la peine...

A Sadelles, je pris la correspondance pour Saint-Etienne et mon compartiment s'emplit de marchands de bestiaux en longues blouses bleues boutonnées de blanc depuis les pieds jusqu'au menton. Juste avant le départ, un « monsieur » en paletot, moustache frisée et barbe fine, vint occuper en face de moi la dernière place disponible.

Je me risquai :

— Vous allez loin, Monsieur ?

— Je vais à Lyon. Et vous ?

— Oh ! moi, je vais très loin, à Marseille et, si je peux, je m'embarquerai pour Batavia.

— Diable ! Rien que cela ? Vous avez de la famille là-bas ?

— Oh ! non. Mais je veux quitter le pays. Il y a long-temps que j'en ai envie. Je me suis décidé à partir. Et voilà !

Le « monsieur » me regardait avec un sourire amusé.

— Avez-vous seulement un passeport ?

Je renonçai à tenir plus longtemps mon rôle de « fils de famille » et il m'apprit alors qu'il me fallait des pièces d'iden-tité afin d'obtenir un passeport si je voulais partir pour l'étranger... ce que j'ignorais totalement !

Armé de cette incroyable naïveté, comment n'ai-je pas sombré en cours de route ? Je m'en étonnerais encore si je n'étais obligé de constater que, sitôt Ambert quitté et tournée la page noire de mon enfance, j'ai rencontré,

aux instants les plus critiques de ma vie, nombre de
« braves gens » m'ayant permis d'éviter bien des écueils.

Saint-Etienne me parut trop près. Avant peu, les gendarmes seraient à mes trousses... Il fallait fuir, loin, le plus
loin possible, fuir jusqu'au moment inéluctable où il faudrait
porter la fiole à mes lèvres...

Enfin j'atteignis Marseille et après avoir bu un café au
buffet de la gare, je me dirigeai vers le vieux port.

Là, j'avisai un groupe de jeunes désœuvrés qui jouaient
au bouchon. Le plus naturellement, je demandai si l'un
d'entre eux ne pourrait pas, contre paiement, me céder une
pièce d'identité. Ma demande ne sembla étonner personne.

— Je peux te vendre mon livret de travail si ça fait ton
affaire, dit l'un. Combien donnes-tu ?

Et il tira de sa poche un carnet crasseux relié en toile
noire.

— Vingt francs.

— Sans blagues ! Ça vaut cent balles.

En marchandant, je l'obtins pour soixante francs. Je
m'appelais dorénavant Bruno Louis, j'avais dix-neuf ans et
demi et j'étais né à Aubagne, Bouches-du-Rhône. De
Nice où je me rendis ensuite, je m'embarquai pour Bastia.

— Tu viens chercher du travail en Corse ? s'écria le
brave homme qui m'avait offert une chopine. Mais dans le
pays, il y a à peine le quart des habitants qui arrive à
en trouver, mon pauvre ami !

Pour la première fois, j'eus le sentiment précis des lamentables conséquences de ma faute. Quand je repense à mon
séjour en Corse, je dois bien admettre que, sans ma
rencontre avec Maffei, j'étais perdu. Maçon piémontais,
il partait pour la Tunisie où il allait s'embaucher. Son visage
me rappelait celui de l'oncle Charles. Même regard tranquille, même bonhomie. C'est grâce à lui que je réussis,
caché dans sa cabine, à gagner clandestinement la Tunisie.

Quand je montrai à Maffei mon flacon d' « alcool de
menthe » et un autre de réserve, rempli de plaquettes blanches, il me demanda :

— Qu'est-ce que c'est ?

— Du cyanure de potassium que j'ai barboté. Il y en a assez pour faire crever un régiment.

— Fais voir ça un peu ? demanda l'Italien.

Le front ridé, il prit les flacons, les examina longuement, les réunit dans sa main droite puis, d'un geste brusque, son bras se détendit et les flacons tombèrent au loin dans les eaux du port.

— Oh! Maffei, m'écriai-je, désespéré, je te croyais mon ami...

— Et alors ? Tu le crois plus que je suis ton ami, hein, petit con ? Si tu es le quart d'un homme, tu m'entends, et que tu trouves un gars sur ton chemin qui en a marre et qui veut se détruire, tu feras ce que je viens de faire. J'ai encore quéque chose à te dire. T'as pas l'air bien démerdard. Y te faudra des copains. Ça aide à vivre, les copains. Y en a de toutes les sortes, des bons et des mauvais. Les meilleurs de tous, on les trouve au Syndicat. Si t'as trouvé Maffei de ton goût, c'est par là que t'en trouveras des comme lui qui pensent qu'y faut s'entraider.

Sur la route de Bizerte, je fis la connaissance d'un trimardeur, un vieillard à cheveux blancs, qui ramassait des escargots dans l'herbe.

— Si tu la sautes, t'as qu'à faire comme bibi. Grillées sur la braise, c'est fameux, ces bêtes-là !

Il alluma un feu de brindilles et me chargea d'assurer la fourniture du combustible pendant qu'il s'occupait de la cuisson. Peu après, armé d'un bâtonnet pointu, je faisais honneur à ce frugal repas.

Le vieux témoigna d'un certain pessimisme quant à mon avenir. « Avec tes souliers qui se débinent, sans fringues de rechange et les pluies qui vont pas tarder à venir, je te vois mal parti pour faire le trimard, t'as même pas une liquette pour te changer et tu vas pas tarder à attraper des « gaux ». Pour faire la route, y faut c'qu'y faut, tu sais... »

A la chute du jour, nous arrivions à Utique. Là, s'étendait une ferme de plusieurs milliers d'hectares de vignobles. Propriété des Chabannes La Palice. Un nom qui ne m'était pas inconnu, à moi le fort en histoire de France. Je me sentis fier d'être hébergé par le descendant direct d'un héros tué à la bataille de Pavie.

Le cantinier Paonessa nous accueillit ; il plaça devant nous une grosse miche et un grand plat d'olives. A la fin du repas, je l'abordai :

— Je serais content si je pouvais trouver du travail ici, dis-je. Je ne suis pas un roulant.

— Viens me voir demain. Je pourrai toujours t'occuper pour une semaine ou deux.

Les quelques mois qui suivirent furent d'une tranquillité parfaite. Je me voyais installé à Utique jusqu'à la fin de mes jours. Je faisais de petits travaux, servant le maçon, le charpentier ou le jardinier. Ces tâches n'avaient rien de pénible et la nourriture de Paonessa était suffisante à souhait. J'avais la conscience en paix et vivais heureux. Mais, vers la fin d'octobre, ce fut la catastrophe. Un soir, Paonessa me prévint que la saison était terminée ; la propriété ne conservait pour l'hiver que les ouvriers des corps de métier. Aimablement, il me conseilla de me rendre à Bizerte où se construisaient, du côté de la Pêcherie, d'immenses casernes ; les entrepreneurs cherchaient des manœuvres de tous côtés.

Le surlendemain, de très bonne heure, je me présentai sur un chantier avec le Beugnet, compagnon des jours heureux d'Utique. Nous fûmes embauchés sans délai au tarif de trois francs par journée de dix heures de travail. C'était un salaire privilégié car la Résidence accordait aux entreprises une prime de dix sous pour chaque Français embauché. Ainsi, pour un même travail, un Français touchait trois francs, un Italien cinquante sous et un ouvrier indigène vingt.

Travail éreintant. Les ouvriers, répartis par équipes restreintes, étaient sous la surveillance de contremaîtres, les « caporaux », qui ne les perdaient pas un instant de vue, les stimulant constamment pour accélérer une cadence ou interdire un arrêt.

Séparé de Beugnet, j'eus pour tâche de transporter à la brouette, sur une piste de madriers, le béton que me préparaient quatre gâcheurs de haut rendement.

Dès mon arrivée, je dus empoigner les mancherons, rouler

vers la fouille, vider ma charge et revenir à mon point de départ où m'attendait une brouette remplie... Pendant des heures, je continuai ce mouvement de chaîne sans fin.

En dépit des apparences, mon corps incomplètement formé semblait se démanteler de toutes parts. L'épine dorsale rompue et la tête douloureuse, les yeux noyés d'un mélange de sueur, de larmes et de poussière, les articulations corrodées, les paumes garnies d'un rembourrage d'ampoules forcées jusqu'au sang annonçaient l'épuisement.

Debout sur un tertre de gravier, à proximité de la piste, le « caporal » Monti surveillait la besogne. Dès que, à bout de forces, je me risquais à reposer mon véhicule ou tentais en fin de course de « carotter » quelques secondes de répit, un coup de sifflet de Monti me rappelait à l'ordre ; la voix impérieuse clamait :

— Allons ! En avant, la « berrouett ».

Je me raidissais alors comme un cheval sous le fouet. Avec une ardeur factice, je lançais bravement mon véhicule sur l'étroite piste de madriers alignés bout à bout, franchissant les fosses profondes où s'agitaient des travailleurs calottés de rouge. Je m'efforçais de durer, coûte que coûte, jusqu'à l'appel de Monti qui me remettrait une feuille en prononçant avec une sympathie affectée :

— Passez au bureau !

Des journées s'écoulèrent, abrutissantes, d'une longueur démesurée, auxquelles succédaient des nuits douloureuses, coupées de fréquents réveils causés par les courbatures et les maux d'estomac. Le matin, de bonne heure, encore écrasé du poids des fatigues de la veille, je courais au chantier, reprenais ma brouette que les gâcheurs approvisionnaient sans arrêt... A midi, je me précipitais chez le cantinier maltais où, moulu et affamé, j'absorbais coup sur coup deux ou trois portions de ragoût de mouton aux haricots rouges ; le menu ne comportait pas de variante. Brisé, vaincu, j'avais cessé de penser. Je trimais sans arrêt, dans la terreur constante d'un rappel à l'ordre de Monti. Beugnet, non moins fatigué, restait silencieux pendant les repas comme pendant le trajet de la ville au chantier, se contentant de répéter deux fois par jour la même phrase :

— Tu parles d'un bagne ! J'avais 'cor rien vu de pareil !

Un dimanche, après avoir dormi jusqu'à midi, il lança la phrase qui allait décider de mon avenir :

— J'ai jamais vu un chantier à crever les types comme çui-là. J'ai l'habitude pourtant. C'qui m'étonne, c'est que tu tiennes le coup. Faut pas qu'tu soyes feignant, t'sais ? C'est moi qui te le dis... Quand c'est qu'on en aura marre, on ira voir à Ferryville. Ça peut pas être pire. S'y fallait continuer comme ça, vaudrait mieux s'engager à la Légion.

— Qu'est-ce que c'est, la Légion ? demandai-je.

— C'est des régiments où on prend tous ceux qui savent plus où se mettre. Mais faut quand même qu'y soient assez costauds pour tenir le coup et faire cinquante kilomètres avec cinquante livres su'l'paletot, des fois sans croûter et pour gagner un rond par jour. C'est eux qui s'tapent tous les coups durs à Madagascar, au Tonkin, au Maroc. On y fout tous les étrangers qui se sont tirés de leur pays parce qu'ils avaient fait les marioles. Y demandent même pas les papiers ; c'est pour ça qu'y a des Français qui ont la paille au cul qu'aiment mieux aller là qu'en tôle.

Le lendemain, vers 2 heures, un soleil écrasant rendait l'atmosphère suffocante. Sur les eaux du lac, aucune ride, une surface de miroir. L'étoffe brûlante de mon pantalon contre ma peau nue, inondée de sueur, — je n'avais pas de caleçon — ajoutait de cuisantes excoriations à une somme de misères déjà lourde.

J'allais cependant, continuant mon mouvement perpétuel, les yeux brouillés par la transpiration mêlée de poussière qui ruisselait de mon front.

Et ce fut le drame.

Dans ma hâte à me délivrer de ma charge, je vidai le contenu de ma brouette sur la tête et les épaules d'un Marocain qui, à trois mètres en contrebas, avait pour tâche d'en opérer la répartition. Moins d'une minute après, souillé de mortier, l'homme surgit à quelques pas de moi :

— Je te demande pardon, lui dis-je. Je ne l'ai pas fait exprès !

Mais il n'entendait rien. Le visage fermé, il me fixait en avançant. Je reculais. Le Marocain était dans la force de l'âge, plus grand et assurément plus vigoureux que moi. Un rictus, retroussant ses lèvres, découvrait des dents irrégulières aux canines puissantes. Son regard était fixe, ses joues couvertes de cicatrices. Comprenant la vanité de mes offres de paix quand l'homme fut sur le point de m'atteindre, je fis un bond en avant et, d'un violent coup de pied dans le bas-ventre, je stoppai son élan : il s'effondra sur les genoux, se massant à deux mains les parties génitales. Je le regardais, hébété, ne sachant quoi faire. Fuir ou porter secours ?

Mon indécision fut de courte durée. Le Marocain se leva soudain, fouilla sous le sac qui lui servait de chemise et en tira une lame brillante, longue de trente centimètres. Je me vis mort. Tournant les talons d'un bond, je m'enfuis comme si le diable m'emportait, escaladant les tas de sable et les remblais, franchissant des tranchées profondes.

Je galopais dans le chantier, cherchant une issue, mais, pour mon malheur, le mur d'enceinte du casernement avait été construit avant le commencement du gros œuvre et je me trouvais pris comme un rat dans une ratière. Avec une froide détermination, l'homme me suivait à dix pas. Nul, parmi les centaines d'ouvriers du chantier, ne faisait le moindre geste pour me venir en aide ; pas même Beugnet remonté de sa fouille pour jouir du spectacle. Ecœuré par cette lâcheté collective et affolé à l'idée de la lame qui allait s'enfoncer dans ma gorge, je cherchai un outil propre à porter le coup d'arrêt. Une pelle était plantée dans un tas de mortier, à vingt mètres devant moi. Je ralentis et, brandissant l'outil comme une lance, je fis brusquement demi-tour et chargeai. Projeté avec une violence rageuse, le fer de la pelle trancha le visage basané à hauteur des pommettes, pénétrant chairs et cartilages, broyant les os avec un bruit tellement sinistre que ma terreur en fut portée à son comble.

Instantanément, la main du Marocain laissa tomber le

couteau tandis que son visage se balafrait d'une marque sanglante. Avant même qu'il se fût écroulé, le sang l'inondait jusqu'au menton. Il s'abattit sur le côté, l'outil fiché en plein visage, à la manière d'une trompe. L'homme ne bougeait plus. Jamais je n'aurais eu le courage d'aller vérifier s'il était mort ou vivant. Il fallait fuir et vite !

Non loin de là, une baraque s'adossait au mur d'enceinte. J'y courus, gagnai la toiture et, après un prompt rétablissement, me trouvai à cheval sur l'arête du mur. Cinq mètres plus bas, un terrain vague parsemé de figuiers de Barbarie me recueillit.

Arrivé en ville, je considérai la situation. De voleur, j'étais presqu'à coup sûr devenu meurtrier. Atterré par cette soudaine promotion, je me sentis emporté par un courant aboutissant à des abîmes où j'allais me perdre sans retour. Une enquête allait avoir lieu. On me retrouverait sûrement et tout se saurait.

Soudain, je pensai à ma dernière chance, la Légion.

EXTRAITS DU JOURNAL DU LÉGIONNAIRE
FLUTSCH

15 novembre 1905.

Au bureau de recrutement de la Légion, le capitaine me regarde d'un air goguenard.

— Qu'est-ce qu'il y a ?

— Je voudrais m'engager.

— Ah ! fit l'officier, c'est pour ça que tu as couru si vite, tu avais peur qu'il n'y ait plus de place ?

Quand j'eus raconté toute mon aventure, il me dit tout net :

— Bon, maintenant, écoute-moi bien. A la Légion, on n'engage que les Français qui ont accompli leur temps légal de service. Les étrangers sont engagés sans conditions et sans qu'on exige d'eux des pièces d'identité. Si tu me disais que tu es Chinois, malgré la couleur de ta peau, je serais obligé de te croire. Si donc tu es français, je ne peux pas t'engager et tu n'as qu'à aller voir le commissaire de police pour lui éviter la peine de te faire rechercher. Si tu es étranger, je te crois. Tu me donnes ton âge et ton nom : le tien ou celui que tu auras choisi. As-tu compris ou faut-il que je répète ?

J'avais parfaitement compris.

— Mon père était luxembourgeois, mais nous sommes venus en France quand j'étais petit.

— Ça va, ne perdons pas de temps. Ton nom ?

— Flutsch... Gabriel Flutsch.

— Tu n'aurais pas pu trouver quelque chose de plus facile à prononcer ? me demanda seulement l'officier.

— Puisque c'est mon nom.

— Soit ! Le planton va te conduire au quartier des zouaves où tu toucheras ta gamelle. On te donnera un lit. Tu te présenteras demain à la visite ; si tu es « bon », comme c'est probable, le caporal de semaine te ramènera ici pour te faire signer l'engagement. N'oublie pas que tu t'engages pour cinq ans. On ne fait pas le détail à la Légion. Pas de haute paye avant cinq ans. Jusque-là, un sou par jour. Si, par hasard, d'ici demain, tu te souvenais que tu es français et que tu préfèrers la coloniale, tu toucherais une prime. Tu pourrais aussi n'en prendre que pour quatre ans. Il te suffirait d'amener ton extrait de naissance et une autorisation de tes parents.

— C'est dommage, mais... je suis luxembourgeois.

— A ton aise ! A demain, après la visite.

La visite passée avec succès, le capitaine me fait signer la feuille de recrutement : mon engagement pour cinq ans, puis, après avoir placé la feuille sous un galet de silex, il me fixe droit dans les yeux et prononce, avec gravité, ces quelques mots :

— Maintenant, vous êtes le légionnaire Flutsch. Vous appartenez à la Légion qui peut disposer de vous corps et âme. Vous ferez tout ce qui vous sera commandé, même si c'est impossible. Vous supporterez d'avoir froid, d'avoir faim, d'avancer à votre place dans le rang avec les pieds en sang. Vous marcherez droit vers l'ennemi qui vous tire dessus, même si vous faites dans votre pantalon. Peur ou pas peur, il faudra obéir, à la parole, au coup de sifflet.

« Vous aurez des camarades de toutes sortes : des illettrés et d'autres très instruits, des repris de justice et des hommes qui portent un grand nom. Vous y verrez aussi des mabouls, des excités, et surtout des saoulards : catégorie qui, à elle seule, représente à peu près tout l'effectif.

« On vous remettra un livret militaire sur lequel vous pourrez lire quelles peines vous risquez : la mort pour avoir blessé un gradé, la mort pour avoir quitté son poste de combat, la mort pour s'être endormi, étant sentinelle, devant l'ennemi... Sachez-le : il n'y a pas actuellement de troupe capable de se mesurer à nombre égal avec la Légion. Il n'y a pas d'officier qui, la connaissant, n'ait été pris du désir d'y obtenir un commandement. Partout où il faut combattre, on trouve la Légion.

« Demain soir, on vous conduira au bateau « Le Medjerdah » avec votre feuille de route. Vous débarquerez à Alger et vous vous rendrez au Dépôt des isolés. Là, on vous dirigera sur la Légion.

« Mais dès maintenant, achève le capitaine en se levant, vous êtes le légionnaire Flutsch, justiciable du conseil de guerre. Adieu et soyez bon soldat. »

Sur le pont du « Medjerdah », direction Alger.

Le commissaire de bord examine ma feuille de route et m'envoie à l'avant du bateau rejoindre une paire d'autres guenilleux qui bavardent en italien, assis sur un panneau d'écoutille.

La sirène lance son appel, on entend le battement des machines : il faut gagner la cale.

Elle est déjà fort encombrée. Sur le plancher, des familles juives en un bloc compact cerclé de caisses et de valises. Entassées sur des empilages de matelas et de coussins, d'édredons et de couvertures, elles entourent avec les marques du plus grand respect un vieillard vénérable à longs cheveux dont la barbe tombe jusqu'à la ceinture.

Sur la surface restante, une foule d'indigènes, accroupis sur leurs talons. Le long des marches de l'escalier, pressés les uns contre les autres, une quinzaine de gaillards coiffés de fez crasseux enfoncés jusqu'aux sourcils.

Résignés à subir quelques dommages corporels, nous parvenons à atteindre, non sans peine, une paroi et à nous installer près d'un hublot, pour nous asseoir à mi-hauteur sur une membrure longitudinale du navire.

Après avoir franchi le goulet, le « Medjerdah » gagne la mer. Les effets combinés du tangage et du roulis ne tardent pas à se manifester dans la cale. Les visages basanés changent de couleur et les épanchements inévitables commencent sur les marches de l'escalier, dégoulinant de dos en dos en cascades nauséabondes.

Deux heures plus tard, une atmosphère d'une aigre puanteur, bientôt suffocante, emplit la cale devenue sentine. Au centre du groupe juif, le patriarche perd connaissance :

— Vite ! Vite !... Ouvrez ! Mais ouvrez donc, me crie-t-on.

Etant moi-même très diminué, je dois faire appel à toute ma volonté pour déverrouiller le hublot contre lequel je suis adossé.

Un flot cylindrique d'eau noire me frappe de plein fouet et me précipite par-dessus le mur des valises, juste au milieu des juifs. Je me retrouve à plat ventre sur les seins plantureux d'une matrone qui m'injurie dans une langue inconnue.

— Fermez !... Fermez vite ! hurlent des voix.

Des mains habiles finissent, non sans mal, par exécuter l'ordre et moi par me rétablir sur mon perchoir auprès de mes camarades.

Au point du jour, on entend le grondement de la chaîne d'ancre annonçant le mouillage. Sur le pont, l'air est frais. Le village de Tabarka apparaît à un kilomètre à peine, avec ses maisons cubiques, sa petite caserne d'où partent les sons d'un clairon sonnant le réveil. Des sommets coniques, d'un vert intense, surgissent au fond du paysage... Un paysage d'une incomparable beauté.

Des embarcations s'approchent alors et cernent le bateau; des fardeaux d'écorce de liège, enlevés par les mâts de charge, vont s'enfouir dans la cale par l'ouverture carrée de l'écoutille.

Le chargement terminé, le navire poursuit sa route vers Alger en longeant, à bonne distance, la côte de Kroumirie.

Alger. Le Dépôt des isolés.

Aménagé sous les arcades bordant le quai, le Dépôt est partagé en compartiments. Certains s'ouvrent librement sur un vestibule, prenant jour par des ouvertures semi-circu-

laires fermées de barreaux de fer. Simples chambrées pourvues de lits militaires avec couvertures et paillasses. Dans
la partie la plus proche du corps de garde, ces compartiments se transforment en cages. Derrière leurs barreaux, des
captifs aux yeux caves vont et viennent avec des allures de
fauves attendant leur pitance.

La garde est assurée par des zouaves méprisants lorsqu'ils
ne sont pas franchement insultants. A part nous trois, les
engagés, qui pouvons circuler librement dans les chambrées
et dans le vestibule, le Dépôt n'a pour pensionnaires que
ces hommes à tête de bagnard, contenus derrière leurs grilles
dont une sentinelle hargneuse interdit l'approche.

Un peu avant cinq heures, un soldat fait son entrée dans
le local.

Il porte la capote bleue de l'infanterie de ligne, le pantalon de treillis et un képi manchonné de blanc. Il est grand
et sa taille est amincie par une large ceinture de laine bleue,
de la couleur de ses yeux. Il inspire confiance. Son air fier
et décidé annonce un homme habitué à se faire respecter.
Avec ses longues moustaches blondes, il semble avoir une
trentaine d'années.

Il se présente :

— Légionnaire Flory. Salut, les gars de la Légion !

Et il ajoute aussitôt :

— Vous êtes drôlement fringués. Il est temps que vous
arriviez. Vous en faites pas. Ceux qui viennent du fort
Saint-Jean sont pas mieux ficelés. Vous verrez ça au fort
Sainte-Thérèse. Eh ben quoi ? Présentez-vous !

Mes voisins s'obstinant à garder le silence, je m'exécute :

— Ces deux-là sont italiens. Lui, c'est Baousso. Le
petit, c'est Arfino. Moi, je suis luxembourgeois et je
m'appelle Flutsch.

— Et ta sœur ? De quel pays qu'elle est ?

Sa voix est gouailleuse... Mais il ajoute aussitôt :

— Enfin, t'as raison, ça ne me regarde pas. A la Légion,
ceux que ça démange de s'expliquer le font. Ceux qui
préfèrent la fermer, personne ne se mêle de la leur faire
ouvrir. C'est tout ce qu'il y a de mal vu. Seulement entre
nous, moi, je peux te l'dire : t'es à peu près luxembourgeois

299

comme t'as une veste neuve et t'es un Gaulois parce que ça se voit, mon fils, c'est moi qui te le dis !

Après la soupe, je sollicite de mon ancien quelques renseignements sur mon destin futur. Flory m'informe de bonne grâce :

— A la Légion, affirme-t-il, on est peinard. Si tu n'emmerdes pas les autres, on te foutra la paix. Y a pas des corvées rien que pour les bleus comme dans les autres régiments ! Elles sont commandées au rapport et ceux qui ont vingt ans de service n'y coupent pas plus que les autres. Tout le monde y passe, même les « première classe ». Y a que les médaillés militaires qui n'y ont pas droit mais y sont pas des chiées. Les gradés sont secs mais pas emmerdants. Ici, y faut te rappeler toujours que t'en as une paire — pour ce qui est de t'en servir, à la Légion tu te l'accrocheras dans les grands prix, c'est pas avec ton sou par jour qu'y te faut rien que pour acheter ton savon qu'tu pourras te payer des « odalixes ». On peut pas sentir les caïds à la Légion. Mais si on te parle pas comme on doit parler à un homme, y faut « sortir », même si le mec est quat'fois pus fort que toi et aller se fout' sur la gueule. Ça, c'est la première chose. Si tu prends la pâtée, tu la prends comme un homme, sans capituler, t'entends. Faut te défendre tant que tu peux et pense que t'aimerais mieux crever que de dire que t'en as marre. Sans ça tu seras pris en grippe par les gradés, par tout le monde. Tu seras pas « Légionnaire ». Et puis, faut jamais rester à la traîne, en marche. On n'aime pas les « jambes de laine ». Faut pas se laisser aller, jamais. Le type qui se plaint, on le plaint pas... Tu marches avec tes grolles pleines de sang et quand t'es arrivé, tu fais les corvées comme tout le monde et tu te couches en même temps que les autres. On te fera pas des compliments pour ça. Moi, j'ai fait l'étape Méchéria-Ain Ben Kélil — cinquant'quat'kilomètres — avec une chiasse à tout casser. J'avais pas de fièvre mais un besoin de débourrer toutes les trois minutes et y m'aurait fallu un quart d'heure chaque fois. Eh bien, mon fils, j'ai fait mon compte et j'dis : « Je reste dans le rang et ça tombera où ça voudra ! Ben, j'y ai gagné, tu le croirais pas ? Au lieu de m'esquinter la rondelle à me forcer, j'ai laissé le robinet ouvert, ça me tombait tranquillement su'l' talon sans que j'y fasse attention. En vrai Gaulois, j'ai fait toute l'étape et les corvées quand on est arrivé. Eh bien, j'avais le trou du cul qui me faisait plus mal du tout !

Oran.

Je suis bientôt envoyé à Oran et de là, on décide de nous expédier à Saïda. Nous sommes environ une centaine venus de tous les coins de l'Europe, sauf d'Angleterre. En majorité des Français mais beaucoup d'Alsaciens, d'Allemands et d'Italiens. Il y a aussi un contingent de colosses de près de deux mètres que leurs vastes poitrines font paraître trapus : des déserteurs russes de l'escadre Bodjesvensky.

Disposé en colonnes par quatre, le groupe, avec sa surcharge de vermine, se met en route pour la gare. En tête, les godillots de la coloniale marquent la cadence que ne pourraient soutenir seules les savates et les espadrilles du reste de la troupe, ordonnée selon les affinités de chacun.

Tous les Français ont déjà au moins trois ans de service dans un régiment de la métropole ou d'Algérie. Les quelques Belges, Suisses ou Italiens aussi. En fait, je dois être l'unique imposteur.

Je me trouve à la droite d'une colonne. A ma gauche, Baousso et Lécrivain, grand Bourguignon à large ceinture rouge dont les hardes sont encore torchées de ciment, enfin un Corse bavard complète notre rang de quatre.

Saïda.

A la gare de Saïda, on tombe sur un piquet de légionnaires, l'arme au pied, baïonnette au canon, cuirs bien astiqués, pantalons garance, épaulettes vertes et capotes ceinturées de bleu, comme celle de Flory.

Sur le côté, un groupe considérable de musiciens, de tambours et de clairons semble attendre les ordres d'un géant couvert de dorures qui dépasse les plus grands d'une bonne tête ; il tient devant lui une haute canne enrubannée à pommeau doré sur laquelle il prend appui. Un lieutenant barbu commande le piquet. Des sous-officiers au visage sévère vérifient les colonnes par quatre et se placent sur le côté en serre-files.

Au commandement du lieutenant, les baïonnettes se dressent, verticales, rigoureusement parallèles, puis, sur un second ordre, s'élèvent en trois temps. Le tambour-major brandit sa canne. La clique et la musique se mettent en marche ; les tambours battent. Sur un coup de sifflet long, suivi d'un coup bref, le piquet se met en mouvement ; la ligne se rompt, s'articule par paquets de huit en deux rangs de quatre et emboîte le pas derrière la musique.

Le groupe des recrues suit, observant la cadence rythmée par la clique, et après trois coups de mailloche sur la grosse caisse, la musique donne. Pour la première fois, je vibre aux accents de la marche fameuse que je n'entendrai jamais plus sans émotion !

Tiens, voilà du boudin, voilà du boudin, voilà du boudin !

Après avoir reçu équipement et armes, l'instruction commence mais elle ne doit pas durer longtemps. Flory m'annonce qu'à la fin de la semaine, on partira en renfort pour Géryville : 200 bornes. D'après lui, la vraie formation va commencer.

En attendant, j'ai déjà un aperçu de ce qu'on appelle le jour du prêt. A Saïda, le vin à emporter, noir, épais, titrant 12°, se vend trois sous le bidon de deux litres et quart. Tout légionnaire arrive, contre cinq sous, à se payer en alcool la valeur d'une forte bouteille d'eau-de-vie ; c'est suffisant pour assurer au buveur le plus entraîné une cuite garantie.

L'entrée du vin à la caserne est interdite et régulièrement punie de quinze jours de prison dont huit de cellule ; mais, si les punitions sont rares, les entrées se chiffrent par mètres cubes.

Sauf le chef de chambrée, Fabry, dont les libations modérées ne se manifestent que par une rougeur de teint anormale et qui ne perd rien de sa dignité, sauf moi qui suis incapable de supporter plus d'un verre de vin, l'ivresse est générale. Au moment de l'appel, si le sergent avait eu le malheur d'adresser la parole à l'un des gaillards au garde-à-vous, les yeux fixes, ou d'imposer un déplacement quelconque, il aurait sans nul doute provoqué une catastrophe en détruisant un équilibre précaire obtenu au prix d'efforts héroïques. Mais le sergent est un homme averti qui connaît son métier...

Et heureusement, car il lui arrive d'être obligé d'intervenir. Ainsi, le soir où la tension entre Baousso et Legrand s'aggrave dangereusement.

— J'en ai marre, t'entends, hurle Legrand à Baousso, j'vas t'fout sur la gueule : allez, viens dehors, on sera mieux.

Baousso ne daigne pas répondre. Tranquillement, il défait son lit, étale le drap, puis le borde soigneusement.

— Tu sors, oui ou merde ? ou si j'te la fous dans la cagna la pâtée. P'tèt que t'aime mieux qu'je te la fout'su ton lit ?

— Si té m'emmerde, répond froidement Baousso en dégaînant, jé vé té fout' un coup dé mon baïonnett'.

Et il fait face, résolument, les yeux brillants.

— Si c'est avec ça qu'tu crois me faire peur, peau de saucisse, tu vas voir ! Quand on me sort une lame, moi je tue ! Et il dégaine à son tour.

Fabry bondit :

— Bas les armes ! hurle-t-il. Je ne répète pas.

Baousso, obéissant, jette aussitôt son arme sur le lit ; le chef de chambrée s'en empare en la saisissant à mi-lame.

On ne sait ce que veut faire Legrand et s'il a l'intention de se soumettre... Il a, en tout cas, un instant d'indécision regrettable. Fabry lui assène sur le sommet du crâne un coup de pommeau et il s'affaisse entre les lits.

— J'ai averti que je ne répéterais pas, déclare Fabry pour toute excuse. Flutsch, prenez la cruche et lavez-le un peu avec sa serviette. Déshabillez-le et couchez-le. Collez-lui ses treillis sous la tête pour qu'il ne tache pas sa literie. C'est pas grave, achève-t-il, sans même regarder sa victime.

Aïn el Hadjar. 1ʳᵉ étape.

Je fais partie du détachement de cent soixante hommes qui part cet après-midi pour Géryville. Je suis porté dans la 7ᵉ escouade commandée par un seul officier, vieux légionnaire de 1ʳᵉ classe, à barbe grise et médaille militaire, nommé Kramer, qui parle avec un accent alsacien très prononcé.

Musique en tête, aux accents de la marche de la Légion, le détachement prend la route du Sud. Au pas cadencé, l'arme sur l'épaule, il s'engage dans la montée du Crèvecœur. Après un kilomètre de conduite, les musiciens regagnent le casernement et la colonne se met au pas de route.

Je ne tarde pas à sentir le poids de ma misère. En moins d'un quart d'heure, je suis à bout. Les courroies du sac me scient l'épaule, m'étouffent. Le fusil rend la charge asymétrique et, tous les cinquante pas, je le change de côté.

— Alors, me demande Peysson, t'es pas encore arrivé à trouver quelle épaule qu'est la meilleure ? Tu penses que ça te repose de faire du maniement d'arme comme ça sans arrêt ?

Je bredouille :

— Je crois que je n'arriverai jamais à suivre...

— On dit ça ! Si tu t'écoutais pas tant, tu laisserais ton fusil tranquille d'abord. Ça te fait mal ? Et après ? Tu t'habitueras. T'es taillé pour ça. Ça fait mal à tout le monde quand on commence.

Au prix d'un effort qui me semble surhumain, j'arrive à tenir jusqu'à la première pause. Là, épuisé, je laisse tomber mon sac à terre et m'allonge contre le talus. Dix minutes plus tard, je reprends la route d'un pas mécanique entre Peysson et Chave, rompu comme auparavant mais pas davantage. De toute façon, il n'y a pas de remède. Il faut marcher, marcher jusqu'à ce qu'on tombe, comme l'a dit Flory.

— Alors, ça va mieux ? me demande Peysson.

— Je suis tout engourdi mais je marcherai jusqu'à ce que je tombe dans les pommes.

— T'y tomberas pas, j'te le dis. C'est pas une chose qu'on fait quand on veut, c't'affaire-là. Si on pouvait à volonté, c'est souvent qu'on le ferait. Mais un conseil : faut pas te coucher à chaque pause. Ça vaut rien et ça engourdit, y faut rester debout, pour faire circuler le sang.

Enfin, vers le douzième kilomètre, la colonne arrive à Aïn el Hadjar. Installées sur un terrain vague à quelque distance du bourg, les autres sections se disposent en carré. Sac à terre derrière les faisceaux, nous montons les tentes.

Au départ, on reçoit un repas froid et trois jours de prêt. Nous n'avons donc ni à faire la soupe ni à l'attendre. Et les copains peuvent s'offrir une confortable saoulographie. Ici, le vin se vend encore trois sous le bidon, mais ça ne va pas durer. C'est le dernier bourg qui touche à la zone des vignobles. A partir de là commencent les hauts plateaux et plus on va s'éloigner, plus le vin va renchérir. Au prochain prêt, il coûtera six sous le litre, c'est-à-dire quatre fois plus cher.

Les six hommes de ma tente décident de faire des adieux solennels au pays du vin. Mais moi qui, comme d'habitude, après la moitié d'un quart, ai déjà la nausée, je m'en vais faire un tour dans le camp. Quand je rentre, les autres ronflent où ils sont tombés, les corps occupant des positions divergentes. Je ne peux me placer qu'en posant ma tête sur le bras étendu de Peysson et mes jambes sur le ventre de Le Meutec dont les membres inférieurs, passant sous la toile de tente, disparaissent au-dehors. Sa face très pâle et sa position le font ressembler à un mort après une terrible mutilation.

J'éteins les restes de bougie.

Au bout de quelques instants, je me sens frissonner et peu après, je grelotte. Mon dos se frigorifie au contact du sol gelé, dur comme pierre.

Vingt fois je dois sortir pour battre la semelle et rétablir ma circulation figée.

Je meurs de sommeil, mais si je réussis parfois à m'endormir, c'est pour me réveiller, transi, avec le sentiment que des heures se sont écoulées. Pourtant, c'est toujours le même noir brumeux qui enveloppe le plateau. Rien n'indique l'approche du jour.

Enfin, j'aperçois un feu s'allumer et je me précipite. C'est l'ordonnance du lieutenant qui prépare le café. Cette nuit interminable s'achève enfin.

Tafaraoua. 2ᵉ étape.

Sur le coup de sifflet du lieutenant, les tentes s'abattent, s'enroulent autour des couvre-pieds, se montent sur les sacs, encadrent les ballots. J'en suis encore à la recherche de mon équipement introuvable dans l'obscurité lorsqu'un nouveau coup de sifflet donne le signal du rassemblement. La colonne de compagnie se forme ; les sections s'alignent sur deux rangs.

Affolé, j'enfourne dans ma musette les souliers de repos ; je passe le manche de ma hachette dans le ceinturon et serre en tas sur le sac les deux rouleaux de vêtements, pêle-mêle avec les supports brisés et la corde à tirage. Dès que j'ai le sac au dos, nouvelles difficultés. Fiévreusement, je fourre dans la poche de ma capote les trois piquets de tente et, sous mon bras gauche, la gamelle surmontée du moulin à café. Toile et couvre-pieds jetés sur mon épaule se déroulent alors, m'enveloppant comme un burnous. A grand-peine, j'engage la bretelle de mon fusil derrière le rouleau de la patte d'épaule tout en courant vers ma place dans les rangs de la 2ᵉ section... Pourtant je ne suis pas le dernier. Le lieutenant harcèle deux ou trois malheureux dans mon genre qui ressemblent plus à des sidis allant présenter leur stock aux terrasses des cafés qu'à des soldats en tenue de campagne. Mais personne ne se fout de nous ; les anciens, qui se rappellent sans doute les levées de camp de leur jeunesse, ont l'air de n'avoir rien vu.

Aujourd'hui, étape de vingt kilomètres. Très vite je me sens épuisé ; c'est comme si j'étouffais, la douleur de la veille me reprend aux épaules, lancinante. J'ai la conviction qu'elle ne pourra cesser mais que peut-être l'habitude finira par la rendre supportable et que je vivrai avec, comme les vieux avec leurs rhumatismes...

306

C'est alors que Peysson me vient en aide.

— Vise comment qu'on marche à la Légion. Toi, tu sautes et c'est tes épaules qui prennent.

J'observe la marche de Vanaverbecke qui me précède. Il avance d'un pas glissant, à longues enjambées, le sac maintenu à hauteur constante.

— On n'est pas aux chasseurs ici, p'tit gars. Tu te crèves à te tenir comme une demoiselle. Profite que t'as de grandes quilles pour faire des pas plus longs. Quand y te faudra faire quarante kilomètres en plein soleil, tu vas te limer la peau dans tous les sens !

La colonne serpente sur une piste entre des monticules, tantôt rocheux, rougeâtres et dénudés, tantôt recouverts de touffes d'alfa. Derrière la quatrième section, un *araba* à deux roues, traîné par un mulet, porte les vivres, les bagages du lieutenant et les cartouches. La Légion se déplace à peu de frais.

Modzbak. 3ᵉ étape.

J'ai passé une si bonne nuit à Tafaraoua que j'avale mes trente kilomètres sans piper. C'est autre chose que le camp rudimentaire de Aïn el Hadjar. D'abord, les cuisiniers d'escouade allument les feux et nous préparent une bonne popote. Ensuite, armés de pelles-bêches, de pioches, de hachettes, nous coupons des touffes d'alfa, rapportées par grosses brassées dans nos couvre-pieds, étalées sous les tentes en épaisses litières. Enfin, j'apprends que la capote doit être retirée et superposée au couvre-pieds pour en doubler l'efficacité, que les pantalons de drap doivent, avec la veste boutonnée par-dessus, envelopper les extrémités inférieures. Dans la tente hermétiquement close, je me repose au chaud, comme dans un lit.

Le Kreider. 4 étape.

Ereinté. Toute la journée le long de cette foutue ligne de chemin de fer sur un plateau parsemé de touffes d'alfa.

Aucun jalon pour marquer la progression. Au loin, de hautes falaises surplombent une étendue miroitante comme une mer. Un peu à gauche, une tour ronde, le poste optique du Kreider, à quarante kilomètres.

Pendant des heures et des heures, je me traîne, les yeux fixés sur cette tour qui marque à peu près l'étape et qui semble toujours aussi lointaine. La température s'élève avec le soleil. Ampoules aux talons, sous la semelle, entre les orteils. Peau déchirée entre les cuisses. Le simple frottement du bidon est corrosif. Après chaque pause, je sautille comme si je marchais sur une plaque de fer surchauffée.

Mais tout compte fait, je tiens le coup et je n'en suis pas peu fier. Je crois bien que je n'avais jamais rien ressenti de pareil. Cette nouvelle vie me plaît.

Alfaville. 5e étape.

La plus longue étape, m'avaient dit les anciens. Quarante-quatre kilomètres. Jusqu'à ce jour, je n'avais pu me faire une idée exacte de la capacité de l'homme à supporter la douleur et pourtant j'ai souffert dans mon enfance et j'ai vu souffrir. Du monde d'où je viens s'élevait une plainte continue, chacun semblant trouver une consolation à exprimer sa peine.

Ici, c'est autre chose ; la douleur est comme assimilée, incorporée. A ma droite le vieux Chave, Peysson, van Lancker avancent la tête haute, le visage impassible, les yeux fixés droit devant eux. Ils vont, à l'évidence, vers un lieu qu'ils n'atteindront jamais. Ils marchent, ils marchent... comme à l'intérieur d'eux-mêmes, avec l'énergie implacable du désespoir. Partis bien avant le jour, nous traversons une étendue vaseuse, givrée de plaques salines craquant sous la semelle. A l'horizon court comme une grande prairie verdoyante, mais à mesure qu'on avance, on découvre une terre craquelée et stérile parsemée à intervalles réguliers de touffes d'alfa : maigres faisceaux vert pâle enfouis dans un fouillis d'herbes desséchées.

Vers le soir, nous abordons une zone montagneuse et nous cheminons à flanc de coteau avant de nous engager dans un défilé. Non loin de la route, on dépasse le camp des Joyeux, formé d'une quinzaine de tentes coniques installées sur la pente. A cinquante mètres environ de la face sud, on distingue, alignés, des abris formés d'un seul carré de toile de tente et qui ont à peu près la dimension d'un cercueil. Près d'eux, une sentinelle, baïonnette au canon, fait les cent pas.

— Qu'est-ce que c'est ? dis-je.

— C'est les « tombeaux », m'explique Peysson. En campagne, les punis sont placés hors du camp et font « tente » isolément avec leur toile. Avec le soleil qu'on a eu aujourd'hui, tu parles s'y z'ont sué les gars qui sont là-dessous et, cette nuit, y vont salement geler. Y faudra qu'y se rappellent qu'y z'ont eu trop chaud pendant le jour. Y grelotteront moins !

Le soir tombe quand nous franchissons un col qui fait face à une large plaine d'alfa et de thym.

Halte à deux cents mètres d'une construction carrée, sorte de forteresse percée d'étroites meurtrières, ouverte sur le bled par une porte unique. Sur le mur blanchi à la chaux, de grandes capitales bleues : « ALFAVILLE. » Drôle de ville en vérité qui se réduit à un carré de vingt pas de côté et à une fontaine débitant, dans un trou caillouteux, un mince filet de la grosseur d'une paille.

Assis sur mon sac, je contemple le paysage qui est d'une douceur reposante. Contre le ciel d'un bleu assombri par le crépuscule, se détachent des sommets vert sombre aux formes très pures formant un demi-cercle d'est en ouest.

La plaine d'alfa se développe vers le sud, jusqu'aux montagnes de Géryville. Un silence recueilli règne alentour. La fraternité qui me lie à mes rudes compagnons m'emplit d'une sensation nouvelle. Comme un élève vis-à-vis de maîtres exigeants mais bénéfiques, j'éprouve pour eux une très vive reconnaissance ; sans nul doute, de profonds changements sont en train de s'opérer en moi.

Kef el Ahmar. 6ᵉ étape.

Campons tout près du bordj de Kef el Ahmar. Il ressemble

309

à celui d'Alfaville. Sans les inscriptions sur les murs, on croirait que c'est le même. Mais ce qui va me le rendre personnellement incomparable, je crois bien que je ne l'oublierai pas.

Il n'y a pas de fontaine ; le ravitaillement en eau se fait au puits, dans la cour. C'est en allant à la corvée d'eau que j'aperçois Marie, la fille du tenancier. Elle peut avoir quinze ou seize ans. Elle est blonde et, comme les Algériennes, précocement formée. Je ne sais quel effet elle produit sur mes camarades qui, fermés comme des tombeaux, ne laissent rien paraître de ce qu'ils ressentent. Personne dans le camp ne prononce son nom, ni ne tente de l'approcher. Pas d'alibis pour aller à la corvée de l'eau autrement qu'à son tour. Mais moi, d'emblée, je choisis Marie.

Zonireg. 7e étape.

C'était trop beau. J'avais presque fini par m'habituer à marcher sous le soleil. Depuis ce matin, la marche sous une pluie battante me procure des souffrances jusqu'alors inconnues. Le gravier remplit mes chaussures ; chaque fois qu'elles rencontrent une flaque d'eau, ce sont de lancinantes douleurs : piqûres qui mordent la chair sur les chevilles et entre les orteils, incrustations dans la plante des pieds sensibilisée à l'extrême à la suite d'ampoules incomplètement guéries.

Durant les pauses, le détachement se disperse, chacun partant à la recherche d'un trou contenant de l'eau suffisamment décantée pour laver ses chaussures et se débarrasser des granules aiguës. Travail assez vain : de nouvelles immersions ne tardent pas à se produire avant la fin du premier kilomètre. Les capotes imbibées, chargées de plusieurs litres d'eau, ajoutent une charge considérable au fardeau habituel. Pourtant, la colonne avance à son allure normale, les pauses se succèdent avec une régularité chronométrique. A côté de moi, le vieux Chave garde le visage impassible, le cou tendu, la tête haute comme pour défier un invisible ennemi.

310

Géryville.

Arrivés hier, mais ce n'est qu'un lieu de transit. Demain, le détachement divisé en deux va relayer les équipes de terrassement sur le plateau. Là-haut, la piste s'élargit indéfiniment. Les lourdes voitures des rouliers espagnols tirées par six à huit mulets y creusent des ornières profondes et rectilignes. Par temps de pluie, on s'y enlise jusqu'à mi-cuisse. Quand le double sillon en est à ce point, les usagers ouvrent à côté un nouveau passage et ainsi de suite.

Je suis content de faire partie du groupe qui travaillera au « Kilomètre 64 », à soixante kilomètres d'ici. Je repasserai par Kef el Ahmar et j'aurai une chance de revoir Marie.

Camp 64.

Nous sommes logés sous des « marabouts », tentes coniques contenant dix paillasses en éventail autour d'un mât central aménagé en râtelier d'armes circulaire. L'effectif se répartit en douze tentes. La tente n° 13 tient lieu de prison, local indispensable à tout stationnement de troupes d'Afrique. En fait, paraît-il, les punis de prison ne viennent jamais l'occuper et restent avec leurs camarades sous leurs tentes respectives. La tente-prison est exclusivement réservée aux hommes en prévention du conseil de guerre.

Répartis en chantiers à notre convenance ; chacun prend l'outil qu'il veut : pelle, pioche, massette ou brouette. Depuis Bizerte, j'exècre la brouette. J'ai pris une pioche.

La durée du travail est de huit heures, mais le repos n'est pas marchandé. De dix minutes en dix minutes, en quelques coups de pioche, je fais ébouler la valeur d'une brouettée que mon coéquipier reprend sans hâte à la pelle pour la jeter sur l'accotement. Quand je repense au bagne de Bizerte !

Notre mission apparente est de transformer en route carrossable cette piste divagante. Probable que nous ne réussirons guère mieux que les détachements précédents.

Non loin, Flory s'est institué chef d'une équipe de six casseurs qui semblent s'être donné pour tâche de produire le moins possible. Confortablement assis sur leurs capotes, ils chantent des chœurs, maniant en mesure leurs massettes en frappant sur un bloc de tuf que chacun garde sur ses genoux en prenant bien soin de ne pas le casser. Selon le choix du morceau, la cadence est plus ou moins vive, mais que ce soit « la Marche des Zouaves » ou « les Montagnards », le rendement ne s'en trouve pas affecté.

Je pense à la discipline de la Légion. Sans doute est-elle sévère mais les règlements militaires y subissent des violations qui seraient inadmissibles partout ailleurs. La Légion est un fait collectif et seuls sont redoutables les jugements de la communauté. Ce milieu est en tout cas, pour moi, le premier qui m'ait reconnu un droit à la dignité humaine.

15 décembre 1905.

Depuis une semaine, des chutes de neige alternent avec de fortes gelées. Un tapis blanc de trente centimètres, régulièrement bosselé par des touffes d'alfa, recouvre le plateau. Les traces de gibier sont apparentes et des chasses à courre... aux lièvres se sont organisées. Hier, le lieutenant Leclerc a tué un chacal. Avant de consommer ce gibier dont la chair est plus coriace que celle d'un chien domestique, il a décidé de l'exposer pendant une huitaine de jours à la gelée, suspendu à une potence devant sa tente.

Il n'aura pas à apprécier la saveur de cette viande. Ce matin, le chacal a disparu. A l'appel, il manque aussi six hommes de la 4e tente.

20 décembre 1905.

Retour des six hommes. Trouvant monotone le séjour au camp 64, ils avaient décidé de faire un tour à Géryville et d'emporter le chacal comme réserve de vivres. Ils sont punis de trente jours de prison dont huit de cellule, punition purement platonique d'ailleurs. Il est vrai que leurs soldes et hautes payes seront versées à l'ordinaire de la compagnie pendant un mois.

Ils ont donné le signal de la vadrouille. Ce soir, deux hommes de ma tente, Roche et Lécrivain, complètement ivres, s'obstinent à vouloir manger des frites. Au camp 64, ce désir n'est pas plus réalisable que celui de s'offrir un plat d'ortolans. Mais le besoin de frites est devenu obsession. Voilà deux heures que cela dure ; ils ont débauché trois ou quatre candidats à la fugue et s'apprêtent à partir pour Géryville. Après soixante kilomètres de marche dans la neige, quand ils seront bien dessaoulés, je me demande si les frites auront la même saveur que dans leur rêve.

28 décembre 1905.

J'ai pris aujourd'hui une raclée que je ne pense pas oublier de ma vie. Vers quatre heures de l'après-midi, on vient de nous distribuer un peu de thé. L'Allemand Walch, un sacré gaillard de vingt-cinq-trente ans, s'écrie :

— Au chus !

Et alors — qu'est-ce qui m'a pris ? — je m'entends répéter, en forçant l'accent :

— Au chus !

A peine ai-je lancé ce « Au chus » que je suis épouvanté de mon imprudence. La réaction de Walch est immédiate.

— Che grois gue mon français te confiens pas ? Sors te là et fiens un peu à côté, che fais te parler quéque chose que tu gombrendras mieux.

Il n'y a pas de fuite possible. Pas d'illusions à se faire quant aux résultats d'un combat qui va mettre aux prises un garçon de moins de dix-huit ans, vigoureux certes, mais de peu d'expérience et un gars beaucoup plus fort et déjà entraîné par de multiples bagarres en tout genre.

Je commence à attaquer mais sans conviction, portant un direct qui touche l'épaule de Walch en même temps que je reçois sur la tempe un coup qui me jette au sol. Avant d'avoir pu réagir, j'ai les deux poignets écrasés dans la vaste main de Walch comme dans un étau, mon ventre aplati sous la pression de ses deux genoux. Complètement dominé, je ferme les yeux.

Et c'est alors qu'un premier coup de poing me donne l'impression que mon crâne éclate... quant au second, je le sens à peine : je perds conscience aussitôt.

Une vive douleur me ranime... mais le sang qui inonde ma gorge m'étouffe... Malgré cela, mon bourreau persévère et j'ai la sensation très nette que je ne vais pas sortir vivant de l'aventure...

Enfin, Walch abandonne. Je ne suis plus qu'une loque meurtrie dont le nez déverse des flots de sang maculant mon treillis du col aux chaussures. Je passe, honteux, sous les regards de Peysson et de Flory.

J'ai envie de mourir.

Lerate est le premier à m'encourager :

— Y t'a soigné mais t'as bien tenu le coup. Tu sais prendre une trempe sans l'ouvrir. Ça, c'est bien ! Seulement, mon gars, écoute ce que j'ai à te dire : à moi, ça me faisait pas plaisir de te voir sur le dos... mais, si j'avais fait un geste, je t'aurais fait passer pour une tante. Valait mieux te laisser prendre une bonne pâtée. Ça se guérit plus vite.

« Seulement, y perd rien pour attendre, le prussien ! Demain, c'est lui qui la prend, la pâtée. Si toi, t'as touché la solde, demain y z'aura la haute paye, compte sur moi ! »

20 janvier 1906.

J'étais juste remis et je viens de retomber dans un nouveau pétrin ! Dans huit jours... quinze jours... après la prochaine revue, je suis bon pour la tente hors du camp, sous la garde d'une sentinelle. Et peut-être pour Oran... La Fosse aux Lions... le combat à mort pour rester un homme.

Maintenant que je retrouve mes esprits, je mesure clairement la situation. Pourtant les anciens m'ont assez prévenu : entre le monde civil et nous, les portes sont fermées. Toute question posée à une femme par un légionnaire ne peut recevoir de réponse ! L'interpellée prend un air offensé comme si elle se demandait ce qui peut autoriser un tel paria à lui adresser la parole. Je sais tout cela mais la pensée de Marie était devenue une véritable obsession, il fallait que je la voie. Et pour la voir sans me faire flanquer dehors, je devais trouver un prétexte. Ce prétexte, c'était boire et pour boire, il faut de l'argent.

Or, au bordj de Zonireg, un Espagnol avait la réputation d'être accommodant. Je pourrais « solder » du linge. Comment ai-je osé passer outre l'avertissement du sergent Guérin : dissipation d'effets militaires égale conseil de guerre ? C'est qu'alors, voir Marie valait n'importe quel châtiment.

Ma chemise et mon caleçon vendus, avec trente sous dans ma poche, j'étais en mesure de faire une entrée honorable à Kef el Ahmar. Je pourrais dire à Marie quel prix allait me coûter le plaisir de la regarder et de lui parler. Et qui sait, peut-être y serait-elle sensible ?

Je rencontre Siegel qui court le gibier dans les parages. Il fronce les sourcils en m'apercevant mais ne fait aucune observation. Pourvu qu'il n'y ait pas d'absence aux appels, nulle limite n'est fixée aux divagations des campeurs du Camp 64.

Au bordj de Kef el Ahmar, enfin, j'aperçois Marie. Hélas, elle s'affaire. Elle ne daigne même pas tourner la tête. Seul son père s'empresse dans la salle du débit :

— Qu'est-ce que tu veux ?

— Une anisette, s'il vous plaît.

— Alors, paie. C'est trois sous.

Espérant contre toute espérance, je continue à boire, à tout petits coups, un demi-litre de vin blanc. Je commande des figues et des dattes à un prix exorbitant.

Enfin, Marie apparaît : elle traverse la pièce, le regard ailleurs... Elle pousse une porte qui se referme aussitôt sur elle. C'est fini. Il n'y a plus qu'à partir.

... et à payer la facture.

21 janvier 1906.

Ce matin, j'ai appris à mesurer la largeur d'esprit et la solidarité chez un gradé de la Légion.

Au rassemblement, avant le départ au travail, le sergent Siegel m'appelle :

— Restez avec moi, j'ai besoin de vous. Les autres, au travail !

Il m'entraîne vers la tente :

— Vous allez me présenter votre linge de rechange. Allez !

J'ouvre mon sac en tremblant comme une feuille. Après un simulacre de recherche, je bredouille :

— Je ne l'ai pas. Quelqu'un a dû me le prendre.

Siegel tire alors de sa capote une chemise et un caleçon qu'il jette sur la couverture en me montrant le matricule :

— Sale crapaud !... sale petit crapaud ! Tu as une sacrée veine que Siegel ait de bonnes jambes et surtout qu'il soit allé chasser du côté de Zonireg. Tu n'y coupais pas, pauvre minable ! Tu allais le faire le tour à Oran ! Pour trente sous, imbécile ! Tu en prenais pour deux ans au moins à mener la vie de forçat, à prendre des coups de nerf de bœuf pour t'encourager au boulot. Qu'est-ce que t'as dans la tête pour faire une connerie pareille ? Allez, sors un peu, on va régler ça.

A cinquante mètres, Siegel retire sa tunique et son képi.

— Mon devoir était de te mettre en prévention. Je ne l'ai pas fait. Par ta faute, j'ai manqué à mon devoir. Tu vas me le payer. Fais voir au moins que tu es capable de te battre, petit salaud ! Allez, vas-y ; attaque comme un homme !

Il me dépasse d'une bonne demi-tête. Je n'ai plus qu'à faire preuve de courage. Mais la situation est infiniment meilleure qu'une heure plus tôt. Je suis prêt à donner à Siegel tout le sang qu'il voudra tirer de moi.

Je donne un vigoureux coup de tête qui ne sert qu'à m'envoyer sur son poing fermé, et de l'autre, il me jette au sol.

Je veux alors tenter un coup de pied bas qui frappe le vide tandis que mon propre tibia semble se briser sous le choc d'une semelle. Tout en dansant sur le pied gauche, je grimace de douleur, mais j'ai en même temps le cœur plein de reconnaissance pour mon bourreau... que je n'arrive pas à faire déplacer d'un pas. A chacune de mes tentatives, il me

316

saisit au vol. Mais je ne dois pas abandonner ; je me jette éperdument sur ses poings durs pour que Siegel puisse au moins penser qu'il n'a pas sauvé un lâche... Trempé de sueur des pieds à la tête, hors d'haleine, je poursuis un combat sans espoir ; sur mon visage le sang dégouline...

— Suffit ! Mouche-toi, gamin ! lance soudain Siegel.

Ce n'est pas trop tôt... mais j'ai évité le pire, je suis sauvé !

1ᵉʳ février 1906.

Durant ces dix derniers jours, il y a eu deux soirées d'ivresse totale consécutives aux versements du prêt. A cette occasion, le relâchement de la discipline est tel que l'officier lui-même se trouve mis en cause au cours de scènes qui, dans n'importe quel autre corps de troupes, imposeraient une mise en prévention immédiate du conseil de guerre. Ces jours-là, il n'est pas rare qu'un légionnaire, particulièrement excité, vienne « jouer la pièce » au lieutenant.

Les règles de cette pièce sont invariables.

L'homme, indiscutablement saoul, doit se constituer un stock aussi étendu que possible d'imputations vraies ou fausses afin de les clamer devant la tente de son chef d'une voix tonitruante et avec un accent d'absolue conviction.

L'acteur principal prend grand soin de rassembler son public par des vociférations préalables. Quelques accessoires, tel un morceau de bouilli particulièrement riche en fibres nerveuses ou un trognon de chou présenté sur un couvercle de gamelle, facilitent le prologue.

— Tiens ! vieux dégueulasse, viens voir un peu ce que tu nous fais bouffer. Eh ! salaud ! Tu nous estampes et c'est avec ça que tu te saoules « en suisse » à notre santé. Vise-moi c'te barbaque, si c'est pour des hommes ou pour des cochons...

Tout le monde sait pourtant que le lieutenant n'est en rien responsable de la qualité des vivres, d'ailleurs très honnête, puisque la 15ᵉ compagnie les lui adresse de Géry-ville sans lui demander son avis.

— On la crève, dans ton détachement, reprend « l'acteur ». Tu nous la fais sauter, et drôlement, tu peux t'en vanter.

Le lieutenant, impassible, écoute, bras croisés sur la poitrine, jambes écartées, fumant une énorme pipe et s'exclamant entre deux bouffées :

— Et alors mon gars, tu te trouves drôle ? Tu ferais mieux de rester sur ta paillasse, si c'est tout ce que tu es capable d'inventer pour distraire la compagnie !

L'orateur poursuit en général ses insultes en décrivant par le menu des orgies fictives au cours desquelles se seraient déroulées des scènes répugnantes, d'infâmes copulations. L'officier y aurait tenu un rôle important... malgré ses très faibles capacités, et une seule solution s'imposerait : sa totale émasculation... Selon la qualité du discours, le lieutenant abrège la séance ou la laisse se prolonger...

— Eh ! va donc ! Eh ! vérole, poursuit le légionnaire. Oui t'es vérolé. Tu l'es jusqu'aux os. Fais-les voir un peu tes cuisses. T'ose pas, eh ! fumier... C'est parce que t'as des « poulains ». Pasque t'as les burettes pourries que tu veux pas les faire voir...

L'idée de faire vérifier l'intégrité de ses parties génitales paraît distraire au plus haut point l'officier qui crève de rire.

— Et après, quand tu les auras vues, mes burettes ?

— On te les coupera... et le battant de cloche avec. On te les fera cuire dans une gamelle et on te les fera bouffer. Oui, sûr qu'on te les fera bouffer ! Tu mangeras de la barbaque pourrie comme celle qu'on croûte, nous autres !

Et c'est seulement lorsque le lieutenant considère que la « pièce » a assez duré qu'il désigne, suivant la taille et la force présumée de l'acteur, deux, trois ou quatre spectateurs.

— Allez ! ça suffit maintenant, couchez-le par terre, foutez-le à la crapaudine.

Un caporal apporte alors un lot de cordelettes et les exécuteurs de service lient consciencieusement les pieds de l'orateur, lui replient les jambes dans le dos pour les rattacher aux mains préalablement ficelées, le coiffent d'un sac à pommes de terre et l'abandonnent sur le ventre jusqu'à ce que l'officier, le jugeant calmé, le fasse détacher

318

et regagner sa tente. Alors l'affaire est close et il n'en sera plus jamais question.

Il est certain qu'un observateur superficiel, ignorant des choses de la Légion, pourrait juger bien faible l'autorité d'un gradé supportant de tels excès. Mais en fait c'est tout le contraire : l'officier exerce son pouvoir à la manière dont les chrétiens convaincus imaginent l'exercice de la puissance divine, absolue et omniprésente, qui supporte ce qui lui plaît, le temps qu'il lui plaît, uniquement à son gré et selon son bon plaisir.

15 février 1906.

Depuis que Siegel m'a rossé et que j'ai rencontré Baudry, il me semble que j'ai commencé une nouvelle vie.

Baudry paraît avoir tout au plus trente ans ; un visage régulier sans rides, d'une sévérité froide et sereine. Quand ses yeux bleus se fixent sur moi, j'avoue sans retenue ce que je tiens le plus à cacher. Mais, en fait, ce n'est même pas nécessaire, Baudry me comprend mieux que moi-même. Il jouit ici d'une grande considération, y compris parmi les officiers : on dit que c'est un grand mathématicien. Je note tout ce qu'il m'enseigne. Ce qu'il exprime et sa manière de l'exprimer vont, je le sais, décider de l'orientation de ma vie.

Dès notre deuxième sortie, il me dit :

— Tu dois bien comprendre avant tout que tu es venu à la Légion comme on se jette à l'abri lorsque la pluie vous surprend. Mais ce ne doit être qu'un abri provisoire pour toi, nullement définitif. Tu as besoin de connaissances. L'intelligence, comme l'estomac, exige des pâtures appropriées. Pendant quelque temps, tu trouveras ici à te repaître en observant tes compagnons, mais je ne te donne pas un an pour que tu ne trouves plus ton compte dans un monde animé périodiquement par des saouleries collectives. Comme tu as eu la chance de t'engager à dix-huit ans, il te suffira de donner ta véritable identité et de demander une rectification d'état civil. On te proposera de signer un nouvel engagement. Tu n'auras qu'à refuser et tu seras libre.

« Il ne s'est jamais passé six mois, depuis que je suis à la Légion, sans qu'un sous-officier vienne m'offrir la moitié de sa solde pour que je le prépare à un emploi de bureaucrate ou de commissaire de police afin d'étoffer sa retraite. Je les envoie tous promener, car il m'est indifférent que ces postes leur soient accordés ou refusés. En toi, je trouve quelque chose de plus haut. Peut-être est-ce simplement parce que tu es plus jeune. Pour l'instant, je ne te vois pas d'autre ambition que celle de comprendre, de savoir. Cela établit une confraternité entre nous. Sache bien que je me fiche complètement de tes fonctions futures et des avantages alimentaires ou autres qu'elles pourraient te procurer. En revanche, si tu cherches à te former une conscience forte, sûre, suffisamment éclairée, cela ne peut me laisser indifférent et je suis heureux de faire un bout de chemin avec toi.

28 février 1906.

Le printemps est revenu très tôt ; journées torrides alternant avec des nuits glaciales. Des mirages étendent sur le plateau des lacs factices, séparant les collines de leurs bases pour en faire des îles. Des pluies courtes mais copieuses remplissent les creux des oueds. Après une averse, des baignades s'organisent ; les eaux sont si froides qu'aussitôt dedans on se sent paralysé.

A chacune de nos rencontres, Baudry me donne quelque problème à résoudre. J'ai pris pour habitude de ne le revoir qu'une fois le problème résolu. Il me faut plusieurs soirées avant d'arriver à une solution satisfaisante. Car il m'a prévenu :

— Remarque que je prends soin de ne pas te servir de maître d'école. C'est ainsi que je comprends ton intérêt. Tu ne pourras pas te payer de véritables études. Tu n'auras pas de maître pour te mastiquer les notions. Il faudra que tu saches t'entêter sur une définition que tu trouves d'abord incompréhensible. Il faudra que tu te débrouilles tout seul et que tu t'obstines à chercher le maillon qui te manque.

320

Ce n'est donc pas de leçons dont tu as besoin, mais d'exercices pour t'entraîner à la pratique de l'effort intellectuel.

29 mars. Géryville.

Relève par un détachement de la 16e compagnie.

La vie de caserne, ici, me convient parfaitement. Les exercices sont de courte durée et pas trop fatigants. Ils consistent essentiellement en jeux, séances de tir, corvées de salade — à la recherche de pissenlits dans le bled —, services en campagne qui ne sont que de simples promenades, corvées de jardin qui sont des récréations. Quand je me ferai libérer, je ne saurai ni saluer, ni faire demi-tour, ni mettre l'arme sur l'épaule, ni même marcher de façon à satisfaire le moins exigeant des caporaux d'un régiment de ligne. Etre de bonne tenue, bon tireur et bon marcheur, c'est tout ce que demandent les gradés. Les loisirs sont nombreux et la nourriture excellente grâce aux compléments du jardin. Enfin et surtout, la bibliothèque me fournit livres et papier à profusion.

5 avril 1906.

Une colonne de deux cent cinquante hommes est formée pour détruire une importante colonie de criquets signalée au sud de Brézina. Je n'obtiens pas d'en faire partie, malgré mon plus vif désir. Je me sens comme disqualifié...

Heureusement, Baudry vient d'être nommé bibliothécaire du bataillon, et je vois s'ouvrir devant moi un avenir d'études et de découvertes mais j'ai la pénible conviction que je vais être frappé de discrédit si je ne trouve pas un motif raisonnable pour faire un séjour en prison. Je prémédite un acte d'indépendance capable de m'acquérir de nouveaux droits à l'estime de mon entourage. Je confie mon projet à Van Lancker :

— J'en ai marre du casernement. Je vais partir faire un tour.

— Quand c'est que tu pars ?

— Demain matin. Il y a réveil à quatre heures pour la marche du bataillon. Je fiche le camp après l'appel et je garde ma demi-boule pour le voyage.

— Bon ! mets ton pain de côté. Je te donnerai la moitié du mien et je t'aurai une gamelle de rabiot à la cuistance pour demain quand t'auras cinquante kilomètres dans les bâtons. Tu prends ton fusil ?

— Je n'ai pas de cartouches.

— Je vais t'en donner trois. Y a rien de tel qu'un fusil pour se faire respecter dans le bled. Où c'est que tu vas ?

— Au Kreider. Si j'avais une carte, j'aimerais mieux aller vers Laghouat, mais je ne veux pas risquer de crever de soif.

Je n'ajoute pas que mon choix est surtout motivé par le désir larvé mais toujours ardent de revoir Marie.

— T'as pas tort. Au moins tu sais où tu pourras remplir ton bidon. Y a pourtant un endroit que tu sais pas, où qu'y a de la flotte. C'est une citerne, à mi-chemin entre Le Kreider et Alfaville. Elle est sur la droite, en partant d'ici. On la voit pas de la piste, et y faudra que tu marches à cent mètres à droite de la ligne télégraphique pour tomber dessus. Comme ça, t'es sûr de rentrer avec quinze jours de tôle.

6 avril 1906.

Avant le lever du jour, j'escalade la grille qui clôture la caserne derrière les lavoirs et je prends le large. Sur mon dos, le sac surmonté d'une gamelle pleine de riz cuit de la veille au sein duquel est enfouie ma ration de viande. A l'intérieur du sac, ma toile de tente et ma ration de pain. J'avance à bonne allure et, l'arme à la bretelle, je gagne la piste menant vers l'ouest, avant d'entrer dans les gorges.

Au lever du soleil, j'ai fait une douzaine de kilomètres et maintenant la chaleur croît très vite. Avant neuf heures, j'ai absorbé le contenu de mon bidon de deux litres mais j'approche de Zonireg où je vais pouvoir me désaltérer et faire le plein.

Après dix heures, alors que j'avance vers Kef el Ahmar, je me sens écrasé par un soleil vertical. Je crois pouvoir prendre un instant de repos en me couchant et en me couvrant de ma toile de tente. Mais entre le tissu et le sol, il fait au moins cinquante degrés : je dois me relever aussitôt et repartir en suant ce qui peut encore rester en moi des cinq ou six litres d'eau que j'ai bus depuis mon départ.

J'avance d'un pas mécanique, éperdu, sans pensées, vidé par le soleil de plomb, trébuchant sur les touffes d'alfa. Enfin, un peu avant midi, mourant de soif, j'atteins Kef el Ahmar.

J'entre dans le bordj. Marie est là. Elle porte une robe de toile blanche, si légère qu'elle semble à peu près nue. Elle est très belle.

— Que veux-tu ? demande-t-elle, méprisante.

— Ce qu'on ne refuse jamais : un peu d'eau !

— Le seau est dans le coin. Tu as ton quart ?

— Oui. Vous permettez que je remplisse mon bidon ?

— Oui.

C'est alors qu'un spahi indigène, en bottes souples et burnous garance, entre dans la salle et m'interpelle :

— Où c'est que ti vas ?

— A Saïda, en mission.

— Fais voir ton ordre di movement.

Me souvenant à propos d'un ordre officiel conservé dans la coiffe de mon képi, je le présente au cavalier qui l'étudie avec toute la gravité d'un expert.

Le papier déclare :

« Le légionnaire Flutsch est autorisé à sortir en ville en guêtres et souliers de repos, ses brodequins étant en réparation » ! Au bas, la signature savante du sergent-major au-dessous du timbre, P.O. le Commandant de Compagnie. Une République au chef orné de rayons confère à ce document un aspect officiel d'un parfait aloi.

— C'est bon ! conclut le spahi. Ti peux faire ton voyage.

Ayant rempli mon bidon, je remercie Marie qui ne daigne pas répondre et quitte le bordj. Un peu plus loin, dans le lit de l'oued, complètement à sec, je trouve abri contre le soleil.

J'ai grand faim et juge le moment venu d'entamer ma gamelle de riz et ma ration de viande.

Mais une odeur putride s'échappe du récipient ouvert, ressemblant à celle d'un moût alcoolique en pleine fermentation. Je jette le tout et me contente de tremper mon pain dans un quart d'eau.

Il ne me reste, après ce repas sommaire, que trois cents grammes de pain environ et j'ai à parcourir soixante-douze kilomètres, sans compter le jeûne d'au moins trente-six heures qui m'attend ensuite. Mais je me sens très reposé et en pleine forme. Marie s'est éloignée de mes pensées.

Vers le soir, je suis abordé par un indigène. Un pauvre hère, pieds nus, tête nue, d'une maigreur terrifiante. Une crasse épaisse recouvre toutes les parties visibles de ce misérable corps. Pour tout vêtement, il porte un sac déchiré dont il utilise trois brèches : l'une pour passer la tête et les deux autres latérales pour les bras. A la partie inférieure, qui arrive à mi-cuisse, un boudin de cuir forme une bordure solide. Sur le sac on lit en capitales imprimées : POSTES-FRANCE.

— Où ti vas ? me demande le clochard du bled.

— Si on te le demande, tu diras que tu n'en sais rien.

— Ti vas donner ton soulier ou moi ji vais dire au chef toi parti en bombe. Ti seras attaché sir li chival et emmené à Chirifil.

Je décroche alors mon fusil et prends dans ma poche une cartouche que je glisse dans le canon.

— Tu es un voleur, lui dis-je, en tâchant de tirer de ma voix et de mon regard le maximum de férocité. Tu vas me suivre au Kreider et je te ferai mettre en prison. Allez ! marche devant moi. Si tu essaies de te sauver, je te fous une balle dans la peau. Tu sais que mon fusil est chargé.

Le pauvre diable, qui ne doit pas peser plus de soixante livres et se trouve assurément rompu à toutes les servitudes, se soumet sans discuter.

Il ne convient pourtant pas de s'attendrir. Ce détritus humain peut être dangereux. Si je le laisse échapper, il pourrait bien y avoir avant peu un groupe de cavaliers à mes trousses, avides de gagner la prime de quinze francs que leur accorde le bureau arabe lorsqu'ils ramènent un légionnaire en bombe.

J'avance d'un pas allongé, accélérant d'une poussée, de temps à autre, l'allure du pauvre diable.

Je m'étonne de ne pas souffrir davantage de la fatigue de cette journée.

Mais après avoir parcouru plus de cent kilomètres, je commence à lutter désespérément contre le sommeil. De plus je suis affamé.

Plusieurs fois, depuis Alfaville, mon captif s'est laissé tomber, criant sa fatigue et sa faim, déclarant qu'il n'irait pas plus loin et préférait être tué tout de suite. Une piqûre de baïonnette le remet debout et, comme la citerne est proche, je lui rends sa liberté.

Le malheureux disparaît dans la nuit. Je me sens maintenant à bout de résistance, non parce que mes muscles sont trop fatigués pour continuer mais parce que mon besoin de dormir est devenu insurmontable.

Je m'écarte d'une centaine de mètres, me laisse tomber sur le sol et, appuyant ma tête sur mon sac, je m'endors aussitôt.

Au milieu de la nuit, des souffles frôlent mes oreilles... Je reprends conscience et me sens flairé de toutes parts. Une troupe de chacals m'entoure. A mon premier mouvement, la bande de charognards s'enfuit dans un assourdissant bruit de pattes : ils doivent être au moins plusieurs dizaines. Je me rendors bientôt.

A mon réveil, j'aperçois de loin, à une vingtaine de kilomètres, la tour du poste optique signalant Le Kreider. Dès mon arrivée, je vais être mis en cellule, et je n'aurai à manger que le surlendemain.

Vers midi, je me présente au corps de garde du 1er bataillon d'Afrique. Débarrassé de mes armes et de mon sac, je suis expédié dans les locaux disciplinaires dont l'entrée s'ouvre à l'intérieur du poste. Je ne me sens pas épuisé mais j'ai faim ; je compte pendant combien d'heures je vais devoir jeûner : de midi à midi et de midi au surlendemain dix heures... quarante-six heures avant de me mettre quelque chose sous la dent... ça va être diablement long !

Mon logement, de trois pas de long sur un pas de large, est une cellule du type réglementaire dans les prisons de n'importe quel corps de troupe de l'armée française. Sur un bat-flanc incliné de soixante à soixante-dix centimètres de large, une planche formant « oreiller » à l'extrémité la plus haute. Les murs sont maculés de milliers de virgules brunes dont le noyau est une empreinte digitale dont on peut dire, avec certitude, qu'elle a son double dans les dossiers de la police.

Pour tuer le temps, mes prédécesseurs en ce lieu se sont amusés à faire la chasse aux punaises. A la Légion, j'ai souvent porté la gamelle à des punis de cellule mais je n'ai jamais vu de traces semblables. Les punaises du bataillon d'Afrique doivent être d'une extraordinaire fécondité. Je ne tarde pas à m'en apercevoir, douloureusement.

Il faut renoncer à dormir. D'ailleurs, autour de moi s'échangent, d'une cellule à l'autre, des entretiens dont il est impossible de perdre un seul mot.

Tous ceux qui m'entourent sont des voleurs mais non de mon espèce. Ils parlent de leurs méfaits comme d'actes honorables et capables de leur valoir une certaine considération. Ils se révèlent des méthodes astucieuses tendant uniformément à se procurer de l'argent par de nombreux moyens dont le vol, le rapt, le proxénétisme semblent les plus raisonnables.

Ils racontent le récit de la mort violente de l'un d'entre eux, littéralement assassiné par des gardiens furieux d'avoir été tabassés, et l'imputation de sa mort à une syphilis virulente.

Le troisième jour, j'entends enfin sonner la soupe. Je vais manger. Impatiemment, j'attends mon tour.

Craignant d'être oublié, je me mets à crier, frappant dans la porte à grands coups de pied. Le sergent de garde, jugulaire au menton, vient ouvrir :

— Qu'est-ce qu'il y a ?

— Il y a quarante-deux heures que je suis arrivé. J'ai droit à mes rations.

— Tu as droit à tes rations ? Qui t'a donné ce droit ?

— Je suis soldat, il y a une compagnie de bataillon qui touchera le prix de ma nourriture.

— Et après ? Je t'invite à nous foutre la paix. Quand nous aurons besoin de savoir ce que nous avons à faire, nous viendrons te le demander.

Sur ce, le sous-officier referme la porte et tire le verrou. Certain de mon bon droit, je me sens devenir enragé. Je bondis sur la porte que j'ébranle de violents coups de talon.

Le vacarme ramène le sous-officier.

— Je demande à parler à l'adjudant de bataillon !

— Tu t'excites mon garçon, me répond froidement le sergent. Ça ne vaut rien pour ta santé. Tu n'es pas à la Légion, ici, mais au bataillon d'Afrique. Tu vas la fermer et te tenir tranquille. Tu vois cet engin, m'explique-t-il en me montrant une barre de fer deux fois grosse comme le pouce, c'est une « barre de justice ». Veux-tu l'essayer ? Encore un mot et je t'y fais coller « à la crapaudine ». Et on te mettra dans le bec ce qu'il faudra pour t'empêcher de gueuler. J'ai à côté tout ce qu'il faut pour te calmer. Compris ?

Brisé, à bout de forces, je me jette sur mon bat-flanc et m'abandonne, vaincu. Le jour s'écoule, puis la nuit... Les heures semblent éternelles.

Le lendemain, enfin, à l'heure de la soupe, la porte s'ouvre et un Joyeux, en bourgeon crasseux, me présente une gamelle accompagnée d'une demi-boule de pain.

Le sixième jour, je remonte à Géryville par le convoi et, interrogé par le capitaine, j'explique les raisons de ma bombe.

— C'est quand même un acte d'indiscipline, me dit-il avec l'ombre d'un sourire. Tu feras huit jours de prison.

De toute évidence, Baudry veut que je quitte la Légion. Mais il ne me presse pas. Il me présente à Noblet — qui était avocat dans le civil : celui-ci m'expose clairement les données juridiques de ma situation afin de m'aider à prendre une décision.

Au cours de nos entretiens à trois dans la bibliothèque, ils parlent de mon départ comme d'un fait inévitable.

— Lorsque tu seras en état de choisir les risques à prendre et de les affronter, me dit Noblet, tu pourras repartir à zéro.

10 mai 1906.

De garde au parc à fourrages, avec Obert et Clémentz, je suis subitement pris de coliques violentes accompagnées d'une diarrhée qui ne me laisse plus une minute de répit.

Lorsqu'Obert me relève, je m'efforce de faire bonne contenance mais le vieux soldat s'aperçoit que je titube. Il me prend la main et diagnostique :

— T'as une fièvre tu tonnerre de Tieu. Où c'est que t'as mal ?

— J'ai mal au ventre à crever, j'ai à peine le temps de me reculotter que ça recommence.

— C'est la tysenterie. T'es pon pour l'hôpital. Si tu en crèfes pas, tu iras en confalescence à Arzen et, ça, c'est le filon. Tu fois ce que c'est de pas poire de fin. C'est pien peau te tonner ton quart de fin, mais c'est pas ça qui te tonnera tes forces ! Seulement, c'est pas une raison pour que les autres, y fassent ton poulot. Ecoute, tu fais tes tours de garte comme tout le monde et, temain, t'as qu'à t'amener à la fisite afec un peu de ta merte dans une poite de cirage et c'est « l'hôpital t'urchence ». Y te mettra aux « isolés » afec un pot de lait et un pot de chambre, chusqu'à ce que tu quérisses ou chusqu'à ce que tu crèfes.

La deuxième garde est atroce. Torturé par le mal qui me ronge les entrailles, le fondement corrodé par des efforts incessants, je n'ai plus de forces, ni pour la station accroupie, ni pour la station verticale. Je dois m'installer, cassé en deux, sur une botte de paille, déculotté, les fesses hors de l'appui, afin d'obéir à un besoin toujours pressant et jamais satisfait.

Penché en avant, le buste horizontal, je m'appuie sur mon fusil chargé, baïonnette au canon, suant à grosses gouttes.

C'est dans cette posture peu militaire que je suis surpris par la ronde. Le falot surgit, inattendu.

Je me relève mais mes mains tremblantes ne peuvent exécuter le mouvement réglementaire de « Croisez la baïonnette ».

— Qui vive ! dis-je d'une voix défaillante.

— France... Ronde d'officier.

— Avance au ralliement.

Le lieutenant d'Angerville de la 15ᵉ s'approche, me dit à mi-voix :

— Martimprey,

et je réponds aussitôt :

— Mostaganem.

Mais c'est alors que l'officier me considère, baïonnette au canon... Le pantalon sur les souliers et la chemise flottant au vent...

— En voilà une tenue pour monter la garde. On t'a pas encore appris ce que t'as à faire quand t'as envie d'aller aux chiottes étant en faction ? T'as qu'à crier : « Chef de poste, venez relever ».

— Mon lieutenant, j'ai la dysenterie. Je n'aurais pas le temps d'attendre qu'on vienne me relever ou il faudrait que ça soit toutes les cinq minutes.

— Bon, je vais te faire remplacer et tu vas rentrer au corps de garde. Demain matin, tu iras à la visite.

11 mai 1906

— Dysenterie aiguë, vient d'annoncer le médecin major. A l'hôpital d'urgence ! Pavillon des isolés.

15 juillet 1906.

J'ai abandonné ce journal depuis deux mois. Après quinze jours à l'hôpital — entre la vie et la mort —, puis une longue convalescence, je suis tout juste remis. Je passe à la bibliothèque, avec Baudry et Noblet, la plus grande partie de mon temps libre.

De temps à autre, Baudry se livre à une critique sévère

d'un texte qu'il vient de lire. Moi, j'écoute. Noblet discute et généralement approuve.

Plus je lis, plus je m'approprie, grâce à mon excellente mémoire, une foule de mots et d'expressions que je glisse volontiers au cours des conversations. Lorsque je trouve l'occasion de les employer, je me sens particulièrement content de moi. C'est alors que Baudry me fait une observation sans appel :

— Dis-moi, mais tu commences à t'écouter parler, mon gars ! Parce que tu as collectionné quelques phrases que tu n'as pas même pris la peine de discuter, tu te complais à les répéter comme un perroquet. Tu n'as donc rien compris à rien ! Quand je te vois manquer de mots pour traduire ta pensée, faire appel à une comparaison, établir une analogie par le jeu de ta raison, je sens que j'ai affaire à un garçon inculte mais intelligent et tu me plais. Mais quand je t'entends t'approprier quelques phrases qui n'ont souvent d'autre valeur que d'avoir été imprimées, tu me dégoûtes et je me sens perdre tout intérêt pour toi.

« Mécontent de ton expression, tu étais dans le vrai. Rappelle-toi bien qu'un homme qui a de la qualité ne peut jamais être véritablement satisfait de ce qu'il dit ou de ce qu'il écrit. Il constate que par les mots, si heureusement choisis soient-ils, il ne réalise que des approximations de sa pensée. Si tu es intelligent, tu dois ressentir que ta pensée est une très grande dame qui ne peut admettre d'être vêtue de vêtements de confection acquis dans le premier magasin venu. Il n'y a que le « sur mesure » qui peut te convenir, tu m'entends ? »

25 juillet 1906.

Les veillées avec Baudry et Noblet se multiplient. Hier, Baudry m'a parlé avec force :

— Il faut que tu saches bien ceci et que tu t'en souviennes. Si tu es appelé à devenir un être de pensée, plus haute sera l'étendue de ta culture, plus grand sera l'écart entre ta pensée et son expression. Je précise par une image. L'expression et la pensée m'apparaissent liées comme deux éléments d'un même tout, mais la pensée a un plus grand nombre de dimensions. Pour concrétiser : la pensée serait une surface dont l'expression serait une dimension linéaire mais l'une seulement de ses dimensions multiples.

« Réfléchis à tout cela et ne perds plus ton temps à t'applaudir de la façon heureuse avec laquelle tu t'exprimes. Bref, cesse de te regarder dans une glace pour voir si tu es beau !

« N'oublie jamais que l'idée est toujours plus vaste que le mot et qu'elle va d'autant au-delà de lui que l'intelligence est plus active. Bien sûr, tu ne dois pas renoncer pour cela à l'exprimer quoi que tu sois obligé, en lui donnant forme, d'abandonner une part importante de ta pensée.

« C'est tout, me dit enfin Baudry. Je ne te reparlerai plus jamais de cela. Mais, si tu y repenses quelquefois, je n'aurai pas perdu mon temps. »

5 janvier 1907.

Au début de cette nouvelle année, je ne peux plus rester dans l'incertitude de mon avenir. Je me sens maintenant assez fort pour régler mes comptes, capable même d'aller dans les prisons sans dévier de la voie que je me suis tracée.

Aujourd'hui, j'ai rédigé d'un trait la lettre qui m'interdit tout retour en arrière. Je l'ai adressée au procureur de la République à Ambert.

Depuis fin avril 1905, je suis en fuite et recherché pour un fait dont je me reconnais coupable. Actuellement soldat au 2ᵉ Etranger où je sers sous le nom de Flutsch, j'ai longuement réfléchi sur la gravité de ma faute et j'ai décidé de me remettre entre les mains de la justice pour en rendre compte et subir la peine qui pourra m'être infligée.

20 janvier 1907.

Dès lors que cette lettre, par laquelle je me constitue prisonnier, est expédiée, je sens se reformer en moi les liens avec ma parenté. Depuis mon engagement, je n'ai jamais pensé aux miens.

Mon jeune frère a maintenant quatorze ans. Ce doit être un bel adolescent aux traits fins. Son ambition était de devenir commis chez un marchand drapier de la ville. Mais on n'engage pas un commis dont le frère est condamné à vingt ans de travaux forcés. A cause de moi, il aura été obligé d'accepter n'importe quel travail, n'importe où...

25 janvier 1907.

Je quitte la Légion. Je ne reverrai sans doute jamais plus Baudry et Noblet, mais je n'en éprouve aucune tristesse. Ils demeurent si présents dans ma mémoire qu'ils m'aident sans cesse à prendre conscience de ce que j'étais. Je me crois capable de vivre même si je dois être maintes fois confronté à la mort.

10 février 1907.

Dès mon débarquement à Port-Vendres, je sens peu à peu disparaître le légionnaire Flutsch... Je redeviens l'Antoine, l'aîné de la Marie et du Jean, scieur de long, le petit-fils du grand Damien, le Galibardi.

Les paysages familiers de mon enfance avec leurs bois, leurs vertes prairies aux eaux ruisselantes se substituent dans mon esprit aux plaines arides parsemées de touffes de thym et d'alfa. Les ruisseaux à truites et à écrevisses remplacent les oueds desséchés.

Je retrouve mes racines que je croyais avoir rejetées à jamais. Considérablement mûri, avec une maturité qui dépasse de loin celle de toute ma parenté, je reprends mon identité.

20 février 1907.

Je suis acquitté. J'ai le droit d'entrer dans la vie où l'on trouve tant d'êtres dont les paroles vous réchauffent.

Je me sens libre et fort ; conscient d'être issu de la solide souche paysanne qui a fourni des sabreurs au premier Empire et de nombreuse soldats à toutes les guerres.

Je regarde le petit Toinou s'éloigner dans ma mémoire...

« Tu iras dans les villes, m'avait dit le Grand, et tu apprendras si tu le veux comme j'aurais voulu apprendre moi-même. Le tonnerre de Dieu pourra pas t'en empêcher. »

POSTFACE *

* Ce texte a été préparé par les Éditions Plon à partir de la documentation confiée par la famille.

Je n'ai pas l'intention d'écrire une œuvre littéraire, mais simplement de rendre compte. Ceci doit avoir une valeur... expérimentale, dépourvue de toute « littérature ». L'élément capital de mon récit est constitué par des hommes. Parlons des hommes.

Ainsi s'exprime, quelques jours avant sa mort, Antoine Sylvère. L'épuisement physique ne lui permettant plus d'écrire, il s'enregistre sur bande magnétique, une dernière fois. Cette voix qui ne veut pas se taire est celle d'un témoin lucide et révolté de cet âge de fer que d'aucuns osent encore nommer « la belle époque ».

Nom : Sylvère. Le bisaïeul paternel, premier du nom, fut abandonné à sa naissance et recueilli par la religieuse de service au « tour » de l'hospice des enfants trouvés, un jour de Saint-Sylvère au calendrier.
Prénom : Antoine, (forme populaire : Antoingt, village du Puy-de-Dôme).
Diminutif : Toinou.
Antoine Sylvère (Toinou) est né dans une famille de métayers très pauvres, le 4 mai 1888, à Ambert (Puy-de-Dôme).

Du fond de sa campagne isolée, au sein d'une famille perpétuellement endettée, dans un milieu d'une grande pauvreté, son regard d'enfant observe et dénonce avec violence l'injustice de la société de son époque, la servitude tacitement entretenue par l'Église, les lois et la bourgeoisie.

Dans le tunnel de cette enfance sans joie, une lueur d'espoir : l'amour et l'esprit ouvert de son grand-père maternel, son « Grand ». L'enfant hérite de son intimité avec lui une soif insatiable de connaissance, une curiosité intense, qui le poussent très tôt à voler cette culture qu'on lui refuse. Si les coups constituent la base de l'enseignement donné à cette époque à l'école des Frères — qui sont loin d'être tous des saints —, c'est cependant là qu'il trouvera ses premiers livres, la confirmation de sa passion de savoir et une précoce reconnaissance de sa valeur puisqu'il lui sera offert « l'honneur suprême » : entrer au séminaire.

Malheureusement pour Toinou, cette « voie du salut », qui aurait pu lui éviter son entrée à l'usine à l'âge de treize ans, lui sera catégoriquement refusée par sa famille. Le coût de l'instruction d'un enfant pauvre doit être — sans rémission — remboursé aux parents. Enrôlé donc à raison de dix heures par jour dans l'une de ces usines, à l'époque meurtrière (elle tuera ses deux meilleurs amis), il n'en consacrera pas moins ses dimanches à faire vingt kilomètres à pied pour lire des livres de classes périmés qu'on ne lui permettra jamais d'emporter, même à titre de prêt.

A dix-sept ans, il fuit le pays natal, « la paille au cul » selon son expression, poursuivi par la police pour avoir émis de faux mandats avec l'aide d'un complice postier. Il sera condamné, par contumace, à vingt ans de travaux forcés.

Il s'engage dans la Légion étrangère sous le nom d'emprunt de Flutsch, de nationalité prétendument luxembourgeoise, et en trichant sur son âge. Toute sa vie durant, il garde de la Légion le souvenir d'un monde âpre mais généreux où, pour la première fois, il est traité en homme. Surtout, il s'y débarrasse de la chape d'infamie qui l'étouffe.

Dans cet univers où se côtoient les êtres les plus divers — atypiques, têtes brûlées, idéalistes meurtris —, il rencontre deux légionnaires d'exception : Baudry, probablement ancien officier sorti de Polytechnique qui lui révèle le champ des mathématiques et le conforte dans son ambition intellectuelle; Noblet, docteur en droit, qui lui apprendra l'existence d'une nouvelle loi protégeant, au titre du « discernement », les mineurs de treize à dix-huit ans. Grâce à eux, Toinou comprend que ce n'est pas à la Légion qu'il peut se réhabiliter et qu'il a encore sa place dans la société. S'étant livré à la justice, il est acquitté par la cour d'Assises de Riom en 1907.

Son jeune frère Damien auquel, par sa conduite hors la loi, il s'en veut d'avoir fait un tort considérable, subvient pourtant à ses besoins, ce qui lui permet de préparer le brevet supérieur et de devenir instituteur. Mais ce diplôme ne l'autorise pas à briguer l'enseignement public et c'est encore — ô ironie du sort — dans une école religieuse de la Ferté-sous-Jouarre qu'il enseignera. Parallèlement, il poursuit par correspondance des études d'ingénieur.

1909-1911. Deux années de service militaire au cours duquel il se lie avec Gabriel Rigaud. Celui-ci le présente à sa mère et à sa sœur Suzanne. Mme Rigaud est une femme de grande valeur, d'une droiture morale sans faille, comme la bourgeoisie de cette époque — il faut lui rendre cette justice — savait en former. Dépourvue des préjugés de son temps, elle dirige seule, à Clermont-Ferrand, depuis la mort de son mari, l'usine familiale de chaux et ciment. Elle offre à Antoine Sylvère la possibilité d'achever ses études et de devenir ingénieur. Elle accueille favorablement son mariage avec sa fille (1912).

La guerre de 1914 interrompt son ascension sociale. Parti agent de liaison, Toinou revient officier, mais seul survivant des hommes de sa famille : son frère Damien, ses cousins, son oncle sont morts au front. Son beau-frère Gabriel, lui, a été tué à Salonique; la famille apprend la nouvelle, alors que l'Armistice est déjà signé.

Après la guerre, l'usine de Clermond-Ferrand est vendue, le manque de capitaux nécessaires empêchant son adaptation au procédé du ciment qui supplante peu à peu la chaux.

Antoine Sylvère s'établit à Cambrai avec sa femme et ses deux enfants : Ginette (1913), Jean (1914); une seconde fille Jany, naîtra en 1921 et un second fils, Jean-Sylvestre, en 1939.

Administrateur-délégué puis directeur, il assure la remise en état de plusieurs usines (chicorée, sucre) ruinées par la guerre et l'occupation.

Cependant, son insertion dans le monde « dirigeant » ne lui

ôte pas la lucidité acquise dans la misère. Conscient de l'exploitation des producteurs par les gros industriels des sucreries, il tente de former avec les premiers une coopérative de distillateurs qui, quelques années plus tard, dans l'esprit de « participation », s'avérera une forme d'économie pionnière. Patiente campagne de persuasion qui porte ses fruits mais se termine cependant par un échec devant l'opposition conjuguée des puissants sucriers du Nord et du clergé tonnant en chaire contre cette « tentative subversive ».

Antoine Sylvère est dessaisi de ses pouvoirs dans les deux usines dont il assumait la direction. Toutefois, les propriétaires de la Distillerie de la Lys — une vieille famille du Nord — lui demeureront très reconnaissants d'avoir sauvé leur usine. Ils lui versèrent une pension fort élevée — 3 000 F mensuels — de 1929 à 1939.

De cet échec date son abandon du monde des affaires et de la grande bourgeoisie dans lequel il ne s'est d'ailleurs jamais senti à l'aise.

Extrait des notes retrouvées dans ses papiers, voici un portrait du directeur Monestier, pseudonyme évident de l'auteur, et un jugement sans indulgence du milieu de l'argent.

... Monestier était en apparence un homme arrivé, aux pensées conformes, telles qu'on pouvait les attendre d'un lecteur assidu des journaux considérés : Le Temps, l'Écho de Paris, l'Information.

Il dirigeait deux affaires importantes et indépendantes l'une de l'autre. Il faisait des affaires correctes, extrêmement légales, par dizaines de millions, et sa bienveillance assurait à des jeunes gens « présentant bien, sans connaissances spéciales » des commissions et des courtages dont le montant total dépassait cent mille francs par mois. Ainsi la vie de dizaines de familles dépendait de son caprice. Sur le marché, les bénéficiaires de ses complaisances ou les candidats à son « attention » l'abordaient avec des regards d'adoration. On disait de lui : c'est une force.

*On imaginait tout à son sujet, sauf la vérité. La
vie de Monestier était essentiellement studieuse. La
partie consacrée aux affaires était des plus réduites.
La plus grande fraction de son activité se portait sur
la recherche de solutions à des problèmes dont il ne
parlait à personne.*

*Il savait qu'il ne serait jamais payé pour cela. Rien
de ce qu'il trouvait ne serait jamais présenté au grand
jour. Toute réalisation, extrêmement coûteuse, néces-
siterait d'énormes capitaux. La science et l'argent ne
couchent pas dans le même lit et l'on ne peut s'attendre
à ce qu'ils fassent beaucoup de petits.*

. . . .

*Debout, adossé à la table présidentielle, Coleman,
le maître des dix-neuf sucreries, l'air infiniment las,
saluait les arrivants, faisant à chacun la concession
d'un geste protecteur. Il possédait la terre par milliers
et milliers d'hectares, les usines par dizaines, sucreries,
raffineries, distilleries, biscuiteries, scieries et pape-
teries. Il était maître de journaux, maître de banques.*

*Il pouvait dire : « Mes intérêts personnels atteignent
un chiffre tellement élevé qu'ils se confondent avec
l'intérêt national. »*

*Par dizaines, des familles bourgeoises avaient été
ruinées par ce monstre qui, après avoir détruit leur
héritage, trouvait le moyen de s'assurer la reconnaissance de ses victimes en leur accordant des emplois de
courtage. S'appuyant sur des décrets ministériels, sur
le code civil, il savait — avec l'appui des lois et de la
gendarmerie — se faire attribuer le bien du prochain.
Jamais on ne pourrait lui reconnaître la moindre
illégalité.*

*Le contemplant, Monestier pensait à un caïman.
Ce vieux bonhomme en avait la répugnante laideur.*

Ce caïman avait du chagrin, tous le savaient.

*Les reptiles sont capables de génération. Normale-
ment, ils ont des enfants. La descendance de celui-ci
naissait « humaine ». Il fallait toute une éducation*

pour en faire des caïmans et il y mettait tous ses soins. L'élevage, dans son ensemble, paraissait donner de bons résultats. Mais, pour une fille, il n'en avait pas été ainsi.

A vingt ans, la petite s'était cabrée. Elle avait préféré garder un visage humain, un cœur humain. Le milieu crocodilien lui avait donné la nausée. Elle avait filé avec son professeur de chant.

Justement le caïman lui avait préparé un époux, héritier de grasses terres et d'usines nombreuses. Le mariage aurait lieu lorsque serait dûment reconnue la solidité des écailles qui mettraient le fiancé à l'abri de toute ruineuse sensibilité, lorsque serait jugée suffisante la puissance des crocs. Le caïman avait pris en charge l'éducation de son futur gendre et le surveillait avec un soin jaloux. Le dressage promettait les meilleurs résultats. Et tout était tombé à l'eau par la fugue de la fillette. Le mal était sans remède.

. . . .

Le président déclara la séance ouverte.

C'était, pour Monestier, l'heure de la bataille. Il était calme, résolu.

— *En vérité, Monsieur Coleman, je sais bien que l'honneur, le patriotisme et autres grands mots, sous la pression des événements et des intérêts, peuvent prendre des significations assez lointaines de ce que pense un vain peuple. Je n'aurais jamais supposé que le mot de Syndicat pouvait définir une association dont le but était la destruction de ses membres. Jusqu'à ces temps-ci, j'étais loin d'imaginer que les cent vingt mille francs de cotisation que j'ai versés entre les mains de votre trésorier représentaient ma quote-part dans une entreprise qui se donnait pour tâche de me ruiner.*

Sous l'influence de ses propres paroles, le mépris montait à la gorge de Monestier. Il sentait maintenant qu'il fallait « insulter ». Il le fallait... ou étouffer.

— *J'ai connu des coquins, des voleurs, et je dois recon-*

*naître qu'ils apportaient une certaine délicatesse dans
leur besogne qui est de s'emparer du bien d'autrui.
Mais que le diable m'emporte, Messieurs, si j'en connus
jamais un seul qui eût l'infamie d'aller, avant de commettre le vol, se faire régler par les victimes les frais
de l'opération.*

*Et je constate que vous êtes tous ici, vous le Président
manche à balai, vous les membres du syndicat, tels
des chiens tremblants devant le maître qui manie le
fouet. Espérez, bande de foireux, qu'il vous laissera
vivre encore quelques années et qu'il vous accordera
une représentation départementale lorsqu'il vous aura
ruinés.*

*Je n'ai plus rien à faire avec vous, mais je vous pré-
viens que mon départ n'est pas une simple capitulation.*

*Je vous déclare la guerre à mon tour, une guerre
sans merci, pendant laquelle je m'accorderai le droit de
vous frapper par tous les moyens.*

*Je suis venu dans le pays les mains vides et considère
que je n'ai rien à perdre. Vous verrez, Monsieur
Coleman, ce qu'on gagne à s'en prendre à qui n'a rien
à perdre.*

A partir de 1929-30, Antoine Sylvère vient s'installer à Paris
avec sa famille. Il donne libre cours à son goût pour la lecture
et développe ses connaissances dans les domaines les plus divers
(mathématiques, sciences physiques et chimiques, astronomie,
histoire, géographie, littérature); il vit de sa plume en rédigeant
des articles de vulgarisation scientifique. Entre 1932 et 1934,
il écrit de nombreuses nouvelles évoquant le monde de son
enfance. 1936-38 : *Toinou*. A partir de 1938 : *Le Pont des
Feignants*. Le *Légionnaire Flutsch* ne sera rédigé qu'après la
guerre, dans les années 50.

La guerre d'Espagne éveille chez Toinou des échos douloureux; il milite activement pour les Républicains et, au moment
de leur débâcle, il adopte une petite espagnole perdue dans la
cohorte des réfugiés, Rosita.

Ses enfants gardent un souvenir ébloui des dimanches où
Toinou leur faisait lecture, mimant tour à tour chaque person-

nage. Nul doute qu'à ce moment s'impose à lui l'idée de fixer avec précision ses souvenirs afin d'écrire plus tard son auto-biographie, témoignage de fidélité envers les anciens camarades de misère, réquisitoire contre toutes les injustices rencontrées. A en juger par le ton des nouvelles achevées, par l'acuité des commentaires, on regrette profondément que Toinou n'ait pu, en particulier pour des raisons de santé, mener à bien cette fresque. Le plan écrit vers 1945 et retrouvé parmi ses manus-crits laisse augurer de ce qu'aurait pu devenir l'ouvrage.

1) *Toinou.*
2) *Le Pont des Feignants.*
3) *Jésus-Christ, Pudorgne et le Puissant.*
   L'enfance et l'adolescence livrées à l'enseignement religieux. Étude subjective et objective des dégra-dations successives d'un caractère sain. Subjective par la vie de l'enfant. Objective par la vie des adultes qui s'y trouvent mêlés et qui fait apparaî-tre les conséquences sociales...
4) *La Fuite.*
   L'adolescent refuse la dégradation. les tendances à l'évasion et à la révolte contre les lois...
5) *Le légionnaire Flutsch.*
6) *« Soleil Levant ».*
7) *Ascension.*
   L'accès à la petite bourgeotsie...
8) *Contradictions.*
   La grande bourgeoisie.
9) *Le « Retour ».*
10) *FTP.*

En 1939, Antoine décide de créer une exploitation forestière dans le Morvan. Les fonds nécessaires à l'achat d'une coupe de bois sont fournis par le montant d'un livret de Caisse d'Épar-gne ouvert à son nom et alimenté en secret par sa mère avec les versements de la pension que Toinou lui assurait...

Pendant la guerre et l'Occupation, l'attitude des Sylvère est exemplaire : ce sont des résistants de la première heure. Antoine

Sylvère constitue un groupe qui établit la liaison avec Londres dès 1942. En novembre de la même année, il reçoit l'un des premiers parachutages d'armes sur la France.

D'abord cachés dans une maison amie à Quarré-les-Tombes dans l'Yonne, en avril 1943, les Sylvère, prévenus à temps par la gendarmerie locale, échappent de justesse à la Gestapo.

Lorsque je sortis, dira ensuite Toinou, *pensant aller à la mort, ma femme prit mon bras et me suivit sans hésitation, prête à m'accompagner jusque dans la mort, inclusivement.*

Toinou ne l'oubliera jamais.

Leurs trois enfants, également résistants, sont arrêtés comme otages et sont déportés aux camps de Buchenwald et de Ravensbrück.

Ils rejoignent alors Montauban où ils sont hébergés par la famille de leur fils adoptif, Roger Robichon, agent de police. Une nouvelle liaison avec la France résistante est établie et la fin de la guerre trouve Antoine Sylvère chef de bataillon FFI sous les ordres du colonel Collet, commandant la région de Toulouse.

A la Libération, une lourde responsabilité incombe à Toinou et à sa femme : élever la petite Gabrielle dont le père, polytechnicien, a eu le triste privilège de tomber, l'un des premiers, en mai 1940, à Chaulnes (Somme), à l'âge de 26 ans et dont la mère, Ginette, première femme ingénieur architecte E.T.P., a trouvé la mort au camp de concentration de Ravensbrück.

Toinou ira jusqu'à apprendre le latin à l'âge de soixante-trois ans pour aider sa petite fille dans ses études. Sa haute valeur, sa compréhension profonde de la complexité des hommes et de leurs faiblesses font de lui un être rayonnant qui attire tous ceux qui l'approchent. L'image que garde de lui sa petite-fille est celle d'un homme ouvert à toutes les idées — une « encyclopédie vivante » — mais aussi d'un vrai grand-père indulgent et complice. La grande rigueur dont il fait preuve vis-à-vis de lui-même, une extrême pudeur dans le domaine des sentiments, vont marquer tout à la fois sa vie et son œuvre.

Atteint par la maladie de Dupuytren, Antoine Sylvère perd définitivement, à la suite d'une opération malheureuse, l'usage d'une main qui deviendra le siège d'une douleur constante.

Dès lors, il renonce à écrire. Il donne des leçons de mathématiques et sa femme Suzanne, qui a cinquante-cinq ans et n'avait encore jamais travaillé, devient assistante sociale au ministère de la Reconstruction, poste qu'elle conservera durant une douzaine d'années.

Atteint d'un cancer généralisé auquel il succombe le 23 octobre 1963, Toinou tente de surmonter les souffrances implacables qui s'acharnent à le détruire par une activité intellectuelle incessante. Il dictera ces dernières lignes quelques semaines avant sa mort :

Physiquement, je suis très bas : jambes atrophiées... et, en plus, six centres de douleur dont un seul pourrait être tenu pour intolérable... Je n'ai jamais réalisé avant ces derniers instants à quel point le moral peut dominer le physique. Chaque jour, je passe deux heures à enseigner les mathématiques supérieures à ma petite-fille et, pendant ces heures-là, les douleurs disparaissent...

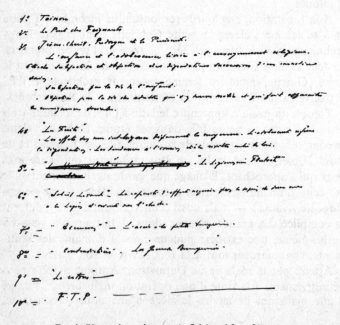

Fac-similé du plan prévu par A. Sylvère. (cf. p. 344)

ANNEXES

DICTIONNAIRE

GÉOGRAPHIQUE ET ADMINISTRATIF

DE LA FRANCE

COMPRENANT :

1° UNE INTRODUCTION SUR LA FRANCE ;
2° DES NOTICES GÉOGRAPHIQUES, STATISTIQUES, ADMINISTRATIVES, COMMERCIALES, INDUSTRIELLES,
DESCRIPTIVES, HISTORIQUES ET BIOGRAPHIQUES SUR LES DÉPARTEMENTS, LES COMMUNES ET LES PRINCIPAUX HAMEAUX ;
3° DES NOTICES DÉTAILLÉES SUR LES ANCIENNES PROVINCES, LES RÉGIONS PARTICULIÈRES,
LES MONTAGNES, LES BOIS ET FORÊTS, LES MINES, LES FLEUVES, RIVIÈRES, TORRENTS ET LACS, LES EAUX MINÉRALES,
LES CANAUX, LES GOLFES, BAIES ET PORTS, DÉTROITS,
ILES ET ILOTS, CAPS, PHARES, ETC., ET SUR LES CURIOSITÉS NATURELLES ET HISTORIQUES

PUBLIÉ SOUS LA DIRECTION DE

PAUL JOANNE

TOME PREMIER

A — B

Contenant 282 gravures, 53 plans et cartes dans le texte
et 14 cartes ou plans de départements tirés en couleurs hors texte.

PARIS

LIBRAIRIE HACHETTE ET Cⁱᵉ

79, BOULEVARD SAINT-GERMAIN, 79

1890

AMBERT. *Puy-de-Dôme*, c. de 8211 h. (38 385 fr. de rev. ; 6047 hect.), à 531 m., sur la Dore, par 45°33'4'' de lat. et 1°24'12'' de long. E., 90-54 k E.S.E. de Clermont-Ferrand, ♠♠♠ de Lyon (450 k de Paris), TE ⊠, cure, frères des Éc. chr., sœurs du tiers ordre de St-Dominique (maison mère). Ursulines, octroi. Ch.-l. d'arr. et de cant., sous-préf., trib. de 1re inst. (C. d'app. de Riom), j. de p., insp. primaire, trib. de comm. Collège communal. insp. prim., 12 éc. pub., 4 éc. priv. Commiss. de pol., 2 brig. de gendarm., sous-ing. contrôl. des ch. de fer, conduct. des ponts, ag.-v. d'arr. et de cant., garde gén. des forêts. Recev. particulier, contrôl. des contr. dir., perc., enreg., cons. des hypoth., recev.-entr. des contr. indir., vérif. des poids et mesures. Lieut. de louveterie. Ch. et société d'agr., comice agr., ch. consult. des arts et manuf. Avoués. 3 not., huis. Prison cellulaire, hosp. (82 lits), bur. de bienf. — Plomb argentifère (Voy. AUZELLES. — Sources minérales froides dans les ham. de *Rodde* eau gazeuse exportée comme eau de table), *Valeyre* et *Talaru.* — 3 fabr. de carton, manuf. considérables de papiers fins à filtrer et d'emballage. fabr. de couvertures de laine, de rubans en coton, en fil, en laine ; de ceintures de coton et de laine, de chapelets, de perles en coco, dentelles, tulles, lacets, fromages réputés les meilleurs de l'Auvergne ; minoteries, féculeries, scierie mécanique, moulinage et polissage de la soie. Dans la vallée de Valeyre, fabrication à la main (tendant à disparaître) de papier de soie. — F. : 2es jeudis de janv., févr., le mercr. saint, 23 avr., lendemain de l'Ascension, le lundi ap. la Fête-Dieu, 2e jeudi de juill. et d'avr., 10 sept., 1er oct., 5 nov. et 1er déc. ➤→ *Eg. St-Jean* (mon. hist.), de 1471 à 1518, inachevée, en partie de la Ren., surmontée d'un clocher très élevé. — Maison de la Ren. — Belle fontaine. — HIST. ET BIOGR. Ambert, d'origine féodale, anc. cap. du Livradois, est la patrie du conventionnel Maignet (1758-1834), du géomètre Michel Rolle (1652-1759) et de l'historien auvergnat André Imberdis (1810-1876).

ARR., 8 cant. : Ambert, Arlanc, Cunlhat, Olliergues, St-Amant-Roche-Savine, St-Anthême, St-Germainl'Herm, Viverols ; 55 c. ; 79 104 h. ; 118 517 hect.

Canton, 9 c. : Ambert, Champétières, la Forie, Job, Marsac, St-Ferréol-des-Côtes, St-Martin-des-Olmes, Thiolières, Valcivières ; 19 723 h. : 24 343 hect.

Extrait du Dictionnaire géographique et administratif de la France, Paul Joanne, 1890, p. 87.

II

DATES LES PLUS IMPORTANTES
DE LA LÉGISLATION SOCIALE
en vigueur dans la seconde partie du XIXe
et les deux premières décennies du XXe.

Durée du travail

Loi du 22 mars 1841 : Prohibe le travail industriel des enfants de moins de 8 ans. De 8 à 12 ans, le travail effectif maximum est de 8 heures sur 24. De 12 à 16 ans, le travail de 12 heures est possible. Dès 16 ans, le statut est celui d'un adulte. (Le temps de travail quotidien est alors couramment supérieur à 12 heures.)
Le travail de nuit est interdit jusqu'à l'âge de 13 ans.

Décret de 1848 : Diminution d'une heure de la durée quotidienne de travail afin d'atteindre la moyenne théorique de 12 heures.

Loi de 1874 : Loi générale sur le travail des femmes et des enfants et sur la création du corps de l'« Inspection du travail ».

Loi de 1892 : Loi sur le travail des femmes et des enfants
— Enfants : Age minimum d'embauche fixé à 13 ans. De 13 à 16 ans : 10 heures de travail maximum par jour.
— Adolescents : (de 16 à 18 ans), 60 heures de travail maximum par semaine.

351

		— Femmes : 11 heures de travail maximum par jour.
		— Hommes : 12 heures de travail maximum par jour.
Loi de 1900	:	Loi dite « Millerand » réduisant à 10 heures le travail des ateliers employant des femmes ou des enfants même partiellement.
Loi de 1905	:	Loi réduisant à 8 heures le travail des mineurs de fond.
Loi du 13 juillet 1906	:	Loi rendant obligatoire le repos hebdomadaire.
Loi de 1913	:	Loi réduisant à 8 heures le travail pour tous les mineurs.
Loi de 1914	:	« Semaine anglaise » octroyée au personnel des établissements industriels de l'État.
Loi de 1914	:	Confirme la validité du décret de septembre 1848 affirmant légale la durée de travail de 12 heures.
Loi d'avril 1919	:	Loi sur la journée de 8 heures.

Vie syndicale

Décret de 1848	:	Autorise les associations non politiques.
Décret de 1852	:	Reconnaissance des sociétés de secours mutuel mais soumises à une surveillance très étroite.
Loi du 25 mai 1864	:	Supprime le délit de coalition. Ainsi, tolérance de droit vis-à-vis des coalitions.
Loi du 31 mars 1868	:	Tolérance de fait des syndicats ouvriers.
Loi du 21 mars 1884	:	Dite loi « Waldeck-Rousseau ». Elle crée des syndicats professionnels à existence légale. C'est le premier grand pas vers la liberté syndicale.
Loi du 1er juillet 1901	:	Réglementation générale des associations.
Loi du 12 mars 1920	:	Reconnaissance de la liberté syndicale.

Salaires

Décret du 10 août 1899 : Adopte le principe du salaire « normal », c'est-à-dire moyen, pour l'ensemble de chacune des professions.

Loi du 10 juillet 1915 : Adopte le principe de salaire minimum pour l'ouvrier à domicile.

(Il n'existe pas de législation sur la rémunération des enfants employés par leur père dans le monde agricole.)

Conditions de travail et de vie

Loi de décembre 1803 : Institue le « Livret ouvrier » qui ne tombe en désuétude qu'à la fin du second Empire.

(1840 : Célèbre enquête de Villermé)
(1848 : Création des Ateliers Nationaux)

1889 : Création d'une « Société Française des Habitations à bon marché » qui fait voter la...

... Loi de 1894 : Sur les habitations ouvrières.

Loi du 9 avril 1898 : Première législation en matière de sécurité du travail.
En cas d'accident, si celui-ci n'est pas dû à une faute inexcusable de l'ouvrier, une rente peut être versée. La responsabilité patronale en la matière est donc posée. Le patron paye ces sommes en se couvrant par une assurance avec un fonds de garantie de l'État. Ainsi, il doit prendre à sa charge les frais médicaux. En cas d'incapacité de travail de l'ouvrier, le patron verse une indemnité variant entre 33 et 50 % du salaire. En cas de décès, la veuve recevra une pension correspondant au 1/20 du salaire avec des compléments de 1/40 par enfant.

Loi de 1899 : Extension de la loi du 9 avril 1898, qui vient d'être évoquée, au monde agricole.

353

1906	:	Création du Ministère du Travail.
Loi d'avril 1910	:	Sur les retraites ouvrières.
Loi de 1913	:	Obligation de repos pour les femmes en couches.
Loi de juillet 1914	:	Établissement d'un impôt général sur le revenu.
Loi du 7 avril 1917	:	Accorde des allocations sur des critères de charges de famille au seul personnel de l'État. Premier pas vers les allocations familiales.
Loi du 25 mars 1919	:	Entérine le principe des conventions collectives et en favorise la pratique.
Loi d'avril 1928	:	Sur les assurances sociales.

Enseignement populaire

Loi du 25 octobre 1795	:	Établissement de la gratuité partielle dans les écoles primaires.
Loi du 1er mai 1802	:	Création des lycées, et mise des écoles primaires sous la responsabilité des communes.
Ordonnance du 29 février 1816	:	Les communes sont tenues d'entretenir une école et d'y assurer la gratuité pour les indigents. Les maîtres doivent présenter un brevet. Le clergé a une place importante dans l'administration de l'école primaire.
Ordonnance du 12 mars 1831	:	Suppression du certificat d'instruction religieuse demandé aux instituteurs.
Loi du 28 juin 1833	:	Dite « Loi Guizot ». Liberté de l'enseignement primaire mais le curé reçoit, par exemple, un rôle de surveillance de l'école primaire. Les communes sont obligées d'entretenir une école primaire et d'y assurer la gratuité partielle. Les maîtres doivent être pourvus du brevet élémentaire ou supérieur. Les départements doivent entretenir une École Normale d'Instituteurs.

		Cette loi est étendue dans ses grandes lignes à l'enseignement féminin par l'...
... Ordonnance du 23 juin 1836.		
Loi du 15 mars 1850	:	Dite « Loi Falloux ». La liberté scolaire n'est accordée largement qu'aux seules congrégations. Ainsi, le brevet de capacité pour être instituteur peut être remplacé par le baccalauréat, la qualité de ministre d'un culte ou un certificat de stages qui favorisait les Frères. L'organisation de l'enseignement primaire sur une base départementale est rendue plus efficace.
Loi du 10 avril 1867	:	Permet aux communes d'établir la gratuité totale et oblige les communes de plus de 500 habitants à entretenir également une école de filles.
Loi du 16 juin 1881	:	1re grande « Loi Ferry » sur l'éducation. La gratuité des écoles primaires publiques devient une réalité.
Loi du 28 mars 1882	:	2e grande « Loi Ferry » sur l'éducation. L'enseignement primaire devient obligatoire et laïc pour les enfants de 7 à 13 ans. Des commissions municipales scolaires sont chargées de contrôler la fréquentation de l'école.

(Ainsi, le double principe est adopté : laïcité dans l'école publique, liberté en dehors. La loi du 30 octobre 1886 contraindra de remplacer tous les instituteurs publics congréganistes par des laïcs. Les congréganistes qui ne disposent pas, la plupart du temps, d'un brevet, sont donc chassés de l'école publique. Ils ouvrent alors des écoles libres. Les titres d'enseignement des maîtres de ces écoles ne sont pas cautionnés par l'État. De 1878 à 1901, l'effectif des écoles libres passe de 623 000 élèves à 1 257 000.)

Circulaire du 20 septembre 1887 :	Interdiction est faite aux instituteurs de fonder une union nationale.
Décret du 17 mars 1888 :	Création d'un corps d'inspecteurs

		régionaux pour les écoles professionnelles.
Loi du 25 juillet 1919	:	Loi dite « Astier ». Organisation générale de l'enseignement technique et création de cours professionnels obligatoires.
Décret du 12 juillet 1921	:	Organisation des écoles de métiers.

Législation se rapportant à la domesticité

Aucune des grandes lois sur la protection ouvrière n'est applicable aux domestiques.

(1854 : Première société de secours mutuel pour domestiques)

1858	:	Le Juge de Paix est l'arbitre désigné pour toutes contestations relatives aux gages. On refuse d'étendre la compétence des prud'hommes aux conflits entre maître et serviteur.
Loi du 2 août 1868	:	Précise le mode de rétribution des domestiques et supprime l'article 1781 du Code pénal relatif aux gages.
Loi du 3 juillet 1890	:	Sur le louage des services. En cas de résiliation abusive du contrat, le maître est alors obligé de donner un certificat à son serviteur sous peine de dommages et intérêts.
1907	:	Adhésion facultative des domestiques à la législation sur les accidents du travail (voir la Loi du 9 avril 1898). Pas d'application.
1909	:	L'accouchement d'une domestique ne peut être à l'origine que d'une suspension du contrat de louage, jamais de sa résiliation.
1910	:	La loi sur les retraites ouvrières ne reçoit aucune application.
1914	:	Extension de la législation sur les accidents du travail du 9 avril 1898 au monde de la domesticité. La loi du 6 août 1923 parachève cette évolution.

356

Législation se rapportant à la prostitution

Deux grandes tendances :
1. Le législateur n'assimile pas la prostitution à un délit.
2. Le pouvoir central laisse en réalité les maires développer des réglementations pour la prostitution. Les circulaires Beugnot (1814), d'Argout (1833) et Delangle (1859) et la Loi de 1884 vont en effet dans ce sens.

Mise en application du réglement de police « Gigot » pour Paris du 15 octobre 1878 :

(On retrouve une réglementation équivalente dans les autres grandes villes)

Inscription volontaire des filles à l'administration. En cas contraire, les prostituées sont arrêtées, interrogées et contraintes à des visites sanitaires immédiates. Par la suite, une commission spéciale, et si la fille est mineure le service des mœurs, décide ou non de son insertion dans la catégorie des « filles soumises ». La procédure est généralement longue.

Loi du 17 juillet 1880 :

Instaure la liberté de commerce des débits de boisson. Ainsi, le nombre des maisons de tolérance au sens strict, donc, bien réglementées, tend à diminuer. En fin de compte, extension considérable du nombre des prostituées. Cette loi rend caduc le décret du 29 décembre 1851.

Réglement de police parisien du 14 février 1900 :
(une réglementation équivalente se retrouve dans chacune des grandes villes françaises)

Ce nouveau réglement s'étend donc (cf. supra) à tous les types d'établissements de prostitution (maisons de simples rendez-vous comme débits de boissons et maisons spécialisées).
Modalités :
— Les filles doivent se plier à des visites médicales régulières.
— Tenue obligatoire par la direction des établissements d'un registre avec la photo des filles.
— Les fenêtres de l'établissement

357

	doivent être obligatoirement closes.
	— Racolage interdit.
Loi du 3 avril 1903 :	Reprenant les principes de la Loi du 27 mai 1885, le législateur condamne le commerce des mineures et majeures vendues par violence, fraude ou menace. C'est donc les souteneurs qui sont ici visés.
1904 — Arrêtés municipaux :	Sur 294 arrêtés municipaux alors en vigueur en la matière, 181 défendent expressément l'entrée des maisons de tolérance aux mineurs et aux collégiens.
— Réglement de police de Paris :	Interdiction est faite aux tenanciers de faire coucher deux filles dans une même chambre. Cette mesure vise à défendre les conditions d'hygiène des filles.
— Service d'hygiène de Paris :	Création d'un dispensaire vénérologique gratuit à St-Lazare.
Loi du 11 avril 1908 :	Placement des prostituées mineures (jusqu'à 18 ans) dans des asiles. Mais inapplicable, car absence d'équipements.
Loi du 1er octobre 1917 :	Interdit l'emploi des femmes de débauche dans les débits de boisson.

SALAIRE ET BUDGET DE
LA FAMILLE OUVRIÈRE FRANÇAISE
1. 1850-1870 *

Les conditions d'existence.

Le salaire et le budget de la famille ouvrière.

En province, le salaire moyen journalier de l'ouvrier adulte de la petite et moyenne industrie est passé de 2 fr. 06 en 1853 à 2 fr. 90 en 1871, soit une hausse de 41 %. A la première de ces deux dates, les salaires moyens journaliers oscillent, dans les mines, entre 2 fr. 50 et 3 fr. 20. Dans la métallurgie, ils vont de 3 fr. 20 à 4 fr. et parfois même plus. Dans le textile, les rémunérations sont très variables suivant les spécialités et les localités, mais s'inscrivent généralement entre 2 fr. et 4 fr. De même que dans la petite et moyenne industrie, on observe une hausse des salaires nominaux dans ces trois grands secteurs industriels que constituent les mines, la métallurgie et les textiles. Mais elle est difficile à chiffrer, étant donné les grandes diversités qui existent entre les professions et les régions. Les gains annuels sont faciles à évaluer, si on suppose une moyenne de 300 jours de travail par an, mais pour se faire une idée exacte du revenu annuel des salariés, il faudrait encore pouvoir tenir compte des chômages cycliques et saisonniers, ainsi que de l'absentéisme. En outre, dans le Nord, le Nord-Est et le Nord-Ouest, les ouvriers d'industrie n'ont pas perdu tout contact avec la terre et celle-ci, qu'ils travaillent à leurs heures de loisir, leur procure des ressources impossibles à comptabiliser pour se faire une idée exacte de leurs ressources globales.

D'une manière générale, et sauf de rares exceptions, les femmes reçoivent un salaire inférieur de moitié à celui des hommes, même lorsqu'elles fournissent le même travail. Quant au salaire des enfants, il est très inégal, oscillant entre 50 centimes et 2 francs.

---

* Extraits de *Histoire du travail en France, Mouvement ouvrier et législation*. Tome I : Des origines à 1919, de Édouard Dolléans et Gérard Dehove. Paris 1953. Éd. Domat Montchrestien.

A Paris, la moyenne du salaire journalier des hommes est de 3 fr. 81 en 1853 et de 4 fr. 98 en 1871, l'heure étant payée, à cette dernière date, entre 50 et 60 centimes. En 1860, les femmes reçoivent en moyenne, de 2 fr. à 2 fr. 50 par jour. Tous ces chiffres s'entendent des salaires nominaux qui paraissent enregistrer, en moyenne, une hausse de 40 % au cours du Second Empire.

En ce qui concerne maintenant les salaires réels, c'est-à-dire en tenant compte du coût de la vie, on constate, malgré les différences déjà notées d'une profession à l'autre, que la hausse des salaires nominaux a été plus que compensée par la hausse des prix, dans certaines régions, autrement dit qu'il y a eu une baisse des salaires réels, le pouvoir d'achat des salariés allant en diminuant. A Paris, par exemple, la hausse des salaires nominaux paraît être de 30 % alors que la hausse des prix est au moins de 45 %. Il en est de même, quant au sens du mouvement sinon quant à son ampleur, dans les Ardennes et en Lorraine, ainsi qu'en Vendée et dans le Tarn-et-Garonne.

Dans d'autres régions, cependant, le salaire réel est demeuré assez stable. C'est le cas notamment du Nord, du Nord-Ouest, du Nord-Est, de l'Ouest, du Sud-Ouest, du Centre et du Sud-Est. Enfin, on observe même une hausse du salaire réel dans certaines localités du Sud-Est et dans la région de l'Est (1).

D'une manière générale, il semble que la situation matérielle de l'ouvrier se soit rarement améliorée, au cours de cette période. Si elle ne s'est aggravée que dans certains cas particuliers, la plupart du temps elle est restée stable. Toutefois, comme les fortunes se sont accrues dans le milieu patronal, cette stabilité ne constitue pas un élément à inscrire à l'actif de la condition ouvrière sous le Second Empire, mais explique, au contraire, que le fossé se creuse davantage entre les salariés et leurs employeurs (2).

1. Pour plus de détails, on consultera les remarquables recherches auxquelles s'est adonné M. Georges DUVEAU : *op. cit.*, notamment ch. III, la section II (Taux et mouvement du salaire), dans la Section III (Le niveau de vie de l'ouvrier), le § 2 : Le budget de l'ouvrier, et le § 3 : Le salaire réel, ainsi que la Section IV (Misère et aisance), p. 304 sq.

2. *Ibid.*, Section IV, § 3 : La stabilisation de la condition ouvrière opposée à l'enrichissement bourgeois, p. 410 sq.

2. 1888-1914 *

Si la marche ascendante du salaire nominal se poursuit lors de la nouvelle conjoncture, celle du salaire réel, compte tenu du coût de la vie, se ralentit. La hausse varie d'un pays et d'une profession à l'autre : plus marquée en Italie, où la rémunération est plus faible (indice 76 en 1901 contre 100 en 1913), elle apparaît minime en Angleterre (indice 100 en 1880, 132 en 1900, 134 en 1913); interrompue en Belgique dès 1904, elle y est suivie d'une véritable stagnation (89 en 1895, 104 en 1904, 100 en 1913).

Les branches les plus favorisées sont les mines et la métallurgie pour lesquelles la demande s'accroît considérablement. Le mineur de la Ruhr touche 6 marks 4 par tonne en 1910 au lieu de 3 marks 7 en 1895. Fort mal rétribué jusqu'alors, celui des houillères françaises voit sa condition s'améliorer aussi (2 francs en 1850, 3 fr. 80 en 1881, 4 fr. 10 en 1895, 5 fr. 40 en 1911). Le travailleur du textile est plus mal partagé : à la filature cotonnière Voortman, de Gand, le salaire ne représente plus que 6,4 % du prix de revient en 1913 contre 12 % en 1897; bien que les frais généraux aient doublé, le prix de façon a pu être réduit et le profit maintenu, la mécanisation ayant permis une augmentation de la productivité.

Dans la plupart des métiers le salaire demeure très faible. D'après l'enquête française de 1911, si des menuisiers, des ferblantiers, des serruriers touchent jusqu'à 10 francs et même davantage par jour, les journaliers doivent se contenter de 4 à 5 francs, les femmes de 2 à 3 francs; il n'est pas rare que la lingère à domicile travaille quinze heures pour gagner 1 fr. 50. En Asie les chiffres tombent encore plus bas : 0 fr. 50 pour l'enfant japonais à l'atelier, 0 fr. 25 dans la rizière.

Au surplus nulle part de plein emploi. Il y a un chômage chronique et l'immense émigration des misérables atteste la persistance d'un paupérisme massif.

Même dans les pays les plus évolués le travail reste toujours très défavorisé par rapport au capital... Dans le même temps que le mineur français gagne 20 % de plus, les bénéfices des compagnies doublent. Est-il dès lors étonnant qu'à la veille de la guerre 85 % de la richesse nationale aille en Grande-Bretagne à 5 % seulement de la population ? Qu'en France, en face de 25 millions de personnes qui ne laissent en mourant aucune fortune appréciable, 12 à 13 détiennent 30 % des biens et moins d'un million 70 % ?

* Extraits de *Histoire générale des civilisations* (Le XIXe), de Robert Schnerb. Paris 1968. PUF.

RÈGLEMENT INTÉRIEUR
FIXANT LES CONDITIONS DE TRAVAIL
DES EMPLOYÉS DE BUREAU

1. Piété, propreté et ponctualité font la force d'une bonne affaire.

2. Notre firme ayant considérablement réduit les horaires de travail, les employés de bureau n'auront plus à être présents que de 7 h du matin à 6 h du soir et ce, les jours de semaine seulement.

3. Des prières seront dites chaque matin dans le grand bureau. Les employés de bureau y seront obligatoirement présents.

4. L'habillement doit être du type le plus sobre. Les employés de bureau ne se laisseront pas aller aux fantaisies des vêtements de couleurs vives. Ils ne porteront pas de bas non plus à moins que ceux-ci ne soient convenablement raccommodés.

5. Dans les bureaux, on ne portera ni manteau ni pardessus. Toutefois, lorsque le temps sera particulièrement rigoureux, les écharpes, cachenez et calottes seront autorisés.

6. Notre firme met un poêle à la disposition des employés de bureau. Le charbon et le bois devront être enfermés dans le coffre destiné à cet effet. Afin qu'ils puissent se chauffer, il est recommandé à chacun des membres du personnel d'apporter chaque jour quatre livres de charbon pendant la saison froide.

7. Aucun employé ne sera autorisé à quitter le bureau sans la permission de Monsieur le Directeur. Les appels de la nature seront cependant permis. Aussi, pour y céder, les membres du personnel pourront utiliser le jardin au-dessous de la seconde grille. Bien entendu, cet espace devra être tenu dans un ordre parfait.

8. Il est strictement interdit de parler durant les heures de bureau.

9. La soif de tabac, de vin ou d'alcool est une faiblesse humaine et, comme telle, est interdite à tous les membres du personnel.

10. Maintenant que les heures de bureau ont été énergiquement réduites, la prise de nourriture est encore autorisée entre 11 h 30 et midi mais, en aucun cas, le travail ne devra cesser durant ce temps.

11. Les employés de bureau fourniront leurs propres plumes. Un tailleplumes est disponible, sur demande, chez Monsieur le Directeur.

12. Un senior, désigné par Monsieur le Directeur, sera responsable du nettoyage et de la propreté de la grande salle ainsi que du bureau directorial. Les juniors et les jeunes se présenteront chez Monsieur le Directeur quarante minutes avant les prières et resteront après l'heure de fermeture pour procéder au nettoyage. Brosses, balais, serpillières et savon seront fournis par la direction.

13. Augmentés dernièrement, les nouveaux salaires sont les suivants : cadets (jusqu'à onze ans) : 0,50 F; juniors (jusqu'à quatorze ans) : 1,45 F; employés : 7,50 F; seniors (après quinze ans de maison) : 14,50 F.
Les propriétaires reconnaissent et acceptent la générosité des nouvelles lois du travail, mais attendent du personnel un accroissement considérable du rendement en compensation de ces conditions presque utopiques.

Chaumont, le 15 juin 1850

III

Règlement Intérieur
fixant les conditions de travail des employés de bureau

1 - Piété, propreté et ponctualité font la force d'une bonne affaire.

2 - Notre firme ayant considérablement réduit les horaires de travail, les employés de bureau n'auront plus à être présents que de 7 h. du matin à 6 h. du soir et ce, les jours de semaine seulement.

3 - Des prières seront dites chaque matin dans le grand bureau. Les employés de bureau y seront obligatoirement présents.

4 - L'habillement doit être du type le plus sobre. Les employés de bureau ne se laisseront pas aller aux fantaisies des vêtements de couleurs vives. Ils ne porteront pas de bas non plus, à moins que ceux-ci ne soient convenablement raccommodés.

5 - Dans les bureaux, on ne portera ni manteau ni pardessus. Toutefois, lorsque le temps sera particulièrement rigoureux, les écharpes, cache-nez et calottes seront autorisés.

6 - Notre firme met un poêle à la disposition des employés de bureau. Le charbon et le bois devant être enfermés dans le coffre destiné à cet effet. Afin qu'ils puissent se chauffer, il est recommandé à chacun des membres du personnel d'apporter chaque jour quatre livres de charbon pendant la saison froide.

7 - Aucun employé ne sera autorisé à quitter le bureau sans la permission de Monsieur le Directeur. Les appels de la nature sont cependant permis. Aussi, pour y céder, les membres du personnel pourront utiliser le jardin au-dessous de la seconde grille. Bien entendu, cet espace devra être tenu dans un ordre parfait.

8 - Il est strictement interdit de parler durant les heures de bureau.

9 - La soif de tabac, de vin ou d'alcool est une faiblesse humaine et, comme telle, est interdite à tous les membres du personnel.

10 - Maintenant que les heures de bureau ont été énergiquement réduites, la prise de nourriture est encore autorisée entre 11 h. 30 et midi mais, en aucun cas, le travail ne devra cesser durant ce temps.

11 - Les employés de bureau fourniront leurs propres plumes. Un taille-plumes est disponible, sur demande, chez Monsieur le Directeur.

12 - Un senior, désigné par Monsieur le Directeur, sera responsable du nettoyage et de la propreté de la grande salle ainsi que du bureau directorial. Les juniors et les jeunes se présenteront chez Monsieur le Directeur quarante minutes avant les prières et resteront après l'heure de fermeture pour procéder au nettoyage. Brosses, balais, serpillières et savon seront fournis par la direction.

13 - Augmentés dernièrement, les nouveaux salaires sont les suivants :
Cadets (jusqu'à 11 ans), 0 fr. 50 ; juniors (jusqu'à 14 ans), 1 fr. 45 ; employés, 7 fr. 50 ; seniors (après quinze ans de maison), 14 fr. 50.

Les propriétaires reconnaissent et acceptent la générosité des nouvelles lois du travail, mais attendent du personnel un accroissement considérable du rendement en compensation de ces conditions presque utopiques.

Chaumont, le 15 Juin 1880.

IV

LA PERSONNALITÉ D'ANTOINE SYLVÈRE
vue par ses enfants *

Avant tout, Antoine Sylvère est demeuré Toinou.

Aussi est-ce une grande chance pour sa famille que l'histoire de sa jeunesse soit publiée dans cette prestigieuse collection *Terre Humaine* où peuvent prendre la parole ceux auxquels on ne la donne jamais.

Lorsque Toinou, à 17 ans, fuit Ambert, un flacon de cyanure dans sa poche, après un geste désespéré contre l'ordre établi, ce n'est pas pour tenter de se faire ailleurs une place au soleil...

Toinou vient de perdre ses seuls vrais amis dans des conditions révoltantes.

Il est incompris, humilié, son entourage le rejette : il n'est que « la gronle » — en patois, la serpillière.

Notre père se référait souvent à cet épisode douloureux de son adolescence pour affirmer combien, envers et contre tout, il est important de faire confiance à la nature humaine : « Il ne faut jamais condamner un homme avant la fin de sa vie », aimait-il à dire.

Il avait cette rare faculté de se mettre à la portée de ceux qui l'approchaient; il suscitait des vocations chez ses jeunes élèves et s'en faisait aimer et obéir. Avec une infaillible sûreté pédagogique, il savait valoriser, en lui accordant une attention toute particulière, le plus cancre de ses élèves — paresseux ou forte tête — et parvenait à lui redonner foi en lui-même.

Ce fut un meneur d'hommes aussi bien en 1914-1918 dans l'armée, comme officier, qu'en 1939-1945 dans la Résistance. Sa nature généreuse le portait à compatir à la souffrance des autres et à leur transmettre sa philosophie de la vie basée sur une profonde expérience personnelle mais il stigmatisait

---

* Damien, Jany et Jean-Sylvestre ; sa petite-fille, Gabrielle.

avec passion ceux qu'il estimait responsables de l'injustice sociale.

Conteur né, il faisait revivre, devant son auditoire captivé, les personnages de sa jeunesse. Sa mémoire prodigieuse restituait les dialogues dans toute leur originalité, accent compris, avec beaucoup d'humour.

Mais le trait qui nous a le plus frappés dans sa personnalité fut, sans nul doute, son étonnante capacité d'assimilation des connaissances les plus variées.

Au sommet de son échelle de valeurs, Toinou plaçait la passion de savoir, la recherche désintéressée et, tout au bas de cette échelle, la réussite matérielle et le pouvoir de l'argent.

L'espoir fou que notre père mettait dans un monde sans classes basé sur le progrès scientifique était la revanche d'une enfance où il avait tant souffert de l'obscurantisme clérical et de l'infranchissable fossé qui séparait les pauvres des riches.

Devenu industriel, homme de responsabilités, c'est sans relâche, et avec l'honnêteté qui le caractérise, qu'il a cherché l'intérêt des plus démunis. Homme de gauche au sens le plus exigeant du terme, il créa, dès 1928, une coopérative agricole pour lutter contre la grosse industrie sucrière et, en cela, il fut un pionnier.

Plus tard, il évoquera cette époque comme la plus malheureuse de sa vie. Il ne devait jamais se sentir à sa place dans le monde fermé, âpre et implacable des puissants.

Toinou attachait beaucoup d'importance à la manière dont il aborderait la mort. Il voulait « mourir bien », dans la lucidité, dans la fidélité à ses convictions et dans la dignité. Et il y parvint, malgré les terribles souffrances que la maladie lui imposa.

Mais, c'est à travers les luttes et les épreuves qui l'ont frappé au cœur en décimant, dans l'horreur des deux guerres, la plupart des siens que se dégage définitivement ce qu'il représente : l'expression même de cette élite, directement issue de la paysannerie française massacrée dans la première moitié de ce siècle par deux fléaux implacables : une industrie et une machine de guerre meurtrières.

Nous souhaitons que le message de Toinou se transmette et se fixe dans la mémoire des hommes.

· Je suis ici dans ce milieu où j'ai mes premières peurs, à l'aurore
des premières pensées. Je dois m'accoutumer à toutes les humiliations.
On m'entendra appliquer les épithètes les plus injurieuses et j'y habituerai
à toutes sortes de désirs. Il me faut imposer capitulations sur capitulations
et bien que... réellement, je pourrais alors que... ses pieds, je deviendrai
un homme.

· Je ne puis penser sans rougir à l'escorte de lâchetés auxquelles j'ai
dû consentir... qui ont sali mon enfance et mon adolescence.

· Lâcheté pour obtenir de la nourriture, lâcheté pour obtenir un
travail, lâcheté pour s'ôter des coups.

Et un beau jour, ce fut le réveil, un état de réaction, violente contre
cette abjection. La susceptibilité, maintenant négative pour le faire
ce-même de la Religion et de l'argent, devenait brutalement positive,
et je me déclarai rebelle.

Les souvenirs de ces années exercent, sur ma pensée, leur pression
constante. Elle me maintiennent, sans cesse, en état de tension,
et cependant :

Jour après jour, de nouvelles lâchetés me sont imposées et viennent
se surajouter. Elles me surprennent en état de fatigue et je puis
réagir avec violence. À ces moments, là, je préférerais me faire
écraser vif sous les applaudissements d'un grand nombre invité à
la cérémonie plutôt que de consentir à une lâcheté nouvelle.

V

EXTRAITS DE MANUSCRITS
D'ANTOINE SYLVÈRE

Je suis né dans un milieu où dès mes premiers pas, à l'aurore des premières pensées, je dus m'accoutumer à toutes les humiliations, m'entendre appliquer les épithètes les plus injurieuses et m'habituer à toutes sortes de sévices. Il me fut imposé capitulations sur capitulations si bien que, réellement, je pouvais douter que, un jour, je deviendrais un homme.

Je ne puis penser sans rougir à toutes les lâchetés auxquelles j'ai dû consentir... qui ont sali mon enfance et mon adolescence.

Lâchetés pour obtenir de la nourriture, lâchetés pour obtenir du travail, lâchetés pour éviter des coups.

Et un beau jour, ce fut le réveil en état de réaction violente contre cette abjection. La susceptibilité, maintenue négative par les forces réunies de la Religion et de l'Argent, devenait brutalement positive et je me déclarai rebelle.

Les souvenirs de ces années exercent sur ma pensée leur pression constante. Ils me maintiennent sans cesse en état de tension. et cependant :

Jour après jour, de nouvelles lâchetés me sont imposées et viennent se surajouter. Elles me surprennent en état de fatigue et puis je réagis avec violence. A ces moments-là je préférerais me faire écorcher vif aux applaudissements d'un public nombreux invité à la cérémonie plutôt que de consentir à une lâcheté nouvelle.

Passage écrit dans les années 60, qui devait faire partie du volume : *Ascension. L'accès à la petite-bourgeoisie.*

Les rétrospections et introspections portant sur
soixante dix années de ma vie font apparaître que ce que
l'on appelle généralement "faute" peut être considéré
comme simple erreur momentanée dans son
essence mais dont les conséquences peuvent cependant
être catastrophiques —

Condamné pour contumace à 20 ans de travaux
forcés à l'âge de 17 ans alors que la responsabilité criminelle
de l'époque était fixée à 16 ans (Billard ayant été
vers 1896 guillotiné pour un crime commis alors
qu'il n'avait que 15 ans de denis) je devais être inévitablement
condamné, avec circonstances atténuantes à 5 ans de réclusion —
Le revirement n'était pas impossible malgré cela mais
rendu fort improbable car le jeu des échanges eût été
bien défavorable ou alors que j'devais obscure à la le tégine.

Au lieu des mailles aux points et aux
yeux durs, mais courageux et francs du collège, je n'aurais
en connaître que de misérables déchets et n'aurais
sans doute pu résister aux effets d'une dégradation dans un
milieu où au lieu de brutalités bêtes et toujours refoulées
par l'intervention d'un juste et bienveille j'aurais été perdu
dans un milieu de lâcheté, de délation, de méchanceté sournoise
où ma vie d'enfant et d'adolescent aurait trouvé
dans cette logique et sans doute une assimilation rapide, qui
se serait amplifiée par les dégâts de leur vie. Dans ce
j'm'infestais ou les dealers de l'armée "Je n'aurais
pas fontes un Bandit ou un Brutillet qui n'étaient pas
des canaillons dans un milieu où le prince Albert de Prusse
cousin de Guillaume II aurait rien d'un soldat de 2ᵉ classe
malgré la haine qu'il avait je tout en contre les puissances
en protendant l'en sortir — Rien ne aurait pu l'empêcher ...

Les rétrospectives et introspections portant sur soixante-dix années de ma vie font apparaître que ce que l'on appelle généralement « faute » peut être considéré comme simple erreur momentanée dans son essence, mais dont les conséquences peuvent cependant être catastrophiques.

Condamné par contumace à vingt ans de travaux forcés à l'âge de dix-sept ans, alors que la responsabilité criminelle de l'époque était fixée à seize ans, (Billard avait été vers 1895 guillotiné pour un crime commis alors qu'il n'avait que quinze ans et demi), le redressement n'était pas impossible malgré cela mais rendu fort improbable, car le jeu des échanges eût été bien différent de celui que je devais observer à La légion.

Au lieu des arsouilles aux poings et aux yeux durs, mais courageux et francs du collier, je n'aurais pu connaître que de misérables déchets et n'aurais sans doute pu résister aux effets d'une dégradation dans un milieu où au lieu de brutalités brisées et toujours redressées par l'intervention d'un justicier bénévole, j'aurais été perdu dans un milieu de lâcheté, de délation, de méchanceté sournoise où ma vie d'enfant et d'adolescent aurait trouvé une suite logique et sans doute une assimilation rapide qui se serait complétée par un séjour de deux ans dans les pénitenciers ou (3 mots illisibles). Je n'aurais pas trouvé un Baudry ou un Noblet qui n'étaient pas des exceptions dans un milieu ou le Prince Albert de Prusse, neveu de Guillaume II, avait vécu 3 ans, soldat de 2e classe malgré la lutte qu'il avait à soutenir contre les puissances qui prétendaient l'en sortir.

Note rédigée par Antoine Sylvère, quelques semaines avant sa mort (1963).

VI

L'AUVERGNAT D'AMBERT
par Pierre Rimbaud *

Origine du dialecte ambertois

Le dialecte ambertois est un dialecte auvergnat de basse Auvergne : les dialectes auvergnats font tous partie, comme les autres dialectes occitans, de la grande famille de la langue d'oc, à laquelle appartient aussi le provençal. Tous ont subi l'influence prépondérante de la « Provincia Romana », la Province romaine qui a latinisé peu à peu les autres groupes ethniques, mais selon certaines évolutions phonétiques propres; c'est ainsi qu'en Auvergne est apparu le chouintement auvergnat. Ex. : la chèvre — *capra*, en latin — devient en provençal : *cabra* et en auvergnat : *chabrà* ou *tsabrà* ou *tchabrà*. A Ambert, on dit *tchabrà* (prononcer tchabro).

Bien sûr, Ambert se trouve sur la frange nord-est de l'Auvergne et son dialecte a subi, aussi, l'influence de son voisin de l'est, le franco-provençal de la région lyonnaise qui s'étend jusqu'à la « ligne de crête » des Monts du Forez et, comme tous les dialectes, il a été aussi contaminé depuis le XVIIᵉ siècle par la pression sans cesse croissante du français.

Mais il suffit à *l'itrandjéir*, disons au touriste, de fréquenter le *djeù*, le jeudi, jour de marché, les rues piétonnes et les places d'Ambert pour se rendre compte que le patois est encore bien vivant dans nos campagnes.

Pour beaucoup de personnes de plus de quarante ans, il

* Certifié ès Lettres classiques, Diplômé d'Etudes Supérieures. Professeur au Lycée d'Ambert. Maire adjoint d'Ambert.

reste la langue maternelle, celle dans laquelle on s'exprime spontanément entre compatriotes.

Délimitation du dialecte « ambertois »

Parlons plutôt du dialecte du Livradois que du dialecte ambertois. En effet, avec quelques variantes, il est employé dans la plaine du Livradois et sur les versants des Monts du Forez qui la bordent à l'est, et des Monts du Livradois qui la bordent à l'ouest. Cette plaine de quinze km de long sur trois ou quatre de large, arrosée par la Dore, est un bassin d'effondrement, fermé à l'ouest par les Monts du Livradois culminant à 1210 m au Signal de MONS, qui le séparent du bassin de Brassac et de la vallée de l'Allier; à l'est, les Monts du Forez, culminant à Pierre sur Haute à 1640 m, le séparent du bassin de Montbrison et de la vallée de la Loire. Au sud, dans le Haut Livradois, nous nous heurtons rapidement à la montagne de la Chaize Dieu (1100 m), que la route doit escalader pour atteindre la ville du Puy; ainsi, la voie de communication principale se situe au nord, en suivant le cours de la Dore, en direction de Vichy. Cette situation géographique explique que le dialecte du Livradois soit encore assez bien conservé malgré un recul indéniable dont nous reparlerons plus loin.

Le vocabulaire

Le vocabulaire du dialecte d'Ambert et du Livradois est d'abord rural : il reflète la vie d'une société essentiellement agricole, même si, à des moments perdus durant les longs hivers, le paysan se transformait parfois en tisserand et si sa femme, armée d'une pince, assemblait les perles à chapelets ou, le « carré » sur les genoux, réalisait de patientes et magnifiques dentelles à la lueur de la petite lampe à huile, le *tchalé*, dont la lueur était concentrée sur le métier à dentelle grâce à une grosse carafe de verre, à panse arrondie, le *délï*, remplie d'eau, qui formait lentille. Le chiffonnier, *patair* ou *pelhair* ou *palharo*, parcourait villes et campagnes pour ramasser les *petas*, *lä pelhä*, c'est-à-dire les chiffons de linge que les maîtres papetiers de La Grand Rive, de La Forie ou de Valeyre transformaient en papier. (Le remarquable moulin-musée de Richard de Bas, qui fonctionne toujours près de Valeyre, initie à cette fabrication ancestrale d'un papier de luxe aux usages multiples.)

Souvent aussi le paysan s'expatriait durant l'hiver, *pé nä en pinhà*, pour aller au peignage du chanvre ou *pé nä en là chetà*, pour aller faire campagne comme scieur de long un peu partout en France.

Il fallait aussi *icoudre*, battre les gerbes au fléau dans la grange, *far de beù*, faire du bois pour reconstituer la provision de bois de chauffage ; on partait alors pour quelques jours dans la montagne, armé de la hache, de coins et du *chetou*, ou passe-partout, large scie avec un manche à chaque extrémité qui exigeait le concours de deux personnes, et qui était employée exclusivement pour l'abattage et le tronçonnage des arbres.

Il y avait aussi l'entretien du *beitià*, des animaux, à l'écurie : sans parler des lapins et volailles de un ou deux cochons, de quelques chèvres et de quatre ou cinq vaches; ces dernières étaient vraiment la richesse du paysan, elles fournissaient le fumier pour ses champs, le lait pour le beurre et le fromage, en particulier la célèbre *formà*, la fourme d'Ambert dont la réputation n'est plus à faire, et, les bonnes années, un veau qu'on irait vendre *un djeù de feirà vè Embar*, un jeudi de foire à Ambert. Elles étaient aussi son tracteur pour labourer les champs (*Ariä!* criait souvent le conducteur pour rectifier la direction), ou bien, attelées au char, elles rentraient fenaisons, moissons, ou encore, tirant la *barsélà* ou *là tchartoueirà*, elles transportaient le *reviur*, le regain, *lä topi*, les topinambours pour le *beitià*, les bêtes, ou *lä bodjä de trifä* pour *le mouonde* et *le beitià*, en somme pour tous!

L'hiver, elles donnent même leur chaleur, si bien que souvent on construisait avec quelques planches une chambre dans l'écurie pour les vieux parents. Cette pièce, chauffée par la chaleur animale, isolée par l'épaisseur du foin et de la paille entassés au-dessus de l'écurie dans la *feneirà* et le *tchamarô*, était la plus confortable de la maison. Même si le « maître » harcèle ses vaches avec le *picà tieu* (le pique-cul, l'aiguillon), il les soigne souvent mieux que lui-même, allant jusqu'à les frictionner en cas d'enflure avec sa *gniole*, les faisant garder de longues heures au pâturage chaque jour par le pépé, la mémé ou les enfants. Il connaît le caractère de chacune; et chacune a son nom souvent lié à la couleur de sa robe : la *Mourà* a un pelage très foncé, mais moins que la *Neirà* cependant; celui de la *Roussà* et de la *Froumentà* est roux et celui de la *Sardeirà* tire sur le rouge cerise. La *Bardèlà* porte des taches de couleurs différentes, la *Barradà* un pelage zébré, la *Grivà* une robe finement tachetée, la *Marcadà* est marquée, comme l'indique son nom, d'une tache isolée et bien tranchée. La *Pidjà* s'habille de noir et de blanc. Quant à la *Ribandà*, ses taches ont une forme allongée alors que celles de la *Tchambalhadà* font le tour de sa jambe. La *Djacadà* n'a qu'une seule et longue tache blanche; l'*Itialà* porte la sienne sur le front et la *Mouradà* sur le mufle!

Les longues journées sont bien remplies, qu'il s'agisse de *dïgramä*, ôter le chiendent des champs, de *rantchä l'erbà de dïssarô*, arracher les chardons. Au début de l'été, « pas guère avant », on se lève avec le jour pour aller *sedjà*, couper l'herbe à la rosée, *là rouadà* : dans le clair matin, les faucheurs vont bon train, le *dai*, la faux, siffle allègrement car chacun doit suivre l'autre et il faut lui montrer que l'on tient bien la cadence : de temps en temps cependant, on s'arrête pour *imolä le dai*, pour aiguiser la faux avec *là peirà*, la pierre qu'on porte coincée par une poignée d'herbe humide dans *l'icoutei*, un étui de bois accroché dans le dos, à la ceinture; ensuite il faudra *difar lou ran*, écarter les andins, tourner et retourner le foin puis *croutchä* et *gorbä* et peut-être *cutchä*, le regrouper, l'amonceler et peut-être le mettre en tas, *les cuches*, avant l'arrivée d'une *ramadà*, une chute de pluie, et ensuite lorsque s'illumine dans le ciel l'arc-en-ciel, *là tchambalhà de là Santà Viadjà*, la jarretière de la Sainte Vierge, il ne reste plus qu'à *dïcutchä*, défaire les cuches pour ensuite *vïrä* et *tournä vïrä*, tourner et retourner le foin pour encore *tornä gorbä*, l'amonceler à nouveau en longues rangées, avant de le charger à la fourche sur le char, tandis que femmes et enfants, armés de râteaux, *ralent* c'est-à-dire ramassent les reste*s* de foin derrière le char.

L'automne, il faut *rantchä lä trifä*, arracher les pommes de terre puis transporter *là bodjä* bien *tchabouiadä*, les sacs bien ficelés ou tout simplement *lä barseladä*, les charretées, à la cave, et aussi vers un endroit bien sec, bien orienté à l'orée d'un bois exposé au Sud, où on les mettra dans un trou recouvert de fougères sèches et de terre bien à l'abri du gel de l'hiver; cette opération se nomme *encurédä*.

Pour tous ces travaux et beaucoup d'autres, il faut être capable de prévoir le temps, connaître les signes avant-coureurs du changement apporté par les vents : la *bizà* du Nord ou la *chirà* en hiver, *l'aurà de ven*, le vent du Sud ou *l'aurà de lou alhan*, le vent qui fait tomber les glands en automne, *là Bertïnhassà*, le vent d'Ouest qui vient de la direction du bourg de Bertignat et qui apporte à coup sûr la pluie. S'il fait vraiment chaud, sans risque d'orage immédiat, l'homme fera peut-être l'après-midi une *pranheirà*, une sieste à l'ombre d'un pommier ; la femme elle, en a rarement le temps car non seulement elle aide aux travaux des champs, mais souvent, c'est elle qui *mouzà*, qui trait les bêtes, fait les fromages, *là formà* ou le *tchabrilhou*, le fromage de *tchabrà*, de chèvre ; elle confectionne aussi le *gaparou* en mélangeant le résidu, *là gapà*, de la baratte avec du lait et de la crème : elle confectionne les casse-croûte de 10 h et 16 h, *lä dèze* et *lä catre*, qu'elle porte aux hommes dans les champs et, après avoir travaillé avec eux, elle rentre la première pour préparer *lä meidïä*, le repas de midi, ou le *soupo*, le dîner.

Le déjeuner débute souvent, à midi, par un bol de *brei*, de potage, c'est parfois une simple *aigà belïdà*, eau bouillie, au beurre et au sel ou une *aigà borlhà*, bouillon maigre, avec quelques oignons et quelques *soupes* (tranches) de pain. Le soir, la soupe aux légumes entiers est plus consistante et souvent la cuillère peut tenir debout dans le bol. Outre les choux au lard, la nourriture est essentiellement à base de pommes de terre râpées ; *là gogà*, fricassée de pommes de terre coupées et de boudin, le *patia*, plus riche, qui contient, en plus, de la crème ; quant au *gargaru*, c'est un ragoût au vin composé de mou de bœuf, de cœur et de rate, que l'on préparait surtout pour la fête locale. Il pouvait être précédé de *là pompà grasà*, épais gâteau rond à base de restes de viande et suivi souvent du *milhar*, gâteau de farine délayée à l'eau et de cerises fraîches, ou de *là pouompà*, gâteau aux pommes ou aux poires, même aux *perä d'ïtranlhe*, poires très acerbes : c'était déjà presque *unà gouladà*, un repas plantureux, surtout s'il était accompagné de vin et se terminait par la crème, le café et *là régaladà*, le pousse-café ; le dessert pouvait être constitué aussi de robustes « soupes dorées », épaisses tranches de pain blanc (un luxe !) détrempées dans de la pâte à crêpe, frites à l'huile et saupoudrées de sucre. L'occasion d'une *gouladà* était rare dans l'année à part la fête locale et surtout *là feïtà do pouer*, la fête du cochon (quand on le tuait !) ; on faisait aussi un extra lors de *là reboulà*, repas offert aux ouvriers à l'achèvement d'une construction ou d'un travail important, et pour *lä seboutürä*, le repas de funérailles.

Habituellement on se nourrissait de *panhadà*, sorte de crêpe large et épaisse, faite de farine et d'œufs, délayée avec de l'eau et frite à la poêle, de *pochadà* ou *panladà*, sorte de crêpe épaisse frite à l'huile et composée de pulpe crue de pomme de terre, de lait et de jaune d'œuf. On consommait aussi le *paparou*, bouillie au lait et à la farine et *lä leissolä*, bouillie à base de farine de seigle qu'on faisait cuire après l'avoir délayée avec du lait ou du petit lait.

Quant au vin, on n'en buvait guère sauf les rares jeudis où l'on descendait à la foire d'Ambert : il arrivait alors à plus d'un de finir la journée et même de commencer la nuit dans quelque fossé. Le petit paysan n'avait guère de vin chez lui : il buvait du laitage, du cidre, différents mélanges à base de café, ou tout simplement de l'eau, en particulier de *l'aigà picà*, eau gazeuse : parmi les nombreuses sources, il y en avait souvent une à proximité.

Proverbes et mentalité

Voici quelques proverbes et expressions, parfois très imagés, qui témoignent d'une mentalité propre au terroir.

Chacun était très attaché à son clocher, à son village, comme en témoigne ce refrain concernant deux bourgs du canton d'Ambert, Job et Valcivières, distants de dix km :

> *Garsou dé djô qu'avez de djentä filhä*
> *Conservaz lä! lhä son de minadjä!*
> *Lou cheveiran, que lä grossä tétä,*
> *s'y vendion mai, lä emmenalhon mai!*

> Gars de Job qui avez de jolies filles
> Gardez-les! Elles méritent d'être bien choyées!
> Les Chevirans[1], ces grosses têtes,
> pourraient surgir, soudain, et vous les enlever!

Les bagarres étaient nombreuses, les soirs de fêtes locales, entre groupes de jeunes de villages différents. Pas question alors de se *dïbralhä*, disons de se « dégonfler » : surtout que l'on ne badinait pas avec la réputation des sœurs et des amies et malheur à celle qui osait *far petä le geitou* et *far patchä d'avan lou rapan*, perdre sa virginité et faire Pâques avant les Rameaux, c'est-à-dire avoir un enfant avant son mariage.

Ceci dit, on aimait bien rire et s'amuser durant les longues veillées d'hiver où l'on mangeait *lät chatenhä*, les châtaignes, et où l'on buvait le *chedre*, le cidre, autour de la cheminée : on appréciait les histoires et les farces souvent cocasses de ceux *que son fai pé rire*. Personne alors *pé virä lä gonhà*, pour

---

1. Ceux de la Cheveire, Valcivières.

faire la moue; et les enfants n'aimaient rien tant que d'écouter en tremblant les histoires de *Babau*, le diable noir, de la *Baragaunhà*, monstre fantastique et, quand les chiens aboyaient, ils croyaient entendre arriver *là Galipautà*.

Toutefois, si — encore aujourd'hui — on aime rire à certaines heures, on n'apprécie pas *lä barbolhä*, les « barbouilles », ceux qui parlent à tort et à travers, pas plus que celui qui vient *far son petan* ou *far d'abouondà*, qui cherche à faire l'intéressant à tout propos et hors de propos et on se retient pour ne pas lui lancer :

« *Parlà a mon tieu, là tétà me deù :* parle à mon cul, la tête me fait mal! ou encore *Tchabà nen embi ton djaz, marté de dai :* finis en avec ta musique, marteau de faux! »

La vie du paysan est dure, très dure, du temps de Toinou : dès huit ans, les familles pauvres louaient leurs enfants. C'est pourquoi, *coumo faris troubaris,* comme tu feras tu trouveras, et *quan cho embrassà le tieu do chi, tan aniu que demo,* quand il faut embrasser le cul du chien, autant aujourd'hui que demain : les actions, les travaux pénibles, autant s'en débarrasser tout de suite, demain, ce sera encore plus pénible, et surtout, ne compte pas sur les autres! *Conte mai soubre ton aze que soubre le tchavo de ton veji,* compte davantage sur ton âne que sur le cheval de ton voisin (ici, chacun est lucide et fier). S'il convient de se méfier des promesses du voisin, que dire de celles de *l'itrandjéir,* de celui qui cherche avant tout à *far sä calhä,* faire ses cailles, c'est-à-dire à exploiter la situation. *Cho toudjour far tchassä sä lébri per sou tchi,* il faut toujours faire chasser ses lièvres par ses propres chiens! On veut d'abord voir les gens à l'œuvre, il ne faut pas *vi d'äme,* avoir le moindre bon sens pour se fier aux seules promesses : *paion mai le tchi quan io à fai là vïradà,* on ne paie le chien que lorsqu'il a fait sa tournée (au pâturage, c'est seulement lorsqu'il a bien s uramener les vaches à l'endroit voulu qu'il a droit à un « paiement ».)

Gare à celui qui, malgré toutes ces précautions, trompe quelqu'un : on ne lui dira rien, on ne fera pas *petä lou Bon Dieu,* péter les « Nom de Dieu », — mieux vaut passer *pé un pu beitio, que pé un tro fi,* mieux vaut passer pour un plus bête que pour un trop fin —, mais *lu gardaron un tchi de sà tchinà,* on lui gardera un chien de sa chienne, on « s'en souviendra » avec l'idée tenace d'une revanche.

Ainsi le *vialeirou,* celui de la ville, aurait tort de ne voir dans le paysan auvergnat qu'un misérable et stupide demeuré : si dans les travaux des champs on ne parle pas beaucoup, on a le temps de réfléchir! On sait aussi être accueillant avec celui qu'on rencontre, surtout s'il est aimable. C'est alors l'occasion rare — et appréciée — de bavarder un peu, même avec un inconnu, de s'ouvrir sur le monde. En portent témoignage les formules cordiales qui ne manquent pas :

Fadjaz d'aize (travaillez gaîment), formule d'encouragement à une personne que l'on quitte et dont on avait interrompu le travail par un bout de conversation.

Ou encore *teniaz vou ivelhad*, tenez-vous éveillé, portez-vous bien, etc.

Mais à notre époque de « progrès » où, plus encore qu'au temps de Rabelais, tant d'hommes, « veillent, courent, travaillent, naviguent et bataillent », la formule de politesse la plus courante et la plus belle reste toujours chez nous :

Minadjà te, ménage-toi!

Minadjaz vou, ménagez-vous!

Et ce n'est pas là une exhortation à la paresse mais un conseil : n'oublie pas, même au plus dur de ton labeur, d'apprécier ce qui compte le plus : ta vie même.

Devenir du dialecte d'Ambert et de sa région

Il est lié au devenir du pays!

Au début du XXe siècle, le dialecte d'Ambert est parlé non seulement par les paysans mais encore par beaucoup de « bourgeois » de la ville d'Ambert et les commerçants sont bilingues. Si à la ville, les prêtres emploient le français dans leurs sermons, dans les petits bourgs, ils n'hésitent pas à s'exprimer en patois, même si ces « incartades » sont fort mal jugées par la hiérarchie religieuse. Les autorités laïques ne sont d'ailleurs pas plus tendres : on interdit formellement le dialecte à l'école primaire : gare au bonnet d'âne pour celui qui s'exprime dans sa langue maternelle! Et même au Collège communal d'Ambert, le « Règlement disciplinaire de l'École » précise bien — article 5 — qu'il est « défendu de parler patois dans l'établissement »! Beaucoup de parents de la génération de Toinou, s'ils s'expriment entre eux dans leur dialecte, se mettent à parler français à leurs enfants : il ne faut pas que les petits soient « moqués », il ne faut pas les empêcher de réussir!

Certains intellectuels, enseignants et curés essaient bien de lutter, de proclamer qu'être bilingue n'est pas, dans la vie, un handicap mais un atout supplémentaire pour bien parler français et apprendre d'autres langues. Malheureusement le patois est tourné en dérision jusque sur les cartes postales.

Pourtant le dialecte est le reflet d'une société vivante, d'une culture populaire, avec non seulement ses proverbes et ses chansons mais aussi ses écrits, qu'ils soient anonymes ou signés.

Ainsi Jacques Jarsaillon (1840-1893), né à Aubignat, commune de Saint Ferréol des Côtes près d'Ambert, et curé de Chabreloche, écrit des poésies et pièces de théâtre en dialecte d'Ambert, publiées en 1929 par J. Coudert, curé de Sauxillanges et B. Petiot, professeur au lycée Janson de Sailly, aux éditions Honoré Champion; l'Ambertois Régis Michalias (1844-1916), qui fait partie des félibres et est un admirateur du grand Mistral, écrit de nombreux poèmes en dialecte d'Ambert, ainsi qu'un « Essai de grammaire auvergnate », (1906-J. Migeon, éditeur à Ambert) et un « Glossaire de mots particuliers du dialecte d'Oc de la Commune d'Ambert (Puy-de-Dôme) » (1912-H. Champion, éditeur à Paris). Ce dernier ouvrage vient d'être réédité en 1978 chez Laffitte Reprints à Marseille.

Après la tourmente de 1914-1918, dont l'hécatombe achève de dépeupler les campagnes françaises, beaucoup de jeunes descendent la vallée de la Dore, pour aller travailler à Clermont et surtout à Paris, première ville d'Auvergne. Plus question alors de *parlä patoué!* En un siècle, l'arrondissement d'Ambert perd les deux tiers de sa population! Comment une langue, victime d'une telle hémorragie, aurait-elle pu rester intacte?

Un jour, il y a quelques années seulement — du temps où les jeunes qui parlaient le dialecte feignaient de l'ignorer — un professeur de français osa prononcer, en terminant son cours, quelques mots de patois! Stupéfaction générale et gêne. Puis avec un collègue, Mr. Pouyade, nous mîmes sur pied un club d'auvergnat.

A l'heure actuelle, nous assistons à un renouveau et, juste revanche, au lycée d'Ambert (qui a succédé à l'ancien Collège communal), le Conseil d'administration (à l'unanimité) a sollicité et obtenu, en 1979, une heure d'auvergnat hebdomadaire en classes terminales, pour préparer l'épreuve de langue régionale au Baccalauréat. Les jeunes qui connaissent le dialecte n'ont plus honte de le parler. Enfin, l'enseignement de la langue locale est officialisé — encore modestement il est vrai — et le professeur de Lettres classiques le dispense au même titre que le français, le latin ou le grec! Bien sûr ce travail, pour être efficace, doit être fait en profondeur, dépasser la mode rétro actuelle; c'est notre but, le but de tous ceux qui contribuent à ce renouveau — en particulier de nos amis de l'Association « AUVERNHA TARA D'OC » et tout particulièrement de Pierre Bonnaud et Marie-France Gouguet sans les travaux desquels rien sans doute n'aurait été possible.

Il ne faudrait surtout pas croire que cette volonté de sauver la langue de nos anciens signifie que nous sommes des passéistes repliés sur nous-mêmes, nostalgiques d'une époque révolue.

Qu'il soit permis au professeur de céder la place à l'élu local : cette défense de notre langue régionale va de pair avec notre volonté à tous de participer au développement économique de notre beau pays du Livradois et de sa capitale, Ambert : *Noutri latcharem pa!* Nous ne lâcherons pas! Sur tous les plans, notre beau pays d'Ambert doit vivre et faire vivre!

CARACTÈRES LINGUISTIQUES FONDAMENTAUX ET ÉCRITURE DU DIALECTE D'AMBERT

Comme la plupart des dialectes de basse Auvergne, le dialecte d'Ambert présente un ensemble de caractéristiques bien nettes que nous nous sommes efforcés de faire ressortir dans les citations, en suivant les principales directives de « l'Écriture auvergnate unifiée » mise au point par l'association *Auvernhà tara d'Oc*, et les travaux remarquables de Pierre Bonnaud, professeur à la Faculté des Lettres de Clermont Ferrand.

QUELQUES REMARQUES PHONÉTIQUES ET GRAPHIQUES

a) Pour les voyelles et diphtongues

— Une réduction des diphtongues : d'où le développement de la prononciation i au lieu de éi dans les désinences de verbe et les pluriels des mots en e :

● les diphtongues qui se maintiennent sont :

au = prononcer aou
ei = prononcer éye
ai = prononcer aye
eù = prononcer euu

eu, qui n'est pas une diphtongue, se prononce simplement eu comme dans peur. Il existe même une triphtongue : oéi = prononcer ouéye, oui.

— Le développement du son *ä* (prononcer è très ouvert) :
Dans les finales des infinitifs des verbes du 1er groupe : *tchantä*,

chanter. Et dans les finales des pluriels féminins : *lä filhä* les filles.

— Le développement du son à (prononcer entre a et o et même o à Ambert). Dans les finales au féminin singulier : *là filhà* : la fille. D'où l'article indéfini féminin *unà* ou mieux *nà* (prononcer no) l'article défini féminin sing., là (masc. sing. : le, lou) féminin pluriel, la (masc. plur. : lu, lou).

Les voyelles nasales sont plus répandues qu'en Français, en particulier pour le son in.

Ex. : *nà fennà* = prononcer no fin-no : une femme
le ven = prononcer le vin : le vent.

b) Pour les consonnes :

— La disparition des consonnes finales et la généralisation du hiatus dû à l'absence presque totale de lettres euphoniques.

Dans l'écriture, qui doit être la plus simple possible, on écrira la consonne finale non prononcée dans deux cas seulement :

- en finale d'un mot masculin quand elle devient prononcée au féminin :

Ex. : *parlad* : parlé
parladà : parlée
boulandjeir : boulanger
boulandjeirà : boulangère

- en finale de conjugaison pour marquer la 2e pers. du sing., -s
pour marquer la 2e pers. du plur., -z

tü sis : tu es   *voutri séz* : vous êtes
tü crézis : tu crois   *voutri crezéz* : vous croyez

La finale de la 1re personne du pluriel sera écrite em/am/om (cf. latin amus, emus) pour la distinguer de la 3e personne du pluriel en/an/on.

— Le développement du son ch/tch/ts, que nous écrivons tch comme il est prononcé à Ambert même.

— Le dévelopement du son j/dj/dz, que nous écrivons dj comme il est prononcé à Ambert même.

Attention : dans les textes littéraires écrits selon les conventions de l'Écriture auvergnate unifiée : s se prononce ch ⎫
⎬ devant i et u
z se prononce j ⎭

Il s'agit du « chouintement » auvergnat : personnellement nous écrivons alors, pour plus de clarté, ch et j.

Ex. : flairer : *sinä* se prononce *chinä* : nous l'écrivons donc *chinä*
provision : *prouvezieu* se prononce *prouvejeu* : nous l'écrivons donc *prouvejeu*.

Autres conventions :

s rend toujours le son s et non le son z écrit z

g rend toujours le son g et non le son j écrit j
nh rend le son -gn- de grogne
1h rend le son -ille- de nouille.

— La mouillure de certaines consonnes :
Le tréma sur i et ü, écrits ï et u, indique que ces deux voyelles ont provoqué la « mouillure » de la consonne précédente.
Ex. : *le petït* : prononcer le pe*tyi*
    là lunà : prononcer lo *lyu*no

— Enfin les consonnes r et l sont parfois interchangeables et vous entendez couramment les gens du pays parler de *palpaing* pour parpaing.

c) Pour l'accent tonique

Il s'agit de la voyelle sur laquelle la voix appuie davantage.
En auvergnat d'Ambert, la règle est la même que dans les autres dialectes auvergnats.
Dans la plupart des mots, qui sont terminés par une voyelle, l'accent tonique porte sur l'avant-dernière syllabe.
Ex. : là *fe*nnà : la femme
Pour les infinitifs en ä (en è), et en ï et i, il porte sur la finale.
Es. : tchant*ä* : chanter
    ten*ï* : tenir
En conclusion, nous pouvons dire que la graphie utilisée s'efforce d'être la plus simple possible.

QUELQUES REMARQUES SUR LA MORPHOLOGIE DES CONJUGAISONS

a) Les pronoms personnels sujets :

Les pronoms personnels sont assez souvent utilisés devant le verbe : *ieu, tü, o, io*   *féminin : lhà*
    noutri/nautri, voutri/vautri, i/ilh et même *lüri* féminin : *lhä.*
Ex. : je suis : *sei* ou bien *ieu sei*

b) Les auxiliaires : *avei/avi* : avoir
                        éitre/itre : être

Le verbe avoir n'est utilisé que comme auxiliaire; pour le reste on utilise tenï : tenir
Ex. : *(io)tè, ten*ï*o nà beurià*
    il a, avait une ferme
Le verbe être se conjugue aux temps composés avec être comme auxiliaire et non avec avoir comme en français; d'où la faute souvent commise en français dans nos régions : « je suis été » pour « j'ai été ».

Voici quelques formes de conjugaison du verbe être :
Présent : *sei, sis, i*
       sem, sez, son

Imparfait : *ére, éris, érà*
          érem, ériz, éron
Passé simple : *sigé, sigis, sigê*
          sigérem, sigériz, sigéron prononcer *chegué*, etc. :
          exceptionnellement, nous écrivons *si*, prononcé *che*,
          pour garder son homogénéité à la flexion du verbe.
Futur : *siré* (prononcé *cheré*), *siräs sirô*
          sirem, siriz, siron
Passé composé : *ieu sei itad... lhà i itadà... lhä son itadä*
Plus-que-parfait : *ieu ére itad...*
Conditionnel : *siio* (prononcer *cheio*), *siiäs, siio*
          siiem, siiez, siion
Subjonctif présent : *siaje* (prononcer *chaje*), *siajis, siajà*
          siajem, siajez, siajon
Subjonctif imparfait : *sigesse* (prononcer *cheguesse*), *sigessis,*
          sigessà
          sigessem, sigessiz, sigesson

c) Les autres verbes :

Nous pouvons classer les verbes en trois groupes :
1er groupe : ex. : *tchantä* : chanter : verbes en -a
2e groupe : ex. : *partï* : partir : verbes en -ï ou i
3e groupe : ex. : *ségre* : suivre : verbes en -re
Existent aussi des verbes irréguliers très employés comme *nä* :
aller; *counïtre* : connaître; *vïr* : voir; *tenï* : tenir.

Conjugaison des trois groupes :

1er groupe : *tchantä*

Présent : *tchante, tchantis, tchantà*
          tchantem, tchantez, tchanton
Imparfait : *tchantavà, tchantavis, tchantavà*
          tchantavem, tchantavez, tchantavon
Passé simple : *tchanté, tchantéris, tchantê*
          tchantérem, tchantériz, tchantéron
Futur : *chantaré, tchantaräs, tchantarô*
          tchantarem, tchantarez, tchantaron
Conditionnel : *tchantaio, tchantaiäs, tchantaio*
          tchantaiem, tchantaiez, tchantaion
Subjonctif présent : *tchante, tchantis, tchantà*
          tchantem, tchantez, tchanton
Subjonctif imparfait : *tchantesse, tchantessis, tchantessà*
          tchantessem, tchantessiz, tchantesson

2e groupe : *partï*

Présent : *parte, partis, par(t)*
          partem, partez, parton
Imparfait : *partio, partiäs, partio*
          partiem, partiez, partion

382

Passé simple : *partïgé (prononcer partyigué), partïgéris, partïgê*
  partïgérem, partïgériz, partïgéron
Futur : *partïrei, partïräs, partïrô*
  partïrem, partïrez, partïron
Conditionnel : *partïio, partïiäs, partïo*
  partïiem, partïize, partïion
Subjonctif présent : *parte, partïs, parte*
  partem, partez, parton
Subjonctif imparfait : *partïgesse (prononcer partyiguesse...), partï-*
  gessis, partïgessà
  partïgessemn, partïgessiz, partïgesson

3ᵉ groupe : *ségre*
Présent : *sège (prononcer sègue...), sègis, ségà*
  segem, segez, ségon
Imparfait : *segio, segiäs, segio*
  segiem, segiez, segion
Passé simple : *segé, segéris, segê*
  segérem, segéris, segéron,
Futur : *segré, segräs, segrô*
  segrem, segrez, segron
Conditionnel : *segrio, segriäs, segrio*
  segriem, segriez, segrion
Subjonctif présent : *sège, sègis, ségè*
  segem, segez, sègon
Subjonctif imparfait : *segesse, segessis, segessà*
  segessem, segessiz, segesson

Cet aperçu très incomplet des conjugaisons témoigne de la vitalité de la langue, toujours bien structurée.

A la différence du français, le dialecte d'Ambert, comme tous les dialectes auvergnats, affectionne particulièrement le passé simple et le subjonctif imparfait :
Ex. : *lou mieu l'agéron tritou le sartïficà*
  les miens l'ont tous eu le certificat (m. à m. les miens l'eurent-...)
  chaudio que fagesse
  Il faudrait que je fasse (m. à m., il faudrait que je fisse)

Bibliographie :

Régis Michalias : Glossaire des mots particuliers du dialecte d'Oc de la Commune d'Ambert (Puy-de-Dôme), 100 p., publié en 1912 — réédité par Laffitte, Marseille 1978.
Pierre Bonnaud : Abrégé de grammaire Auvergnate, publié par Auvernhà Tarà d'Oc — 50 p. Clermont-Ferrand.
Grand dictionnaire Français-Auvergnat, publié par Auvernhà Tarà d'Oc — Tome I. — 326 p. 1978.
  Tome II. — 326 p. 1979.

INDEX

THÈMES, PERSONNES ET LIEUX

A

ACCIDENT : voir aussi TRAVAIL LOIS : 15, 16, 20, 21, 70, 123, 128, 148, 212, 253, 254, 271, 273, 274, 290, 291

ADMIRATION : voir aussi TOI-NOU : 153, 176, 180, 206

AFFECTION : voir aussi TOI-NOU, MARIAGE : 4, 204, 220, 223, 225, 227, 232
- amour : 218, 220

AFFLICTION : voir aussi TOI-NOU : 71, 77, 145, 178, 205, 256, 260

ALCOOLISME : XVII, 18, 62 à 64, 69, 127, 154, 165, 166, 182, 188, 193, 210, 222, 228

ALIMENTATION : voir aussi BOURGEOISIE, MISÈRE :
- **aliments :** 22, 48, 77, 112, 128, 135, 172, 183, 200, 205, 212, 213, 216, 242, 265, 282, 283, 287, 288
- **boissons :** 49, 52, 57, 83, 118, 134, 141, 149, 193, 200, 228, 234, 270
- **plats :** 29, 40, 53, 67, 95, 125, 190, 191, 234, 289

AMBERT : XV, XX, 99, 106, 167, 171, 172, 174, 175, 196, 210, 214, 257, 258, 263, 285, 349; *Ph.* 25, 26, 27

ANALPHABÉTISME : XIII, XIV, 38, 40, 41, 46, 61, 81, 95, 121, 128, 177, 182, 214, 215

ANIMAUX : voir NATURE

ANTICLÉRICALISME : 122, 197, 268

APPRENTISSAGE : voir TRA-VAIL, LOIS

ARGENT : voir aussi MISÈRE, PAUVRETÉ, RICHESSE :
- **crédit :** 82, 89, 90, 125, 234, 256
- **dépenses :** 12, 37, 139, 141, 277
- **dettes :** 109, 125, 153, 168, 218, 243, 337
- **emprunt :** 5, 154, 165, 244
- **épargne :** 49, 153, 232, 283
- **héritage :** 2, 189, 209
- **remboursement :** XVIII, 154, 212, 277
- **revenu :** 11, 48, 168, 209
- **transactions :** 90, 216
- **usure :** 217

ARMÉE : voir aussi LÉGION :
- **bataillon d'Afrique :** 325 à 327
- **coloniale :** 296, 301

101, 102, 112, 116, 242, *Ph.* 8; enfants/adultes : 44, 61, 98, 225, 258, 273, 275, 277

● **à l'école** : chagrin : 32, 98; délation : 104, 122, 266; indiscipline : 39, 61, 92, 94, 98, 123, 269; méchanceté : 96, 147, 149, 154; obéissance : 38, 39; peur : 32, 34, 36, 37, 39, 54, 199; révolte : 39, 61, 266; solidarité : 266

CONDITIONNEMENT : voir SOCIÉTÉ, ENSEIGNEMENT CONFESSIONNEL

CONFLITS de voisinage : voir SOCIÉTÉ

CONNAISSANCE (soif de) : voir aussi TOINOU : 52, 80, 81, 114, 198, 239

● **esprit d'invention** : XXI, 19, 20, 76, 114, 115, 118, 160, 161

CONTESTATION : voir MARGINALITÉ

CONTREBANDE : voir DÉLITS

D

DÉLITS : voir aussi MEURTRE

● **braconnage** : 3, 129, 187, 188, 242

● **contrebande** : 181, 182, 191, 192, 210

● **coups et blessures** : 276, 291

● **fraude** : 174

● **incendie volontaire** : 192

● **vagabondage** : 189 à 191

● **vol** : VII, XVII, 189, 210, 220, 284, 292, 338

DENTISTE : 217

● **arracheur** de dents : 217, 218

● **dentition** : 7, 52, 70, 111, 126, 213, 217, 218, 235, 265

DIDEROT : X

E

ÉCLAIRAGE : bougie : 145; bran-de : 130 à 132; lampe : 4, 95; lanterne : 9, 131, 145

● **obscurité** : 9, 95, 125

ÉCOLE : voir aussi COMPORTEMENT DES ENFANTS, ÉDUCATION, ENSEIGNEMENT CONFESSIONNEL, FRÈRES, MÉTHODES D'ENSEIGNEMENT, SŒURS :

● **buissonnière** : XX, 40, 128 à 130, 133, 148, 269; *Ph.* 17

● **correction** : 148, 149

● **laïque** : XV, 116, 204, 242, 248, 273

● **libre** : Frères : XIX, 61, 65, 89, 125, 149, 198, 222, 263, 283, 338; *Ph.* 19; petit noviciat : 239, 240, 338; Sœurs : XIX, 32, 35 à 38, 242; *Ph.* 14; spéciale : 265

ÉDUCATION : voir aussi LÉGION, NATURE, TOINOU :

● **familiale** : 48, 50, 76, 78, 80; interdictions : 30, 86; obligations : 85 à 88; punitions : 25, 86, 148, 242; récompenses : 10, 42, 264

● **à l'école** : 90, 93, 97, 200, 210, 239

● **par la société** : XVI, 96, 129, 140, 197, 201, 203, 221, 258, 278, 283, 286, 287

ÉMIGRATION : voir aussi FUGUE : 60, 61, 67, 145, 211, 261

ENFER : voir RELIGION

ENSEIGNEMENT CONFESSIONNEL : voir aussi ÉCOLE, FRÈRES, MÉTHODES D'ENSEIGNEMENT, SŒURS : *Ph.* 20, 21, 22

● **catéchisme** : voir ce mot

● **conditionnement** : 67, 92, 122, 124, 125, 246, 266; intolérance : 199, 210; fanatisme : 246, 247, 259

● **coût** : 36, 89; gratuité : voir aussi ASSISTANCE (bienfaisance) : 89, 265

389

321; équipement : 299, 301, 302, 306, 315, 316; *armes* : 302, 306, 311, 322; logement : 311; ravitaillement : 305, 307, 321, 324; *eau* : 310, 322, 323; solde : 290, 296, 312; *jour du prêt* : 302, 305, 317

● **discipline** : punitions : 296, 297, 302, 312, 316; prison : 302, 309, 311, 312, 326, 327

● **engagement** : 295, 296, 338; anonymat : 290, 296, 301, 338

● **Flutsch** (Toinou) :

État physique : 290, 300, 301, 305 à 308, 310, 313, 316, 317, 323, 325, 328, 329

Sentiments : *admiration* : 315, 319; *amour* : 310, 311, 314, 315; *colère* : 327; *courage* : 304, 314, 316, 317, 325; *émotion* : 302, 309, 332; *fierté* : 308, 338; *peur* : 313; *reconnaissance* : 309, 311, 316, 332, 338; *solitude* : 305, 315, 326; *souffrance* : 304 à 306, 308, 310, 313, 314, 323, 328

● **fugue** : 312, 313, 321 à 327

● **géographie** : climat : 290, 305, 308 à 312, 315, 320, 323, 324; lieux cités : 297, 299, 302, 304 à 309, 321, 322, 324, 325; paysages : 305, 307 à 309, 322, 332

● **personnages** divers : 295 à 297, 299, 301 à 305, 307 à 310, 312 à 315, 321, 323, 324, 327 à 329

● **portraits** :
Baudry : 319 à 321, 327, 329, 332, 338
Flory : 299 à 302, 313, 314
Noblet : 327 à 330, 332, 338
Siegel : 315 à 317, 319

● **rapports entre légionnaires** : bagarres : 303, 313, 316, 317; fraternité : 309, 314, 320, 338; solidarité : 304, 305, 307, 315 à 318, 322, 327

● **rapports Flutsch/Baudry** : 319 à 321, 330 à 332; études : 320, 321

LIBRE PENSÉE : 122, 267, 268

LIEUX-DITS : 38, 40, 58, 70, 140, 142, 150, 160, 170, 179, 211, 226, 253, 255

LITTÉRATURE : VII, 171

● **mythe du paysan** : rose : IX, XI, XII, XV, XVI, XXI, XXII; noir : IX, XVI, XXI, XXII

● **régionaliste** : XIII

● **style de Toinou** : VIII, XVI, XVIII, XXII, 337

LOIS :

● **du discernement** : 339

● **majorité pénale** : 189

● **prostitution** : 218, 357, 358

● **travail** : accidents : XX, 211, 238, 282, 353; apprentissage : 235; conditions : 354; domesticité : 356; durée : 351, 352; salaire : 353; syndicat : 352

LOISIRS : 44, 45, 160

● **adultes** : distractions : 15, 18, 41, 109, 135, 203, 274, 286; lectures : 20, 41, 42, 52

● **enfants** : contes : 23, 24, 30, 102, 278; jeux : 27, 43, 44, 61, 64, 65, 69, 74, 77, 88, 91, 103, 104, 115, 116, 170, 188, 233, 241, 270; promenade : 129, 133, 241, 269, 278, 282, *Ph.* 8

M

MALADIE : voir aussi TRAVAIL : 1, 2, 16, 17

● **convalescence** : 22, 23, 161, 234, 278

● **genre** : 22, 45, 55, 62, 99, 100, 102, 155, 157, 211 à 213, 233, 234, 258, 337, 345, 346, 365

● **pharmacien** : 234, 272

● **remèdes** : 87, 155, 233

MARCHE : 9, 30, 31, 47 à 51, 74, 75, 95, 96, 102, 103, 110, 111, 129, 131 à 133, 146, 149, 170, 181, 189, 190, 203, 233, 338

TABLES

TABLE DES ILLUSTRATIONS HORS TEXTE

TABLE DES CARTES

TABLE DES MATIERES

TERRE HUMAINE

CIVILISATIONS ET SOCIÉTÉS
COLLECTION D'ÉTUDES ET DE TÉMOIGNAGES DIRIGÉE PAR JEAN MALAURIE

La difficile exploration humaine est à jamais condamnée si elle prétend devenir une « science exacte » ou procéder par affinités électives.

C'est dans sa mouvante complexité que réside son unité. Aussi la collection TERRE HUMAINE se fonde-t-elle sur la confrontation. Confrontation d'idées avec des faits, de sociétés archaïques avec des civilisations modernes, de l'homme avec lui-même. Les itinéraires intérieurs les plus divers, voire les plus opposés, s'y rejoignent. Comme en contrepoint de la réalité, chacun de ces regards, tel le faisceau d'un prisme, tout en la déformant, la recrée : regard d'un Indien Hopi, d'un anthropologue ou d'un agronome français, d'un modeste instituteur turc, d'un capitaine de pêche ou d'un poète...

Pensées primitives, instinctives ou élaborées en interrogeant l'histoire témoignent de leurs propres mouvements. Et ces réflexions sont d'autant plus aiguës que l'auteur, soit comme acteur de l'expérience, soit au travers des méandres d'un « voyage philosophique », se situe dans un moment où la société qu'il décrit vit une brutale mutation.

Comme l'affirme James AGEE, sans doute le plus visionnaire des écrivains de cette collection :

« Toute chose est plus riche de signification à mesure qu'elle est mieux perçue de nous, à la fois dans ses propres termes de singularité et dans la famille de ramifications qui la lie à toute autre réalité, probablement par identification cachée. »

Tissée de ces « ramifications » liées selon un même principe d'intériorité à une commune perspective, TERRE HUMAINE retient toute approche qui contribue à une plus large intelligence de l'homme.

OUVRAGES PARUS :

Jean Malaurie. — Les Derniers Rois de Thulé. *Avec les Esquimaux Polaires, face à leur destin.*

Claude Lévi-Strauss. — Tristes tropiques.

Victor Segalen. — Les Immémoriaux.

Georges Balandier. — Afrique ambiguë.

Don C. Talayesva. — Soleil Hopi. *L'autobiographie d'un Indien Hopi.*

Francis Huxley. — Aimables sauvages. *Chronique des Indiens Urubu de la forêt amazonienne.*

René Dumont. — Terres vivantes. *Voyage d'un agronome autour du monde.*

Margaret Mead. — Mœurs et sexualité en Océanie.

Mahmout Makal. — Un village anatolien. *Récit d'un instituteur paysan.*

Georges Condominas. — L'Exotique est quotidien. *Sar Luk, Vietnam central.*

Robert Jaulin. — La mort Sara. *L'ordre de la vie ou la pensée de la mort au Tchad.*

Jacques Soustelle. — Les quatre soleils. *Souvenirs et réflexions d'un ethnologue au Mexique.*

Theodora Kroeber. — Ishi. *Testament du dernier Indien sauvage de l'Amérique du Nord.*

Ettore Biocca. — Yanoama. *Récit d'une femme brésilienne enlevée par les Indiens.*

Mary F. Smith et Baba Giwa. — Baba de Karo. *L'autobiographie d'une musulmane haoussa du Nigeria.*

Richard Lancaster. — Piegan. *Chronique de la mort lente. La réserve indienne des Pieds-Noirs.*

William H. Hinton. — Fanshen. *La révolution communiste dans un village chinois.*

métayers en 1936.

Ronald Blythe. — Mémoires d'un village anglais. *Akenfield (Suffolk).*

Pierre Clastres. — Chronique des Indiens Guayaki. *Ce que savent les Aché, chasseurs nomades du Paraguay.*

Selim Abou. — Liban déraciné. *Immigrés dans l'autre Amérique. Autobiographies de quatre Argentins d'origine libanaise.*

Francis A.J. Ianni. — Des affaires de famille. *La Mafia à New York. Liens de parenté et contrôle social dans le crime organisé.*

Gaston Roupnel. — Histoire de la campagne française.

Tewfik El Hakim. — Un substitut de campagne en Égypte. *Journal d'un substitut de procureur égyptien.*

Bruce Jackson.— Leurs prisons. *Autobiographies de prisonniers et d'ex-détenus américains.*

Pierre-Jakez Hélias. — Le cheval d'orgueil. *Mémoires d'un Breton du pays bigouden.*

Jacques Lacarrière. — L'Été grec. *Une Grèce quotidienne de 4 000 ans.*

Adelaïde Blasquez. — Gaston Lucas, serrurier. *Chronique de l'anti-héros.*

Tahca Ushte et Richard Erdoes. — De mémoire indienne. *La vie d'un Sioux voyant et guérisseur.*

Luis González. — Les barrières de la solitude. *Histoire universelle de San José de Gracia, village mexicain.*

Jean Recher. — Le grand Métier. *Journal d'un capitaine de pêche de Fécamp.*

Wilfred Thesiger. — Le Désert des Déserts. *Avec les Bédouins, derniers nomades de l'Arabie du Sud.*

Josef Erlich. — La flamme du Shabbath. *Le Shabbath - moment d'éternité - dans une famille juive polonaise.*

C. -F. Ramuz. — La pensée remonte les fleuves. *Essais et réflexions.*

Antoine Sylvère. — Toinou. *Le cri d'un enfant auvergnat. Pays d'Ambert.*

TRISTES TROPIQUES
par Claude Lévi-Strauss

Je vois assez peu d'ouvrages récents capables de rivaliser avec celui-ci. Ce lien de l'enquête et de l'expérience, cette résonance affective confondant recherche de la vérité et recherche de soi, élèvent jusqu'à la littérature ce livre de savant. Tristes tropiques, c'est l'accusation d'une société malheureuse portée par un homme qui lui ressemble.

Gaëtan PICON

Cet ouvrage a été traduit dans les langues anglaise (Grande-Bretagne et États-Unis), allemande, italienne, japonaise, néerlandaise, polonaise, serbo-croate, suédoise, tchèque, espagnole, hongroise, roumaine, portugaise, norvégienne.

LES DERNIERS ROIS DE THULE
Avec les Esquimaux Polaires, face à leur destin
par Jean Malaurie

Chez cet observateur à l'œil aigu, étonnamment sensible, nous retrouvons le souffle d'un Père Huc et l'émotion d'un Jack London.
Ce grand livre singulier, sans vraie parenté, crée incontestablement un genre nouveau.

(La Marseillaise).

Cet ouvrage a été traduit dans les langues anglaise (Grande-Bretagne et États-Unis), italienne, allemande, danoise, suédoise, serbo-croate, japonaise, polonaise, tchèque, bulgare, russe et esthonienne.

AFRIQUE AMBIGUE
par Georges Balandier

Un ouvrage indispensable à la connaissance de l'Afrique. Il nous en fait comprendre la grandeur humaine, la dimension tragique.

J.P.A. *(Gazette de Lausanne).*

Cet ouvrage a été traduit en langues japonaise, allemande, anglaise (Grande-Bretagne et États-Unis), italienne.

LES IMMÉMORIAUX
par Victor Segalen

Les Immémoriaux, une sorte de vaste conte philosophique... Et je donnerais bien des tomes de sociologie pour tel chapitre. Ouvrez ces Immémoriaux, vous lirez et vous relirez. C'est une cadence lente et grave, un souffle égal et comme une ample inspiration océanique... Segalen a écrit le seul livre peut-être sur Tahiti.

M. SAVIN *(Cahiers du Sud).*

Cet ouvrage a été traduit en langue anglaise.

SOLEIL HOPI
L'autobiographie d'un Indien Hopi
par Don C. Talayesva

Textes rassemblés et présentés par Leo W. Simmons
Traduit de l'américain par Geneviève MAYOUX
Préface de Claude LÉVI-STRAUSS

Cette œuvre ne constitue pas seulement un extraordinaire document psychologique et romanesque, cet ouvrage peut être rangé dès maintenant parmi les grands classiques de l'ethnologie.

(Dictionnaire des Contemporains).

Un récit admirable.

Jean Duvignaud *(L'Express).*

AIMABLES SAUVAGES
Chronique des Indiens Urubu de la forêt amazonienne
par Francis Huxley
Traduit de l'anglais par Monique LÉVI-STRAUSS

Un ouvrage passionnant qui perce l'intimité même de ces êtres restés primitifs dont il nous fait connaître tous les aspects d'une existence restée précaire avec son cortège de rites et ses croyances étranges. Un témoignage d'une grande sincérité.

H.V. *(Journal de Genève).*

TERRES VIVANTES
Voyages d'un agronome autour du monde
par René Dumont

Le livre de René Dumont est un document de premier ordre pour la connaissance du problème fondamental de notre société : primum vivere.

(Le Monde Diplomatique).

Cet ouvrage a été traduit dans les langues italienne, espagnole et anglaise (Grande-Bretagne et États-Unis).

MŒURS ET SEXUALITÉ EN OCÉANIE
par Margaret Mead
Traduit de l'américain par Georges CHEVASSUS

La description extrêmement vivante et pittoresque des modes de vie océaniens se lit mieux qu'un roman... Ce livre nous renseigne agréablement non seulement sur les Océaniens, mais sur les Américains et surtout surtout sur nous-mêmes.

R. Bureau *(Études).*

UN VILLAGE ANATOLIEN
Récit d'un instituteur paysan
par Mahmout Makal

Textes rassemblés et présentés par GUZINE DINO
Traduit du turc par O. CEYRAC et G. DINO

Un livre brutal comme un cri, qu'est-ce au juste? Dans le cas d'Un village anatolien, un récit calme de ton, mais implacable dans les faits.

Naïm Kathan.

Cet ouvrage a été traduit dans les langues italienne et hongroise.

L'EXOTIQUE EST QUOTIDIEN
Sar Luck, Vietnam central
par Georges Condominas

Lisez l'Exotique est quotidien, entrez-y avec précaution et attention comme dans une demeure un peu sombre encombrée de biens précieux. La vie, après, n'a pas tout à fait la même couleur.

Claude Mettra (*L'Express*).

LA MORT SARA
L'ordre de la vie ou la pensée de la mort au Tchad
par Robert Jaulin

L'expérience de ce « Sara de passage » est d'un puissant intérêt. On est par ailleurs frappé par la profonde honnêteté de sa démarche.

(*Jeune Afrique*).

Cet ouvrage a été traduit en langue anglaise (États-Unis et Grande-Bretagne)

LES QUATRE SOLEILS
Souvenirs et réflexions d'un ethnologue au Mexique
par Jacques Soustelle

Un roman impitoyable. Jacques Soustelle résume ici trente-cinq ans de recherches et de réflexions.

(*La Dépêche du Midi*).

Cet ouvrage a été traduit en langues italienne, espagnole, anglaise (Grande-Bretagne, États-Unis).

ISHI
Testament du dernier Indien sauvage de l'Amérique du Nord
par Theodora Kroeber

Traduit de l'américain par Jacques HESS

Ishi est sans doute le livre le plus bouleversant qu'il m'ait été donné de lire. Seul le journal d'Anne Frank, peut-être...

Yves BERGER (*Le Monde*).

YANOAMA
Récit d'une femme brésilienne enlevée par les Indiens
par Ettore Biocca
Traduit de l'italien par Gabrielle CABRINI

L'un des livres les plus exceptionnels publiés au cours des dernières décennies. Un ouvrage incomparable, comme est incomparable l'expérience qu'il restitue.

Georges BALANDIER *(La Quinzaine littéraire).*

PIEGAN
Chronique de la mort lente. La réserve indienne des Pieds-Noirs
par Richard Lancaster
Traduit de l'américain par Jacques HESS

Ouvrage exemplaire; ni plaidoyer, ni sermon, moins encore le pamphlet, mais une relation détaillée de la mort lente des Indiens du Montana aux États-Unis : Au jour le jour sont relevés chaque trait, la moindre réaction, chaque parole prononcée. Ce n'est pas un livre optimiste.

Hubert JUIN *(Les Lettres françaises).*

BABA DE KARO
L'autobiographie d'une femme musulmane haoussa du Nigeria
Textes rassemblés et présentés
par Mary F. Smith
Traduit de l'anglais par Geneviève MAYOUX

Cette autobiographie d'une musulmane haoussa du Nigeria est exemplaire. Baba de Karo est la première femme africaine non alphabétisée qui nous ait transmis sa vie. C'est un document rare.

(Le Havre Presse).

FANSHEN
La révolution communiste dans un village chinois
par William H. Hinton
Traduit de l'américain par J.-R. MAJOR

Un classique de la révolution communiste chinoise. Un poignant voyage à travers l'univers de la misère paysanne chinoise.

Jean Chesneaux *(La Quinzaine Littéraire).*

LOUONS MAINTENANT LES GRANDS HOMMES
Alabama. Trois familles de métayers en 1936
par James Agee et Walker Evans
Traduit de l'américain par Jean QUEVAL

Un livre qui est à la fois un essai d'anthropologie sauvage, un grand poème cosmique et un cocktail Molotov. Un livre qui ne ressemble à aucun autre ; l'un des plus beaux qui nous soient venus d'Amérique.

Robert LOUIT *(Le Nouvel Observateur).*

MÉMOIRES D'UN VILLAGE ANGLAIS
Akenfield (Suffolk)
par Ronald Blythe
Traduit de l'anglais par Jacques Hess

L'un des livres les plus pénétrants; extraordinairement fin et précis sur la vie rurale anglaise.

Angus WILSON (*Observer*).

CHRONIQUE DES INDIENS GUAYAKI
Ce que savent les Aché, chasseurs nomades du Paraguay
par Pierre Clastres

Son style atteint à une sobriété de plus en plus intense qui en multiplie l'effet, et, au fil des pages, fait de ce livre un chef-d'œuvre. D'où vient la nouveauté si profonde, si secrète d'un tel livre?
Ce livre admirable est l'amorce d'une nouvelle ethnologie : sensible, active, politique, par rapport à laquelle le terme « ethnocide » prend tout son sens.

Gilles Deleuze (*Le Monde*).

Cet ouvrage a été traduit en langue anglaise.

LIBAN DÉRACINÉ
Immigrés dans l'autre Amérique, Autobiographies de quatre Argentins d'origine libanaise
Nouvelle édition augmentée
par Sélim Abou

A travers ces quatre destins, c'est l'avenir culturel et politique de tout un peuple qui se profile.

(*La Croix*).

DES AFFAIRES DE FAMILLE
LA MAFIA A NEW YORK
Liens de parenté et contrôle social dans le crime organisé
par Francis A.J. Ianni
Traduit de l'américain par Georges MAGNANE

Ianni ne croit pas à une conspiration du crime au niveau national. Cette approche plus sérieuse et aussi plus désintéressée que celles utilisées traditionnellement fournit des résultats passionnants.

(*Le Figaro*).

HISTOIRE DE LA CAMPAGNE FRANÇAISE
par Gaston Roupnel

Gaston Roupnel était, tout à fait injustement, oublié. Heureusement l'excellente collection **TERRE HUMAINE** *republie un livre de Roupnel, exceptionnel : ouvrage de romancier qui s'applique à la science et y réussit.*

Antoine Griset (*Le Magazine Littéraire*).

UN SUBSTITUT DE CAMPAGNE EN ÉGYPTE
Journal d'un substitut de procureur égyptien
par Tewfik El Hakim

Traduit de l'arabe par Gaston WIET et Zaki M. HASSAN

Le plus poignant peut-être dans ce livre est l'aveu de la difficulté, voire de l'impossibilité, pour un jeune magistrat que l'injustice révolte, de remédier aux situations qu'il constate et déplore.

J.F. *(La Libre Belgique).*

LEURS PRISONS
Autobiographies de prisonniers et d'ex-détenus américains
par Bruce Jackson

Traduit de l'anglais par Maurice RAMBAUD
Préface de Michel FOUCAULT

Le véritable fond du problème, Jackson a le mérite de le mettre en évidence. Nous ne nous sommes pas souciés, dans le passé, de définir les frontières du crime, ou nous n'avons pas voulu le faire. Le résultat est là. Le crime est aujourd'hui installé partout dans notre société, au cœur de toutes les villes, à la porte de chaque citoyen.

Pierre Salinger *(L'Express).*

LE CHEVAL D'ORGUEIL
Mémoires d'un Breton du pays bigouden
par Pierre-Jakez Hélias

On imagine avec quelle allégresse un ethnologue de stricte observance se précipiterait dans cet inventaire d'us et de coutumes, avec quel cri de guerre il se saisirait de l'écheveau des règles pour le débobiner de ce chaos subtil (...)
Le livre d'Hélias ne procède pas de la sorte. Sa manière est celle d'un poète, non d'un savant, et qui oserait le regretter? Par sa grâce, ce pays ombreux s'illumine pour un bref crépuscule et les bouches de l'ombre murmurent.

Gilles Lapouge *(Le Monde).*

Cet ouvrage a été traduit en langue anglaise (États-Unis).

L'ÉTÉ GREC
Une Grèce quotidienne de 4000 ans
par Jacques Lacarrière

Vagabond helléniste, chemineau du Parnasse, des îles et des promontoires, Jacques Lacarrière est le grand piéton de l'Hellade où il marche au soleil depuis au moins vingt-six siècles.

Claude Roy *(Le Nouvel Observateur).*

Cet ouvrage a été traduit en langues allemande et grecque.

GASTON LUCAS, SERRURIER
Chronique de l'anti-héros
par Adelaïde Blasquez

Gaston Lucas descend de saint Éloi et des francs-maçons du Grand Œuvre. Avec ses racines poitevines et parisiennes, il est plus civilisé qu'un grand d'Espagne. Il a l'élégance de ses lointaines origines. Il appartient à la mémoire d'une très vieille cité, que nous avons perdue.

Pierre Chaunu *(Le Figaro).*

Cet ouvrage a été traduit en langue italienne.

DE MÉMOIRE INDIENNE
La vie d'un Sioux, voyant et guérisseur
par Tahca Ushte et Richard Erdoes
Traduit de l'américain par Jean Queval

Tahca Ushte a tout connu et c'est ce qui donne à sa bible indienne des allures de roman picaresque et un ton inimitable. Tahca Ushte prend son temps et, en même temps, nous apprend à le prendre.

Jean Chalon *(Le Figaro).*

LES BARRIÈRES DE LA SOLITUDE
Histoire universelle de San José de Gracia
village mexicain
par Luis Gonzalez
Traduit de l'espagnol par Anny MEYER

Le document ainsi réalisé est passionnant et doué d'un étrange pouvoir. Sa lecture donne l'impression d'entrer dans l'intimité d'une micro-histoire, d'être mêlée aux brins humains dont elle est faite, d'y vivre, personnalisée dans une modeste communauté rurale, quelque chose de l'aventure universelle.

P. Frison *(Études).*

LE GRAND MÉTIER
Journal d'un capitaine de pêche
de Fécamp
par Jean Recher

Un livre de souffrances, d'amertume, de fatalisme ou de joie nostalgique. Voilà un chef-d'œuvre de littérature simple, abrupte, humaine au plus haut sens du terme et un document sur l'un des plus durs métiers que l'homme ait jamais choisis.

Claude Lamotte *(Le Monde).*

LE DÉSERT DES DÉSERTS
Avec les Bédouins, derniers nomades
de l'Arabie du Sud
par Wilfred Thesiger
Traduit de l'anglais par Michèle Bouchet-Forner

Thesiger a réussi dans des pages admirables à restituer et à nous communiquer avec pudeur, avec rigueur, et avec humour le vécu de son extraordinaire expérience. Récit passionnant qui nous en apprend plus que bien des études scientifiques.

Tahar Ben Jelloun *(Le Monde).*

LA FLAMME DU SHABBATH
Le Shabbath — moment d'éternité —
dans une famille juive polonaise
par Josef Erlich
Traduit du yiddish par Marc et Léa Rittel

Complété de photographies rarissimes et d'annexes indispensables, cet ouvrage
est l'une des plus belles réussites de l'irremplaçable collection **TERRE HUMAINE.**

Michel Pierre *(Le Magazine Littéraire).*

LA PENSÉE REMONTE LES FLEUVES
Essais et réflexions
par C.-F. Ramuz
Préface de Jean MALAURIE

Homme immense, écrivain touché par les grâces des quatre éléments de l'eau,
de la terre, de l'air et du feu, voici C.-F. Ramuz. Voici l'écrivain solitaire, d'une
obstination animale, un pathétique, une fulgurance, un orage, une bousculade
cosmique.

G. Martin *(La Gazette du Nord).*

Un nouveau Ramuz : ce livre fait enfin éclater la véritable dimension de
l'écrivain. Une relecture qui peut conduire à de véritables découvertes. La Pensée
remonte les fleuves est un événement pour la littérature romande.

G. OLIVIERI *(24 Heures, Lausanne).*

ACHEVÉ D'IMPRIMER
LE 6 MARS 1980
SUR LES PRESSES
DE L'IMPRIMERIE HÉRISSEY
A ÉVREUX (EURE)

Imprimé en France

No d'Éditeur : 10628
No d'Imprimeur : 24258
Dépôt légal : 1er trimestre 1980